物流案例

精选与评析

WULIU ANLI
JINGXUAN YU PINGXI

李联卫　编著

化学工业出版社

·北京·

本书分为基础篇、功能篇和战略篇三个部分，具体内容包括现代物流与物流管理、物流系统规划与实施、物流客户服务、采购与供应、包装与装卸搬运、仓储管理、运输管理、流通加工、配送与配送中心管理、物流信息系统、第三方物流和现代物流发展趋势等内容。本书从微观到宏观，从实际运作到理论分析，以鲜活生动的案例为载体，系统而深入浅出地介绍了现代物流知识与实践，使读者能够清晰地认识物流和学习物流。

本书可作为高等院校物流及相关专业的学生学习参考，还可供从事物流管理及相关工作的人员阅读使用。

图书在版编目（CIP）数据

物流案例精选与评析/李联卫编著．—北京：化学工业
出版社，2019.4
ISBN 978-7-122-33855-6

Ⅰ.①物⋯　Ⅱ.①李⋯　Ⅲ.①物流-案例　Ⅳ.①F25

中国版本图书馆 CIP 数据核字（2019）第 025535 号

责任编辑：蔡洪伟　　　　　　　　　　文字编辑：谢蓉蓉
责任校对：杜杏然　　　　　　　　　　装帧设计：王晓宇

出版发行：化学工业出版社（北京市东城区青年湖南街 13 号　邮政编码 100011）
印　　刷：北京市振南印刷有限责任公司
装　　订：北京国马印刷厂
787mm×1092mm　1/16　印张 17　字数 414 千字　2019 年 5 月北京第 1 版第 1 次印刷

购书咨询：010-64518888　　　售后服务：010-64518899
网　　址：http：//www.cip.com.cn

定　　价：59.80 元

近十几年来，中国经济发展最显著的特点除了总量的猛增外，更重要的是经济结构和业态方面超乎想象的变化。十几年前最富想象力的人，恐怕也不会预料到今天纷纷涌现的大量新产业、新行业、新职业。在这些年里，物流业已成为中国经济、产业形态变革的代表性行业之一。物流并不是一个全新的事物，甚至可以夸张地说，只要有动物就有"物流"。不过，当十几年前的物流业仅仅表现为生产企业的一道工序或独立的运输公司、保管仓库等时，"物流"（logistic）只是一个学术圈内的词汇。如今，像"物流园区""物流一体化""配送""供应链"等与物流相关的词语，一般人也能脱口而出。物流业正在以令人吃惊的速度从传统产业中分离出来，成为一种独立的业态。更重要的是，中国的很多地区都把物流作为未来经济发展规划的重点或支柱产业。可见，物流的发展前景远大。

相应的，这些年来我国对物流的研究也在向系统化、理论化的方向发展。1994年北京物资学院开办了国内高校第一个物流管理专业，是我国最早开设此专业的高校。但直到20世纪末，物流的教育、研究还未大规模展开。2002年教育部首批允许八所高校开设物流工程专业，之后一定层次的高校几乎都开设了与物流相关的专业。现在，每年仅高校物流专业的毕业生就有十几万。

虽然对物流的研究如火如荼，所谓的物流专业又如此广泛地开设于高等院校，不过在我看来，这并不意味着物流已经成为一门相对成熟的学科或专业。众所周知，成熟的学科或专业都有自己比较完整的理论体系和系统的专业知识。我认为，无论是物流管理还是物流技术，尽管已产生了不少专业知识和比较成熟的技术，但都不属于理论性强的科学"学科"，也不属于应用性强的技术"专业"。正如大家经常说工商管理、市场营销"既是科学又是艺术"，其特点主要是实践性，即"实践变成理论"而不是"理论变成实践"。同样，物流也可以说"既是科学又是艺术"。无论是研究者、企业管理人员，还是要深造的学生，都要增进对物流的理解，多探究、多了解一个个具体的、活生生的案例，以便能够应用于实践中。我们都熟知，国内外有不少著名的商学院都是努力建立案例库，大量采用案例教学的。

我的朋友李联卫，大学毕业后曾在几个不同类型的企业里工作过十多年。这些企业有生产型的，也有销售型的，因而他接触过不同类型的物流工作。后来他又到学校教物流，至今又有10年了。他对物流一直有着浓厚的兴趣，一些先进的物流技术、企业的物流案例都很容易引发他的感慨。从他这本书中所选的案例可以看出，他对物流的作用和意义的认识很透彻。同时，他做出了把物流实践理论化的努力。

书中编选的都是不同类型的企业物流非常具有典型意义的案例。比如，极富戏剧性的电商"双11"活动既是一场商战大戏，也是一次网络狂欢。而对关注物流的人来说，"双11"是检验我国物流（准确地说是快递）水平的一个典型事件。对于商业而言，电子商务当然是革命性的、是先进性的，然而由于欠缺与之相配的高水平物流，"双11"的商业革命性意义被打了不少折扣。其实"双11"暴露出的物流问题很明显，我国物流水平相对滞后。这不仅需要提高物流的速度和技术，也需要降低物流成本。2014年5月，马士基（Maersk）集团发布的《马士基集团在中国影响力报告》显示，中国的总物流成本占中国国内生产总值的18%，这一数据不仅高于众多发达国家的平均值，也高于亚太和南美国家的平均值。报告指出，在发达国家，物流成本平均占成品最终成本的10%～15%；在发展中国家，各种低效现象导致物流成本显著增高，占成品成本的15%～25%，甚至更高。中国的制造商物流成本高达生产成本的30%～40%，因此物流的发展空间巨大。

科学是严谨的，而艺术需要想象力，更需要超出"常理"。物流技术的改进、管理水平的提高，经常来自实践中企业家和工作人员的想象力和创造性。他们的创新做法很可能会让关心并关注物流的各方人士产生各种奇思妙想，同时也很可能会促使物流研究更加规范化、系统化、理论化。本书中的案例比较全面地涉及了物流的主要方面和关键环节，从客服、采购、物流规划到各种物流功能，再到物流战略。而用案例串起物流的各个方面，可以使读者对物流产生全面的、直观的认识。

另外，书中编选的麦当劳物流供货商阿尔法（Alpha）集团、联合包裹公司（UPS）、宜家家居（IKEA）、苏宁、海尔、宝供物流企业集团、日本的花王公司等案例，其中的企业既是知名企业，又是在物流管理上很有特点的企业。宜家家居具有鲜明的产品物流特色，如全面采用平板包装并分开计价；要求供货厂商把大多数货物直接送到自选商场，省略了中间的仓储存放和搬运工作；针对特殊订单，成立地方性的服务中心等。宝供物流企业集团是我国第三方物流企业的典型代表，同时为多家大型企业提供高效的物流服务，以"双赢"的模式既为客户节约了成本，又获得了自己的生存发展空间。

典型的意义在于其先进性、超前性，但又并非是不可模仿的。全球最大的连锁便利店7-11不过是一个日常食品的零售连锁店，但其业务涉及20个国家及地区，每日为接近3000万的顾客提供服务。7-11的做法是设置共同配送中心，由中心统一集货，再向各店铺配送。地域划分一般是在中心城市商圈附近35公里，其他地方市场方圆60公里，各地区设立一个共同配送中心，以实现高频度、多品种、小单位配送。实施共同物流后，店铺每日接待的运输车辆数量从70多辆下降为12辆。更重要的是，7-11在考虑自己的物流时的确树立了"顾客至上"的理念。除了实行一日三次配送制度，当预计到第二天将发生天气变化时还会对追加商品进行配送，以便为消费者提供高鲜度、高附加值的产品。认识到物流的重要性，想顾客之所想，做到这一点并不需要很复杂的技术和理论，关键在于研究者和来自物流一线的人能否静下心来虚心学习别人的成功之处。

当然，这本书也不可避免地存在一些问题。在我看来，对有的案例的具体做法讲得还不够详细，难以让学习者"照此办理"；编选的基本上都是大型企业的案例，但我觉得适当选一些小企业的案例会更有参考价值；物流战略方面的案例也有些单调，不如物流功能方面的案例生动。希望李联卫今后再接再厉，能为我们提供更多更好的物流案例。

刘来平

2018年8月9日于青岛

第一篇　基础篇 / 1

第1章
现代物流与物流管理
002

第2章
物流系统规划与实施
028

第 **6** 章
仓储管理

106

第 **7** 章
运输管理

126

第 **8** 章
流通加工

152

第**12**章
现代物流发展趋势

225

后记

258

参考文献

259

第一篇

基础篇

在降低制造成本和增加销售额空间不大的情况下，降低物流成本成为企业的"第三利润源泉"。

—— ［日］西泽修

第1章

现代物流与物流管理

案例1 "双11"背后的物流对决

2018年天猫"双11"迎来了它的第十年，"新零售和全球化，是2018年天猫'双11'的两个核心关键词。它们正是过去十年中国商业变化最生动的写照。"天猫总裁靖捷说。在他看来，2018年的"618"就是天猫"双11"的预演，不仅用13天完成了去年18天的目标，更见证了传统零售向新零售的华丽转身——全国线下有超过70个新零售商圈、10万家天猫智慧门店、20万个品牌、7000万人同步参与其中，创造了中国商业史上的新纪录。

十年来，阿里巴巴首创的"双11"将年轻人庆祝单身的11月11日变成了零售史上最大规模的消费狂欢日。天猫的高速增长见证了中国商业能量的大爆发，成为中国经济最大的引擎之一。"双11"，更是成为中国商业过去10年绕不开的核心关键词。

一、2017年"双11"当天全网产生包裹13.8亿

2017年天猫"双11"再创新纪录：24小时成交金额达1682亿元！全天支付总笔数达14.8亿，全天菜鸟物流订单达8.12亿，交易覆盖了全球225个国家和地区。大数据公司星图数据统计显示，2017年"双11"全网总销售额达2539.7亿元，产生包裹13.8亿个。据星图数据对20家B2C电商平台的监测，在"双11"销售额方面，天猫占全网比例66.23%，京东占比21.41%，苏宁易购占比4.34%，唯品会占比3.43%，亚马逊占比1.95%，其他电商平台占比2.64%。在各平台海外购销售额占比上，亚马逊为7.3%，天猫为5.4%，京东为4.9%，唯品会为3.7%，苏宁易购为0.6%。

每年"双11"之后，货物的运输、配送都会成为难题。2017年的13.8亿个包裹，又是一个天文数字。国家邮政局监测数据显示，2017年"双11"当天，各邮政、快递企业共处理3.31亿个包裹，同比增长31.5%，已接近2006年中国全年的包裹量。与此同时，在"双11"之前，各部门也都行动起来。铁路部门开启了高铁配送，各物流公司拿出了最好的

方案，"双11"物流的体验和速度纪录在不断被打破：天猫第一个包裹在零时20分就送达，天猫的8.12亿个物流订单只用了一周时间就基本配送完成；1亿个订单的送达时间已经从9天缩短到2.8天；"双11"当天，仅用了16个小时，全国就有340个地级市消费者收到当天购买的物品。国家邮政局数据显示，2006年全国快递业务量10.6亿件，而2016年达到313亿件，10年增长了30倍，业务量约占全球的40%，已连续三年稳居世界第一，对世界快递业务量增长的贡献率达60%。

"双11"大战几乎调动了国内一切可以动员的物流、社会资源，组成了一支集自动化、智能化、信息化和无人化于一体，堪称世界之最的中国"物流天团"。其中，承担阿里"双11"最大份额包裹运送量的当属拥有庞大加盟网络的"通达系"（申通、圆通、中通、韵达）快递企业以及阿里系百世快递。阿里旗下智慧物流菜鸟网络则主要从大数据、智能仓储等各方面赋能合作伙伴，并协同全行业超过300万的快递人员，组织的干线车辆、航空包机等资源增长了30%。

据报道，在2017年天猫"双11"全球狂欢节前夕，菜鸟网络发布了全球领先的超级机器人旗舰仓，上百台机器人单日发货超百万件，截至11日21时，"双11"的物流订单量就超过了7亿件，相当于2006年全年包裹量的2.6倍。报道称，11月12日相关负责人表示，根据历年"双11"的经验，今天的峰值就是明天的常态。"双11"是面向未来的新物流练兵场，是一场科技、数据协同的战役，高成交额、高交易峰值、高物流单量——除了这些意料之中的数据变化外，其幕后更多的是依托人机协同的发力、智慧物流的大举应用。

与此同时，京东则主要依靠自建10年之久的物流军团。目前，京东已拥有中小件、大件、冷链、B2B、跨境和众包（达达）六大物流网络。这支军团的战斗力，在今年首次突破千亿成交额的"京东618"中已经得到检验。"双11"期间，京东自建物流也成为其千亿成交额的重要支撑。数据显示，在北京、上海、广州、武汉等地的13个京东"亚洲一号"智慧物流中心，以及全球首个全流程无人仓、昆山无人分拣中心、全自主研发的武汉无人仓等也全面投用，有效缓解了订单高峰的压力。

此外，"双11"的"物流天团"还囊括了点我达、达达等即时物流平台以及线下数万家快递代办点，它们分别与阿里、京东合作，作为末端配送的有效补充，集体迎战"双11"。

二、"双11" 9年物流发展史

随着2008年新版《邮政法》的正式推出，快递终于有了合法的身份。与此同时，天猫的前身淘宝商城也正式上线。

1. 2009—2010年： 混沌未开

以2009年为基准，当时申通、顺丰、宅急送16岁，韵达10岁，圆通9岁，中通7岁，百世汇通6岁，都处于未成年的状态。以通达系为代表的快递公司，在电商市场初期与加盟制双重背景下，基本上都完成了自己在全国范围内的布局。虽然管理松散，但人心齐整，亟待大量货物涌入。顺丰投资1亿元注册了顺丰航空，同年第一架B757全货机首航。如今看来，这两年"双11"就是玩闹，2009年"双11"当天销售额5000万元，参与的商家有27户，产生的快递件数更是无从谈起；2010年增至9.36亿元，参与的商家有771户，快件量达1000万件。对当时吃不饱的通达系而言，"双11"只能算是一盘开胃小菜。

2. 2011年： 爆仓元年

52亿、2200户商家、2200余万件包裹，除了顺丰外，其他快递公司集体爆仓。在有图有真相的年代，各种包裹山在网上流传，爆仓负面新闻层出不穷，于是快递企业蒙了，阿里巴巴蒙了，管理部门也蒙了。当时的快递企业多数还处于草莽期，快递员手中的快递把枪好像除了顺丰和国际四大公司人手一把之外，其他几家还未普及。中转场还只是普通的皮带机，分拣全靠手工，一个熟练的分拣员需要记下成百上千的地址信息，随便走一个都有可能让整条流水线瘫痪。由于预警和准备不足，大量快件被积压在各大公司的转运中心。面对不断涌入的包裹，面对各种舆论的压力以及政府的监管，快递企业第一次感受到压力——如何应对和解决短时间内暴增的快件。爆仓这个形象的词汇，也在这一年深深地烙在了快递行业的身上，直至今日，如影随形。

3. 2012—2015 年： 菜鸟与飞翔

2011 年的惨况，让所有人记忆犹新。这也注定了接下来的每一个"双 11"，阿里、快递公司、监管部门都必须有所行动。这时，就不得不提菜鸟网络了。从 2012 年的"双 11"开始，阿里开始启用物流预警雷达，派人驻点快递企业。2013 年菜鸟创立，从初试牛刀到指挥各家快递公司，挟数据以令"诸侯"，从数据端确保"双 11"物流配送不出纰漏，这几年菜鸟的作用也日渐显现。对于劳动密集型的快递公司而言，为了确保"双 11"能顺利度过，最直接的就是投放各种资源。常年关注这类新闻者会在"双 11"前一个半月开始看到以下不断重复的内容，直到今日好像也是这些。

扩场地：扩建、扩容、临时租赁等；

增运能：千万辆级别以上的购入和储备；

招员工：快递员、操作工、客服、分拣员、驾驶员，包括大量临时工在内；

添设备：升级信息系统、改造流水线、装配手持终端配等；

年年岁岁，周而复始。

不过，其中航空运力的投入成为"双 11"期间为数不多让大家感兴趣的亮点。公开信息显示，2013~2014 这两年的"双 11"有 100 多架飞机参与物流配送，其中顺丰旗下的 36 架全货机每日可发运货量 1800 吨，散航腹仓带货每日最多可获取 3850 吨。2015 年相关数据显示，"双 11"期间有 120 多架全货机参与，其中为顺丰服务的 42 架全货机每日可发运货量 2000 吨，散航腹仓带货每日最多可获取 4500 吨，可以说那几天的飞机十有八九都会承载着顺丰的快件。航空领域不只是顺丰，在 2015 年"双 11"前夕，圆通也专门弄了一架"淘宝号"参与其中。

4. 2016 年： 资本元年

2016 年最主要的几家快递企业纷纷启动上市，尽管顶着资本光环，但在"双 11"备战方面和过去没有本质区别，随着各家公司的启动上市，在资金方面更为充裕，血拼的弹药更加充足，这反而是一柄双刃剑，中国快递业可能走向更加疯狂的"双 11 军备竞赛"。当时媒体报道的数据显示：

圆通：全网人员将达到 50 余万，其中大部分为临时、兼职人员。

申通：除增加客服人员外，还新增云客户，将在校大学生的资源汇集起来，通过业务测评、风险评估等，将他们纳入在线客服、电话客服等基础服务岗位。

韵达："双 11"业务量最高峰期间，新增临时人员 3 万人左右，包含临时工、小时工等，从"双 11"当天到 11 月 21 日期间，预计共增加临时人员 11 万人左右。

天天快递：各集散分拨转运平台预计投入 4400 多名应急人员，保障转运速度及时效。

据菜鸟网统计，全快递行业将有 268 万一线人员投入快递服务，较 2015 年增长超过 50%，干线车辆增长 59%，航空运力增长 40% 左右。虽然这些年大家备战"双 11"越来越有经验，也尽量发挥了协同作用和流量预警功能，但是基础模式——堆资源并没有改变。

不过，这一年"双 11"堆资源却堆出了个网红。除了原有的公路运输、航空运输外，顺丰还与中铁合作，用高铁运输快件，此消息一经曝光，网友随即脑洞大开，使顺丰一下子成了微博热搜。仔细观察网上各种调侃快递坐高铁的图片，顺丰的每件包裹尽管看起来臃肿，但放置在座位、过道上时依旧留有余量，既保证了快件的安全，又不会损坏车厢内的设施，显然顺丰对快件的大小、重量等经过了严格的测算。

5. 2017 年： 一场快递秀

2017 年 11 月 11 日凌晨 00：00，一位家住上海的徐女士订了一张床垫。15 分钟后，物流师傅上门安装。与此同时，南京苏宁通过机器人"小 biu"配送了一单青岛啤酒。从用户 00：30 下单到"小 biu"送货上门，整个过程仅用时 3 分钟。不知道从何年何月开始，"双 11"期间的首单似乎成了一种仪式，就跟"头炷香"一样。虽然其背后不乏大数据的支持，但年年刷新着人们大脑的下线。如果说申通、京东、菜鸟的智能仓储分拣技术等是后台运作，好不好用只有自己知道，那么从去年开始，各家快递公司都已采用各种无人设备，如无人仓、无人机、无人车、机器人配送等，啥吸引眼球做啥，但真正大规模使用的依旧是极少数。似乎和"双 11"的价格一样，物流配送也从以前实打实的埋头苦干变成了一场秀。

菜鸟网络反复强调的一点是：不做自建物流。其核心目标是为电子商务企业、物流公司、仓储企业、第三方物流服务商等各类企业提供平台服务，而不是自建物流或者成为物流公司。菜鸟网络 CEO 童文红坦言，快递业在可持续发展的同时需要供给侧的创新，只有共享互联才能解决物流的末端难题和绿色环保问题。菜鸟网络是以社会协同为理念、以赋能生态为初心的中国物流数据的大中台。近年来，菜鸟网络所做的事情都紧紧围绕着提升中国物流的效率、做好数据大中台这件事情，大方向是标准、数据。其中数据里包括底层的算法，以及怎么把生态链上的企业协同起来，让所有环节在一个正向的生态圈中运转。实际上，以"双 11"为代表的中国物流生态，是任何一家公司都无法依靠自营直面的，只有依托于菜鸟的生态才能够完成如此艰巨的任务。正是有了这样的生态系统，消费者才可以在家随心所欲地购物、愉悦地欣赏晚会，而不再去担心物流的时效性与准确性，享受真正的电商节日。

（来源：亿欧网，https：//www.iyiou.com/p/60300，2017-11-20）

案例分析

阿里巴巴旗下的天猫、淘宝两大公司，不断刷新着中国电商行业发展的纪录。电子商务的出现，在很大程度上方便了最终消费者。消费者不必再到拥挤的商业街挑选自己所需的商品，而只要坐在家里上网浏览、查看、挑选，就可以完成购物。但试想，如果消费者所购商品迟迟不能到货，或商家送货非自己所购，那他们还会上网购物吗？物流是电子商务实现以顾客为中心理念的最终保证，缺少现代化物流技术与管理，电子商务给消费者带来的便捷就等于零，消费者必然会转向他们认为的更可靠的传统购物。本案例就说明了物流对电子商务发展的重要意义。

在商业活动中签订购销合同的同时，商品所有权便由供方转移到了需方，而商品实体并没有因此到达需方。在电子商务条件下，顾客通过网络购物完成了商品所有权的交割过程， 但只有商品和服务真正到达顾客手中， 电子商务活动才告终结。 在整个电子商务活动中， 物流实际上是以商流的后续者和服务者的姿态出现的。 没有现代化物流, 轻松的商务活动只会退化为一纸空文。

无论是在传统的贸易方式下， 还是在电子商务下， 生产都是商品流通之本， 而生产的顺利进行需要各类物流活动的支持。 从原料的采购开始， 便要求有相应的供应物流活动将所采购的材料送到位， 否则生产就难以进行； 在生产的各工艺流程之间， 需要有原材料、 半成品的物流过程， 即所谓的生产物流， 以实现生产的流动性； 部分余料、 可重复利用物资的回收， 也需要所谓的回收物流； 而废弃物的处理， 更是需要废弃物物流。 可见， 整个生产过程实际上包含了一系列的物流活动。 合理化、 现代化的物流， 能通过减少费用来降低成本、 优化库存结构、 减少资金占压、 缩短生产周期, 从而保障现代化生产的高效运行； 相反， 缺少了现代化物流， 生产将难以顺利进行， 无论电子商务这种贸易形式多么便捷， 都会是无米之炊。

在电子商务和物流业互动成长的过程中， 物流业开始发生前所未有的变化， 从卖家发往买家的一个个包裹或将引领行业发展的走向。 引入信息化处理技术， 增加了物流业的技术含量； 在扩大覆盖范围、 提高配送效率的同时, 创造出一个个增值服务； 电商自建物流的加入， 更是加剧了整个行业的竞争。

案例2 中储发展股份有限公司西安分公司从仓储企业到现代物流中心的嬗变

近几年，中储发展股份有限公司西安分公司全面落实科学发展观，积极拓宽经营思路，坚持全方位发展，注重多种经营并举，走出了一条自我发展之路。目前公司已由原来的一个普通仓储企业发展成一个集仓储、运输、货运代理、现货市场、信息服务、流通加工、物流质押（金融）等于一体的第三方综合性大型现代化物流中心，同时带动周边地区小型物流运输、连锁经营、餐饮服务等相关产业的发展，成为推动陕西区域经济发展繁荣的起动机和助推器，引领着陕西乃至西北地区现代物流企业的快速健康发展。

一、 企业发展现状

中储发展股份有限公司西安分公司（原西安中储物流中心）隶属于国资委所属国有企业集团之一中国诚通集团下属的中国物资储运总公司。公司占地面积40万平方米，拥有4条铁路专用线，库房30多栋达10万平方米，货场15万平方米，各种起重、装卸、运输设备共计100多台（辆），物资吞吐量每年在240万吨以上。目前公司的主要客户资源以钢材、家电为主，还有有色金属材料、纸品、装饰建材、食品等。公司现有客户600多家，遍及全国各地。其中有家电客户60多家，格力、春兰、新飞、荣事达、澳柯玛、西门子、小天鹅、志高、科龙等已成为公司的长期服务对象。近年来公司加快城市快速消费品业务的拓展，先后引进了雪花啤酒、茅台酒、美特斯邦威、李宁服饰、西北国药、双汇等品牌客户。目前，企业发展已驶入快车道。

二、 转变经营理念

随着物流业在我国的兴起，许多企业纷纷打着"现代物流的旗号"相继进入人们的视线。一时间，发展现代物流成为一个热门话题。公司作为西北大型物流企业，敏锐地看到了这一变化，努力发挥着自身储运优势，积极尝试从传统储运向现代物流转变。坚持全方位发展、注重多种经营并举，给一度大量闲置的库房和场地带来无限生机，实现了经营理念的跨越，彻底打破了原来的流通体制，极大地满足了客户的个性化消费需求。公司不断对社会闲散资源及周边个体运输户进行整合，充分利用现代物流理念对车辆进行管理，以达到满足客户需求、降低社会总成本的目标。

三、 培育物流市场

仓储不是物流，仅仅是物流的一个环节。物流具有系统化特性，只有系统考虑保管、运输、配送、分拣、包装、加工、装卸、信息服务等环节，才能使物流活动达到效率化、快速化和整体最优化。

多年来，公司凭借 15 万平方米的货场、10 万平方米的库房、4 条铁路专用线、完善的起重运输设施以及中储在全国物流组织网络的优势，紧密联系我国国情，结合地区实际，坚持"本土化"经营。同时借鉴国内外先进物流业经验，奋力开拓市场，积极寻求发展机遇。在拓展配送业务过程中，重点提供家电产品销售物流服务。根据客户商品的特点，先后购置 10 多辆厢式货车充实运力，满足配送需要。现在，格力、春兰、荣事达、新飞、志高、雪花啤酒等近 20 家家电客户及生活资料客户已与公司展开深层次的物流配送合作，配送方式也由单一配送转向共同配送，从而大大降低了运输成本。以 B2B 为主，负责向陕西地区各大超市和商店及西北五省配送。在深入市场调研的基础上，公司了解到许多客户在发展过程中遇到了资金瓶颈问题，于是通过论证开发了物流质押（金融）业务，延伸物流服务链条，与银行合作为客户解决资金短缺问题。通过开展此项业务，实现了公司、客户和银行"多方共赢"。

四、 提高服务水平

信息化是现代物流的灵魂，没有信息化就没有物流的现代化。在中储总公司的指导下，分公司根据实际情况，对业务流程进行了改造优化，并开发引进了仓储管理软件。目前公司的仓储业务基本实现了计算机管理，客户登录中储物流网即可查询库存动态，对库存进行有效监控。同时，还可以通过公司中心网站进行信息广告的发布，实现信息共享交流。完善办公局域网后，管理层可以随时运用计算机对生产经营动态进行控制，极大地提高了工作效率。

此外，公司还对起吊设备进行了信息化改造，使每钩货物都可以在起吊过程中被准确测出重量，极大地方便了客户。在治安安全方面投资了 30 多万元进行技防布控，在办公区、生产作业区和安全重点防范区域安装了监控设备、红外线感应系统等高科技安全监控设施，有效保证了公司物资、财产和人员的安全。

要发展现代物流，人才是关键，而大量的现代物流理念和理论知识是基础。公司积极采用各种办法加大对员工的培训力度，除经常选派一些生产、管理干部外出学习参观，积极参加物流论坛会外，还加强对员工服务理念的教育。同时，还经常开展多种形式的优质服务活动，使员工服务意识得到大幅提升，形成了"以客户为中心、为客户创造价值"的服务理念，"优质高效、便捷周到"的中储服务品牌已经贯穿于工作的各个方面。

随着公司内部改造、整合的完成，以及传统储运设施、技术改造和项目投资力度的进一步加大，中储发展股份有限公司西安分公司将成为一家组织规范、设备先进、功能齐全、管理科学、服务一流的现代物流企业。

（来源：物流天下网，http：//www.56885.net，2007-03-22）

传统物流往往只注重仓储或运输，而现代物流具有系统化特性，只有系统考虑保管、运输、配送、分拣、包装、加工、装卸、信息服务等环节，才能使物流活动达到效率化、快速化和整体最优化。传统物流企业的改造、发展，任重而道远。

现代物流是人类进入信息经济时代为适应全球经济一体化的产物，也是现代社会经济正常运行的主动脉。它泛指原材料、产成品从起点至终点伴随相关信息有效流动的全过程，包含了产品生命周期的整个物理性位移。现代物流将运输、包装、仓储、装卸、加工、整理、配送与信息等方面有机地结合起来，形成完整的供应链，为用户提供多功能、一体化的综合性服务。

从20世纪初到50年代，物流概念处于孕育与产生阶段。1901年，John. F. Crowell在美国政府报告《农产品流通产业委员会报告》中第一次论述了对农产品流通产生影响的各种因素和费用，从而揭开了人们对物流活动认识的序幕。1915年，美国市场学者阿奇·萧（Arch. W. Shaw）在其由哈佛大学出版社出版的《市场流通中的若干问题》（Some Problem in Marketing Distribution）一书中提出物流的概念，叫作"Physical Distribution"。1933年，行业团体美国市场营销协会（AMA）最早给物流（Physical Distribution，PD）下的定义是："物流是销售活动中所伴随的物质资料从产地到消费地的种种企业活动，包括服务过程。"第二次世界大战期间，美国根据军事上的需要，率先采用了"后勤管理"（Logistics Management）一词。战后，"后勤管理"的概念被引入商业部门，并被称为商业后勤（Business Logistics）。1927年，Ralph Borsodi在《流通时代》一书中用Logistics来称呼物流，为物流的概念化奠定了基础。

1963年，美国物流（PD）管理协会成立，于是从管理的角度定义物流。经过20多年的实践，物流向一体化方向发展。美国物流管理协会于1985年将PD更名为Logistics，并重新定义物流："物流是对货物、服务及相关信息从起源地到消费地的有效率、有效益的流动和储存进行计划、协调和控制，以满足顾客要求的过程。"在物流实践中，20世纪80年代末期和90年代初期，市场经济快速发展、欧美和日本等国家运输管制放松、信息技术日新月异、质量理念不断创新、合作伙伴和战略联盟等新型市场组织形式的发展，将物流管理的发展推到了供应链管理的新阶段。

目前国内讲的这个"物流"概念，是从日本引进并直接使用的。"物流热"在日本的兴起是1955年年末到1965年，这是"二战"后日本经济从复苏转向高度发展的时期。当时的日本组团赴美国调查"流通技术"（Distribution Techniques），他们把 Physical Distribution（PD）的概念带回日本，并向政府提出了重视物流的建议，最终在产业界掀起了 PD 启蒙运动。20 世纪 60 年代，日本物流专家把 Physical Distribution 译为"物的流通"，1970 年以后简称为"物流"并沿用至今。1987 年，在李京文教授等人主编的《物流学及其应用》一书中，物流被定义为："物质资料在生产过程中各个生产阶段之间的流动和从生产场所到消费场所之间的全部运动过程。" 1995 年，王之泰教授在《现代物流学》一书中，将物流定义为："按用户（商品的购买者、需求方、下一道工序、货主等）要求，将物的实体（商品、货物、原材料、零配件、产成品等）从供给地向需要地转移的过程。这个过程涉及运输、储存、保管、搬运、装卸、货物处置和拣选、包装、流通加工、信息处理等许多相关活动。" 1996 年，吴清一教授在《物流学》一书中，将物流定义为："实物从供给方向需求方的转移，这种转移既要通过运输或搬运来解决空间位置的变化，又要通过储存保管来调节双方在时间节奏方面的差别。" 1997 年，何明珂教授在《现代物流与配送中心》一书中，将物流定义为："物质实体从供应者向需要者的物理性移动，它由一系列创造时间和空间效用的经济活动组成，包括运输（配送）、保管、包装、装卸、流通加工及物流信息处理等多项基本活动，是这些活动的统一。"

2007 年 5 月 1 日实施的《中华人民共和国国家标准物流术语》（GB/T 18354—2006），将物流定义为："为物品及其信息流动提供相关服务的过程。" 这个定义是对从 2001 年 8 月起实施的第一版《中华人民共和国国家标准物流术语》（GB/T 18354—2001）中物流定义的进一步凝练："物品从供应地向接收地的实体流动过程。它是根据实际需要，将运输、储存、装卸、搬运、包装、流通加工、配送、信息处理等基本功能实施的有机结合。"

案例 3　德尔费公司的物流重组

总部设在美国阿拉斯加的德尔费（Delphi）公司，生产深海鱼油和各种保健品。虽然它在产品设计和开发方面始终保持优势，却由于其复杂、昂贵和无效率的物流系统而面临着利润下降的境况。德尔费公司发现，自身对过多的承运人和过多的系统正在全面失去管理控制。

为了重新获得控制，德尔费公司不得不重新组织其物流作业。德尔费公司新的物流结构的实施，是以将其全部的内部物流作业都转移到联邦速递（Federal Express）的一家分支机构——商业物流公司（Business Logistics）为开端的。商业物流公司的任务是要重新构造、改善和管理德尔费公司在供给链上的货物和信息流动的每一个方面的情况。

在重新组织其物流作业之前，公司有 6 个大型仓库、8 家最重要的承运人和 12 个互不联系的管理系统。其结果是，从顾客订货到向顾客交货期间存在着漫长的时间、巨大的存货以及太多的缺货。如果一位顾客向德国一家仓库寻求一种销售很快的商品，他会被告知该商品已经脱销，而新的供应品要在几个月后才能运到。与此同时，该商品却在威尔士的一家仓库里积压着。平均算来，所有的生产线中会有 16% 的产品在零售店脱销。

德尔费公司意识到，它需要重新分析自己现有设施的地点位置。其建议是，将美国的仓库关闭到只剩一家，它们将从仅为当地顾客服务转变为向全球顾客服务。单一的地点位于靠近美国的制造工厂现场，成为一个世界性的"处理中心"，充当着德尔费公司产品的物流交换所。虽然这种单一的中心概念有可能要花费较高的运输成本，但是德尔费公司认为，这将会由增加的效率来补偿。过去意想不到的需求问题会导致更多的存货，这是因为需要依靠高库存来弥补不确定性和维持对顾客的服务。

公司知道，单一的服务地点与若干小型的服务地点相比，会有更多可预料的流动。现在随机的需求会在整个市场领域内进行分享，在提高某个领域的需求水平的同时就会降低另一个领域的需求水平。

众所周知，运输成本通过存货的周转率得到弥补。事实上，德尔费公司发现，由于减少了交叉装运的总量，单一中心系统实际上降低了运输成本。从美国仓库装货运到零售店，虽然从订货到送达的前置时间大致相同，但是产品只需进行一次装运即可。

德尔费公司现在正瞄准机会增加服务和灵活性，并计划在24～48小时之内实现向世界上位于任何地点的商店的再供货。先进的系统和通信将被用于监督和控制世界范围内的存货，联邦速递的全球化承运人网络将确保货物能及时抵达目的地。德尔费公司还计划发动一项邮购业务，其特色是在48小时内将货物递送到世界上任何地点的最终顾客的家门口。目前该公司1000万美元的邮购业务已经变得越来越强大，但是必须限制其发展，因为它难以跟上不断扩大的订货。新的优越的地点网络，将会使这种发展成为可能并有利可图。

（来源：《世界物流经典案例/现代物流实战丛书》，牛鱼龙主编）

案例分析

现代物流依靠为企业提供增值服务增强竞争力，通过专业化、个性化的服务满足客户需要。近一个世纪以来，无论是美国，还是后来居上的日本，其物流的内涵和外延都在不断放大，物流领域也获得了持续创新。德尔费公司充分发挥第三方物流企业的作用，重新构造、改善和管理供给链上的货物和信息流动的每一个方面的情况，从而增强了企业的竞争力。

所谓现代物流（Contemporary Logistics）是军队的后勤学理论（Logistics）被广泛应用于民用产业，继而深入商业化和职业化的结果。现代物流的兴起，与产业发展史上的运输成本上升、生产效率饱和、库存理念变革、产业组织一体化、规模经济以及计算机与信息技术的广泛使用密切相关。

对现代物流的分类，目前尚未形成统一的看法。为了研究的需要，这里按照物流系统的作用、属性及作用的空间范围的不同进行不同的分类。①按照物流系统涉及的领域，可分为：宏观物流、中观物流、微观物流。②按照物流系统的作用，可分为：供应物流、销售物流、生产物流、回收物流、废弃物物流。③按照物流系统的空间范围，可分为：国内物流、国际物流、区域物流。④按照物流系统的性质，可分为：社会物流、行业物流、企业物流。

案例4 快递包装如何"绿"起来

快递和外卖可谓改变了中国人生活方式的两大产业，但与此同时它们不仅带来了便利，也带来了垃圾。据了解，快递和外卖包装中的问题突出表现在包裹过度包装、使用材料不环保、包装物难以回收再利用等方面。

一件快递包含运单、封套、塑料袋、胶带等多种包装物，有的还要套上纸箱、编织袋并装填缓冲材料，可谓层层叠加。而调查显示，有 55.6％ 的消费者会在拿到快递后直接丢弃包装。国家邮政局发布的《2017 中国快递领域绿色包装发展现状及趋势报告》（以下简称《报告》）显示，2016 年全国快递共消耗约 32 亿个编织袋、68 亿个塑料袋、37 亿个包装箱以及 3.3 亿卷胶带。这些材料不仅会消耗大量资源，直接丢弃后还会造成严重的环境污染。

例如消耗量增长最快的快递包装塑料袋，其材质大多是低密度聚乙烯，含有塑化剂、阻燃剂等有害物质，焚烧时会产生二噁英，造成大气污染，严重影响人体健康；而封箱胶带的主要材质是聚氯乙烯，如果将它埋在土里，100 年也降解不了。此外，全国每年因快递包装过度而浪费的瓦楞纸板大约有 18 万吨，相当于毁掉 1547 公顷森林。

据国家邮政局测算，仅 2017 年"双 11"期间，全国就产生了超 15 亿件快递包裹。若按照每件快递产生 200 克垃圾来算，15 亿件快递就会产生 30 万吨垃圾。国家邮政局最新数据显示，2017 年全国快递业务量达 401 亿件，同比增长 28％，连续四年稳居世界第一。照此计算，全国一年产生的固态垃圾将超过 800 万吨。而另有数字显示，中国每年的快递件数还在以 100 亿件左右的速度增长。快递产生的垃圾很多，但回收却很少。北京印刷学院青岛研究院副院长朱磊曾在接受媒体采访时透露，中国包装垃圾的总体回收率小于 20％，其中纸箱只有不到一半被回收，而快递包装中的填充物、胶带等塑料成分的回收率几乎为零。

随着行业发展产生的巨量垃圾，早已超出城市垃圾的处理能力。"不能等我们尝到了苦果才开始解决"，这些天量的快递和外卖垃圾都是如何处理的呢？

一、 国内尝试

国家发改委 2016 年 8 月公布的《循环经济引领计划》和工信部、商务部两部委 2016 年 12 月联合下发的《关于加快我国包装产业转型发展的指导意见》分别针对快递包装回收和绿色包装研发工作给出指导性意见，后者提出要"推广绿色包装技术"，"推行简约化、减量化、复用化及精细化包装设计技术，扶持包装企业开展生态（绿色）设计，积极应用生产质量品质高、资源能源消耗低、对人体健康和环境影响小、便于回收利用的绿色包装材料。"目前，国家日渐重视快递包装行业的绿色化发展。

参与了国家邮政局《推进快递业绿色包装工作实施方案》调研工作的朱磊介绍"这个（绿色包装）是纯粹市场化的行为，要走研发，国家科技部、财政部到地方政府、科技局，都有支持研发的体系。"此外，业内也提出"绿色快递"的概念，探索快递装配、运送、回收、再利用一体化机制。

2014 年 8 月，当当网曾在福州仓推出生物基可降解塑料袋，但由于材质薄、韧性不足、影响用户体验等，在投放市场 3 个月后停止使用。

2016 年，苏宁、1 号店等商家开展了用积分奖励快递包裹回收的环保行动，但未能采取持续有效的模式。

在 2016 年 6 月的全球智慧物流峰会上，菜鸟网络宣布将联合包括日日顺物流、中国邮政、四通一达等在内的 32 家中国及全球合作伙伴启动菜鸟绿色联盟——"绿动计划"，承诺通过绿色交通、绿色包装、绿色回收，以及使用统一标准的电子面单，提高资源使用率和物流效率，实现未来 5 年减少行业总体碳排放量 362 万吨，以促进整个物流行业健康可持续发展。2016年12月，无胶带纸箱和全生物降解快递袋作为菜鸟网络"绿动计划"的一部分在天猫企业购绿色包裹专区上线。

2017年6月5日，京东物流携手宝洁、雀巢、惠氏、乐高、金佰利、农夫山泉、联合利华、屈臣氏、伊利九大品牌商共同发起了一项针对绿色供应链的联合行动——"青流计划"，并与环保组织WWF（世界自然基金会）签署了《中国纸制品可持续发展倡议书》，以助力绿色快递。实施该举措后，预计到2020年，京东将减少供应链中一次性包装纸箱使用量100亿个，这相当于2015年全国快递纸箱全年的使用量；从品牌商到电商企业的供货端，京东物流将实现80%的商品包装耗材可回收、单位商品包装重量减轻25%；在用户端，京东物流50%以上的塑料包装使用生物降解材料、100%的物流包装使用可再生或可回收材料、100%的物流包装印刷采用环保印刷工艺。

参与了绿色包裹标准研发工作的中国塑料加工工业协会降解塑料专业委员会秘书长翁云宣介绍："按照GB 20197标准的生物降解材料，在实验室环境下，180天的实验周期内可以变成二氧化碳和水。到了自然界以后，在满足一定条件的情况下，4～5个月应该会被分解成二氧化碳和水。"

2017年3月，菜鸟绿色联盟公益基金成立，计划未来将投入3亿元，用于对绿色物流、绿色供应链等方面的研究。4月21日是"阿里地球日"，这天美的、海尔、飞利浦等12个商家和菜鸟网络合作，承诺捐出阿里电商平台销售收入的一部分，用于推广绿色包裹。据中国再生资源回收利用协会估算，1吨废纸回炉后能生产0.8吨再生纸，即仍有0.2吨的缺口要靠砍伐树木来弥补。"即使建立了密闭的回收体系，也会有一部分（污染物）释放到环境中，不在密闭回收体系里的那一部分如果用生物降解材料，也能避免对环境造成污染。"翁云宣说。

目前，当当网、苏宁易购等电商都针对快递包装回收采取了新举措。当当网使用回收纸类填充物替代塑料制品填充物，苏宁易购则在2017年4月推出了新的"漂流箱计划"。"漂流箱"即可循环的塑料箱，长约0.3米，宽0.2米，用于代替普通纸箱装载消费者购买的产品，由快递员进行"最后一公里"投递。用户可在苏宁易购自提点、社区代收点自提快递，取出商品后将塑料箱放回自提点以供回收。此外，用户还可选择送货上门，当面拆箱验货签收后，将漂流箱交由快递员带回后循环使用。

二、 国外做法

1. 美国： 回收包装企业可减税

美国从20世纪90年代便开始关注绿色包装。为了提高企业回收包装的积极性，美国各州政府根据企业包装回收利用率的高低，适当减免企业的相关税收。同时，美国还在《资源保护与回收利用法》中规定，"减少包装材料的消耗量，并对包装废弃物进行回收再利用"。

国际上著名的纸箱生产商利乐包、艾罗派克、唯绿包装、康美包等已经成立纸箱理事会，以促进纸箱在美国的循环利用。目前，美国已在包装废弃物回收利用方面形成产业化运作，不仅改善了环境、提高了资源利用率，而且提供了大量的就业机会。

除了包装设计外，一些美国企业还在包装材料技术上进行了积极探索，如酒类包装物是用秸秆制成的，不仅强度高，便于物流运输，而且环保。

2. 日本： 鼓励包装再生利用

日本在包装绿色化方面的表现，可谓非常突出。

日本不仅制定并实施了《包装再生利用法》，还致力于回收体系的建设，鼓励在境内建立大量回收站。消费者对包装废弃物进行分类后，日本的收运系统会通过定时回收、集合中转等方式，将它们运输至专门的处理中心进行再循环、再制造处理。

3. 德国： 立法立标强制回收

在法律法规中明确各方责任，有利于废弃物的循环和追责，德国在此方面的做法十分突出。20世纪90年代，德国出台了《包装废弃物管理办法》，提出包装废弃物管理应按照"减量化、再利用、再循环、最终处置"的顺序进行，并设定了不同包装废弃物的回收目标和时限，强制性地要求包装生产商、销售商共同对包装回收负责。

该办法还针对包装废弃物从收集到最终处置制定了量化标准，比如规定80％的包装废弃物和100％的运输包装必须回收利用，这样就使包装处理的每个环节都有具体标准可依。

另外，德国还出台了《包装回收再生利用法》，要求除了包装生产商外，从事运输、代理、批发、零售的企业也必须负责回收包装物。

4. 法国： 回收系统责任分工明确

法国在1994年出台的《包装废弃物运输法》中明确规定，消费者有义务将废弃的包装物主动交给生产商或者零售商进行回收处理。此外，法国还组建了废弃物回收机构，并由生产及制造厂商作为其股东，同时还引入了保证人，以保证回收机构有完备的监督机制以及公允性。

在回收系统中，各个部门紧密相连，各级之间都签订了协议书及约定书，责任分工明确，所以具有很好的内部控制效果，为相关行业对所产生的包装废弃物的高度回收提供了很好的保证。

5. 比利时： 税收助力回收利用

比利时制定一种"生态税"，规定凡用纸包装的食品和使用回收复用的包装都可以免税，其他材料则要交税。对于使用可回收复用的包装，必须出具已被重复使用的证据。

6. 荷兰： 合同明确规定资源回收

荷兰包装界代表与政府签订了一份合同，其内容包含了荷兰市场上流通的外国产品。该合同明确自1997年1月1日起65％的包装材料必须可重复使用，其中45％的包装材料必须回收，20％的包装材料则要求利用焚化法去生产能源。

（来源：新华网，www.xinhuanet.com，2018-03-20）

案例分析

随着中国快递行业的发展，绿色低碳已成为一个可以预见的重要趋势。绿色行动提升了行业和社会对绿色包装的关注，因此政府和社会力量应积极寻找一个可持续的、更绿色的解决方案。这是现代物流发展过程中必须正视的问题。

现代物流的发展对于降低物流成本、提高企业利润有着不可估量的重要作用，同时对于提升企业的整体竞争力也有着积极的作用。

物流的职能包括：①克服供需之间物资的空间距离。通过运输、配送等方式，将供应者手中的物资转移到需求者手中，创造物资的空间效用。②克服供需之间物资的时间距离。通过储存、保管等方式，将供应者手中的物资转移到需求者手中，创造物资的时间效用。③克服供需之间物资形状性质的距离。通过流通加工的方式，将供应者手中所具有形状性质的物资改造成具有需求者所需要形状性质的物资，创造物资的形状性质效用。

案例5　奥运村背后的可视化物流管理

　　奥运物流对于任何一届奥运会的成功举办都有着举足轻重的作用。但奥运村客户群体比较复杂，物资需求品种多、数量大，加上奥运村内空间单元多、物资进出频繁、作业集中程度高、运行周期长等，使得该项工作难度较大。

　　从第25届巴塞罗那奥运会开始，历届奥运会的主办者就在不断加大对物流的管理力度。但是，单纯地增加管理人数并不能从根本上简化这一烦琐的任务。因此在北京奥运会上，为保证奥运村物流项目高效有序的运行，做到物资进入、移动、运出的准确、安全，以及库存的合理控制和管理，北京奥组委采用了一种全新的数字化方式来对奥运村的物流和空间规划进行管理，帮助奥组委后勤保障部门做到最快速地响应，满足来自各个国家官员、运动员在入住方面的要求和需求，并且提供更好的服务体验。

一、　奥运村物流管理更具挑战性

　　奥运村共有42栋公寓楼，1万多间客房，用于在奥运会期间接待来自204个国家将近16000名的运动员和官员。他们因为宗教信仰、生活习惯的不同，对很多房间的具体布置都有一些特定的要求。

　　残奥会运动员代表有7000多名。奥运会结束之后，整个奥运村要从奥运会居住环境转转换适合残奥会的环境，而残奥会运动员因为不同的身体情况，要求更加复杂。这就意味着奥运会的整个后勤保障部门要在规定的时间内对几千间客房实现快速转换，进行物资的移入和移出。

　　运动员的整个入住时间其实非常短，在这个过程中，他们的需求会实时发生变化。一旦他们提出更改需求，后勤保障部门就要根据他们的要求快速地响应。比如房屋内设施的变更、移入、移出，都会产生大量人力物力的投入以及大量物资变更的要求。

　　另外，各个职能部门在奥运村里面的空间需求不一样，布局、物资需求也不一样。各代表团和运动员的需求多种多样，这些信息怎么把握？这是一个难题，要记录下来以便修改更新，并且能够实时反映到数据库资料里，这样就节省了大量的人力物力做录入工作和统计工作。这些情况在每届奥运会中都会遇到，无论悉尼也好，雅典也罢，转换期都不少于一周，而北京却只用了26个小时。

　　北京奥运村管理的挑战，还在于参与各方面项目的人很多，工作人员的构成来自各行各业，所以需要一个非常直观、简单的信息交流系统。

二、　全新的数字化体验

　　整个奥运村有12个居民服务中心，用来满足各个代表团和运动员的需求。村里设有一个后勤客户服务中心，负责收集由各居民服务中心上传到客户服务中心的需求信息，并向后勤各运行团队下达工作单指令。

　　当某个运动员发现房间的桌子坏了需要维修时，就会到居民服务中心告诉工作人员，工作人员再电话通知后勤客户服务中心，后勤客户服务中心工作人员接到电话后，录入一个工作单，并自动发送到相关的职能部门，职能部门会派人提供服务，服务完之后在工作单里销掉。

　　这一过程看似简单，但是在奥运会这种环境下，要确保"零投诉"很难。面对奥运村物业管理的需要，奥运村空间规划和物资信息管理系统采用了Autodesk最新的3D设计及数据库技术和协同作业技术，以 3D 图形方式创建了 BIM（建筑信息模型技术）数据，实现了在虚拟的世界中进行现实的奥运村的物流管理，从而显著提升了庞大物流管理的直观性、降低了操作难度，使奥运村物流管理在物资品种多、数量大、空间单元复杂、资产归属要求绝对准确、物资进出频繁、作业集中度高的情况下得以高效、有序和安全地运行。

这个系统的核心功能是图形与数据库同步连接，自动生成数据表。比如前期的移入工作，一万多个空间单元、几十万件家具电器，都需要一个完备的信息和方案，就是通过这个系统完成的。每个空间单元都是一图一表，每一张三维立体图对应一张数据表，然后安排人员贴在相应的空间单元上，以便家具供应商据此做移入工作，后面的核查也按照这个进行，统计数据将自然生成。

这些工作单不是简单的示意图，而是根据真实环境模拟的三维模型图。三维信息模型的核心点是，所有的数据都是数字化导入，比如房间的格局、房间的模型、所有物资器材信息等。如 A 厂商生产的办公桌和 B 厂商生产的写字台在这里面的体现是不一样的，所有的物资都被数字化地导入真实的基于奥运村房间布局和楼宇布局的三维模型中去。这里有一个协同的平台，不同的管理方需要协同完成，比如水电部门、设备部门以及其他后勤部门，都必须在此交换数据，通过各个部门的协作，最终让房间从各个方面都符合代表团官员和运动员的要求。

三、 奥运"遗产" 可以复制

奥运村空间规划和物资信息管理系统已经不是所谓的传统意义上的信息管理系统，而是可以让非专业人员非常直观、可视化地看到所服务目标发生的各种变化带来的要求和影响。

由于数据中心、建筑规划信息、建筑模型信息都数字化在这个系统当中并整合在一起，可以根据对这个活动或者整个物业的要求去模拟动态情况。例如，运动员大概会提什么样的要求，如果提出这样的要求能否应对，怎样调整后面物资的配比，如何安排物资的分布、物资的配送等。奥运村服务人员在可视化的界面下，会根据模拟出来的结果做实时分析，从而大大提高了判断能力和响应速度。

奥运村可视化物流管理虽然是一次性项目，但是这种需求应该具有普遍性和广泛性，特别是在城市化进程越来越快的时候，有大量的商业活动、居民活动都会与此相关，其运用面非常广泛，其成功经验可以复制到目前面临的各种相关需求中。

（来源：物流天下网，http：//www.56885.net，汪兴洋）

北京奥组委通过采用现代信息技术手段对奥运村的物流和空间规划进行管理，实现了奥组委后勤保障部门最快速的响应，满足了奥运村复杂客户群体的需求，为他们提供了更好的服务体验。北京奥运会的成功经验，对于组织好大型的商业活动具有积极的作用。

物流管理的复杂性，很容易造成物流成本增加、费用流失。理顺和管理好企业生产运营过程中的现金流、物流、商流、信息流四大系统，对于企业的经营管理具有重要的作用。

总的来说，物流活动可以分成物流作业活动与物流管理活动两大类（见图1-1），物流作业活动又可以分为运输、储存、包装、装卸搬运、配送、流通加工、信息处理共七种，分别属于动、静、静动状态三种类型，并且按不同的目的实行不同的集成，进而组成不同的集成化的物流活动。

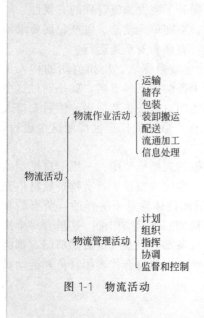

图 1-1　物流活动

管理是指一定组织中的管理者通过实施计划、组织、人员配备、指导与领导、控制等职能来协调与他人的活动，使他人同自己一起实现既定目标的活动过程。因此，物流管理是指对物流作业的管理活动，是为了以最低的物流成本达到用户满意的服务水平，根据物质资料实体流动的规律，应用管理的基本原理和科学方法，对物流作业活动进行计划、组织、指挥、协调、监督和控制。

被国内教材广泛引用的美国物流管理协会（Council of Logistics Management，CLM）将物流定义为："为满足顾客需要，对于商品、服务及相关信息从产生地到消费地高效、低成本流动和储存而进行的规划、实施与控制过程。" 这实际上是对物流管理的定义。

《中华人民共和国国家标准物流术语》（GB/T 18354—2006）将物流管理定义为："为以合适的物流成本达到用户满意的服务水平，对正向及反向的物流过程及相关信息进行的计划、组织、协调与控制。"

案例 6　宝洁公司的第三方物流管理

美国宝洁公司是世界上最大的日用消费品生产企业。1992 年，宝洁公司进入中国市场，并在广东地区建立了大型生产基地。对于刚刚进入中国市场的宝洁公司来说，产品能否及时、快速地被运送到全国各地是其能否迅速抢占中国市场的重要环节。宝洁公司为了节省运输成本，在公路运输之外寻求铁路运输的解决方案。

作为日用品生产商，宝洁公司的物流服务需求对响应时间、服务可靠性以及质量保护体系具有很高的要求。根据物流服务需求和服务要求，进入宝洁公司视野的物流企业主要有两类：占据物流行业主导地位的国有企业和民营储运企业。经过调查评估，宝洁公司认为当时国有物流企业业务单一，要么只负责仓库储存，要么只负责联系铁路运输，而且仓库设备老旧，质量保护体系不完善，运输中信息技术落后，员工缺乏服务意识，响应时间和服务可靠性得不到保证。于是，宝洁公司把目光投向了民营储运企业。

在筛选第三方物流企业时，宝洁公司发现宝供承包了铁路货运转运站，以"质量第一、顾客至上、24 小时服务"的经营特色，提供"门到门"的服务。于是，宝洁公司将物流需求建议书提交给宝供，对宝供的物流能力和服务水平进行试探性考察。

针对宝洁公司的物流需求，宝供设计了业务流程和发展方向，制定了严格的流程管理制度，对宝洁公司的产品可谓"呵护倍至"，达到了宝洁公司的要求；同时宝供长期良好的合作愿望以及认真负责的合作态度，受到了宝洁公司的欢迎，因而顺利通过了考察。宝洁公司最终选择了宝供作为自己的合作伙伴，双方签订了铁路运输的总代理合同，正式开始合作。

在实施第三方物流服务的过程中，宝供针对宝洁公司的物流服务需求，建立了遍布全国的物流运作网络，为宝洁公司提供全过程的增值服务。在运输过程中，宝供保证按照同样的操作方法、模式和标准；将货物运送到目的地后，由受过专门统一培训的宝供储运员工进行接货、卸货、运货，为宝洁公司提供门到门的"一条龙"服务，并按照严格的 GMP 质量管理标准和 SOP 运作管理程序，将宝洁公司的产品快速、准确、及时地送到全国各地的销售网点。双方的初步合作取得了相当好的成效，宝供帮助宝洁公司在一年内节省成本达 600 万美元，宝洁公司高质量、高标准的物流服务需求也极大地提高了宝供的服务水平。

随着宝洁公司在中国业务的增长，仓库存储需求大幅度增加，宝供良好的运作绩效得到了宝洁公司的认同，使宝洁公司进一步将仓储业务外包给自己。针对宝洁公司个性化的物流需求，宝供规划设计和实施物流管理系统，优化业务流程，整合物流供应链，以"量身定做、一体化运作、个性化服务"的模式提高物流的可靠性，降低物流的总成本。在双方合作关系的推动下，宝供建立高水准的信息技术系统以帮助管理和提供全面有效的信息平台，实现仓储、运输等关键物流信息的实时网上跟踪，以及与宝洁公司电子数据的无缝衔接，使宝洁公司和宝供作业流程与信息得到有效整合，从而使物流更加高效化、合理化、系统化。宝供严格和高质量的物流服务帮助宝洁公司极大地降低了物流成本，缩短了订单周期和运输时间，提高了客户服务水平；而宝洁公司促使宝供的物流服务水平不断提升，进而成为当今国内领先的第三方物流企业。

（来源：万联网，www.10000link.com，2008-03-31）

针对顾客的需求提供个性化的物流服务，是现代物流的重要特征之一。宝洁公司针对自身需求，选择宝供作为第三方物流服务提供商，开展了合作伙伴关系，最终实现了"双赢"。在物流需求日益增长和国际国内市场竞争日益激烈的环境下，宝洁公司在应用第三方物流方面取得的成功，将为中国工商企业采购第三方物流服务、选择物流服务提供商树立标杆。第三方物流企业能降低物流成本，缩短订单周期和运输时间，改善客户响应能力，为客户创造价值。工商企业要想选择合适的第三方物流服务提供商，首先要准确界定自身的物流需求，其次要选择能够满足企业需求和目标的提供商，最后要对提供商进行关系管理和绩效评估。企业应用第三方物流在提高服务绩效的同时，能显著降低物流的总成本。

现代物流管理的特征包括以下 5 点：①现代物流管理以实现顾客满意为第一目标。在现代物流中，顾客满意目标的设定优先于网络其他各项活动。具体来讲，即物流体系必须做到物流网络的优化、信息系统的优化、物流作业的优化、物流组织的优化、②现代物流管理的范围包括整个社会再生产过程。以往我们认为物流存在于企业生产阶段和产品销售阶段，而现代物流管理的范围不仅包括生产和流通过程，还包括消费过程。现代物流不仅关注资源开采商、.制造商、分销商、用户等正向物流，也关注退货物流、废弃品物流、回收物流等逆向物流。③现代物流管理的对象除了物品外，还包括服务和信息。物流的名称易使人误以为它只针对实物运动。现代物流的对象，早已超越了实物商品。美国物流管理协会对物流的定义也反映了这一变化。20 世纪六七十年代的定义只涉及实物（原材料、零配件、成品、废弃物），而 80 年代以后则扩大到服务及其相关信息。④现代物流是效率和效果的统一。在许多场合，效率与效果都是矛盾的，如运输速度与运输费用、标准化（实现低成本）与差异化（能获得较高的顾客满意度，但会提高成本）等。其解决办法是战略匹配，即针对顾客的不同偏好或优先顺序，提供不同的物流战略，以取得效率与效果的统一。⑤现代物流管理是对商品、服务及相关信息的一体化管理。在实践中，人们发现许多问题都无法通过改进单一功能得到解决，而必须将包装、运输、储存、搬运等相关要素结合起来进行整体设计和处理。因此，有些问题仅从局部考虑无法得到根本解决，而必须从物流全过程出发进行一体化管理和设计。

案例7 一条三文鱼背后，有哪些冷链物流"黑科技"

来自青海省共和县龙羊峡水库的三文鱼怎么也没想到，自己会在过去几天成为网友们争论的焦点。远渡重洋的三文鱼能走进千家万户，成为消费者心目中的"网红"，与国家农产品冷链流通系统近年来的蓬勃发展息息相关。

推动农产品冷链流通标准化是内贸流通体制改革和物流标准化中长期发展规划（2015—2020年）的重要内容，是推动农业供给侧结构性改革和农业现代化的重要举措。今年，商务部与国家标准委组织第三方专家组对试点城市及试点企业进行了形式审查和现场抽查，确定了4个城市和9家企业为2018年农产品冷链流通标准化示范城市和示范企业。这4个城市是烟台市、潍坊市、成都市和厦门市。你所在的城市是否榜上有名？

生鲜运输发展出哪些"黑科技"？哪些城市又探索出让你"吃得放心"的好做法？商务微新闻将带你一起大开眼界！

一、 从广州到北京， 小鱼安心睡一路

广东某水产公司自主研发了低温暂养、活鱼包装、纯氧配送等专利技术，从塘头到市场采用逐级降温和智能温控技术，在运输过程中不换水，让活鱼处于半冬眠状态，做到全程封闭温控管理，实现"南鱼北运"产业化发展。在不添加任何药物的情况下，使鱼从广东到北京的存活率达到99%以上，让消费者真正吃上了令人放心的新鲜活鱼。有了全程农产品冷链流通链条，长距离跨区域生鲜运输都不是事儿！

二、 冷柜一开娃娃笑， 捧出新鲜荔枝来

什么？你还没吃过当天采摘的新鲜广州荔枝？广州某果菜保鲜公司依托全程农产品冷链流通链条，将当天采收的荔枝包装好，送到恒温车间进行降温及保鲜处理，使果品温度降至5℃，称重装箱继续放置冷库降温后装运冷柜，通过全程监控保证货柜运输保持在0～2℃，直到抵达目的地才开柜。

冷链流通技术及运输模式得到创新，火车也成了运输新鲜农产品的得力工具。山东某公司应用远距离多式联运等新型冷链设备及运输模式，实现不开箱、不倒货就能根据不同保温需要调节温度，进而提高物流效率。这种铁路冷链班列以冷藏集装箱作为载具，依靠温度感应器自动稳定箱内温度，货物从厂家整箱铅封后，冷链短驳至铁路场站。

三、 有了标准化设备， 货物还要用手拿吗

冷链物流效率的提高，离不开标准化设施设备。从标准化托盘到叉车、货架，再到手动液压车，当这些设施遇到伸缩机、皮带输送机、滑槽等全自动输送设备，就可实现装卸、安检、发货、集货和自动分拣等多种功能。目前，我国某些物流公司标准化托盘的配备率达80%以上，使装卸效率提升了50%。

山东某公司又有新做法，他们把每种商品的装载量告知供应商，供应商按要求将农产品装于标准化周转筐，做到全程不倒筐，减少人为接触商品，将整筐直接配送到门店。推行和使用标准化载具的厂家和农户们还可以走绿色通道，享受优先卸货服务。

四、 这个二维码， 扫得放心

我们天天扫的二维码，现在也可以用来查温度了。宁夏一家公司在所有产品包装上都贴上了自动生成的二维码，客户拿出手机就可以查询产品冷藏仓储运输整个过程中的应用标准、产品温度、出入库日期等信息。

除了二维码外，冷链物流监控体系还有大招。农产品冷链物流透明化管理系统，在产品分拣、包装、运输、仓储、配送等环节实现全程监控温度，保障冷链物流不断链。将冷库温度监控预警子系统、GPS温度监控跟踪子系统整合在一起，对接客户系统，客户就能通过网站、手机客户端查询系统数据。比如，烟台一家公司就整合了商流信息、物流WMS、车辆运输管理等系统以及物流信息平台，将温度追踪体系贯穿于各系统之中，建立完善的温度记录及追踪体系。

（来源：物流时代周刊，2018-06-06）

随着人们生活水平的提高， 冷链物流的重要性日益凸显。 这其中， 物流管理发挥着主导作用。

物流管理经历了一个多世纪的发展历程。 西方国家包括美国， 一般将物流的发展过程划分为三个阶段： 第一阶段——实体分配阶段（20世纪初—60年代， Physical Digtribution， PD）。 随着市场由卖方市场变为买方市场， 加上物流研究与销售领域的局限， 生产企业开始把注意力集中到产成品的销售上。在这一阶段， 物流管理的特征是注重产成品到需求者的物流环节。 第二阶段——综合物流阶段（20世纪70—80年代， Integrated Logistics Management， ILM）。 20世纪70年代以后， 国际经济一体化的进程加快，国际间的竞争加剧， 使企业逐渐认识到把物流系统中的各个环节统一为一个连续的过程， 可以有效地进行运作， 大大提高物流的效率。 第三阶段——供应链管理阶段（Supply Chain Management， SCM）。 20世纪80年代后期，许多企业特别是大型跨国公司开始把注意力集中在物流活动的全过程， 即不仅着眼于本企业自身的物流合理化， 还把眼光延伸到了上游的原材料供应商和下游的产品分销商的物流活动， 从而形成了所谓的供应链的概念。 对物流活动全过程的有机整合是这一阶段的特点。 在以上三个阶段中， 第一阶段基本上只是创造降低单个节点中物流活动成本的机会， 因而忽略了整个物流活动各个环节之间的联系。 第二阶段把顾客服务和订单处理明确地整合起来，便于提供综合性服务， 最终使收入得以增加。 尽管到了第三阶段增加利润的余地有所扩大， 但主要是具有战略利益， 因为它包括存货和资产的减少等，资产的生产率和利用率的提高， 对投资的回报产生了积极的影响。

外国专家学者关于物流发展进程阶段划分的观点各有特点， 但都局限于对本国物流发展进程的分析， 还不能从世界范围内把握物流发展的过程。 我国学者翁心刚教授在他所著《物流管理基础》 一书中对物流发展历史阶段进行了划分， 从总体上介绍了物流管理发展的过程和趋势。

从发达国家企业物流管理发展的历史来看， 物流管理的进程可以划分为五个阶段， 如表1-1所示。 通过对物流管理阶段的划分， 既可以清晰地反映出物流管理的发展进程， 也可以为判断企业物流的先进性提供一个标准。

表 1-1　物流管理发展阶段（物流概念的演变）

阶段	特征
第一阶段	物流功能个别管理(Transportation and Warehouseing)
第二阶段	物流功能系统化管理(Physical Distribution Management)
第三阶段	管理领域扩大(介于 PD 和 Logistics 之间)
第四阶段	企业内物流一体化管理(Logistics Management)
第五阶段	供应链物流管理(Suppiy Chain Logistics Management)

案例 8　跨境物流加紧突破东南亚蓝海

东南亚国家既涉及"丝绸之路经济带"，也涉及"21 世纪海上丝绸之路"，是"一带一路"倡议的重点区域。长期以来，贸易、投资和金融合作是中国与东南亚国家的主要内容。近两年，随着数字贸易逐渐成为全球经济发展的新动力，在"一带一路"倡议的带动下，中国和东南亚的跨境电子商务迎来了前所未有的发展机遇。

数据显示，东南亚是全球 B2C 电商发展第二快的市场，泰国、印尼、菲律宾、新加坡、马来西亚等国家电商发展势头强劲。而目前，东南亚网购量只占其全部零售的 2%，市场潜力巨大。在此背景下，阿里巴巴、京东等电商巨头纷纷登陆东南亚，使东南亚跨境电商市场一片蓝海；与此同时，跨境物流更在其中寻得了机遇与突破。

2017 年 3 月，中国境外首个 eWTP 的国际超级物流枢纽在马来西亚吉隆坡正式启动，包括菜鸟、圆通、中通、申通、百世、韵达等在内的十几个中国物流企业共同参加了启动仪式，这也是中国物流企业首次集体出海。

目前，菜鸟的全球智能配送路由已经开始在 eWTP 中发挥作用。从中国发往马来西亚 eHub，并经 eHub 发往全球的订单，都可以通过智能路由实时跟踪和优化配送链路；同时基于智能路由的动态信息，菜鸟推出了国际电子面单云打印系统，支持在任意节点重新计算路由并打印面单，且全链路都可以对面单进行智能识别。

东南亚也是百世国际的重点市场之一。记者日前获悉，接下来百世将从跨境物流和东南亚本土快递网络两方面入手，逐步建立一个联通中国和东南亚各国的跨境物流网络。

在跨境物流产品方面，百世国际已经针对东南亚推出了空运小包专线和海运小包及零担拼箱业务，覆盖新马泰三国，并计划向越南、菲律宾等东南亚国家扩展。

据介绍，海运小包及零担拼箱打破了东南亚消费者下单后需要先集拼再发运的模式，采用"买家物流"模式，实现了"下单即运即发"，将海运时效缩短为 10～14 天，大大提升了海淘体验。

在快递网络方面，百世国际选择泰国作为东南亚快递网络的第一站。今年 10 月，百世快递在泰国的项目将正式起网，并计划半年内覆盖泰国全境。

在海外仓方面，百世泰国仓库坐落在曼谷的核心工业区，该区域与曼谷港、素万那普机场、林查班港等重要交通枢纽距离最佳，且拥有丰富的卡车资源。泰国仓库面积达 10000 平方米，将为泰国本土仓配服务提供强有力的支持与保障。

"无论是中国制造的'走出去'，还是东南亚商品的'走进来'，跨境物流都肩负重任。跨境物流的流通效率，直接影响着跨境电商的服务质量。正因如此，加速跨境物流的发展，也成为影响'一带一路'倡议的重要一环。"百世国际相关负责人表示，百世国际正致力于不断完善东南亚跨境物流产品，持续深耕拓展东南亚本土仓配体系，"我们相信，在不久的将来，中国和东南亚之间的商品流通将和国内商品流通一样方便、快捷。"

（来源：万联网，http://info.10000link.com/，2018-07-25）

随着数字贸易逐渐成为全球经济发展的新动力，在"一带一路"倡议的带动下，中国和东南亚的跨境电子商务迎来了前所未有的发展机遇。目前，东南亚网购量只占其全部零售的2%，市场潜力巨大。在此背景下，阿里巴巴、京东等电商巨头纷纷登陆东南亚，使东南亚跨境电商市场一片蓝海；与此同时，跨境物流更在其中寻得了机遇与突破。

跨境电商的发展体现了现代物流企业较传统物流企业的显著优势。

传统物流一般指产品出厂后的包装、运输、装卸、仓储等单项功能，而现代物流提出了物流系统化或叫总体物流、综合物流管理的概念并付诸实施。具体地说，现代物流就是使物流向两头延伸并加入新的内涵，使社会物流与企业物流有机结合在一起，从采购物流开始，经过生产物流，再进入销售物流，最后还有回收物流；与此同时，要经过包装、运输、仓储、装卸、加工配送到达用户（消费者）手中。可以说，现代物流包含了产品从"生"到"死"的整个物理性的流通全过程。

传统物流与现代物流的区别主要表现在以下几个方面：①观念不同。传统物流以物流企业为中心，现代物流以客户为中心。②目的不同。传统物流只提供简单的位移，现代物流则提供增值服务，以降低物流成本并满足客户需要为目的。③管理重点不同。传统物流是单一环节的管理，侧重于点到点或线到线服务；现代物流是整体系统优化，构建全球服务网络。④服务标准不同。传统物流无统一服务标准，现代物流提供标准化服务。⑤运作手段不同。传统物流使用相对落后的物流设施设备，主要实行人工控制；现代物流则最大限度地使用先进的搬运机械和基础设施并实施信息化管理。⑥业态不同。传统物流是被动服务、相对静态，现代物流是主动服务、强调动态。

案例9 从中粮集团说供应链管理

中粮集团有限公司（COFCO）成立于1949年，是世界500强企业，是中国最大的粮油食品企业，也是中国领先的农产品、食品领域多元化产品和服务供应商，致力于打造从田间到餐桌的全产业链粮油食品，建设全服务链的城市综合体。中粮集团利用不断再生的自然资源为人类提供营养健康的食品、高品质的生活空间及生活服务，为民众生活的富足和社会的繁荣稳定做出了贡献。中粮下属品牌有农产品、食品、地产及酒店等领域，其中大悦城是中粮集团商业地产板块战略部署精心打造的"国际化青年城市综合体"。2014年2月28日，中粮集团收购全球农产品及大宗商品贸易集团Nidera51%的股权，大大加快了中粮从我国粮食央企发展为全球粮油市场骨干力量的步伐。2016年8月，中粮集团有限公司在中国企业500强中，排名第25。2017年7月12日，中粮集团有限公司获国资委2016年度经营业绩考核A级。2018年，中粮集团有限公司在《财富》世界500强排行榜上位列第122名。

一、中粮集团的"全产业链"战略

直到 2004 年年底,中粮集团还是主营传统业务,但为了适应粮油市场的波动,在全球竞争中获得优势,中粮确立了"集团有限相关多元化、业务单元专业化"的发展战略。而这一战略的确定,也为日后中粮集团的全产业链战略埋下了伏笔。同年,宁高宁空降中粮集团出任董事长。在空降初期,宁高宁扮演了一个观察者的角色,甚至对中粮原来的战略和现有业务极少加以评论;同时,他带领的中粮集团又在资本市场中扮演了主动进攻者的角色。在这段时期,中粮集团先后将中粮屯河(原新疆屯河)、中粮地产(原名深宝恒)、华润生化(现航空动力)、丰原生化收归旗下,随后又完成了中粮国际的分拆。2006 年 3 月,在国资委的主导下,中谷粮油集团并入中粮,成为其全资子公司。更令人咋舌的是,2009 年 7 月初,中粮集团宣布出资 61 亿港元收购中国最大的乳制品企业蒙牛乳业香港交易所的股权。此时,中粮资产和营业收入都超过了 1000 亿元,业绩达到了历史最高水平;同时,在资本市场,日趋壮大的"中粮系"也为今后企业的发展提供了强劲的动力。面对业务体系日益庞杂的中粮,宁高宁决定对它进行重塑。2009 年 1 月 17 日,中粮集团召开高层务虚会,宁高宁正式提出"全产业链"的想法。中粮集团战略总监马建平说:"全产业链讨论一展开,大家就觉得我们既不是 ADM,也不是雀巢,中粮就是中粮,是个全产业链粮油食品公司。"其具体战略是:成为以粮油食品贸易加工为主的、多业务的投资控股企业,将主业集中在粮食贸易、加工,食品加工、销售,土畜产,地产,酒店及金融服务业;通过充分发挥粮食贸易主渠道及中国食品主要供应商的地位,满足客户对粮食、食品日益高品质的需求;建立国内外贯通的粮食贸易、分销、物流、加工体系,以及品牌食品的研发、生产、物流、分销体系,由此树立真正国际的大粮食、大食品加工及贸易商的地位。自此,中粮集团的全产业链战略开始进入实施阶段。

中粮集团的全产业链战略(见图 1-2)主要分为上游、中游和下游三条整合途径,中粮集团针对不同的部分进行了细致的部署与规划,力求达到整体上的统一与协调。

(一)上游整合途径

上游主要负责两方面:一方面集团自己建立种植和养殖基地,另一方面与农场或农户签订种植、养殖合同,以解决集团供应链问题。例如,中粮米业建立了黑龙江、吉林、辽宁、江西四大种植基地。

(二)中游整合途径

中游主要负责提升集团的加工能力,将自建、并购和建立战略合作关系这三种相互补充相互依托的方式结合起来,发挥最大优势。例如,在东北建立两家规模达 20 万吨的稻谷原料加工厂;在南方与当地企业形成战略合作关系,开展 OEM 代工,提高产能。而通过对五谷道场、蒙牛等知名厂家的并购,直接进入方便面市场、乳制品市场。

(三)下游整合途径

下游主要负责做大做响企业食品品牌。中粮集团一直存在着一个短板,那就是品牌不响亮,无法在消费者中形成影响力和忠诚度。食用油,人们总是先想到金龙鱼和鲁花;方便面,人们总是先想到统一;巧克力,人们总是先想到德芙;冷鲜肉,人们总是先想到双汇。中粮集团在上述方面都有涉猎而且都做得不差,却一直没有占据任何一个领域的头牌,这是其最大的问题。

二、竖向集成供应链的挑战

近年来中粮集团不断出击,兼并整合了不少国内外企业。这种兼并整合,其实也体现了中粮集团供应链管理能力的不足。因为当无法借助市场来有效获取、管理资源的时候,企业

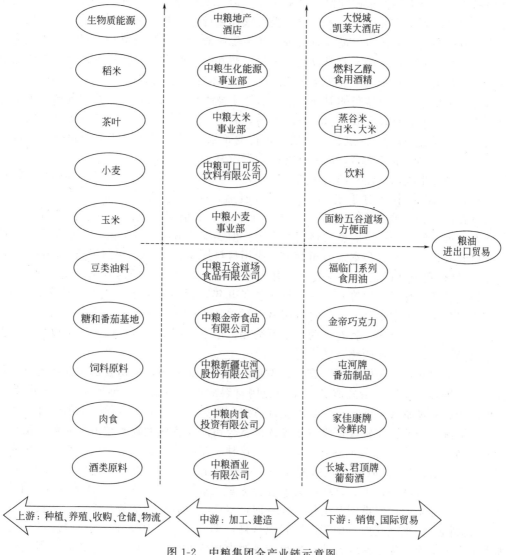

图 1-2 中粮集团全产业链示意图

就会走上竖向集成的路，把外部资源变为内部资源、把外部调控变为内部调控。一个公司对外来资源的管理能力越是低下，就会越依赖竖向集成。但管理外在资源和内在资源的能力是相通的，这意味着如果一个公司没有能力有效管理外在资源，其整合、管理内在资源的能力也会十分有限，表现为重资产运作，内在资源的回报率不高，企业的竞争力不强。这是中粮集团的悖论。不仅是中粮，放眼全球，竖向集成的巨无霸企业中，除了那些垄断型企业外，业绩好的之所以屈指可数，就是这个原因。

　　或许有人会问：三星采用竖向集成的供应链，为什么绩效那么好呢？其实三星采用这种经营模式已经几十年了，而大家把三星与一流公司相提并论也不过就是这几年的事。或者说，就是智能手机出来的这几年。从三星的报表中可知，其主要盈利也是来自电子产业，手机应该是其中最大的一块。这表明其他竖向集成的业务大都很挣扎，其"成功"模式与其说是精心设计的，不如说是运气。用英语中的一句话说，就是 every dog has its day（每条狗都有走运的那一天）。也就是说，你很难拿一个产品的成功来证明一种经营模式的成功。

　　相反，竖向集成失败的例子比比皆是。法国巨头圣戈班（Saint Gobain）是年营收 400多亿欧元的大公司，2000 年前后半导体行业火热，这家公司就收购了些中小公司，进入半导体设备行业。巨无霸做事速度慢，决策保守，运营水平低，一个灾难接着一个灾难，这些特点在圣戈班得到了完美体现：入行时，没有选择在行业上升时进入，而是在行业到达顶点时进入，所以在这些公司市值最高时买进（像不像一般老百姓买股票？）；网络泡沫破灭，半导体设备行业急剧衰退，给圣戈班以迎头一棒，兼并的这些企业大都亏本；小一点的竞争对手都在纷纷裁员，降低成本，圣戈班却迟迟不动（体现了巨无霸的迟缓），于是一亏再亏；等到行业开始复苏，走上坡路的时候，圣戈班终于熬不住了，把先前兼并的公司一个个低价抛售（像不像一般老百姓卖股票？）。有趣的是，其中有一个公司被原来的老板高价卖出、低价买进（像不像巴菲特？）并进行了包装，在行业正景气的时候又被转手倒卖掉。不过这次换了个冤大头，卖给了伟创力。以后如何，笔者没有进一步跟踪。

大公司竖向集成，构建所谓的整条供应链，一旦没有形成垄断或市场主导则往往很难在成本、速度上跟中小型对手竞争。2005 年前后，半导体设备行业巨头——应用材料（Applied Materials）高调进入零部件清洗行业，兼并了很多供应商，也给自己带来了大麻烦：笔者最重要的一个供应商就被他们买走了。但零配件清洗市场分散、区域化严重，难以形成规模效益，并且有很多本地公司竞争。应用材料规模大（2000 年前后营收一度达到 100 亿美元），管理费用高昂，所以在成本上并没有优势；公司大，流程复杂，交期做不上去，所以自始至终都没有竞争优势。应用材料挣扎了几年，耗不下去了，就走了圣戈班的老路，于是把这些公司一个个出手了。当时应用材料买这些公司可是花了不少钱，比如笔者的一个供应商，小小的一个公司，就花了两三千万美元；也不知道卖了多少钱，但可以肯定它做的是"一马换二羊，二羊换四兔"的生意。

也许有人要问：这跟中粮集团有什么关系？虽说行业不同，但初衷都一样：要打造行业的供应链，给客户提供一站式服务。比如应用材料的如意算盘为：英特尔、台积电等大客户，你们买我的设备、备件，也买我的备件清洗和服务。甚至对于竞争对手的备件，我也可以给你们清洗、服务。在备件营收占半导体设备公司的业务比例越来越大的时候（正常情况下占 30% 左右，行业不景气时占 50% 左右），这种思路颇具吸引力，可以说是一帮自我膨胀的高管们和纸上谈兵的 MBA 们的最爱。当企业资金充沛，决定做什么容易、决定不做什么难时，一个个灾难就来临了。这些巨无霸看上去都是赫赫有名的公司，其实管理水平低下，虽然并购了不少企业，但重资产运作，投资回报率低，没有竞争优势，注定没法长久。它们还有一个共同点：重视硬件，即资产；轻视软件，即管理。这其实是工业时代的传统思想。比如大半个世纪前，你在钢铁行业，如果能控制大部分的产能，你就有定价权；但在后工业时代，在服务行业或者入行门槛较低的行业，这种经营模式很难奏效。于是，重资产的公司屡屡受挫就不难理解了。

也就是说在后工业时代，你很难通过重资产运作来弥补管理上的不足。如果你没法通过软实力，即供应链管理能力来整合外在资源以取得业务成功，那么竖向集成的重资产运作就注定不会好到哪里去。可以说，重资产运作是工业时代的特点。在后工业时代，更重要的是软实力，即对供应链资源的整合和管理能力。像波音、空客这类传统型重资产公司，也在走外包之路。例如在波音 787 上，波音主要依赖一级供应商投入资金和开发技术，自己则扮演系统集成者的角色，即 2/3 左右的工作都是供应商在做。而在汽车行业，北美也一直在走竖向集成的解体之路。例如通用在 20 世纪就剥离了零部件业务，成立了德尔福。竖向集成、企业兼并尽管重要，但并不能用来解决管理能力低下的问题。一些管理优良的大公司发现好的商机，会通过兼并集成快速进入这个领域，这是后工业时代兼并集成的主要方式。他们的目的不是重资产，而是获得知识产权和管理能力。这跟中粮集团做的一些兼并有显著区别（尽管中粮集团的一些兼并也是为了提升管理能力）。在后工业时代的重资产兼并，只能使企业更臃肿，投资回报率更低。比如中粮旗下的中国粮油，总资产从 2009 年的 360 亿元上升到 2013 年的 820 多亿元，年度利润则从 20 亿元下降到 19 亿多元，2013 年的资产回报率也只有 2.1％。大家都知道，把钱放到银行还能赚 4％左右的利息。

重资产的兼并、投资、整合，结果是只剩下一堆不良资产。把现金转换为资产容易，把资产转换为现金困难。于是这些不良资产成了公司的负担，让公司的投资回报率一路下滑。这不仅是中粮集团的问题，也是国有企业普遍面临投资回报率太低的问题。自 1998 年以来，国企的投资回报率一路上升，到 2007 年达到顶点（说是顶点，其实也就 7％左右），然后一路下滑到 4％左右，即比钱存在银行里稍微好一点，而且与民企的差距进一步拉大。当然，这并不是说应该把国企关了，把资产变卖了存银行：国企的资产，账面上是 100 元，但因为多是不良资产，卖掉时可能就是半半价了——笔者上大学时一个福州同学的砍价技巧：原价的一半的一半——你存银行，不再是存 100 元，而是 25 元的本金了。

因重资产运作而陷入困境的公司比比皆是。其实这些企业需要的资源在市场上大都能找到，但出于种种考虑企业选择了内在投资而不是依赖外来资源。片面追求 GDP 的增长速度是根本的驱动器，这里不谈；管理能力薄弱，没法通过市场机制来整合供应链资源是另一个主因。关于管理能力薄弱，我们举个例子。大约 10 年前，笔者在硅谷管理供应商。有一个公司是我们的合作伙伴，一次他们的副总联系我，要求给我们做钣金机箱。笔者问他：你们不是做高科技设备吗，为什么还有自己的钣金车间？钣金技术含量很低，市面上不是有很多供应商吗？这位副总说：这些钣金供应商绩效不佳，所以我们就自己开发了这项技术。笔者当时一年会直接或间接地采购几千万美元的钣金，熟悉那些钣金供应商，不管是技术上还是管理上绩效都没问题，因此一听就知道是这个公司的供应链管理能力不到位。于是，笔者让他们报个价。不用问都能猜到：他们的成本结构高，报价显著高于专业的钣金供应商。这个公司小而全，啥都做却啥都做不好，供应链管理、整合能力低，没几年就处于破产边缘，自然也不惊奇了。

（来源：经管家网，http：//bbs.pinggu.org/，2014-06-24）

近几年，本土企业越来越认识到供应链管理的重要性，很多公司想进入供应链管理领域。这无可非议。但是，有些企业的做法不是通过提高管理能力，整合、管理外在的供应商资源，而是通过竖向兼并或直接投资的重资产方式进入，最后走上了一条不归路。这跟北美企业正好相反。在北美，这二三十年来专业化分工越来越明确，很多公司走的是轻资产、专业外包的路。比如耐克、苹果本身没有生产设施（重资产），都是依赖合同制造商；也没有物流、仓储设施，同样依赖第三方。本土企业进入重资产运营，大而全的供应链解决方案看上去虽好，但管理水平低下，竞争力薄弱，既无法给客户带来真正的价值，也无法给公司带来好处，最终会让企业不堪自重而垮掉。

实现物流合理化是供应链管理的重要内容之一。对物流系统合理化的建设或对物流系统的改造，是使其达到最佳运行状态的根本保证。在建立和设计物流系统时，应遵循计划化、大量化、短距离化、共同化、标准化、信息化和社会化的原则。计划化是实现物流合理化的首要条件，也是提高物流服务质量的一个重要标志。通过一次性处理大批量货物，可以提高设施设备的使用效率和劳动生产率，以达到降低物流成本费用的目的。短距离化就是在物流作业中，通过有效的配送，尽量减少中间环节，特别是注意减少在物流系统中的流程环节，以最短的线路完成商品的空间转移。共同化是指物流作业中，把发往同一地区、同一方向的货物，在计划化的基础上，通过企业之间的协作，实施共同物流，即通过协作混装进行集中配送。标准化，应包括信息的标准化、作业的标准化以及相关作业工具设备的标准化等。物流信息使物流各环节的工作能更加协调，更有利于提高效率，改善服务质量，增进同客户的关系，并且为企业的决策者提供参考与支持。社会化是指第三方物流的产生与发展，是物流专业化水平的提高，是物流服务范围延伸和物流高级化的产物。依靠第三方完成物流活动，能使得生产企业专心于核心业务，集中精力，强化主业，降低物流成本，提高企业业务能力。第三方物流对于企业自身开展物流来说，具有专业、服务质量、信心、管理和人才五大优势。

案例 10　经销商生产运营中的物流管理漏洞

一个企业在生产运营过程中会不可避免地接触商流、物流、信息流和现金流四个系统，它们也是经营管理工作中非常重要的组成部分。因此，很多企业都在理顺和管理好这几个系统方面狠下功夫。笔者在和经销商朋友谈起这方面系统管理的时候，有些经销商朋友会说：我的企业很小，没那么多事，什么都是一眼能望到底。人力资源、信息流咱没有那么专业，不好控制，现金有老婆管，肯定没问题。物流？送货呗，送到就行。别给我耽误事就行，简单。

物流简单吗？

前几天笔者走访市场，正好搭上了经销商去郊县连锁店送货的车。可是等把货送完，已经是下午了。此时笔者把该了解的市场情况搜集好了，想尽快回去，但司机说不着急，歇会儿。后来笔者才知道，这个时候回去，如果再有出车任务的话，就要加班，不可能准点下班。这时一个人走过来问：有点东西帮忙捎回市里行吗？到哪？到××。笔者一听离经销商的公司很远，而且很绕道。司机一开始回绝了，后来经过讨价还价，那人给了 160 元，司机便去另外一个地方拉了十几件货。这样就比正常回公司多用了一个半小时，也多跑了很多路。

还有一次，笔者跟经销商的车去走访市内 C 类终端，同车的除了司机还有一名业务主管。途中，业务主管竟然让司机将车开到了一个废弃的工厂，让司机教他开车。看得出司机教得非常认真，结果他整整练了 2 个小时的车！

这两件事情，笔者碍于情面都没有向经销商说起。但肯定有老板怀疑：自己的司机去趟县城怎么这么长时间？为什么拉着 10 件货也能在市里转一天？真的是"将在外君命有所不受"吗？为什么老板不问一问？难道是表示对下属的信任？为什么老板问了，他们总能有很充足的借口搪塞？

有些老板意识到这个问题，于是对用车制度进行了改革。如物流对外承包，按配送件数提成等。但前提是要有一定的配送量，业务量相对较少的经销商还是做不到。难道真的没有办法了吗？

实际上，造成物流成本增加、费用流失的主要原因有以下几种。

①时间无管理：出车多长时间没有人管理；②目的无管理：为了出车而出车，没有明确的目的；③效果无管理：出车带来的利益是什么？④成本无管理：每次出车的费用是多少无规定；⑤效率无管理：工作效率是高还是低？是否可以提升？没人知道。

根据管理目的应该制定一些物流管理方案，很重要的一条就是《出车登记表》的使用。

《出车登记表》的主要作用就是搜集历史数据、观察工作效率、实施成本监督、反映工作问题、提供提升依据。

一个经销商在使用《出车登记表》的初期，为了数据的详尽准确，于是利用半个月的时间亲自跟车，把公司所有的配送路线走了一遍，可见他对物流费用流失问题有了深刻的认识。实践证明，现在这位经销商的出车表格管理非常成功。所以《出车登记表》使用成功的前提是：详尽准确的配送资料。

其实，把司机或配送人员的工资和配送成本结合起来，会取得不错的效果。但是当配送增加的收益小到不能提高司机和配送人员的"公司利益第一"的思想认识的时候，结合《出车登记表》的管理就非常有必要了。

当然，还有很多好的制度管理方法，正所谓"寸有所长，尺有所短"。要想让任何一种管理方法真正发挥它的积极作用，就要结合自身情况加以融会贯通，并要求不懈地坚持。让制度成为习惯，才能达到无为管理的至高境界。

（来源：物流天下网，http：//www.56885.net，2007-08-02）

企业管理者必须将企业物流管理作为一项重要工作对待。根据企业物流活动的特点，企业物流管理可以从以下3个层面展开：①物流战略管理。企业物流战略管理就是站在企业长远发展的立场上，就企业物流的发展目标、物流在企业经营中的战略定位以及物流服务水准和物流服务内容等问题做出整体规划。②物流系统设计与运营管理。确定企业物流战略以后，为了实施战略必须有一个得力的实施手段或工具，即物流运作系统。③物流作业管理。根据业务需求，制订物流作业计划，按照计划要求对物流作业活动进行现场监督和指导，并对物流作业的质量进行监控。

物流管理的目的，是实现物流的合理化。物流的合理化就是要使构筑成物流活动的运输、存储、装卸、搬运、包装、配送、流通加工、信息处理等各种活动实现合理化，即以各环节的合理化最终构成物流的合理化。

物流合理化的目标是使物流系统最优化，从而使整个物流最优化，具体包括以下六个方面：①距离短。物流是物质资料在空间上的移动，这种移动最理想的目标是距离短。②时间少。时间在这里是指产品从离开生产单位达到最终使用者手中的时间，包括从原材料生产单位到加工的这段时间，即产品在途中所用的时间少。③集合好。物流系统强调的是综合性和整体性。只有这样，才能充分发挥物流系统的优化作用，降低费用成本，提高工作效益。④质量高。质量高是物流系统合理化目标的核心，既包括为客户提供服务的质量高，也包括物流系统管理的质量高。⑤省费用。在物流合理化的目标中，既要求距离短、时间少、质量高，又要求省费用。一个最优化、合理化的物流系统完全能够做到高效率、低成本。⑥安全、准确、环保。安全、准确是物流过程中的基本要求，在物流过程中必须保证安全，将货物准时、准确地送到客户手中。同时，必须尽量减少废弃、噪声、震动等影响，以符合环境保护的要求。

第2章

物流系统规划与实施

案例1　企业大了，物流该怎么管理

广东某一知名大型电器制造企业，每天的产品销售量在3000～4000台。目前企业销售物流的运作模式是业务员和客户自己找运输企业或找车完成运输任务，运费有厂里代付的，也有货到之后客户付的。即只要客户下单之后，企业就不负责产品从出仓库后到客户的仓库这段距离所存在的风险，而是由客户自己承担。近年来在运输途中屡次出现的事故，许多运输企业和车主对小事故都能予以赔偿，但对比较大的事故（损失货物价值在几十万元或上百万元）则往往就没有承担的能力，从而在一定程度上给客户造成了损失，使客户对此意见较大。由于企业对物流缺乏统一管理，不仅对客户造成了影响，也对企业本身的管理增加了难度。

这种销售物流的运作模式，存在很多隐患，如运输途中发生事故造成货物的损失无法得到理赔或者客户的订货周期不稳定而使客户流失。由于企业对物流缺乏管理，无法直接掌握客户对物流服务反馈直接的信息，且无法直接了解客户的实时需求，因此也就无法知道客户流失的真正原因。同时订货周期的不确定性造成了库存的积压，从而就造成了资金的积压，银行利息负担增加，同样也就降低了资金利用效率。从总体来看，这种物流运作模式，不仅影响了企业效益，而且无形中也增加了客户的成本，如果遇到行业不景气，这种负效应就会放大，严重阻碍企业的发展。

针对上述情况，企业的管理层决定成立物流管理部门，对销售物流进行统一管理。其目的是通过对销售物流的统一管理，减轻销售部门的负担，方便客户，同时通过对企业内部和外部资源的整合利用，帮助企业、客户降低成本。现代企业间的竞争，要求企业须有很强的优化配置资源的能力。

企业的物流管理部门，对企业内外部的物流运作情况进行分析，形成了以下不同意见。

A方认为应把企业的销售物流外包给一家大型的第三方物流，这样我们的物流管理部门在人员与管理成本上都能减少。B方认为企业的销售物流应按区域分包给具有不同区域优势的10家不等的第三方物流企业，这样虽然人员与管理成本增加了，但产品的物流费用却大大减少了，同时也能规避外包潜在的风险。

（来源：锦程物流网，www.jctrans.com，2008-06-11）

随着计算机技术与互联网等信息技术的飞速发展，企业要适应目前消费者不断变化的需求与外部市场环境的变化，必须对消费者的需求做出快速的反应，这就要依靠企业强有力的现代化物流系统的支撑，而要让企业有现代化的物流系统，就要对企业的各物流环节进行科学的、统一的管理，尤其企业的销售物流是企业物流管理的重点内容。上述案例中A、B两方的观点都有一定道理，但是A方的观点更符合目前企业集中优势资源、培植核心竞争力的发展趋势。

要做好企业的物流管理，还需要从系统的角度认识物流。所谓系统是指由两个以上有关联的单元组成，根据预先编排好的规则工作，完成个别单元所不能单独完成的工作的有机综合体。"系统"一词来源于古希腊语 Systems 一词，有"共同"和"给以位置"的含义。在系统中，每一个单元都可以称为一个子系统，系统与系统之间的关系是相对的，一个系统可能是另一个系统的组成部分，而一个子系统也可以分成更小一级的系统。在现实中，一个工厂、一个部门、一个项目、一套规章制度等，都可以看成是一个系统。系统无论大小，都具有以下特征：①由两个或两个以上要素组成；②与其他要素之间相互联系，使系统保持相对稳定；③具有一定的结构，使系统保持有序性，并具有特定的功能。

系统是相对外部环境而言的，并且和外部环境的界限往往是逐步模糊过渡，所以严格地说系统是一个模糊的集合体。外部环境向系统提供劳力、手段、资源、能量、信息，称为"输入"。系统具有的特定功能，对"输入"进行必要的转化处理，使之成为有用的产成品，供外部环境使用，称为系统的"输出"。输入、处理、输出是系统的三要素。如一个工厂输入原材料，经过加工处理，得到一定产品作为输出，这就是生产系统。外部环境因资源有限、需求波动、技术进步以及其他各种变化因素的影响，对系统加以约束或影响，称为环境对系统的限制或干扰。此外，输出的结果不一定是理想的，可能会偏离预期目标。因此，要将输出结果的信息返回给输入，以便调整和休整系统的活动，称为系统反馈，如图2-1所示。

系统工程就是用科学的方法组织管理系统的设计、建立和使用，通过有效地组织人力、物力、财力，选择最优途径，从而使工作在一定期限内取得最

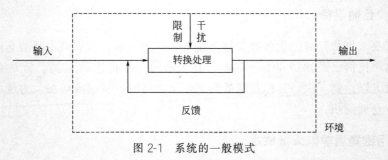

图 2-1　系统的一般模式

合理、最经济、最有效果的成果。系统研究就是以科学的方法从整体观念出发，通盘筹划、合理安排整体中的每一个局部，以求得整体的最优规划、最优管理和最优控制，使每一个局部都服从一个整体目标，做到人尽其才、物尽其用，以发挥整体的优势，力求避免资源的损失和浪费。

现代物流系统是以信息系统为中心构成的一个综合性有机整体。物流系统内部由若干相互联系、相互依赖、相互作用和相互制约的各部分要素组成。在各要素的综合作用下，形成一个具有特定结构、功能与性质的有机整体。因此，在整体物流系统中，要使各要素达到最优化，从而实现整体物流系统的合理化和高效化，进而提高系统的服务水平，降低整体物流系统的成本，增强企业的竞争力。

案例 2　宜家家居的物流系统

宜家家居（IKEA）因其质量可靠、价格适中、服务周到而享誉全球。从 1943 年创始，宜家家居发展到如今遍布 13 个国家和地区，近 150 家分店和 20 家宜家商场为宜家集团之外授权特许经营店，员工达到 44000 人，成为国际知名的家具公司。

宜家家居目前在全球 55 个国家拥有约 2000 家供应商，在 33 个国家设立了 40 所贸易代表处（TSO），2000 家供货商为宜家生产宜家目录册和宜家商场内的所有产品。其中，大部分产品的生产商都来自环境工作发展较好的国家和地区。同时，宜家也在一些环境工作尚处于起始阶段的国家进行部分产品的采购。在 2000—2003 财政年度期间，宜家环境工作的一项主要任务就是帮助改善部分供货商的生产环境条件。目前，这些厂商的生产活动对环境造成的影响是最迫切得到降低和改善的。具体措施是宜家向他们提供有关基本要求的文件材料，然后对要执行的情况进行跟踪检查。

宜家供货商的数量不断增加，他们主要分布于欧洲，一部分则在亚洲。生产厂家对制作材料和生产工艺的选择在相当大的程度上取决于宜家提供的产品规格文件。文件内容包含所有有关限制性的规定，如对于某种化学成分、金属材料或其他原材料的指定性使用。此外，宜家对环境管理制度也做了简化修订。

宜家家居具有鲜明的产品物流特色，如全面采用平板包装和组装分开计价等。宜家家居在降低物流成本方面采用新的物流理念，可以分为以下 3 个方面。

一、减少仓储设备

宜家家居要求供货厂商把大多数货物直接送到自选商场，以省略中间的仓储存放和搬运工作。目前这个比例已经达到 60%～70%，在未来的一年将达到 90%。针对必须转运的货物，处理次数可以达到 8 次，目标是降低到 2.5 次。同时，宜家家居加大力度增加家具超市的面积，减少仓储面积。

二、采用密集运输以降低成本

2000 年，宜家货物运输量达 2100 万立方米，船舶运输占 20%，铁路运输占 20%，公路运输占60％。宜家经过考察，发现改变送货方式可以降低物流成本。以德国境内的宜家为例，它共有1600个供应商，其中1500个分布在远东、北美、北欧和东欧。这些供应商将货物直接送到Werne和Erfurt的集中仓库，其余100个供应商则把货物直接送到展销中心。按照货物的体积计算，约有50％的货物由供应商送到集中仓库中心，每个星期从那里再分送到展销中心，另外50％的货物由供应商直接送到展销中心，如大型床垫或者是长木条等体积较大的货物。其主要的送货方式有3种。

（1）快速反应。根据展销中心的需要，直接在网上向供应商下单，货物会在一至两周内由集中仓储中心送到展销场地。

（2）卖方管理存货。供应商每天会收到其所产生货物的存货情况，以此决定铺货时间、种类和数量。

（3）直接通过网络向国外的供应商订货，用40FT的集装箱集中海运到汉堡，然后由码头运输到各展销中心。宜家所有产品都采用平板包装，可以最大限度地降低货运量，提升货运能力。目前，宜家不仅关注货品的单位包装数量，同时竭力采用船舶和火车作为货运方式。因此，所有宜家仓库现均直通铁路网或货运港口。

三、 降低整体运作成本

宜家家居针对特殊订单，成立地方性的服务中心。将货物集中到离顾客最近的服务中心，然后送到顾客手中。宜家没有自己的车队，其运输全部采用外包形式，由外部承运代理负责运输。所有宜家承运代理必须遵从环境标准和多项检查，如环境政策与行动计划、机动车尾气排放安全指数等，并达到最低标准要求。为了减少公路运输尾气成分二氧化碳的排放，宜家设法增加了产品的单位包装数量，并采用二氧化碳排放量少的货运方式。目前，宜家已建立铁路公司，以确保铁路承运能力，提高铁路货运比例。增加产品单位包装数量是宜家一项永无止境的工作，不仅在集装箱内增加单位装箱数量，同时也增加产品集合包装的数量。

高效的外包物流系统和不断优化的运输方式，使宜家家居的物流能够顺应业务的发展，从而使宜家的发展欣欣向荣。

（来源：《物流案例与实训》，机械工业出版社，何倩茵主编）

宜家家居通过对企业物流系统的整体优化和不断改进，不仅大大地降低了物流成本，而且改善了部分供货商的生产环境条件，从而有效提升了企业形象。

物流系统（Logistics System）： 由两个或两个以上的物流功能单元构成，以完成物流服务为目的的有机集合体（《中华人民共和国国家标准物流术语》GB/T 18354—2006）。 物流系统的目标可以归纳为如下几点： ①将商品按照规定的时间、 规定的数量送到顾客手中； ②合理地配置物流中心， 维持适当的库存； ③实现装卸、 仓储、 包装等物流作业的省力化、 效率化； ④维持合理的物流成本； ⑤实现从订货到出货全过程信息的顺畅流动。

物流系统的目标中最重要的有两点： 首先， 物流系统必须按照市场的需要保证商品供应。 物流系统的作用是将市场所需要的商品， 在必要的时候按照必要的数量供应给市场。 而保证这个作用能得到发挥就是物流系统最根本的目标。其次，对物流系统的概念要明确的是构成要素的有机结合体。物流系统的构成要素分为两大类：一类是节点要素，另一类是线路要素。也就是说，仓库、物流中心、车站、码头、空港等物流据点以及连接这些据点的运输线路构成了物流系统的基本要素，这些要素为实现物流系统的目的有机结合在一起并相互连动，无论哪个环节哪个要素的行为出现了偏差，物流系统的运行都会发生紊乱，也就无法达到物流系统的目的。

案例 3 德国的地下物流

近年来，随着城市交通量的日益增长，城市货运的通达性和质量受到了严重制约。尤其是在人口密集的区域，面对严峻的城市交通形势，仅靠现有各种交通基础设施的扩充和改善已无法解决根本问题。况且由于城市的土地和空间资源已严重短缺，再加上历史文化古迹保护等方面的需要，不可能持续大幅度地扩充城市道路设施。

据统计，地面上载货车辆大约占总车辆的 60%，如果采用地下物流系统，即将这些货物转到地下运输，会极大地缓解地面交通状况。

德国波鸿鲁尔大学的地下物流专家斯坦恩教授表示：除公路、铁轨、空中、水域四种交通渠道之外，未来的交通还有其他选择——地下货物自动运输渠道。

一、 第五类物流系统兴起

城市地下物流系统（Underground Logistics System，ULS）作为一种具有广阔应用前景的新型城市物流系统，具有速度快、成本低、全自动化、准确性高等优势，是解决城市交通拥堵、减少环境污染、提高城市货物运输通达性和质量的重要有效途径。

地下物流运输系统是除传统的公路、铁路、航空及水路运输之外的第五类运输和供应系统。随着近年相关技术越来越成熟（如电子技术、电子商务、地下管道的非开挖施工技术等），该领域的研究也越来越受到重视，西方许多发达国家正积极开展这方面的研究。目前，日本、荷兰等国家正在筹划地下物流系统的实际运用。荷兰正在进行连接阿姆斯特丹机场、世界上最大的阿斯米尔花卉市场（Aalsmeer）和 Hoofd dorp 铁路中转站地下物流系统的可行性研究，整个系统在地下运行，仅在花卉市场和铁路中转站升到地面。此外，伦敦早已开始使用地下物流系统。英国皇家邮政从 20 世纪初就建成一条 37 公里长的专门用于传输信件和邮包的轨道，这条在伦敦大街地下 21 米的管道，全年运营 286 天，每天运营 19 小时，在其最高峰时每天处理 9 个州 400 多万信件和包裹，现在正计划利用该系统向牛津街上大超市和商店配送货物。

以上应用实例只能看作是管道物流的初级形式，美国、荷兰以及日本的研究主要集中在管道的水力和气力输送以及大型地下货物运输系统（UFTS）方面。

1998 年，地下物流国际研讨会执行委员会委员斯坦恩教授组建起了一个 15 人的跨学科研究小组，在北莱茵威斯特法伦州政府的资助下开始研究地下货物运输的新途径，这个项目被命名为 Cargo-cap。

二、 解决大城市交通瓶颈

利用地下管道运输货物的主意在波鸿诞生绝非偶然。波鸿所在的德国鲁尔区内，城市密集，企业集中，人口众多，贯穿其中的高速公路已经成为一条将近350万人口大都市的市内公路。交通堵塞是鲁尔区的家常便饭，鲁尔区的A40高速公路被戏称为世界上最长的停车场；同时，交通堵塞还给城市居民带来噪声和废气污染。根据德国汽车之友协会ADAC的统计，每年德国交通堵塞造成的经济损失达到1000亿欧元之巨。

斯坦恩教授和他的研究小组认为，Cargo-cap的地下管道运输方案是解决大城市和卫星城镇交通瓶颈的一个理想手段。目前鲁尔区内的公路承载量过大，人货运输混杂，但由于环境保护问题，高速公路无法得到扩建。另外，近年来发展迅速的电子商务也给物流业带来新的挑战：顾客通过网络预订的货物体积变小，数量增多，运送频率加快，而运送距离也有所增加。

按照Cargo-Cap的设想，在鲁尔区内大城市和工业园区之间的地下建造一条直径不超过1.6米的运输管道，不会影响地面交通。这一系统应该是目前管道物流系统最高级的形式，其运输工具按照空气动力学的原理进行设计，下面采用滚轮来承受荷载，在侧面安装导向轮来控制运行轨迹，所需的有关辅助装置直接安装于管道中。管道内由一种外形类似药丸的输送箱来运送货物，输送箱内可以运载两个欧洲标准载货板。输送箱由传统的三相电机驱动，在无人驾驶的情况下运行，同时通过雷达监控系统进行监控。在系统中单个输送箱的运行是自动的，通过计算机对其进行导向和控制；尽管输送箱之间不用任何机械的方法进行连接，但在运输任务较大时，也可以进行编组运输，通过雷达控制系统可以将它们之间的距离控制在2米。在正常情况下，通过这种系统可以实现每小时36～50公里的恒定运输速度。

整个管道内的运输由计算机控制，采用无人驾驶。这种地下管道快捷物流运输系统将和传统的地面交通及城市地下轨道交通共同组成未来城市立体化交通运输系统，其优越性在于：对环境无污染，且没有噪声污染；系统运行能耗低、成本低；运输工具寿命长，不需要频繁维修；可实现高效、智能化、无中断物流运输；和其他地面交通互不影响；运行速度快、准时、安全；可以构建电子商务急需的现代快速物流运输系统，不受气候和天气的影响，是一种可持续发展的交通手段。

三、 地下物流的成本"结"

输送管道内之所以没有使用磁悬浮技术，是为了避免造价的成倍上升，而目前的设计主要是利用已经成熟的技术来取得最大的经济效益。Cargo-Cap需要的管道只有不到1.6米的直径，利用目前已经成熟的钻井技术，在6～8米深的地下作业，不用太多的竖井，每天就可轻松进展20米，且不用开挖地面，其建造成本比高速公路低很多。Cargo-Cap运行成熟后，用卡车运输的80%的货物都可以通过它来运送。根据斯坦恩教授提供的数据，在德国鲁尔地区，Cargo-Cap每公里造价约为300万欧元，而每公里双车道的高速公路造价达1300万～1500万欧元，市中心建造隧道的每公里造价则更是高达6000万欧元，德国高速铁路每公里造价也达到1500万～1800万欧元。相比之下，Cargo-Cap是最为经济的解决交通瓶颈的方法。

该系统的最终发展目标是形成一个连接城市各居民楼或生活小区的地下管道物流运输网

络，并达到高度智能化。根据斯坦恩教授的设想，未来的家庭可以在客厅内电脑前按下鼠标，在网上订购中意的货物，而在一个小时或者更短的时间之内，地下管道就会把货物直接送到住房的地窖里。据介绍，欧宝汽车公司位于波鸿的工厂也正在考虑将 Cargo-Cap 的概念运用于厂区内物流系统。这样，零配件就可以通过管道直接输送到流水线上。

［链接：城市地下物流系统又称城市地下货运系统，就是将城外的货物通过各种运输方式运到位于城市边缘的机场、公路或铁路货运站、物流园区（City Logistics Park，CLP）等，经处理后进入 ULS，并运送到城内的各个客户（如超市、酒店、仓库、工厂、配送中心等）。在地下物流系统中，以自动导向车为运载工具、集装箱和货盘为基本运输单元，通过自动导航系统实现高度自动化和准确化。］

（来源：《成功营销》，2005 年第 5 期）

城市地下物流系统作为一种具有广阔应用前景的新型城市物流系统，是未来交通对现有公路、铁轨、空中、水域等四种交通渠道的补充，是解决城市交通拥堵、减少环境污染、提高城市货物运输通达性和质量的有效途径，具有速度快、成本低、全自动化、准确性高等优势。

物流系统的特征包括：①物流系统构成的多单元性。物流系统的构成单元包括信息、运输、包装、装卸、加工等，这些单元可以称为子系统，其中任何一个或几个结合起来都可以构成一个物流系统。而且，这些子系统又可以按空间或者时间划分成更小的子系统单元，这些子系统单元共同构成物流系统不同的具体内容和功能。②构成单元的关联性。物流系统中不同层次的单元既是不同的单元，又彼此相互联系着。由于它们的相互区别性，可以各自发挥特长；由于它们的相互关联性，又可以起到相互协作、相互补充的作用。这样共同构成物流系统，就可以发挥系统协调整合的优势。③物流系统功能的特定性。每个物流系统的结构不同，功能也就不同。这些功能，可以是信息、运输、储存、包装、装卸、加工等单个专业化功能，也可以是由它们中的几个或者是全部结合起来的综合功能。④每个物流系统不是一个组合体，更不是一个凑合体。系统各单元之间是一种相互联系、不可分割的关系，只有这样才能互相协调提高效率，使系统的整体功能大于各个单元功能之和。⑤物流系统结构的层次性。每一个物流系统从结构上看都是一个等级层次，相互之间以其相关性互相联系起来，形成一个既各自发挥作用，又相互约束的功能共同体。⑥物流系统都处在一个更大的环境系统中。每一个物流系统所处的更大的系统就是物流系统的环境。因此，每一个物流系统都和一般系统一样，具有一个系统环境。物流系统的环境是物流系统赖以生存和发展的外部条件，也就是说物流系统必须适应外部环境才能够生存、发展。

案例4　机器人，开启物流新时代

机器人将大规模取代人类工作正在成为一个共识。花旗银行和英国牛津大学马丁学院在 2016 年 1 月发布的《工作 2.0 时代的技术（Technology At Work V2.0）》研究报告显示，人工智能、机器人技术和其他自动化技术的发展，对发达国家和非发达国家的就业均会造成不同程度的影响。市场调研公司 Forrester 在 7 月发布的一份报告中预测，2025 年美国将有1200 万个工作岗位被机器人取代。无独有偶，麦肯锡在 7 月发布的一份报告中称，机器人时代来袭将致 60% 的行业受波折。

一、　360 万个物流工作岗位将因机器人的存在而被重新定义

相比于脑力行业，机器人对体力行业造成的冲击更大，特别是那些包含大量机械性、高重复度工作的体力行业，如物流行业。事实上，物流行业也是近年来自动化进程加速较快的一个行业。从罗兰贝格的调查统计数据来看，法国至少有 50 万个非技术性就业岗位直接与物流业相关（装卸搬运车驾驶员、打包工人、其他仓库工作人员）。在欧元区的 15 个领先国家中，这个数字接近 360 万，而这 360 万个工作岗位将在 15 年内因物流机器人的存在而被重新定义。

不难判断，无论是各式仓储机器人还是配送途中的无人机，都已成为现代物流的一个重要组成部分，其应用程度将决定相关企业未来发展的核心竞争力。

二、　机器人成本下降、　人工成本上升将推进物流机器人的普及

就物流行业而言，机器人在提升效率和降低成本方面的优势显著。以码垛作业（将封箱机封装好的成品按一定顺序、规格整理好并码放在托盘上）为例，目前欧洲、美国和日本的包装码垛机器人在码垛市场的占有率超过了 90%，即绝大多数包装码垛作业都由机器人完成。包装码垛机器人在我国物流行业中也已得到广泛应用，较典型的企业有蒙牛乳业、可口可乐、珠江啤酒等。这些企业借助机器人技术实现包装码垛作业的自动化，节约了成本，提高了物流效率和企业利润。

近年来，机器人领域的创业一直保持着相当的热度，即使在全球创投市场收紧的状况下，机器人初创企业也能拿到不错的融资，这就表明投资者对机器人的应用前景普遍看好。自 2010 年以来，机器人行业（包括无人机）的投资额增长了 4 倍多，2014 年几乎达到 5.7亿美元。其中值得一提的是，谷歌在 2012—2014 年连续进行的 8 起收购。许多初创企业（如 Rethink、Fetch 等）先后开发出低成本机器人物流解决方案，预计至 2020 年，大量机器人物流解决方案成本将降至 10 万欧元以下。罗兰贝格的研究数据表明，1990—2005 年，工业机器人的价格降低了一半；2010—2015 年，价格再次折半。2015 年，最便宜的机器人物流解决方案（Unbounded Robotics UBR-1）约为 2 万欧元（见图 2-2）。另外，全球的人工成本呈逐渐上升趋势，原来在中国的制造厂商正向人工成本更低的东南亚等地搬迁。在人工成本最高的欧洲，机器人在物流行业的普及更明显。长期来看，随着机器人技术的成熟，机器人生产效率的提高、寿命的延长，机器人成本的下降和人工成本的提高将共同促进机器人在物流行业的普及。

三、　物流、　电商企业纷纷布局无人机领域或将重塑物流行业格局

诸多物流企业和电商企业早已洞察了机器人普及这一趋势，纷纷发力布局无人机领域。目前许多国家的低空领域还处在闲置状态，它们可以变成全新的无人机送货通道，由此一场

图 2-2　机器人 VS 人工时间成本比较

无人机送货革命正在悄然兴起。

早在 2012 年，亚马逊就收购了专门生产仓库无人机的公司 Kiva；2013 年，正式进军无人机送货领域并向外界宣布从明年开始启用无人机派送服务。这种物流无人机使用 GPS 导航，只要重量在 2.3 公斤之内（这个重量涵盖了亚马逊 86％ 的订单），且目的地距离亚马逊的物流中心不超过 10 公里，则包裹将在下单后半个小时之内由无人机送到客户手中。《纽约时报》在上周刊文称，无人机送货对亚马逊而言有着举足轻重的地位，可以大幅降低物流成本。金融研究公司 ARK Invest 曾在一项研究中表示，亚马逊无人机送快递每件成本能降低到仅约 1 美元。德国 DHL 则在今年 1～3 月试验了其无人机交付项目，共成功递送超过 130 个包裹，且目前已推出第三代快递无人机。2016 年年初，谷歌申请了关于无人机送快递包裹的专利。

我国的顺丰、京东、阿里巴巴等也不甘落后，纷纷加快对无人机的投入和布局。2013 年 9 月，顺丰测试无人机快递项目首次在东莞曝出。直到 2015 年 3 月，顺丰才正式公开了自己的无人机送货计划。顺丰通过与极飞科技合作研发的全天候无人机，在珠三角地区以每天 500 架次的飞行密度执行快递配送任务。2016 年 5 月 13 日，京东集团宣布成立京东 JDX 事业部，推出京东智慧物流开放平台。京东 JDX 事业部囊括了京东全自动物流中心、京东无人机、京东仓储机器人以及京东自动驾驶车辆送货等项目。阿里在 2015 年开始测试无人机送货服务，其旗下的菜鸟网络在 2015 年年底组建"E.T. 物流实验室"，并在今年 5 月宣称多款物流机器人于年内投入使用。

虽然目前无人机送货还处于起步阶段，并受到技术和政策两方面的制约，但历史经验表明，市场创新往往可能会领先政策一步，如近两年的网约车市场。将来随着技术的进一步成熟，无人机优势也将进一步凸显。比如在渠道下沉的过程中，特别是深入农村市场，快递员的成本会居高不下，无人机的应用则可以大幅降低企业的物流成本。因此，我们有理由相信，无人机送货迟早会在相关政策的鼓励和肯定下得到普及，而率先将无人机运用到物流领域的企业有望享受到无人机带来的第一波红利。同时，无人机送货可以实现同城物流的加急业务和偏远地区的快递业务，市场一旦打开，将进一步开辟物流行业的细分市场，甚至塑造一个新的行业格局。

（来源：亿欧网，https://www.iyiou.com/p/30457，2016-08-15）

物流是企业流程再造过程中最关键的因素，现代物流的最终目标就是使制造企业的物流彻底与企业核心业务分离开来，使生产企业能够将资金、人力和物力集中投入到其核心制造领域。把原来企业内部的运输、仓储等物流业务交给优秀的专业化物流公司，不仅能体现社会产业分工越来越细的发展规律，还能实现内部资源最佳整合和最大限度的利用，从而开辟新的利润增长点。

现代物流系统管理的5个要点包括：①物流系统管理的关键是关注输出的"结果"；②物流系统要素之间必须按照顺序进行管理；③物流系统操作和过程必须在有需要的时候进行；④物流系统管理受空间因素的约束；⑤物流系统各要素之间实行权衡管理。

案例5 皇家加勒比海巡航有限公司的物流活动

美国皇家加勒比海巡航有限公司拥有17艘巡航船，其中12艘由皇家加勒比海有限公司国际部经营，另外5艘则由名誉巡航部经营，皇家加勒比海有限公司的物流部门为所有的船只提供物流服务。成千上万种商品，从崭新的亚麻床到发动机零件再到易腐食品，都必须在截止日期之前被送到相应的船只上。

由于巡航船的设计者一直强调旅客的身心愉悦和超过仓储空间的船舱空间，所以船只的供给日期规定为14天。这样，物流部门就必须在各个对外港口对船只进行补充。巡航船在规定的港口会停留6~8小时，因此物流部门要确保将所有商品在这个时间范围内送到船上。

每一艘皇家加勒比海的船只都会提前两年安排旅程计划，根据现在的数据，物流部门印刷了一份装箱装运表，规定了6个月每艘船只中各种商品的发运日期，并根据旅客数量预测每种商品的发送数量。另外，每艘船都有专门的运送日期用于运送冷藏产品、冷冻食品、烘干食品、成捆的海运商品、礼品和住宿用品。物流部门将安排运送从冰块到女士礼服和男士礼服的所有物品、所有食品、雷达设备、航海设备、船只动力系统中机器的备用件甚至植物等。由于不同的商品是通过不同的舱门和舱口装运到巡航船上的，所以物流部门要将这些商品集中起来，并根据船只和服务项目进行分类，为每一个部门安排货盘、贴上标签。皇家加勒比海公司的巡航船以40货盘/小时的速度装货，并在5~6小时内装运200件货盘，同时至少供2000名旅客在其他入口登船。

皇家加勒比海公司定期向400家供应商订货，并通过与供应商制定合同，要求供应商保持库存数量，保证准时供货，而公司则尽可能保持少的现存库存，以节省仓库和保管方面的费用。

（来源：《物流案例与实训》，机械工业出版社，何倩茵主编）

美国皇家加勒比海巡航有限公司巡航船的物流系统通过系统的规划设计、良好的调度管理，有效地完成了所需商品的供应，为提供优质客户服务奠定了坚实基础。

物流系统同其他任何系统都一样，是由人、财、物等相关要素构成的。在物流系统的构成要素中，首先，人员的要素是核心要素，也是系统的第一要素，因此提高人员素质是建立一个高效化、合理化物流系统的根本条件。

其次，资金要素也非常重要，是所有企业系统的动力。没有有力的资金支持，则无法保证物流过程的有效实现；同时，物流服务本身也是需要以货币为媒介。最后，物的要素包括物流系统的劳动对象，即各种实物，是物流系统目标实现的基础条件，现代化的运输是物流系统效率实现的保证。此外，还包括信息要素，即物流系统所需要处理的信息——物流信息。

以上要素是构成物流系统的基本要素。在此基础上，物流系统的构成要素是物流系统的各个系统，这些系统是物流系统中相互联系、相互作用的各个环节。

包装子系统在整个物流系统中，是一个很重要的环节。因为包装在整个物流过程中是确保货物储运安全，并能够产生价值的一个重要环节。包装在物流中根据货物的不同，可分为工业包装和商业包装。而在运输、配送过程中，为了保护对商品进行的拆包再包装和包装机械、包装技术和包装方法，必须考虑以下问题：①选择适合的包装机械，提高包装质量，使包装方便顾客使用；②加强包装技术的研究和开发，改进包装方法，使包装实现标准化、系列化；③注意节约包装材料，降低包装费用，提高包装效益。

装卸搬运子系统是物流系统中一个不可缺少的环节，装卸搬运是各项物流过程中不可缺少的业务活动。特别是在运输与仓储工作中，时刻都离不开装卸搬运工作。在物流过程中，装卸本身虽然并不能产生价值，但是装卸质量的高低直接影响着货物的使用价值，并会对物流费用的节省造成很大的影响。所以装卸搬运系统应根据作业场所、使用机具及物流量多少，注意考虑以下问题：①选择最适用的装卸搬运机械器具，以保证装卸搬运的效率与质量；②努力提高装卸搬运的机械化程度，减小劳动强度，使装卸搬运更安全、省时、省力；③制定装卸搬运作业程序，协调与其他子系统的作业配合，以节省费用。

流通加工子系统是物流过程中的加工作业，是为了销售或运输以及提高物流效率而进行的加工。在物流过程中，加工使物品更加适应消费者和使用者的需求，如大包装改小包装、大件物品改小件物品，以及为满足客户需求，促进销售而进行的简单的组装、剪贴、贴签、分装、打孔、检量等。流通加工子系统应根据加工物品、销售对象和运输作业的要求，注意考虑以下问题：①设置加工场所，配备相应的加工机械；②制定加工作业流程，提高加工质量，降低加工成本费用；③加强对加工技术的研究、开发，提高加工技术水平；④注意加工产品试销情况的反馈，以便及时调整加工策略并解决加工作业中的问题。

案例 6 苏宁物流：一场速度与温度、智慧与开放的较量

始于 1990 年的苏宁物流，早期主要为苏宁提供物流服务。二十几年过去了，苏宁在物流领域也投入了大量的资源。后来，苏宁选择将物流拆分出来，并且将服务能力开放给第三

方，让物流从成本中心转变为利润中心。苏宁并购天天快递后，不仅在全国覆盖网络和末端快递网点分布上与竞争对手拉开了差距，并且在渠道下沉上的优势也越加明显。

当下，快递已成为人们日常生活中不可或缺的部分。在新零售和新消费理念的双重驱动下，快递服务被赋予了更深层的含义。消费者除了追求"分钟级"精准收货需求外，更是看中了一站式物流服务带来的安心与温暖。苏宁控股集团董事长张近东曾表示："用户体验优于利润，要不惜代价确保用户体验在行业中的领先地位。"为满足各种刁钻胃口的消费者，苏宁物流究竟要如何获取用户的芳心？

一、 速度与温度： 打造"智慧、 准时、 轻简" 新体验

在苏宁易购"4·18"购物节期间，苏宁物流在服务端提出了"智慧、准时、轻简"新体验理念。智慧，指在全链条的服务中通过大数据和新技术赋能实际运营，提升效率及智能化的服务体验；准时，强调在更快配送的基础上，提供60分钟一个时间段的"精准送达"服务，杜绝让客户等待；轻简，则在于通过创新和改造服务流程，比如大件送装一体、3C类商品逆向取件，简化复杂的中转和等待流程，以实现一站式服务。三个词所表达的内容指向一致，即在全链路的服务连接之外，苏宁物流更希望能为消费者打造一种全新的生活方式。当然，对于绝大多数消费者而言，快是最核心的需求，也可能是未来物流公司入场的"标配"。然而，随着社会和行业的发展，人们对物流服务的需求将呈现多元化特征。

目前，基于全国的线下门店仓体系，苏宁物流的"2小时急速达"最快十几分钟就能送达；"准时达"则主打精准送货，用户可以精准选择一个1小时的时间段来完成收货，即全天被分成12大时间段，以避免家中无人或任何不便开门的收货场景。更多的特色服务，也都是"智慧、准时、轻简"新体验所能提供的。比如"苏宁帮客家"，5000多家门店覆盖了全国97％以上的区域，可以帮客户选家政、修电脑、洗空调、除甲醛等；"送装一体"服务更是行业首创，在整个购物过程中不用预约和等待，即买即享；针对逆向退换货和代修代检服务，苏宁也可以提供1小时极速响应，做到上门取件。

苏宁的物流模式在"仓＋配"的基础上，线下门店可以作为库存中心，也可以作为配送点或者中转中心，是对物流全场景服务的重要加成。用户在苏宁易购下单后，上下班途中就能从身边的苏宁门店自提商品。从今年开始，苏宁物流与苏宁小店同步布局1小时社区生活服务圈，以小店为圆心，3公里为半径，使快递成为与周边社区居民的一个连接触角，从而形成一个社区场景消费服务圈子。毫无疑问，这些都将成为苏宁物流推进"智慧、准时、轻简"新体验的重要阵地。

值得一提的是，苏宁物流一直坚持绿色环保、智慧物流的理念，因此在这两方面可谓不惜成本。随着电子商务的迅猛发展，我国已成为名副其实的快递大国，与此同时，快递包装浪费污染形势却愈发严峻。据悉，苏宁物流去年的"漂流箱计划"结出硕果，循环型共享快递盒多个版本先后投入使用，并推出了零胶带纸箱、可降解胶带、无底纸面单等产品，在行业和用户中产生很大反响和共鸣。今年4月，苏宁物流还推出了自动化气泡包装项目，其使用数据显示，一个气泡包装可减少42％的不可降解材料的消耗。

二、 幕后英雄： 智慧物流的实践路径

在为客户提供优质的服务体验背后，是巨大的智能系统和技术的投入。南京苏宁超级云仓的建设，乐高平台、天眼平台、神谕平台、指南针系统的建立，使得苏宁物流科技竞争力

大幅增强，极大地提升了自身的服务管理能力和水平。

除此之外，苏宁物流在无人化、自动化上也持续加码。记者了解到，今年"4·18"家电3C狂欢节前夕，山东首个机器人仓在济南苏宁物流基地投入使用。由此，济南成为苏宁继上海之后第二个落地智能机器人仓的城市。目前该机器人仓一期实际面积3000平方米，超过30万快销品库存，50台机器人即可完成每日的拣选出库。

通过使用机器人，苏宁物流可以实现一端货物上架、一端拣选出库，从而使整个仓库运转效率得到进一步提升。此外，苏宁物流在合肥、福州、深圳、郑州、重庆等城市也已启动机器人仓库的建设工作，全国最大的机器人仓储网络正在逐步成形。

前几日，苏宁物流联合苏宁银河物业在南京河西的滨江一号小区试点投放无人快递车。这不仅是无人快递车首次亮相南京的小区，也是全国首个小区实现无人车实地送货到家。而这种黄色"萌萌哒"的小车，也是国内首台可以实现室内室外场景无缝切换的无人车。

这台名为"卧龙一号"的无人车，通过"多线激光雷达＋GPS＋惯导"等多传感器融合定位来开启其智能化送货之路。它首先会扫描出一张小区全景的三维地图，并标注出每个建筑物的详细位置。结合GPS导航的信息，它就可以利用搭载的人工智能芯片的"大脑"自主分析出目前所在的位置以及目的地的方位。"大脑"有了精确的路径规划以后，就能指挥传动系统在小区的道路上奔跑。特别值得一提的是，借助激光雷达和视觉实时识别技术，它可以随时注意并规避周围的行人、车辆和障碍物，从而规划出最优绕行路径。

科技化物流并非一蹴而就，但基于未来的服务场景，预见接下来3～5年的变化，是苏宁物流在技术上的野心。

三、共创共享：向"服务开放"华丽转身

苏宁物流于2014年正式对外开放，4年后的今天又将其提升为苏宁八大产业集团之一。其间，苏宁物流经历了从社会化物流开拓期到智慧物流建设期的转变。这标志着苏宁物流从服务企业到服务创新，再到服务开放的华丽转身。依托基础设施网的优势，苏宁物流成功地开启了2B、2C开放产品的创新与研发，实现了自动化仓储全面升级、数据驱动供应链变革，在用户平台、服务平台、数据平台的基础上全面对外开放其专业经营能力。

此外，苏宁物流通过收购天天快递，强化自身"最后一公里"的配送能力，形成自营、加盟有机结合的综合物流服务网络体系。目前，苏宁物流的仓储和运输服务已全面向合作伙伴开放，苏宁物流整合三大基础设施网——仓储网、智能骨干网、末端服务网，建立了一体化和规模化的服务体系。

据悉，截至一季度，苏宁物流联合天天快递拥有的相关配套仓储合计面积近700万平方米，拥有13个全国物流中心、47个区域物流中心、465个城市配送中心、21900多个末端快递点，同时依托全国4500多家门店、5500多个帮客家，实现了服务直达县镇用户。

截至目前，苏宁物流服务接入2000多家第三方企业和10万家平台商户，其中甚至包括永辉、拼多多等企业的物流业务，其战略合作伙伴阿里也将菜鸟的部分物流业务交给它。通过建立上下游共创共享的生态发展模式，苏宁希望把自己变成全社会共享的基础设施资源平台，帮助合作伙伴提高物流效率，实现物流行业的集约化和效率最大化。

（来源：物流时代周刊，2018-05-14）

如今，物流行业正在变成一个顶尖企业密集竞争的赛道。随着苏宁物流布局的日益完善，苏宁必将逐步改变物流行业传统的运营模式，这或许正是它要打造"中国零售业最大物流基础设施网"的野心所在。张近东说："市场终究会偏爱有内功、有底蕴、有盈利模式的企业。"苏宁物流不仅要提高自身的市场竞争力，提升消费者的服务体验，在未来3~5年更要向着一千万平方米的仓储面积、向着最大消费品仓储服务商的目标发展。因此，相关的运输、仓储以及配送子系统的建设至关重要。

运输是物流业务的中心活动，运输子系统可实现物流的运输功能、衍生物流的空间效益。在运输过程中不改变物品的形态，也不改变其数量，运输子系统通过运输解决物品在生产地点与消费地点之间的空间距离问题，创造商品的空间效用，实现商品的使用价值，满足社会需求。由此可以说，运输子系统是物流系统中一个极为重要的环节。运输子系统应根据其负担的业务范围、货运量的多少以及同其他各子系统的协调关系，考虑以下问题：①选择最佳的运输方式和最优化的运输路径，配备适当的运输工具，缩短运输时间，提高运输效率；②制订有效的运输计划，减少运输环节，保证运输作业的连续性，节约运输费用；③提高服务水平，保证运输安全与运输质量。

仓储是物流活动中的一项重要业务。仓储子系统发挥物流的储存功能，通过仓储解决供应与需求在时间上的差异，保障物品不受损坏，从而提高物流的时间效益。仓库是物流的一个中心环节，是物流活动的基地。储存系统应根据仓库所在地理位置、周围环境以及物流量的多少、进出库的频率，充分考虑以下问题：①仓库建设与布局要合理，以有利于储存与运输；②最大限度地充分利用仓库的容积，尽可能发挥仓库的效用；③货物的码放、保存一定要科学合理，既充分利用空间，又确保储存期间物品的养护，保证其质量不受损坏；④加强入库的验收和出库的审核工作，以保证入库物品质量合格、出库物品与数量符合要求；⑤进出库尽量方便，以缩短出、入库时间，提高工作效率；⑥加强库存管理，做到储存合理，防止缺货与积压；⑦降低仓库费用，保证仓库安全。

配送子系统在物流系统中是一项接触千家万户的重要作业，直接受到各类顾客的检查。其效率的高低，质量的好坏，都会对物流企业产生很重要的影响。配送与运输的不同之处在于，运输的距离多数较远，物品的批量较大，品类复杂，可以说是物品生产后的第一运输。配送则属于物流的第二次运输，是物品的终端运输。配送系统应根据其配送的区域范围、服务对象以及物流的大小，考虑以下问题：①选择最佳的配送中心地址，且配送中心的作业区要布置合理，以利于收货验货、货物仓储以及加工包装、分拣选货和备货配送；②配置各类需要的配送车辆和装卸搬运机械及辅助器具；③规划出最优的配送路线，节省时间以提高服务水平；④判断合理化配送作业流程，提高工作效率。

案例 7　可口可乐的新配方——物流

在竞争激烈而残酷的饮料市场，可口可乐能勇立潮头，靠的不只是独特的口味和神秘的配方，还有其取胜市场的物流模式。这也被一些人认为是可口可乐为长期把控市场而隐藏的一记重拳。

雪碧与七喜的味道差异几乎为零，但两者的全球销量却有着天壤之别。可口可乐战胜对手的法宝究竟在哪里？地处北京东郊定福庄的"家人乐"小店是北京郊区再典型不过的夫妻店，店内只有可口可乐和雪碧，而没有百事可乐和七喜。对于这一点，老店主觉得很正常，"都是一样的东西，可乐（可口可乐）和雪碧拿货容易"。虽然这只是可口可乐战胜老对手的微微一角，却折射出中可（中国可口可乐公司）国内市场操作成功的精髓——利用强大的物流销售网络直接触及市场终端。

"哪怕是最小的夫妻零售店也要覆盖到。"虽然可口可乐内部并没有这样的说法，但是可口可乐正在通过国内三大合作伙伴尽力完成这样的任务。

一、"可乐流" 到夫妻店

可口可乐在中国拥有三大合作伙伴——嘉里、太古和中粮，其 36 家灌装厂分布在全国不同区域，而产品也相应在各自的区域内销售，严格禁止串货（跨区销售）。同时三大合作伙伴除了经营各厂生产外，还要负责每个分厂所处地区的销售工作。可口可乐会给三大合作伙伴规定产品的最低限价，但是不参与分配每瓶饮料的利润，只收取"浓缩液"费用，因而对于各合作伙伴分厂来说，卖得越多赚得就越多。嘉里集团下属山东可口可乐灌装厂地处青岛，负责整个山东市场。2001 年夏季，百事可乐决定在山东设厂，为了保持在山东市场的绝对优势，可口可乐发起了一场地盘保卫战。在山东济南、青岛两地爆发的可乐大战，至今仍令当时的两乐员工以及众多的济南和青岛百姓难以忘怀。2.25 升的大瓶可口可乐价格一度滑落到两块五，针对这一产品的价格调整不是按照周或是天进行，而是按照小时进行。针对饮料销售商的争夺、宣传用品的争夺不断升温，甚至爆发了百事员工围攻可口可乐山东办事处的激烈场面，但这也仅是可口与百事全球 N 次战争中的一个小插曲。

在消费者对抢购津津乐道时，不为众人所知的是，可口可乐在山东的饮料战法宝远不止"价格大斧"一种。即使 2002 年百事强力进军济南并设厂，庞大的可口可乐物流营销网络仍使其经受着第二次考验。

可口可乐针对销售终端把控极严，竞争对手在饮料零售市场稍有动作，第一时间就可以察觉，这主要归功于严格的渠道销售管理。可口可乐在全国推行 GDP 管理方式开发合作伙伴，把中间商一层一层地剥离掉以推行直销。虽然销售网络中仍然存在批发，但不是垄断性的大批发，而是采取肢解措施将批发控制到很小的规模，实现所有的超市全部直接送货。可口可乐对超市、大中型零售商的直销方式，大大提高了其市场感应能力。

营销和物流总是矛盾的，如果在销售环节设立大批发商，将生产出的可口可乐全部送到批发商，再由批发商销售。这样做，可乐公司物流成本虽然很低，但是无法完全控制市场。为了全面控制市场，可口可乐物流全部由自身灌装厂完成；同时秉承一个理念——决不放弃任何一个小的零售商，哪怕是最小型的夫妻店。为此，可口可乐推行了 GKP（金钥匙伙伴）计划，即在一定区域内找一家略大的零售商，将货物直接运送给 GKP，再由 GKP 完成对超小型零销商的配送工作，GKP 送货费用由可口可乐及其合作伙伴支付。GKP 负责的全部是规模低于两三人的夫妻式小店，而所有的超市和大一点的零售商则全部掌握在可口可乐手中。

另外，超市的数量以及名单在公司内部也是限级别掌握的，一些副总裁级的员工甚至不清楚合作商的大体数字。

20世纪八九十年代可口可乐刚刚进入中国之时，不少领域都在探索可口可乐的神秘配方，其意图在于引导消费者产生对可乐的兴趣。但在可口可乐公司内部，其实早已把对市场的感应能力定格为核心竞争力。这在全球不同地区可乐大战可口可乐胜多负少中得到了印证，只不过更多的广告人将大众的目光吸引到漂亮的营销创意之上，使多数人没有意识到可口可乐胜利的主要原因。

二、 物流包袱

直销说起来容易，但要想真正完成并在有效控制成本的前提下完成就相当不易了。能看到直销优势的饮料业国际国内巨头不在少数，敢于染指的却屈指可数。目前国内饮料巨头乐百氏、娃哈哈、康师傅、统一等，基本无一敢效仿可口可乐的做法。饮料业的天然特性制约着自办物流，甚至使物流成为一些饮料厂急于甩掉的包袱。这是为什么呢？可乐等饮料属于典型的快速消费品，而快速消费品的特点是生产集中、销售分散。生产集中考虑到规模效应，制造成本降低，但消费人群覆盖面积最为广泛，导致物流成本不断增加。

此外在产品特点上，饮料的物流成本非常大，体积庞大，单位货值较小。以一辆8吨的运输卡车为例，拉一车可乐可能只有8000多元的货值，与彩电、冰箱或者手机相比可谓有天壤之别。而且饮料的运输损耗严重，对消费的及时程度要求极高。在运输过程中，对货龄（从生产日期到目前的时间）的要求已经发展到近于苛刻的地步。一般在大型超市，如果货龄超过1周就不会要了，超过1个月则会成为滞销品。可口可乐与大的超市销售商有一个约定，即超过一定时间的货可以免费更换，这也造成了很大的损失。2001年，可口可乐一家中国灌装厂因为产品货龄超期，一次就销毁了价值80多万元的饮料。外部要求苛刻，内部同样要求严格，目前可乐使用PET瓶（塑料瓶），而PET材料会跑气，里面的二氧化碳压力会随保存时间的增加而逐渐降低，货龄越长品质越低、口感越次。为了保证质量，中间会到市场进行抽检，若抽检到不合格的，则对灌装厂提出警告。但是真正做到货龄不过一周，难度相当大。如此等等一系列因素，造成做水的不愿意运水。但这些同时也为一些做水的，提供了千载难逢的好机会，如可口可乐。当它解决了全行业的包袱，并且将包袱转变为核心竞争力后，它的行业地位还有谁能撼动呢？

三、 成本经

将物流作为公司的市场竞争力，并非天才空想之举，而是在商务运作中一步步总结出来的。每瓶可乐的成本构成主要有三块：生产成本、销售广告成本和物流成本。其中，对于嘉里集团这样的合作伙伴，生产成本最高；销售广告成本与中可共同承担，是第二大成本；物流运输成本作为第三大成本存在，依然不容忽视。根据可口可乐原高层员工的估算，物流成本占一瓶可乐成本的20%～30%，按此推算，目前每瓶2.25升可乐利润在几毛钱，而销售价格接近6元，粗算物流成本超过1元，成本之高相当惊人。

要想控制成本，首先要找好压缩成本的空间，第一大成本是可口可乐公司的主要利润来源（可口可乐向合作伙伴销售的浓缩液利润）。对于嘉里这样的大合作伙伴，从机器生产设备到检测设备等，全部从可口可乐指定的全球厂商订购，价格相当昂贵。而且可口可乐对灌装厂的生产工艺流程要求非常严格，品质控制超乎普通品牌饮料要求。这样，灌装厂就很难在生产环节做"节流"文章。同时随着饮料市场的发展，饮料业在生产环节开始推行柔性化生产，一方面适合市场竞争要求，另一方面却会在一定程度上破坏规模化生产带来的成本效益。生产成本的趋势会改变以前追求管理控制稳定的方式，市场要求的敏捷物流使得单次生产批量越来越小、规模效应优势越来越小，因此生产成本只能在管理环节加以控制。

随着可口可乐的生产变得柔性，生产成本反而有所上升，但是最终灌装厂采取了新的管理方式抵消了这种成本上升。具体做法是批量小，人员相应减少。生产规模效应下降，提高生产管理系统的柔性来牵制成本上升。原来每条生产线配置一班工人，没有生产，人员只能闲置；现在三条线配置两班工人，大大提高了员工的有效工作率。此外，在第一线生产流程中，还采取了大量的生产管理技巧，如哪两个产品线一起做成本会比较低、哪两个产品先后做成本会比较低等，这些精细化措施有效地控制了生产成本。

在生产中无法节省费用，在营销中节省费用就更难，而且趋势增高更为严重。因为竞争越来越激烈，可口可乐的促销活动越来越频繁，而且售价又不可能提升，所以相当于隐性降价。大量的品牌要想在日益被瓜分的这一市场保持较高地位，就要不断增加这部分的投资。

算来算去，物流成为唯一可以降低的成本。但相比之下，物流的紧缩更为艰难。因为要降低物流费用，更要控制好销售群体。此时，灌装厂开始寻求信息系统以管理物流。

四、 发现问题

以嘉里集团山东可口可乐灌装厂为例，它于 2000 年开始对物流管理进行调整，建立相应信息系统，取得了极佳的效果。但是这种效果不仅在于提高了诸多运营指标，降低了诸多成本，更为重要的是通过物流规划审视出原先管理中的诸多问题。

在没有推行物流管理体系之前，仓储部管仓库、运输部管车辆运输、采购部只管原材料物料采购、生产部只管生产计划，几大部门相互独立，而且各部门的经理都是平级，没有一个能在中间进行协调，都是各做各的。彼此的交流沟通不足，使内部信息流不通畅弊病不断暴露。

饮料行业的淡、旺季差异明显，夏季销量非常大，冬季销量就非常小。这样的情况往往导致在需求旺季供不应求，损失订单。市场部、销售部与生产部彼此不沟通，因为生产能力有限，厂里 4 条生产线全部打开也只能供应 7 天货源。如果此时市场部和销售部要突击销售高峰，再来一个促销政策，涌来大量订单就不一定是好事了。由于生产跟不上，所以只能丢单，而且所有的可乐客户在下单之前都有自己的商机计划，可口可乐断货会极大地影响客户的体验。除了生产周期外，配送能力是否能够跟上同样会导致市场丢失。几乎对所有的企业都一样，市场、销售、生产、物流配送等，实际上是需要立体整合在一起的，而可口可乐表现得更明显一点。

在系统没有透明化时，发生过夏季订不到货，而销售淡季客户手中大量压货，造成客户满意度极低的事件，这等于不用百事进攻就自乱阵脚。

为避免上述情况，市场销售计划要与生产能力相匹配，整个公司供应链要协调在一起。同时，生产和物流都要跟随市场而变化，制定敏捷的应变措施。但是嘉里在做物流之前，每一个部门都是独立运作的，且只考虑自己的问题。例如采购部门，如果想减少自身工作量，可以增加单次订货数量，供应商也愿意大批量少次数发货。但是 PET 空瓶在夏季的保质期只有一个月，一旦因为某些原因，如下一场大雨，这一周期的销量就会变少，瓶子用不完，一个月后就会大批量地报废。再如包装箱，以前市场部制定的活动变化过快，交流又不及时，初夏用一个明星的版面包装，仲夏又用其他形象代言人的版面包装，版面由市场部来定，执行却是采购部。市场部与采购部彼此沟通很少，如采购部订了一大批包装物，要更换整个就全换了，这样的事件经常发生。

五、 打通信息流

接着，逐步入手完善内部管理信息系统。在可口可乐全球所有灌装厂统一使用一套 BASIS 系统，BASIS 是专门为可口可乐公司订制的，但是各个合作伙伴使用后，可以根据自身需求不断开发以增加功能。可口可乐充分考虑到不同国家地区的特殊市场环境，首先财务管理是不一致的，人力资源管理也是不一致的，而物流的地区差异性则更强，因而推行 BASIS 这套以销售为中心的信息系统。

2000 年，嘉里集团开始建设物流系统，原有的 BASIS 之上增加了存货管理（后扩展为仓储管理），又加入了运输和配送系统，里面包括一些细节管理，如冷饮设备的管理、冷饮设备配件的管理等。

通过建立物流信息系统，嘉里下属可乐灌装厂存货规模明显减少，存货覆盖天数、存货周转率大幅度提高，营运周期大幅度缩短，市场上的平均货龄大大减小，运输过程中车辆的空载率也是大幅度缩小。

而表现在公司的日常生产业务上，变化更大。在新的预测系统中，会将 BASIS 中所有销量的历史数据取出，分析、制订需求与营运计划。预测系统可以关注大量历史数据，包括区域、时间、SKU（可口可乐产品品种单位，即哪一种产品，不但要关注容量，还要关注具体的包装）、销量、其他竞争对手活动造成的影响等。此外在得出结果后，相关人员还会根据当年的温度等因素进行调整，以便做到准确预测市场销量。通过预测的销量再推算出库存计划，在所有的营业所（灌装厂在本省设立的销售部，全省有 5~6 个营业所覆盖）每一天什么样的 SKU 应该有多少。然后按照所有的库存计划制订配送计划，最后确定生产计划。为什么最后才是生产计划？因为可口可乐实行的是以销定产，间断生产，核心在于充分挖掘销售潜力和物流配送系统，保证物流全速顺畅运转。

（来源：中国物流与采购网，http：//www.chinawuliu.com.cn/，2018-06-08）

针对销售合作伙伴建立的直销系统，使得可口可乐公司不同于其他中小型饮料企业受到大渠道分销商的过度制约，因而大大提高了市场感应能力。随着国内饮料行业逐渐向寡头时代靠拢，出现饮料企业染指直销的可能性并不是没有。通过完善内部管理信息系统，可口可乐公司的物流管理得到了显著改善。很多企业选择将物流完全外包给第三方物流，而第三方物流服务商为他们提供整个或部分供应链的物流服务，以获取一定的利润。

大多数业内人士都认为，现在还很难说自建物流系统、第三方物流或其他物流方式到底谁优谁劣。自建物流体系帮企业节约了成本，提高了市场竞争力。但是同时也存在很多问题，最突出的就是企业要花费大量的人力、物力和财力，如此企业自身核心职能的发挥就要受到一定的削弱；而且，单个企业建立的物流系统很难达到一定的规模。而取得规模效益，正是第三方物流的优势所在。

但是，第三方物流的实际方案通常都是为不同的客户量身定制的，即不是有可复制性、广泛性和适用性。由于我国目前第三方物流市场尚不成熟，从事第三方物流的企业数量过少，所以不少家电企业对选择第三方物流进行合作仍然持慎重态度。

"物流冰山说"的提出者早稻田大学西泽修教授对现代企业关于物流的核算曾给出很多解决方法，如现代企业会计制度中单列"物流成本"，将隐藏在冰山下的 70% 的隐含成本计算出来。这样就可以利用社会的力量以及企业自身的觉醒，唤醒企业物流。应该说，这是中国企业物流向现代物流靠拢的根本解决办法。

案例 8　美的集团智能制造生产线中的仓储物流

一、 用工业机器人提升生产线物流的智能化

在"人机新世代"战略的引导下，美的不断升级领先于业内的智能制造硬件实力，探索人与机器在生产场景中最佳的协作方法，将员工从烦冗的工作流程中解放出来。实际上对于智能制造而言，工业机器人不仅是生产力发展的重要推手，更是承担自动化和信息化的基本载体。

美的早在 2011 年就开始实行转型升级，进入自动化领域，并通过携手库卡、高创抢先占领自动化市场。作为"制造业皇冠上的明珠"，全球四大机器人制造商之一的库卡拥有强大的制造研发实力。

二、 人机协同应用场景范围更广

在库卡位于上海的制造基地，数条生产线正不舍昼夜地忙碌作业，其中一部分装配着相当于机器人"躯干"的本体，另一部分则在生产扮演着"大脑"角色的控制柜。负载能力 3～1300 公斤的不同型号机器人，均可依照订单需求进行定制。在经历清洗、机械装配、喷漆烘干、电缆马达装配、清洗测试标定、检验包装等一系列流程后，这些机器人将被应用于不同行业的制造场景。

库卡一般工业中国首席执行官文启明称："库卡的目标是 2020 年跃居中国市场的第一位。"正是机器人制造方面的先决优势，决定了美的集团可以站在更高远的角度推动"人机新世代"在中国市场的演化。

三、 首个"成品分拣输送、 堆码和智能立库" 的运营

在美的自动化布局中，生产的智能化仅仅是智能制造中的一个环节。

在美的清洁电器事业部的工厂里，运营着中国家电制造业首个"成品分拣输送、堆码和智能立库"一体化项目，这是美的集团内部对智能物流控制技术、机器人控制技术、智能仓储技术集成应用的一个优质样本。

智能立库占地面积 6548 平方米，建筑面积比同等平库小 3.3 万平方米，成本（包含运营成本）约为平库的一半，实现了智能仓储、智能转产、智能出库。同时，由于对接 MES 系统和物流系统，对于所有使用 MES 码的箱体包装产品和企业来说都具备可复制性。

据美的清洁电器事业部副总经理栾春介绍，这个项目是美的集团内部对优势资源整合的一次成功例证，不仅充分展现了智能制造技术的注入为企业带来的效益，也展现了向社会分享智能制造领域成果、赋能其他制造企业的可能。

据介绍，该项目节约了 85％的占地面积、3000 万元的建设成本以及 500 万元/年的运营成本，入库能力一天可达 4.5 万台，出库一天可达 60 柜，还实现了一秒钟查货、一分钟出柜。

据美的立体库负责人介绍，该项目由三大核心系统支撑：智能输送物流系统、人机交互系统、智能仓储系统。

四、 可对外输出成熟软件产品与解决方案

在"人机新世代"的背后，一定要有强有力的软件信息系统指挥机器人工作；否则，再强大的机器人也不过是动弹不得的"植物人"。

美的积极推动数字 2.0 和美的版工业互联网，通过智能制造建设及数字化转型实现软件、数据驱动的全价值链运营。而今，美的成立的独立公司美云智数已有向其他行业和公司输出成熟软件产品与解决方案的良好先例。

据介绍，美的在总部、事业部、基地工厂三个层面建成了一体化的企业级自主 MES 系统，并已全面覆盖全集团 32 家国内工厂的 1000 多条产线。平台日应用人数近万人，每天通过系统产生 60 万财务交易凭证、100 万物资出入库记录，管控着 9 万多个生产作业过程，覆盖制造全流程的采集与追溯，实现了制造过程中人、财、物等重要资源的集约化管理，极大地促进了智能制造效能的提升。

五、 美的智能制造战略

美的集团智能制造职能负责人曾旻表示，美的智能制造以智能精益工厂为核心，结合智能自动化、智能机器人、智能物流、智能信息化、移动大数据、物流网集成六大关键技术的应用，实现企业的长远发展。

六、 智能制造中物流的作用远不止产品的物流

物流本身到底为智能制造提供了哪些解决方案呢？美的集团智能制造职能负责人曾旻介绍，物流解决了库存的柔性反应、快速交付及响应，降低了生产成本，提高了生产性投资性价比，最为关键的是大大提升了仓储用地的利用率。

实际上，物流的作用并非具有普遍性。以美的清洁电器事业部为例，它针对海外销售的商业特点及产量和智能立库的生产线等都与物流的智能制造生产、销售产生作用大小有关。

七、 美的给物流业提出的建议

物流在智能制造生产过程中不仅具有重要的作用，而且有着一定的特殊性。那么，从物流业和制造业两业联动的角度来看，整个物流业有哪些可以借鉴的呢？

美的清洁电器股份有限公司副总经理兼研发中心总监栾春表示，企业要立足于不同行业、不同产品，确定适合行业、企业以及特定产品生产线的整体解决方案，还要结合具体业务实践反复进行验证；同时要实现数据拉通，减少不必要的物流、仓储环节，节约生产制造

及智能制造的仓储物流成本。

（来源：物流时代周刊，亢小峰，2018-06-14）

随着中国"制造2025"的全面部署及推进，智能制造迎来了新一轮爆发式增长。2018年6月12～13日，继推出"人机新世代"全新战略3个月后，美的集团首次对外展示了其智能制造生产一线的最新动向。

从协同世界顶级工业机器人制造商库卡实现配备生产环节工业机器人的能力，到将数字化的软实力与硬体装备相辅相成地积极应用于生产、仓储、物流等不同的流程中，在美的智能制造生产线中，我们发现，美的在仓储物流方面已做到了游刃有余，这给物流企业带来很好的借鉴和思考。

物流信息系统应根据物流系统的整体需要，注意考虑以下问题：①物流信息系统的内容；②物流信息系统的作用；③物流信息系统的特点。

要组织好物流，信息系统是物流活动的基础，信息处理是物流管理活动的基本内容。信息作为企业管理的重要组成部分，在物流系统中被誉为"企业的神经系统"。企业的经营管理活动都离不开信息的支持，而信息在物流系统中更有着极为重要的作用。信息化是物流的灵魂，没有物流信息子系统的有效运用，就谈不上物流的现代化。

第3章

物流客户服务

案例1　麦当劳物流供货商阿尔法集团的服务秘诀

麦当劳集团能雄踞欧洲市场 30 多年，其背后的物流服务供货商实在是功不可没。欧洲 31 国共 3900 间麦当劳餐厅的所有货品及服务，便是由德国阿尔法集团旗下的 WLS GmbH 公司中 23 个配送中心、超过 2600 名员工所提供的。阿尔法集团负责管理麦当劳集团泛欧洲市场的整个物流配送系统，并发展全球网络。阿尔法集团究竟有什么秘诀，能让麦当劳在物流服务及饮食市场上稳居领导地位。

一、顾客永远是第一

阿尔法集团所提供的并非仅仅是物流服务，客户范围很广泛。该集团旗下的信息科技公司包括阿尔法软件公司及 MDIS，便为麦当劳集团处理复杂的信息事务。另外，S. T. I. 货代公司则负责组织泛欧洲地区的卡车运输，为麦当劳于欧洲的连锁餐厅提供每月 3500 车次的配送和货运服务。而国际推广物流 GmbH 公司主要为麦当劳发放相关的广告及推广物料，并与 S. T. I. 货代公司紧密合作，提供海陆两路的货运服务。阿尔法集团就是依靠提供不同种类的服务，加上与客户间彼此建立信任、携手合作的优势，使自身在市场中屹立不倒。

现时 WLS GmbH 公司不但可满足麦当劳集团的要求，更可全权控制全德国甚至国际上麦当劳餐厅的销售及需求评估。在需求评估的研究方面，必须对食品如汉堡包、牛肉、鸡肉等做出非常准确的预测。而阿尔法集团的工作，便是负责整个欧洲地区麦当劳餐厅供应链中管理层间的信息流通、产品及资金流动，其中包括由个别餐厅至原材料供货商，再由供货商至餐厅内部的整个物流过程。

二、提供高服务水平

麦当劳餐厅需要混合冷冻、冷藏及恒温的货品，因此阿尔法集团配送中心内的仓库亦应按不同货品划分为三大区域：冷冻储存（−23～−20℃）；冷藏储存（1～−3℃）；干货储存（5°～25℃）。集团以客户可负担的价钱为不同的货品特别修改卡车设计，在整个运输过程中可调节及控制温度，令货品在付运途中仍能保证质量。从麦当劳集团的角度而言，为降低经营成本，货品交收时间及人手安排必须调度得宜。因此阿尔法集团提供可控制温度的卡车，便可减少运载次数、降低燃油成本开支。此外，阿尔法集团更将各间餐厅的付运距离列入考虑范围。例如100公里的短距离路程，使用短拖车较公路汽车更为经济，因为可节省重新接驳或解开拖车的时间，从而降低客户的经营成本。

三、 不断创新客户受惠

自2002年4月起，WLS GmbH公司已采用双层挂接拖车来运载货品。虽然这些新式货车并非首次应用于物流服务，但它与传统挂接车辆的不同之处在于其车轮不是焊接在主车轴上，而是每个车轮独立装置在货车底盘，因此每个车轮间有更多储存空间，能运载更多货物。阿尔法集团的创新之处还表现在货车上层内置冷冻库，使货车在上层运载冷冻货物的同时，下层可运载干货。另外，利用遥控机械货车来加快及简化货车下层的装卸作业，以提高货运效率。

现时阿尔法集团不同部门积极发展新方向，保证让麦当劳集团及其他客户均可享受更多新物流服务及高价值、高质素的配送系统。

（来源：《市场周刊：新物流》，2003年第7期）

WLS GmbH公司深谙客户服务之道，深知"顾客永远是第一"的客户服务原则，提供令客户满意的服务；同时努力探索、挖掘客户的潜在需求，使其业务能绵延不断。在交易前期、中期、后期的各项客户服务要素中，WLS GmbH公司始终坚持稳定且高水平的服务，帮客户节约了时间、降低了成本。

服务（Service）是指为满足顾客的需要，供方和顾客之间接触的活动以及供方内部活动所产生的结果。它主要包括：供方为顾客提供人员劳务活动完成的结果；供方为顾客提供通过人员对实物付出劳务活动完成的结果；供方为顾客提供实物使用活动完成的结果。客户服务是指企业致力于满足顾客的需要，并超越顾客期望的活动过程。客户服务是企业与客户之间交互的一个完整过程，包括听取客户的问题和要求，对客户的需求做出反应并探询客户新的需求。客户服务不仅包括了客户和企业的客户服务部门，还包括了企业的其他部门，即将企业整体作为一个受客户需求驱动的对象。

客户服务的目的包括：①通过提供更多满足顾客需要的服务，扩大与竞争对手之间的差距，从而增加销售额以获得利益。②取得社会公众的理解和支持，为企业的生存、发展创造必要的内部与外部环境。客户服务能够帮助企业成功实施市场营销策略，通过有效地获取并保留客户来实现企业长期利润和投资收益的目标。

客户服务的原则包括：①视客户为亲友。企业在与客户的交往中，不能单纯将企业与客户的关系视为"一手钱、一手货"的金钱关系，而应该认识到企业和客户之间还存在相互支持、相互促进、相互依赖、相互发展的非金钱关系。现代企业只有为客户提供高质量的情感服务，才能使客户以更大的热情购买更多的服务来回报企业。②客户永远是对的。"客户永远是对的"的服务思想，不是从一时一事的角度界定的，而是从抽象意义上界定的。在具体实践中，企业要把"客户"作为一个整体来看待并提供服务，不能挑剔个别客户的个别言行，更不能因为个别客户的个别不当言行影响到企业对整体客户的根本看法。③客户是企业的主宰。企业把客户作为自己的主宰，既是从企业经济属性的角度来决定的，又是从企业的社会性质决定的，是奉献与获取经济利益相统一的服务理念的具体体现。在具体实践中，企业应将尊重客户权利作为天职，认真履行应尽的义务；根据客户的需要决定企业的经营方向，选择企业的经营战略；建立客户满意的服务标准，并依据标准增加服务投入、服务项目，改善服务措施，建立全面服务质量保证体系，使企业各部门都围绕"使客户满意"这个目标开展工作，最终保证企业服务质量能得到全面提高。

客户服务的方式，是"内外结合、双向沟通"。客户服务管理，一方面要吸取社会公众的意见，以不断完善自身；另一方面要与外界进行有效的沟通，使客户认识、了解自己，最后获得客户的信任和喜欢。

案例 2　顺丰：从速运公司到商业合作伙伴的转型

1993 年，顺丰速运（集团）有限公司（以下简称"顺丰"）诞生于广东顺德。目前，顺丰在中国大陆和我国的台湾、香港、澳门地区建立了庞大的信息采集、市场开发、物流配送、快件收派等业务机构及服务网络。与此同时，顺丰还积极拓展国际件服务，目前已开通针对美国、日本、韩国、新加坡、马来西亚、泰国、越南、澳大利亚等国家的快递服务。截至 2014 年 12 月，顺丰已拥有近 34 万名员工，1.6 万多台运输车辆，18 架自有全货机及遍布中国大陆、海外的 12000 多个营业网点。

一、顺丰的业务组织架构

2011 年顺丰开始从单纯的"收运转派"快件服务，向综合物流服务供应商转变。顺丰建立了速运事业群、商业事业群、供应链事业群、仓配物流事业群、金融服务事业群的 5 大业务 BG，全面整合成电商平台、O2O"顺丰家"、物流普运和冷运、仓配一体服务、金融服务，形成了商流、物流、资金流、信息流的闭环，实现了"四流合一"的生态链。

顺丰的重点业务包括标准快递、电商快递、B2B 物流、金融服务、速运事业群、商业事业群、供应链事业群、仓配物流事业群、金融服务事业群均与快递物流紧密相关。速运事业群：速运事业群是顺丰的优势业务，重点保持其在商务领域的领先优势，并承担维护顺丰品牌形象的重任。供应链事业群：供应链事业群的重点在于冷链运输。仓配物流事业群：仓配物流事业群是在电商市场提供仓配一体化服务，建立覆盖全国的 7 个 RDC 仓库以及 78 个其他功能性仓库，服务覆盖范围也随着处理能力而扩大，与之对应的配送覆盖网点与范围提供对应的干线运输、落地配业务，形成仓配一体的专业服务体系。商业事业群：商业事业群背靠速运事业群强势的物流能力，既包括"嘿客"升级版"顺丰家"，又包括 2014 年生鲜电商名列第一的顺丰优选，涵盖了平台电商、仓配服务，利用贴近社区和消费者的"顺丰家"打通全渠道生态环境。金融事业群：金融事业群是通过银行金融优势和物流优势为电商客户提供金融服务。顺丰的整个体系打通了商流、物流、资金流、信息流的每个环节，形成了全生态链的服务体系。商业事业群和金融事业群为顺丰电商客户提供相应的平台和金融服务，最终形成一个服务电商客户的闭环。

二、 顺丰供应链管理的运作模式

顺丰物流业务包含快速标准的小件业务、电商业务、重货业务、冷运业务等，为了提供更加专业化的物流服务以满足客户的需求，需要对物流业务进行细分，提高物流服务水平。为了实现各业务之间的协同，建立各业务的专业能力，致力于打造综合物流服务平台，迫切需要对业务进行拆分，协调整个生态链资源，从而既保证各业务的专业化，又通过组织架构、流程、信息系统的支持实现资源协调。

目前，顺丰的核心业务仍为快递，且服务集中在供应链后端 B2C 业务中。未来，顺丰将会积极拓展 B2B 市场，向供应链上游延伸，同时拓展服务的广度与深度。这将会给顺丰带来更多的发展机遇，由此契合顺丰的战略目标，打造一套完整的生态化供应链服务体系。

顺丰从单一的快递业务转向综合性物流服务，这一转型是从后端向供应链前端延伸。在供应链服务的深度方面，依托顺丰速运成熟的物流体系，提供优质的标准化产品组合，并结合外部资源补充能力版图，综合各项资源为企业提供个性化的物流服务，形成长期稳定的合作伙伴关系，并在后期为客户提供从供应链策略、方案设计、落地实施到运营管理的端到端的集成供应链解决方案和服务，实现客户供应链运作转型升级和优化提升。在供应链服务的广度方面，除了已有的综合物流服务外，顺丰还能为客户提供配套的金融及信息化服务，以支撑客户的商业发展，并致力于成为客户的商业合作伙伴。

（一）提供优质的标准化产品

1. 速运产品

顺丰速运是顺丰的基础业务，采用自营模式。顺丰中国大陆网点覆盖了 34 个省、自治区和直辖市，272 个大中城市，1418 个县级市或城镇，香港网点覆盖了 18 个行政区中的 17 个，台湾网点覆盖了 8 个主要城市。顺丰速运地级市的覆盖率达到 90%，县级市的覆盖率达到 60%。

顺丰速运主要采用收件—中转—干线—中转—派件的运作模式，截至 2013 年 6 月，全网共有 10 个一级中转场、100 多个二级中转场、50 多个三级中转场。顺丰速运覆盖了不同类型的中转场，包括航空、陆运及各级中转场。

顺丰速运能提供快速、安全、优质、标准的服务，离不开顺丰航空资源的投入。顺丰航空拥有以 B737、B757 机型为主的全货机机队，致力于为顺丰速运提供快件产品的空运服务。截至 2015 年 5 月，顺丰全自有货机达 19 架，成为顺丰速运快递业务核心竞争力的重要保证。随着机队规模的不断壮大，顺丰航空也将依据顺丰速运的业务发展规划，稳步完善运输网络，为客户提供更优更快的空运服务。加上航空租赁飞机，顺丰航空机队总数已达 37 架，同时租赁了 1700 条常用航班线，日发货量可达 1800 吨。另外，顺丰速运还拥有丰富的公路资源及独特的铁路资源、水路资源等。2014 年 8 月，顺丰包下了深圳到上海电商专列、京沪电商专列、京广电商专列，极大地提升了快件运输能力。

2. 顺丰普运

目前，我国市场上前六家快递企业包揽了超过80%的市场份额，而前十家公路零担物流公司所占市场份额仅为1.28%，但市场规模却是快递的数倍。由此，公路零担物流行业成为继快递业之后一个面临爆发式发展的物流领域细分行业。

2015年4月，顺丰开始了主要针对20公斤以上"大货"的"物流普运"业务。普货运输业务目前已在全国铺开，被称为"物流普运二期"。

顺丰利用布局良好的公路、铁路资源发力重货物流，在升级物流普运的同时，其"行邮专列"也在11月上线，主要针对单票重量大于300公斤的大货重货，承诺当日上门收货，3~5天完成配送。顺丰单件货物重量上限也比物流普运有所上升，从130公斤调整至200公斤。

3. 仓干配一体化产品

顺丰提供常温仓、恒温仓、冷库、防静电仓等仓库类型，其仓储配送服务主要是为客户提供仓储、分拣、配送一站式的供应链物流解决方案。服务内容主要有：出入库管理、分拣包装、库存管理、信息服务、保险、配送、其他增值服务。目前顺丰已建成投入使用仓库83个，包括北京、上海、广州、深圳、武汉、杭州、重庆、福州、嘉兴、青岛、南京、温州、长沙、厦门以及我国的台湾、香港等47个重点城市，共有仓库面积62万平方米。

"仓储＋干线＋配送"的一体化快速响应体系运作方式为"一个集中，两个分散，三个一体"。"一个集中"是指订单处理中心（Order management system）集中处理订单，实现智能分仓，处理全网所有客户订单；"两个分散"是指品类分散，建立集中的品类仓库如3C仓、服装仓等，仓库功能实现分散，生产仓库与存储类仓库、退货仓库功能分散，提供专业化的服务；"三个一体"是指仓干配一体、调拨一体、集发一体，实现资源的集中利用，降低成本。

（1）客户订单统一由订单处理中心处理，提供智能分仓、信息库存可视化服务。

（2）分仓备货满足客户订单履约更快、成本更低的要求，给买家带来更好的体验。

（3）"干线调拨＋落地配＋配送"体系为订单更快地到达客户手中提供了强大的物流基础。

（4）"仓储＋配送"一体化的模式使客户订单能得到集中处理，减少订单在集货中心的转运次数，快速响应客户需求。

"仓配一体化"是仓和配送的结合，既要有仓的网络，也要有配送的网络。只有仓储网络和快递网络相结合，才能真正解决电商公司的一条龙服务问题。顺丰目前已在上海、沈阳、广州、西安、成都、武汉建立7大分发中心，并在50个重点城市布局上百个仓储配送仓库，仓储总面积近百万平方米，配以顺丰数万网点，涉及全国2500个区县，基本建成了覆盖全国的电商仓储配送体系。顺丰推出了分仓备货的服务，可节约30%的订单配送成本。目前，包括华为、小米、长虹、康佳在内的诸多品牌厂商均已使用顺丰的分仓服务。

（二）综合资源提供个性化服务

顺丰基于标准服务产品和外部供应商资源的结合，提供能够满足客户个性化的灵活的服务，以此积极拓展B2B市场，向供应链上游延伸，增加服务的广度与深度，给自身带来更广阔的发展机遇。这样才能契合顺丰的战略目标，打造一套完整的生态化供应链服务体系。

（三）顺丰供应链金融服务

金融服务事业群依托强大的速运网络数据资源，专注于构建和研究具有顺丰特色的互联网金融模式及供应链金融服务，构筑以数据为驱动，拓展人、移动智能设备、商业相连互动的大网，为客户提供客制化的金融服务解决方案，致力于成为全球领先的供应链金融和消费金融服务的提供者。围绕供应链前端参与主体的金融需求，顺丰提供应收账款融资、存货融资、预付款融资等金融服务，并面向供应链末端渠道平台和零售客户提供消费金融产品。

在金融服务方面，相比于国内传统的供应链管理服务商，顺丰最大的特征在于其一站式供应链管理服务。传统的供应链服务商大多只是在供应链单个或多个环节上提供专业服务，如运输服务商、增值经销商和采购服务商等。物流服务商主要提供物流运输服务，增值经销商主要提供代理销售，采购服务商主要提供代理采购等。顺丰通过整合供应链的各个环节，形成了囊括物流、采购、分销的一站式供应链管理服务，在提供物流配送服务的同时，还提供采购、收款及相关结算服务。

（来源：万联网，http：//www.10000link.com/，2016-06-24）

顺丰速运从单纯的"收运转派"快件服务向综合物流服务供应商的转变无疑是成功的，不仅为更多的客户提供了优质服务，而且为公司的发展奠定了坚实的基础。

客户服务是一个不断提升的过程，在这个过程中需要付出不懈的努力，因此只有根据客户的需要不断改进工作才能使客户满意。

物流客户服务是以客户的委托为基础，按照货主的要求，为克服货物在空间和时间上的间隔而进行的物流业务活动。从本质上讲，物流业属于服务业。物流客户服务解决的是如何把产品和服务有效地传递到客户手中的问题，它以高效、低廉的方法为供应链提供了增值的利益。

物流客户服务的宗旨是满足货主的要求，保障供给、降低成本，即在适量性、多批次、广泛性上做到安全、准确、迅速、经济。现代物流客户服务的核心目标是在物流全过程中以最小的综合成本来满足顾客的需求。

物流客户服务是实现客户利润可能性的保证，包含备货保证、输送保证与品质保证，其最终目的是使顾客满意。物流客户服务的基本内容主要包括包装、装卸搬运、运输、储存与配送、订单管理、物流信息、存货预测等以及相关活动。①包装。包装是为了便于销售和运输保管，并保护商品在流通过程中不被毁损。一般来说，企业所选择的运输方式会影响运送商品时的包装要求。②装卸搬运。装卸搬运是伴随着运输和储存而附带产生的物流客户服务活动。装卸搬运对有效的储存操作很重要，在运输、保管之间起到桥梁作用。③运输。运输是物流系统非常重要的组成部分。由于商品生产者与消费者在空间距离上的相互分离，需要通过运输完成商品在空间上的实体移动。④储存与配送。储存与配送是一种效益背反关系，库存管理是物流客户服务的一项重要内容。同时，配送中心的建立能够根据客户的需要为终端提供配送服务。⑤订单管理。订单管理是有效运营和客户满意的关键，企业的订单管理能力将有助于产生竞争优势。订单管理主要得益于计算机和信息系统的发展。⑥物流信息。利用计算机进行物流服务数据的搜集、传送、储存、处理和分析，迅速提供正确和完备的物流服务信息，有利于及时了解服务进程、正确做出决策、协调各业务环节、有效地计划和组织物资的实物流通。⑦存货预测。准确预测存货要求（原材料和零部件）对有效控制存货十分重要，对使用 JIT 和物料需求规划（MRP）方法来进行存货控制的企业来说更是如此。此时，物流管理人员应当通过预测来确保准确、有效的控制。在以上内容中，运输、储存与配送是物流客户服务的中心内容，其中运输与配送是物流客户服务体系中所有动态内容的核心，而储存则是唯一相对静态的内容。它们的有机结合，构成了一个完整的物流客户服务系统。

案例 3 日本物流现代化的启示

日本是一个物流非常现代化的国家，物流在生产者与消费者之间发挥着巨大的作用。快速便捷的物流改变了人们的生活方式，提高了人们的消费水平；保质保量且及时迅速的物流在帮人们实现财富的同时，也提高了生产厂家和个人的信誉；物流企业自身也在不断完善的过程中发展壮大，成为日本的支柱产业之一。

日本当代物流史上发生了两次物流革命。20 世纪 60 年代，为了满足国内消费需求和支撑制造业，日本成功地实现了以批发和零售业为对象的第一次流通革命。其标志是无人销售、自动服务、品种齐全、价格低廉的超市大量涌现。为了满足超市的供货需求，出现了流通线路和流通机构的变革。

第二次发生在日本进入工业化后期，即服务经济成为主导的时代，其表现为折扣店、百元店等各种便利店的兴起和发展，批发零售部门和物流部门的经营革新。目前，信息技术仍在促使物流不断改善，物流与信息技术结合有着无限的发展潜力。

日本物流系统的现代化与政府的积极推动密不可分。日本国土交通省和经济产业省都有制定物流政策的机构，即"物流政策室"。日本有较为完善的物流法，其中最重要的是《关于促进流通业务综合化及效率化法律》。由日本内阁颁布的 2009—2013 年《综合物流施策大纲》认为，把支撑全球化供应链的高效物流、减少环境负担的物流、确保安全的物流作为三大支柱。这些法律和政策为日本物流变革提供了坚实的政策支持。

日本的物流之所以能成为经济的支柱产业之一，主要是因为日本有多家大型物流公司，其中最为著名的当属大和控股集团公司。这家集团公司到 2019 年将有 100 年的历史，下辖44 家子公司。其中最大的子公司是大和运输公司，面向一般消费者和企业界小批货物运输，公司职员人数达 14.2 万。在日本，大和运输公司人员每天开着汽车穿行在大街小巷，不知疲倦、年复一年地从车上卸下货物后，总是跑向目的地，微笑面对顾客，举止得体，素质很高。

除了大和运输公司外，日本的物流集团公司还有已经民营化的日本邮政公社、日本通运、山九、上组、西浓运输等。此外，日本大型企业如丰田、ＮＴＴ等也都有自己的大型流通公司。

流通业的发达改变了日本的方方面面。过去日本企业出售产品之前都要先将产品放在仓库里，现在则大多直接送往物流中心，一两天内就会送到消费者手里。渔民捕的鱼从船上卸下来直接由物流公司运到批发市场，如北海道的鱼晚上可到东京餐馆的餐桌。蔬菜从地里收获后经过包装直接运到批发市场，其他食品也是如此，出厂当天即可摆在货架上。蔬菜和食品均为冷藏运输，因而不会在运输途中变质。食品安全程度的提高，不断改善着日本人的生活质量。

日本物流现代化的经验对中国有三点启示：第一，要制定物流法，对物流市场进行规范化管理，每个阶段制定综合政策，以解决实际问题，在政策上支持和培育物流龙头企业，打造跨国物流企业；第二，要走物流与信息技术高度结合的道路，用信息技术引导物流走向现代化，同时重视物流软件的开发和应用，建立现代化、信息化物流管理系统；第三，大力培养物流人才，特别是物流经营人才，在经营理念上与国际接轨以开阔视野，随时借鉴外国先进的经验，建设现代化物流企业制度和企业文化。

（来源：联众物流网，http://www.lianzhongwang.com/，2013-11-13）

日本物流现代化为日本经济发展提供了有力的保障，为日本企业提供了良好的物流服务。物流客户服务的因素包括交易前要素、交易中要素和交易后要素。

物流客户服务的交易前要素倾向于非日常性，与政策有关，是指将产品从供应方向客户实际运送过程前的各种服务要素。主要包括以下内容：①制定关于客户服务政策的书面陈述；②创建实施客户服务政策的组织机构；③制订应急服务计划，保持系统的灵活性；④提高管理服务，为客户提供培训和技术手册等。

物流客户服务的交易中要素是指在将产品从供应方向客户实际运送过程中的各项服务要素。主要包括以下内容：①缺货水平。缺货水平是对产品供应情况的一种测度。②订货信息。订货信息是指为客户提供关于库存情况、订单状态、预期发货和交付日期以及延期交货情况的快速和准确的信息能力。③订货周期。订货周期是指从客户开始发出订单到产品交付给客户过程的总时间。④加急发货。加急发货是指那些为了缩短正常的订货周期而需要得到特殊处理的货物。⑤转运。转运是指为避免缺货在地区之间运输产品，运输通常是根据客户订单的预测来进行的。⑥系统的准确性。系统的准确性（包括订货数量、订购产品和发票的准确性）对于制造商和客户来说都是很重要的。⑦订货的方便性。订货的方便性是指一个客户在下订单时所经历的困难程度。⑧产品的替代性。当一个客户所订购的产品被同一种但不同尺寸的产品或另一种同样性能更好的产品所代替时，产品替代就发生了。

物流客户服务的交易后要素是指产品销售和运送后，根据客户要求所提供的后续服务的各项要素。主要包括以下内容：①安装、质量保证、变更、修理和零部件。②产品跟踪。产品跟踪是客户服务的一个要素。为了避免引发诉讼，企业必须在发现问题时就能够收回存在潜在危险的产品。③客户赔偿、投诉和退货。企业政策应规定如何处理索赔、投诉和退款。④临时性的产品替代。客户服务的最后一个要素是临时性的产品替代。当客户在等待接受采购的物品或等待先前采购的产品被修理时，为客户提供临时性的产品替代。

案例 4　最能打动客户的 6 大物流服务标准

随着社会分工的进一步细分，企业选择把自己的物流业务外包给第三方物流公司，以便腾出更多的人力、财力、物力去发展主营业务、优势业务。但选择第三方物流公司，不仅是将业务上转交给他们去运作，更要通过两个公司在服务理念、企业文化等方面的契合度达到强强联合的目的。

一、 物流服务的方向与目标清晰

如果选择外包自己的物流业务，必须首先明确企业的物流方向与目标要达到一个什么层次的服务水平、成本要控制在哪个范围之内，然后选择合适的物流服务商。如果在选择前没有确定的方向和目标，就会在服务和成本之间形成偏差，给企业带来损失。

二、 只选对的， 不选贵的

在根据物流目标选择服务商时，要结合自己的业务去有的放矢地选择。当然并非那些大而全的企业就是最好的，比如同城的小件配送业务选择顺丰不见得就是最优的方案。根据自己业务的特点去选择服务商，既提高了自己的物流服务水平，又降低了自己的运行成本，最终达到"1＋1＞2"的效果。

根据自身企业的规模、发货量大小、客户分布和需求，选择以"我"业务为主的服务商。规模不能太小，否则风险不好控制，服务意识较差，管理能力提升空间有限，没有合同履约观念和能力；规模也不能太大，自身业务量占比太小，物流服务商资源集中度不够，后续服务保障和沟通成本会很大。

三、 行业内口碑好的公司受青睐

目前的第三方物流其实都是在拼口碑，口碑可不是一朝一夕就能建立的，需要长期不懈地去坚持。在物流行业，口碑比广告效果要好得多。在选择服务商时，一定要去调查其口碑情况，如承诺的时间能不能送达、损坏丢失的货物可否及时赔付，顾客、同行中的口碑都应成为选择的评判标准。

四、 个性化的服务商更受欢迎

物流行业，顾客的需求可谓千变万化。企业在选择服务商的时候，就要充分考虑到目标顾客的业务需求。比如一早一晚收货、周末收货，这个时候就不能选择朝九晚五、周末双休的服务商。货主在选择服务商的时候，看重的是服务商的运作机制是否灵活、能否根据客户需求的变化随时做出改变。

五、 业务形态决定服务商的选择

快消品行业选择储运网络比较全、最后一公里运输资源丰富及信息化程度比较高的企业；大宗物品选择车辆资源比较丰富的以运输为主的企业；汽车、医药、化工等专业性比较强的行业选择以本行业业务为主的企业等。

六、 信息化、 标准化成为趋势

在互联网时代，物流也从劳动密集型向技术密集型转变。企业在选择服务商时，会充分考虑其信息化水平，仓库管理、货物运输的可视化、透明化水平等。一个信息化技术高的服务商，有助于企业对商品、在途运输的管理，可以随时对库存情况、签收情况进行调取，以便更加迅速地做出决策。

要优化流程标准，这是关键。要强化服务能力，这是核心。要确保一个专业的团队，这是基础。物流企业要为客户提供专业的物流服务，这才是硬道理。

七、 某食品有限公司农产品配送服务标准

（一）服务承诺

（1）任何时候都不出售假冒、伪劣、过期、变质产品，如发现则以一罚五十。若所送货物引发食物中毒事件，属我公司责任的，由我公司承担所有经济和法律责任。

（2）保证送货品种齐全、数量准确，所有送货数量以客户验收为准。

（3）每天的供货时间由客户指定，如超过规定时间30分钟罚款当次金额的10%，超过1小时罚款当次金额的30%。

（4）在尊重市场实际行情以及良性竞争的规则下，明码实价，双方协商定价，保证最优惠的价格。

（5）我方可以派专车和专人，提供全天候的跟踪服务，保证客户的任何需要都能得到即时的落实。

（6）为每个客户配备专职客户服务代表，全天候受理各类咨询、投诉，并提供上门服务，第一时间解决业务往来中出现的各种问题。

（二）食品运输与控制

（1）运输车辆内外必须清洁干净，无污渍、无异味，保持通风良好。

（2）肉类、鱼类、熟食类、半成品类必须包装严密，与蔬菜及其他副食品相隔离。

（3）送货器具（菜筐、油桶）保持干净，无污渍。

（4）运输冷藏食品及易腐食品，应当采取保鲜措施。

（5）运送熟食类及糕点类制品，应用带盖的专用密封箱盛装。

（6）运输车在运输食品前，必须进行消毒。

（来源：搜狐网，https：//www.sohu.com/a/208197068_725939，2017-12-03）

案例分析

好的客户服务标准是吸引客户的重要举措，它既体现了对客户的尊重，也体现了物流企业的自信以及对服务的承诺。标准的执行在实施方面往往会受到突发事件的干扰，如果没有相关的处理机制，再好的标准也将会是一纸空文。因此，制定好突发事件的处理预案是制定服务标准非常重要的一环。

决定物流客户服务标准是构建物流系统的前提条件。制定合理或企业预期的物流客户服务标准是企业战略活动的重要内容之一，可确保企业收益的稳定和长期发展。在制定客户服务标准时，应明确目标，且客户服务的标准必须是具体的、可衡量的、可实现的，如"所有订货的完成率和准确率必须达到97%，货运必须在24小时内送达"。

物流客户服务标准包括：①从顾客递交订单到顾客获得订货的期限；②顾客订货可以直接从库存中得以完成的百分比；③收到订货单据到订货装载运往客户的时间；④正确提取和送达客户订货的百分比。

常见的客户服务量度标准包括：①订单完成的及时率；②订单的完整率；③送达货物完整无缺的比率；④订单完成的准确率；⑤账单的准确率。

制定客户服务标准的注意事项包括：①谨防采用易于实现的绩效指标，标准过低无实际价值；②100%代表了一种态度，制定一个100%的质量水平会鼓励更好的绩效；③应当通过咨询客户来制定客户服务政策和标准；④应当建立衡量、监督和控制客户服务质量的程序。

🔺 案例5 联合包裹公司——美国经济的"主干架"

1907年，美国人吉米·凯西创立了联合包裹公司（UPS）。联合包裹公司创业初期仅有一辆卡车及几部摩托车，主要为西雅图百货公司运送货物。现在，联合包裹公司已发展到拥有15.7万辆地面车辆、610架自有或包租飞机、全球员工33万多名、年营业额270亿美元的巨型公司。它每个工作日处理包裹130万件，每年运送30亿件各种包裹和文件。

联合包裹公司提供的服务已经成为美国人日常生活中须臾不可离的东西，成为"美国经济运行中一只几乎无处不在的手"，每年装载美国国民生产总值的6％。1997年，联合包裹公司卡车司机罢工事件不仅使这一"美国经济的主干架"几近瘫痪，也极大地打击了当年美国的经济。据说，当年美国国民生产总值曾因此下降了几个百分点。

1997年的罢工风潮使联合包裹公司的国内竞争对手美国国家邮政和联邦快递坐收渔利：罢工的15天内便被抢去了3.5亿美元的营业额，因此损失了至少2亿美元，并丢掉了大批老客户。但联合包裹公司并没有就此一蹶不振，反而励精图治，不仅努力修补与卡车司机工会及客户的关系，而且打破百年封闭式经营的保守传统，1998年在华尔街上市（上市金额高达55亿美元，创下了美国历史最高纪录），同时涉足电子商务领域，大踏步向以知识为基础的全球性物流公司迈进。

过去10年，联合包裹公司共投资110亿美元用于采购主机、PC、手持电脑、无线调制解调器，建立蜂窝无线网络，雇用4000名电脑程序员和技术人员。这一浩大的投资活动不仅使得联合包裹公司实现了对包裹运送每一步的紧密跟踪，而且使之在电子商务大潮中占据了有利地位。

如果说联合包裹公司过去是一家拥有技术的卡车运输公司，那么现在它是一家拥有卡车的技术型公司。如果联合包裹公司是一家纯粹的电子商务公司，那么它可能只是徒有虚名，净利润为零；但是，强大的物质实力使得它盈利状况十分可观。1999年和罢工前的1996年相比，联合包裹公司的净利润翻了一番，达23亿美元，营业额也增长了21％。

联合包裹公司的电子跟踪系统，跟踪每日130万件包裹的运送情况。公司的卡车司机（同时也是送货人）人手一部同手持电脑一样大小的信息获得器，内置无线装置，能同时接收和发送送货信息。客户一旦签单寄送包裹，信息便会通过电子跟踪系统传送出去。客户随时可以登录联合包裹公司的网站，查询包裹运抵情况。有时客户上网查询到包裹已经送达收件人手中时，卡车司机可能还没有回到车座上。电子跟踪系统有时还随时发送信息给卡车司机，告诉他将经过的路段路况或者某位收件人迫切需要提前收取包裹的情况。联合包裹公司还使用全球定位卫星，随时通知司机更新行车路线。

实际上，联合包裹公司的服务还不止于此。它在新泽西和亚特兰大建立了两大数据神经中心，1998年还成立了联合包裹金融公司（联合包裹公司拥有流通现金30亿美元），提供信用担保和库存融资服务。所有这些，使得联合包裹公司在电子商务活动中同时扮演中介人、承运人、担保人和收款人四者合一的关键角色。

目前联合包裹为Gateway公司运送包裹，从收件人那里收取现金，然后将这笔款项直接打入Gateway公司的银行账号。目前，这种业务已占到该公司业务的8％。Gateway公司毕竟是已经建立起市场信誉的公司，如果客户从某个拍卖网站或者电视广告中看中某件商品，尽管价格十分具有诱惑力，但在没有见到实物前，让他掏钱一定很难。联合包裹公司的担保业务恰好解决了电子商务活动中的现金支付和信用问题。

联合包裹公司的这种技术手段在国际贸易中威力显著。比如，它可以直接到马来西亚的一个纺织原料厂收取货物并支付现金，然后将这些原料运抵洛杉矶的制造商，并从这家公司收取费用。这远比信用证顶用。因为联合包裹公司既提供了马来西亚原料厂急需的现金，又保证了洛杉矶的商人得到更可靠的货物运送。

联合包裹公司最近宣布准备增加机队数量，年内将有 7 架空中客车 A300 交货，同时投资 10 亿美元扩建其设立在肯塔基州路易斯维尔的航空枢纽。所有这些，将为联合包裹公司的物流业务奠定扎实的基础。路易斯维尔航空枢纽附近的物流部门正在为惠普等计算机公司提供这种服务：每天晚上在 3～4 小时的一段时间内，一共有 90 架飞机降落在占地面积 500 公顷的这一航空枢纽。从这些飞机上卸下有故障的电脑部件以及笔记本电脑等，并以最快速度运到离枢纽只有几英里（1 英里＝1.609 公里）远的物流部门。在那里，60 名电脑修理人员能赶在联合包裹公司的头班飞机起飞前完成 800 件活。

通过物流业务，联合包裹公司还顺势登上了因特网零售业的快车。据调查公司统计，1998 年圣诞节期间，联合包裹公司几乎垄断了美国因特网零售公司的承运业务，美国人在此期间网购的书籍、袜子和水果蛋糕大约有 55％是由这家公司送去的。

耐克公司注册的网上零售公司 Nike.com 成了联合包裹公司的最大客户。联合包裹公司在路易斯维尔的仓库里存储了大量的耐克鞋及其他体育用品，每隔一个小时完成一批订货，并将这些耐克用品装上卡车运到航空枢纽。联合包裹公司设在圣安东尼奥的电话响应中心专门处理 Nike.com 的客户订单。这样，耐克公司不仅省下了人头开支，而且加速了资金周转。而联合包裹公司的另一客户——最近刚成立的时装网站 Boo.com 甚至连仓储费都不用掏：联合包裹公司将这家供应商的货物成批运到物流中心，经检验后打上 Boo.com 的商标，包装好即可运走。

联合包裹公司 1976 年即进入欧洲，耐心等待了 22 年之后，其国际业务方开始盈利。在欧洲，它收购了不下几十家地面及空中运输公司。每天，全欧洲有 300 架次的联合包裹货运班机降落，有 1.7 万辆卡车来回穿梭。

联合包裹公司的形象可以从卡车司机的形象看出来。联合包裹公司的卡车司机（兼送件人）不能留长发、蓄胡须，外套只能打开最上方的第一个纽扣；在客户面前不能抽烟；送件时只能疾行，不许跑步；皮鞋只能是棕色或黑色，而且必须始终光可鉴人；必须始终用右手尾指勾住钥匙串，以免满口袋找钥匙时耽误时间；登车后，必须用左手系安全带，同时马上用右手将钥匙插入油门发动引擎。司机每天工作前必须经过 3 分钟的体能测试，这一传统从公司创始保留至今。飞行人员头天工作完毕必须清理桌面，以免第二天凌晨登机时耽误时间。高层经理人员的工作桌下，常备擦皮鞋用具。所有的细枝末节，都将保证公司的高运营效率，在客户面前树立值得信赖的良好形象。

联合包裹公司的员工队伍相当稳定，保持在 90％以上，许多人一干就是几十年。高层管理人员有的就是从司机、装卸工一步步升上来的。公司首席执行官凯里的衣橱里，至今还挂着 28 年前在联合包裹公司兼职当司机时穿的棕色套装。联合包裹公司上市后，一下造就了数百名百万富翁。这更增强了员工对公司的向心力。

（来源：中国物流与采购网，http：//www.chinawuliu.com.cn，2007-5-17）

随着信息的获取变得越来越容易，客户也变得越来越聪明和挑剔。现代物流客户服务如果只是停留在传统业务上，只会使企业故步自封失去活力。UPS 的成功既是传统业务的成功，也是信息化条件下物流服务创新的成功，不得不令人深思。企业的竞争力取决于企业满足客户需求的能力，客户购买的不仅是产品和服务，更是一系列通过购买、使用产品以及售后服务所带来的满足感，这也是那么多消费者会选择 UPS 的原因。

物流客户服务的本质是使顾客满意。服务作为物流的核心功能，直接使物流与营销相联系，为用户提供物流的时空效用，因而其衡量标准只能看顾客是否满意。物流客户服务有 3 个层次，即基础服务（初级层次）、延伸服务（中级层次）、高级服务（高级层次）。物流供应商首先从提供基础物流客户服务开始，展示他们有能力把这些服务做得最好，随后才开始提供高附加值的服务。尽管基础服务的利润率比较低，但只有把这些服务做好，才能说服客户外包更复杂的整合的供应链管理。

基础服务是将物流客户服务作为企业满足客户需求必须完成的特定任务，仅仅是一种处理、一项活动。如订单处理、收款、开票、产品返回及索赔处理，都是这一层次的服务。延伸服务是初级层次的延伸，它强调利用绩效指标衡量服务情况。关注物流客户服务的绩效指标非常重要，因为它提供了物流系统运行情况的评价方法，如完成订单及时运送的百分比、在可接受的时间内订单处理数量等。这种评价提供了测量改进的基准，企业必须检查绩效指标以确保服务工作能令客户满意。高级服务不再仅仅把服务看成是某一项活动，而是将它上升为整个企业的活动，渗透于整个企业及其所有活动中。企业往往会通过提供较高水平的物流客户服务取得竞争优势。

John Coyle，Edward Bardi 及 John Langley 在《The Management of Business Logistics》一书中将满足客户要求提供客户服务定义为"客户服务是为了使最终用户的总价值最大化而提供竞争优势并增加供应链价值的方法"。

案例 6 心怡科技物流——如何做让客户依赖和信任的好客服

第一，不断更新日常客服档案，尽可能地熟知客户，并挖掘客户信息和需求。在此基础上总结经验，吸取教训，以灵活应万变，耐心处理客户的每一个需求。

当我们回访某一个客户，在电话接通后听到客户"喂……"时，我们就能说出"您好，吴小姐或林先生"，这样可以拉近与客户的距离，让客户愿意跟我们聊，愿意向我们反映问题，而不是等到问题一发不可收拾时由客户投诉爆发出来。这里举一个例子：2012 年 6、7 月深圳某客户，公司因刚刚更换供应商，送货不是很及时，当时客户打电话投诉货物没有按时送达。经过深入了解得知，是因为客户的儿子高考，他要赶回珠海陪儿子。得知这一情况后，笔者就将客户的情况记录下来并存档，以提醒自己。后来，笔者又专门打电话询问了客户儿子高考的情况（考得不错），并送上祝福，这让客户很高兴。再后来去深圳拜访他时，还跟他聊了他儿子，这让客户觉得我们都很关心他。所以从那之后，虽然客户的货物偶尔也有延迟的时候，但是他基本上没有主动投诉过我们。

第二，让客户知道我们的存在并信任我们，有问题时愿意第一时间找我们。

笔者记得好像是 2011 年，某客户货物延迟送达，且到货破损严重，关键是送货人员态度恶劣。当时客户向客服人员投诉，后来客服人员帮助处理此问题。在沟通过程中，相关客服人员将自己的手机号码告诉客户，特别是只要有该客户的订货都专门跟进，仔细询问一下最近服务情况以便随时整改。这样一来二去，客户特别信任客服人员，有什么事情都喜欢跟客服人员联系，愿意找客服人员帮忙，而且一直到现在都是这样。

（来源：心怡科技物流网，http：//www.alog.cc/news/d239.aspx）

在日常工作中，建立客服档案、更新客户资料、熟悉客户情况，不断积累客户服务技巧，这样自己总结出来的经验、技巧，要比经过培训来得深刻得多。所以，要想轻松应对客户的需求，提高客户满意度，就要从建立客服档案、更新客户资料开始。此外，良好的客户回访制度是联系、维护客户的重要手段，也是物流客户服务水平的体现。

做好物流客户服务，对于企业发展具有积极而重要的作用。

第一，对经济增长的促进作用：①降低流通成本，提高流通效益。有关资料显示，在我国目前工业企业生产中，直接劳动成本占总成本的比重不到 10%，而物流费用占总成本的比重约为 40%。我国全社会物流费用支出约占 GDP 的 20%，美国则为 10% 左右。可见，发展现代物流在降低流通成本方面的潜力相当可观。②加快流通速度，提高流通效率。在商品的整个生产销售中，用于加工制造的时间仅为 10% 左右，处于物流过程所占用的时间几乎为 90%。因此，发展现代物流对于缩短流通时间、加快资金周转具有极大的潜在经济意义。③满足客户日益多样化、个性化的物流需求。"一切为客户服务"是现代物流企业最重要的经营理念。五个准确（Right）服务，即把准确的商品（the right product）、在准确的时间（at the right time）、准确的地点（in the right place）、以适当的数量（in the right quantity）、合适的价格（at the right price）提供给客户，已成为物流企业优质服务的共同标准。

第二，在企业经营中的作用。物流客户服务主要是围绕顾客所期望的商品、所期望的传递时间，以及所期望的质量而展开的，在企业经营中占据着相当重要的地位。特别是随着网络的发展，企业间的竞争已淡化了领域的限制，变成物流客户服务的竞争。①在细分市场营销时期，物流客户服务成为企业销售差别战略的重要一环。长期以来，物流并没有得到人们的高度重视。在大众营销阶段，物流从属于生产和消费。但是进入细分市场营销阶段，市场需求出现多样化和分散化，此时只有不断迅速、有效地满足各种不同类型、不同层次的市场需求，才能使企业在激烈的竞争和市场变化中求得生存和发展。而差别化经营战略中的一个主要内容，就是顾客服务上的差异。所以，物流客户服务成为差别化营销的重要方式和途径。②物流客户服务方式的选择对降低流通成本具有重大意义。可以说，低成本战略历来都是企业营销竞争中的重要内容。合理的物流方式不仅能够提高商品的流通效率，而且能从利益上推动企业发展，成为企业利润的第三大来源。特别值得注意的是，消费者低价格倾向的发展，使一些大型零售企业为降低商品购入和调低物流成本，改变了原来的物流系统，转而提供由零售主导的直供配送、JIT 配送等新型物流客户服务，以支持零售经营战略的实施。这表明，物流客户服务的决策已成为企业经营战略不可分割的重要内容。③物流客户服务是有效连接供应商、批发商和零售商的重要手段。现代企业的竞争优势不是单一企业的优势，而是一种网络优势。因此，企业经营网络的构造是当今竞争战略的主要内容。物流客户服务作为一种特有的服务方式，一方面，以商品为媒介，消除了供应商、厂商、批发商和零售商之间的隔阂，有效地推动着商品从生产到消费全过程的顺利流动；另一方面，物流客户服务通过自身特有的系统设施（POS、EOS、VAN 等）不断将商品销售、库存等重要信息反馈给流通中的所有企业，并通过知识、诀窍等经营资源的蓄积，使整个流通过程不断有效地适应市场的变化，进而创造出一种超越单个企业的供应链价值。

案例 7　邮局老树开新花

一、CRM 能给企业带来什么

CRM 的思想在 10 多年前就出现了，当时 CRM 与中国邮政之间的距离恐怕至少是以"光年"来计算的。但是，自从中国邮政 1999 年提出"8531"的扭亏计划（第一年国家补贴 80 亿元，随后几年分别为 50 亿元、30 亿元、10 亿元，即逐年减少）以后，中国邮政这个被圈养了多年的庞然大物蓦然进入了一片完全陌生的"市场化原始森林"。于是，一切都改变了。

邮政系统内部有句话："全国看北京，北京看东区。"北京东区邮局，在中国邮政系统中确实是一个很特别的点。在这几年扭亏为赢的压力下，去年实现了 2.5 亿元的收支差、6.8 亿元的营业额，这种业绩在全国邮政系统中没人可以做到。

不过，这个"风水宝地"并不是由它独享的。近年来，小到私营的同城快递公司，大到美国的 UPS、FedEx 等世界级物流企业，没有一天不在瓜分邮局的高利润业务。

据统计，在全国范围内，中国邮政只占有同城速递 20％的市场，占有国际业务不到 30％的市场。只有国内异地投递业务，中国邮政还占有 60％的市场份额，但是其中的高收入部分也在不断被别人蚕食。有人说，这样下去，除了赔钱的普通服务（平邮投递），中国邮政就什么都没有了。

有一组数据应该更能说明问题，1999 年中国邮政的包裹投递总数是 9725.9 万件，其中国内包裹 9655.5 万件，而 2000 年这两个数字分别为 9586.9 万件和 9502.5 万件。换句话说，除了业务量很小的国际包裹业务有一定的增长外，其他业务都在下降。

"必须留住客户，让客户对我们的服务满意，让客户为我们带来更多的业务，让客户为我们提供更多的收入。"当 1999 年东区邮局的领导说出这句话的时候，东区邮局对 CRM 产生了强烈的认同。

显然在进入买方市场的时候，东区邮局就已经发现客户成了自己的命根子。不过，"抓住客户"的目标很简单，实现过程却非常复杂。这不仅仅要有邮局已经理解的"微笑服务""上门取信"，更重要的是要有深度了解客户需求和客户价值的"市场智能"。而 CRM 系统，就是一个可以增进市场智能的工具。

东区邮局的 CRM 项目已经实施了将近 4 年。一个传统的国企竟然走在了业界潮流的前端，几乎是史无前例的事情。这似乎也说明，充分的市场竞争可以激活任何企业，哪怕是中

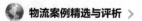

国邮政这样一个存在体制弊端、与现代企业制度相距甚远、长期养尊处优的国有企业。这就是市场的力量。

那么，东区邮局是如何实施 CRM 项目的？CRM 又为东区邮局带来了哪些改变？CRM 的力量又有多大？

二、 实施客户关系管理的来龙去脉

1997 年虽然邮局接触面特别广，天天都有很多投递员、揽收员在接触客户，但并没有人对这些信息进行收集整理。而要想开发市场，最基本的就是通过开发潜在客户来增加邮寄量。原来邮政做业务的基本方式就是"守株待兔"，即有邮件就做，没有就不做。

那时，IBM 公司是东区邮局商函中心的老客户，经常让邮局给他们做直邮。受到这个启发，后来商业信函制作中心被注册成一家直复营销公司，把以前单一的邮件加工提升到了"制造邮件"。也就是说，要利用邮政系统掌控的名址信息提供增值服务，搞数据库营销。这样一来，既创造了新的投递量，也开发了市场。

这家直复营销公司出来以后，很快就把商函中心一年的收入从 300 万元提高到了 1200 万元。在东区邮局中，这种 300％的增长几乎被称作一个奇迹。商函中心从直复营销理解了数据库营销的概念，从而也开始接触到更系统的 CRM 理念。

东区邮局实施 CRM，最主要的就是做了一项工作——客户信息的收集和数字化。具体来说，就是把自己的客户是谁、他们与自己的交易记录、客户经理的日常走访记录等与客户有关的信息，动态地记录到 CRM 系统中。虽然看起来很初级，但未来的一切都要依靠它们。东区邮局的 CRM 实施分为：客户信息录入、客户信息内部共享、销售自动化、局内协同销售、实现智能数据挖掘。

三、 实施 CRM 的前景展望

有人称，实施 CRM 主要有来自两个方面的动力：一是企业要保持不断的高速成长，所以需要依靠实施 CRM 来整合资源，提高客户的真诚度，实现客户价值的最大化；二是企业想避免销售业务滑坡，因而导入 CRM 系统，希望能够分析客户信息，给予客户关怀，进而挽留客户，借以力挽狂澜。

那么，是何种原因导致东区邮局实施 CRM 的呢？很显然，更接近第二种。东区邮局的 CRM 究竟实施到了哪个阶段？能否成功呢？CRM 的理念告诉我们，成功的关键在于具备一种能够获取信息并加以运用的能力，而这些信息必须是最新的、相关的并且是以接触为依据的。无论是物流的交叉销售，还是客户生命周期管理，或者是客户价值最大化的发掘，无一不是建立在充分的客户信息的拥有和分析的基础上。

虽然目前东区邮局的 CRM 项目仍然处于基础建设阶段，但客户信息的收集和数据库的建设仍然是这项工作的重中之重。或者说，CRM 最高境界的智能市场决策距离他们还很远，但是一旦东区邮局有了客户信息收集的习惯和足够数量的积累，走向智能决策就不是一个很难解决的技术问题了。

东区邮局的 CRM 实施就像一场长跑，现在应该说已经挺过了第一个极限。这个成绩，在国内同时进行着的 CRM 项目中并不落后。相比于仅仅上了一个 CRM 模块就宣传 CRM 实施成功的企业，东区邮局从销售自动化出发，以智能市场决策为目标的战略更完整，也更接近 CRM 的精髓。

（来源：《物流客户服务》，高等教育出版社，郑彬主编）

客户服务的核心理念之一就是把握客户需求，为客户提供更大价值。但客户的需求往往是复杂多变且难以捉摸的，东区邮局的 CRM 实施恰恰是利用信息化手段敲开了客户需求这扇大门。

提高客户满意度是客户服务的核心。客户满意度是客户对所购买的产品和服务的满意程度，以及能够促成他们未来继续购买的可能性，是客户满意程度的感知性评价指标。在物流中，顾客满意度主要表现在及时交货、准时发货、库存配备完全、收费低廉等方面。

事实上，客户服务水平直接影响着顾客的满意程度。影响客户服务水平的因素有很多，从物流的角度看主要包括：时间性、可靠性和灵活性。

1. 时间性

从买方的角度看，时间因素通常以订单周期表示；而从卖方的角度看，则是备货时间或是补货时间。影响时间因素的基本变量有：订单传送时间、订单处理时间、订单准备时间、订单发送时间。

2. 可靠性

对有些客户来说，可靠性比备货时间更为重要。可靠性包括：可靠的周期时间、安全交货、订单的正确性。

3. 灵活性

从物流作业的角度看，仅有一个或少数几个对所有客户的标准服务最为理想，但是客户的需求是多种多样、千差万别的，所以在物流作业中要认识并尽量满足客户的不同需求。

案例 8 客户服务热线的投诉处理

一、 处理成功的投诉

日前，某储运公司客户投诉管理部门接到一老客户打来的投诉电话称：近期储运公司运送来的货物中存在着货物毁损问题，该批货物总价值为 30 万元，商品完好率为 70%，缺损商品价值为 9 万元，要求赔偿。客户投诉管理部门受理投诉，首先登记客户投诉记录表，然后将投诉记录交给货运部；货运部收到投诉记录后马上开展调查分析，并获得两方面的资料。

第一，缺损货物中有 10% 因轻微碰撞而变形，修理后不影响使用和销售，预计修理费用为 3000 元；其余部分毁损严重，无法恢复其价值和实用价值，这部分货物的总价值为 8.1 万元。第二，查明货物毁损原因，是储运公司对货物的包装强度过低，导致货物在运输途中出现事故。

经有关管理部门研究，并征得客户的同意，提出以下解决问题的方案：第一，支付商品的维修费用，赔偿经济损失，共计 4000 元。第二，补发毁损货物。

最终，储运公司相关部门按要求支付了赔款并发运了货物；客户投诉管理部门定期回访该客户以了解到货情况，赢得了客户的信任。

这是一个由储运公司对货物包装不当造成的客户投诉案例。在这一案例中，储运公司应该对货物的损失承担全部经济责任，并赔偿客户的经济损失。在整个事件的处理过程中，储运公司客服人员的工作态度、工作效率、赔偿的主动性直接关系着对客户的挽留与客户的回头。

二、 处理不当的投诉

某配送中心为当地某超市（以下简称"客户"）配送一批价值 50 万元的货物。日前配送中心客户投诉部接到客户的投诉称：近日配送中心送来的货物中存在诸多问题。

第一，货物毁损。缺损商品价值为 2 万元，客户要求赔偿。第二，部分货物的品种规格与合同要求不符，因这部分货品是用来做赠品促销的，所以要求配送中心承担因此造成的主产品销售损失的 5 万元。第三，送货时间不正确，影响了客户的正常工作。

客户投诉部受理投诉后，记录了客户投诉内容，并将投诉记录交给货运部；货运部展开调查分析，结果如下。

第一，货物损毁直接责任不在配送中心。原合同约定的到货时间为╳月 5 日 14:00，因故使得到货时间提前两个小时；而客户的装卸员工人手不足，导致货物在卸货过程中出现散落、损坏。经分析，损坏的货物中一半无严重的质量损坏，整理后不影响销售，预计整理费用为 2000 元；其余部分货品的损失无法挽回，损失金额为 10000 元。第二，部分货物确实存在品种、规格与合同要求不符的现象，这部分货物的价值为 1000 元。

配送中心管理部门根据调查结果，经与客户反复磋商后提出以下解决意见。

第一，因货物损坏的直接责任不在本公司，所以无法承担其经济损失；但考虑到客户关系的维持和自身的过失，本公司愿主动负担货品的整理费用，或直接从货款中扣除整理费用 2000 元，方法是代其整理或派出员工协助整理。第二，错发的货物有两种解决办法：其一，补发货物，并按合同规定承担损失 200 元；其二，不再补发货物，直接从其货款中扣除该货物价款及赔偿金 1200 元。至于主产品的销售损失，合同中并未指明货物的用途，也未明确相关损失的赔付问题，所以不予赔偿。

客户投诉部将配送中心的最后意见转达给客户，但客户坚持认为货物损坏的直接原因是配送中心的违约和超载，故拒不接受配送中心的协商意见，并意欲诉诸法律。

这一起客户投诉事件的原因有两个：第一，客户对货物的装卸搬运操作不当造成投诉。其主要责任在超市；但客户将之归咎于配送中心送货时间的不合理。第二，配送中心配货出现差错，导致客户投诉。

在这一事件中，配送中心本着友好协商、风险（损失）均担的原则，以主动承担责任的姿态，提出了解决纠纷的意见和方法，负担了部分本不该承担的损失。但客户仍坚持己见，拒不接受对方意见，并意欲诉诸法律。由此可见，该客户是十分挑剔的。在整个事件的处理过程中，配送中心真挚、诚恳的工作态度固然重要，但保护自身利益、积极应对诉讼也是十分必要的。

三、 案例比较

两个案例的处理步骤相同，但后一个案例与前一个案例不同之处如下。

第一，面对客户的不合理要求，要保持冷静，体谅客户的心情，体会客户的感受，表现出更多的耐心、热情和诚意。

第二，面对纠纷，要能够提出多种解决方案，同时做一点必要的牺牲和让步，以赢得客户的理解和信任。

第三，面对极端利益主义者，企业绝不可一味退让，合理的防范也是必需的。

总之，客户投诉是企业拓展业务、发展创新的源泉，客户投诉的处理应遵循预防原则、及时原则、责任原则和记录原则；客户投诉的处理应及时、稳妥，尽力消除客户不满、平息客户愤怒、弥补服务不足，如此才能稳定客户资源，重塑企业信誉，赢得客户满意。在客户服务的日常工作中，要注重与客户的沟通。沟通是客户服务的第一步，是人与人之间交流意见、增进感情的重要手段，也是经济组织之间在销售商品、提供劳务过程中互通信息的主要形式。沟通在形式上表现为企业客服人员与客户的语言交流。在沟通中，客服人员是企业形象的代言人，要想树立良好的社会形象并获得最佳的沟通效果，就要注重客服人员形象的整合和语言的规范；沟通的基础是倾听，倾听应该做到专心致志、听与分析相结合、持续倾听和积极回应。

（来源：《物流客户服务》，高等教育出版社，郑彬主编）

正确合理的投诉处理，是在企业可能失去客户前赢得客户信任、挽留客户、争取客户回头的重要手段。储运公司客服人员的工作态度、工作效率、赔偿的主动性都证明了这次投诉处理是成功的。客户的要求有时很挑剔甚至不合理，但是作为客服部门，与客户之间的良好沟通至关重要。投诉问题都应在沟通中予以解决，配送中心客服的意见不能谓之错，但是导致客户由投诉上升为诉讼的结果令人深思。

客户投诉至少可以对企业产生如下4个方面的积极意义：客户抱怨有利于企业进步；客户投诉是企业维护老客户的契机；客户投诉是企业建立忠诚的契机；投诉隐藏着无限的商机。因此，要重视对客户投诉的处理，并致力于提高客户满意度，具体措施包括以下两个方面。

1. 树立客户服务意识

要提高客户的满意度，必须以客户为中心，提高为物流客户服务的水平。①理解顾客要求。要使顾客满意，首先要知道他们需要什么、想要什么，这样才能通过提供合适的产品和服务满足他们的需要。以下3个步骤可以确定顾客需求：a. 理解顾客的业务、买方和用户。b. 确定顾客的需求和期望。c. 与顾客探讨需求和期望的变更性，测定顾客对支持服务的愿望。②提供针对性服务满足顾客的特定需要。了解了顾客需要的服务和服务水平以后，就可以提供针对性服务。比如有的顾客要活很急，就可以实行当天送货；有的顾客希望收到的产品以稻草包装，就可以在箱子里填充稻草。③在顾客要求的基础上创造服务。为了满足顾客的需求并超出他们的期望，在物流运作中应该提供增值性服务。供应商要着眼于顾客对价值的认识，力图提供增值性服务，从而创造竞争优势。

2. 建立客户关系管理机制

随着供应链管理的发展，客户服务逐步向客户关系管理转变。从狭义角度，可以将客户关系管理（Customer Relation Management, CRM）定义为："企业在政策、资源和流程的基础上，应用信息技术获取并管理客户知识、创造客户忠诚度和客户价值的所有活动，从而产生并保持长期成本和利益优势以及可持续竞争优势。"客户关系管理更多体现为一种功能，即通过以客户为中心管理思想的渗透，充分挖掘客户信息，建立有效的、快速反应的客户服务网络，获得更具竞争优势的客户份额。客户关系管理通过对客户资料数据的搜集、整理和挖掘，能够实现如下4种功能：①挽回已流失或将要流失的客户；②提高现有客户的忠诚度；③实现交叉销售和深度销售；④有效发展新客户。实施客户关系管理战略的步骤包括：①明确业务计划。企业要考虑实施CRM系统实现的具体业务目标，即企业要了解CRM系统所能产生的价值。②建立CRM组织。为了成功地实施CRM方案，管理者还必须对企业业务进行统筹考虑，并建立一个有效的CRM组织。③评估销售和服务过程。在评估一个CRM方案的可行性以前，使用者需要详细规划和分析自身具体的业务流程，评估销售和服务过程。④明确实际需要。在充分了解企业业务运作状况的基础上，从销售、服务人员的角度，分析CRM的实际需要，确定需要实现的功能。⑤选择方案提供者。确保所选择的方案提供者能充分理解企业所要解决的问题，并及时与方案提供者交流，了解其解决方案。⑥进度安排。CRM方案的设计，需要企业与提供者的密切合作，并按项目管理的要求精确安排项目计划的进度。

第4章

采购与供应

案例1 三种"采购现象"背后的观念对碰

从20世纪80年代开始，为了顺应国际贸易高速发展的趋势并满足客户对服务水平提出的更高要求，企业开始将采购视为供应链管理中的一个重要环节，通过对供应链的管理来优化采购手段。在当前全球经济一体化的大环境下，采购管理作为企业提高经济效益和市场竞争能力的重要手段之一，在企业管理中的战略性地位日益受到国内企业的关注。但现代采购理念在中国的发展过程中由于遭遇的"阻力来源"不同、企业解决问题的方法各异等，就被赋予了不同的诠释。

一、胜利油田

在采购体系改革方面，许多国有企业和胜利油田的境遇相似，虽然集团购买、市场招标的意识慢慢培养起来，但企业内部组织结构却给革新的实施带来了极大的阻碍。

胜利油田每年的物资采购总量约为85亿元，涉及钢材、木材、水泥、机电设备、仪器仪表等56个大类，12万项物资。行业特性的客观条件给企业采购的管理带来了一定的难度，然而最让胜利油田管理者头痛的却是其他问题。

胜利油田目前有9000多人在做物资供应管理，庞大的体系给采购管理带来了许多困难。胜利油田每年采购资金的85亿元中，有45亿元的产品由与胜利油田有各种隶属和姻亲关系的工厂生产，因而很难对其产品的质量和市场同类产品进行比较，而且价格一般要比市场价高。例如供电器这一产品，价格比市场价高20%，但由于这是一家由胜利油田长期养活的残疾人福利工厂，只能本着人道主义精神接受他们的供货，强烈的社会责任感让企业背上了沉重的包袱。同样，胜利油田使用的大多数涂料也是由下属工厂生产，一般只能使用3年左右，而市面上同类型的涂料可以使用10年。另外上级单位指定的产品，只要符合油田使用标准、价格差不多就必须购买。在这样的压力下，胜利油田目前能做到的就是逐步过渡，拿出一部分采购商品来实行市场招标，想要一步到位是不可能的。胜利油田的现象说明，封闭的体制是中国国有企业更新采购理念的严重阻碍。可以说，采购环节漏洞带来的阻力将难以消除。

二、 海尔公司

与大型国有企业相比，一些已经克服了体制问题，全面融入国际市场竞争的企业，较易接受全新的采购理念。这一类型的企业中，海尔走在最前沿。

海尔采取的采购策略是，利用全球化网络集中购买；以规模优势降低采购成本，同时精简供应商队伍。据统计，海尔的全球供应商数量由原先的 2336 家降至 840 家，其中国际化供应商的比例达 71％，目前世界前 500 强中有 44 家是海尔的供应商。

在供应商关系的管理方面，海尔采用的是 SBD 模式：共同发展供应业务。海尔有很多产品的设计方案都直接交给厂商来做，很多零部件是由供应商提供今后两个月市场的产品预测并将待开发的产品形成图纸。这样一来，供应商就真正成了海尔的设计部和工厂，从而加快了开发速度。许多供应商的厂房和海尔的仓库之间甚至不需要汽车运输，工厂的叉车可直接开到海尔的仓库，大大降低了运输成本。海尔本身则侧重于核心的买卖和结算业务。与传统企业与供应商关系的不同在于，海尔从供需双方简单的买卖关系成功转型为战略合作伙伴关系，这是一种双赢策略。

1999 年海尔的采购成本为 5 亿元，随着业务的发展，到 2000 年采购成本为 7 亿元。但通过对供应链管理的优化整合，2002 年海尔的采购成本在 4 亿元左右。可见，利益的获得是一切企业行为的原动力，成本的降低、与供应商双赢关系的稳定发展带来的经济效益促使众多企业以积极的态度引进和探索先进、合理的采购管理方式。

三、 通用公司

与从计划模式艰难蜕变出来的大型国有企业相比，通用的采购体系可以说是含着银匙出世，没有必要经历体制、机构改革后的阵痛。全球集团采购策略和市场竞标体系自公司诞生之日起，就自然而然地融入了世界上最大的汽车集团——通用汽车的全球采购联盟系统中。相对于尚在理论层次彷徨的众多国有企业和民营企业而言，通用的采购已经完全上升到企业经营策略的高度，并与企业的供应链管理紧密结合在一起。

1993 年，通用汽车提出了全球化采购的思想，并逐步将各分部的采购权集中到总部进行统一管理。目前，通用下设 4 个地区的采购部门：北美采购委员会、亚太采购委员会、非洲采购委员会、欧洲采购委员会。4 个区域的采购部门定时召开电视会议，把采购信息放到全球化的平台上来共享，在采购行为中充分利用联合采购组织的优势协同杀价，并及时通报各地供应商的情况，在全球采购系统中备案某些供应商的不良行为。

在合理配置资源的基础上，通用开发了一整套供应商关系管理程序，对供应商进行评估。对在评估中表现良好的供应商，采取持续发展的合作策略，并与供应商一起协商采购中出现的技术问题，寻找解决问题的最佳方案；而对在评估中表现糟糕的供应商，则请其离开通用的业务体系。同时，通过对全球物流路线的整合，通用将各个公司原来自行拟定的繁杂的海运线路集成简单的洲际物流线路。得采购和海运线路整合后，不仅使总体采购成本大大降低，而且使各个公司与供应商的谈判能力也得到质的提升。

中国市场并存的 3 种"采购现象"，直接反映出在不同的市场机制和管理模式下，企业变革需要面对一些不同的现实问题。从不同"采购现象"背后，可以看到"采购理念"在中国发展遇到的现实问题，不仅在于企业对先进思维方式的消化能力是否强，更在于在不同的体制和文化背景下的执行是否通畅。

（来源：中国物流与采购网，http://www.chinawuliu.com.cn，2008-06-05）

在当前全球经济一体化的大环境下，采购管理作为企业提高经济效益和市场竞争能力的重要手段之一，在企业管理中的战略性地位日益受到国内企业的关注。

在过去的物流研究中，采购是被忽视的一个领域。物流系统的功能要素包括运输、储存保管、包装、装卸、搬运、流通加工、配送、物流信息等，而离开了采购，物流系统运行就失去了一个前提和基础。因为无论是从生产企业角度，还是从流通商贸的企业角度分析，采购物流都是企业物流过程的起始环节。现代采购是从企业的角度，而不是从人们生活的角度研究采购活动的。因此，采购物流是生产物流、销售物流的前提和基础，构成了企业物流系统的重要组成部分。无论是生产企业的物流系统，还是流通企业的物流系统，采购物流对整个企业物流系统而言都是一个基础物流。离开了采购，生产企业的生产供应就会中断，生产活动就会无法进行；流通商贸企业就会出现缺货，造成机会损失。由于生产物流和销售物流是采购物流的实现途径，因此要保证企业物流系统的良性运行，就必须加强和重视采购物流，使它们之间相互联系、相互制约、共同发展。

采购物流和销售物流是一个问题的两个方面。从生产企业的角度分析，生产企业从供应商手中采购物资，运回企业，验收入库，这一过程发生的物流活动称为"采购物流"；而从供应商的角度分析，企业物流可以分为4种形式：①供应商为生产企业提供原材料、零部件或其他物品而产生的物品在提供者与需求者之间的实体流动，称为供应物流；②生产企业到进入市场销售之前发生的物流，称为生产物流（内部物流）；③产品进入市场送到顾客手中发生的物流，称为销售物流（市场物流）；④生产商接受包装容器或退货等发生的物流，称为回收物流。

采购物流在整个生产企业物流系统中处于基础性地位，离开了采购物流，生产企业的制造、销售过程就无法正常进行。同样，对于流通商贸企业来说，采购物流仍然是一个关键环节。

企业采购，包括生产企业采购和流通企业采购。所谓企业采购战略，是指企业采购所采用的带有指导性、全局性、长远性的基本运作方案。一个采购战略应当包含以下5个方面的基本内容：①采购品种战略：包括品种种类、性质、数量、质量等选择。②采购方式战略：包括采购主体、采购技术、采购途径、联合方式等选择。③供应商选择战略：包括招标方式、考核方式、评价方式、使用方式等选择。④订货谈判战略：包括采购的品种规格、数量、质量、价格、服务和风险分摊、责任权利和义务等。⑤采购进货战略：包括运输方式、运输路径、运输商等选择。由此，品种、方式、供应商、订货和进货常常被看成是采购战略五要素。

案例 2　S 汽车制造公司的采购流程

第一步：潜在供应商评审。

这是指现场评估供应商能否达到对管理体系的最基本要求。具体程序：采用根据 QS9000 制定的潜在供应商评审文件形式，必须在选定供应商之前完成。

第二步：选定供应商。

这是指供应商评选委员会批准合格厂商的程序。由 S 汽车制造公司的供应商开发及供应商质量部门，对全球范围内的供应商审核潜在供应商评审结果，评估各候选供货来源，批准或否决建议——在必要的情形下，批准整改计划，签署决议文本。

第三步：产品质量先期策划和控制计划。

这是指为确保产品能满足客户的要求而建立一套完整的质量计划。它要求所有 S 汽车制造公司的供应商都必须针对每一个新零部件执行"产品质量先期策划和控制计划"程序。程序：根据客户的要求和意见，按以下各程序进行：计划并制定步骤；产品设计与开发；工艺设计与开发；产品及工艺验证；反馈、评估及整改措施。

第四步：投产前会议。

这是指与供应商进行交流以明确零件质量合格及持续改进的要求。具体程序是通过供应商与客户有关人员在产品开发小组会议上进行密切的交流，对质量、生产能力和进度等要求进行研讨并获得认同。

第五步：样件审批或工装样品认可（OTS）样件审批。

这是指 S 汽车制造公司规定的样件审批规程，适用于需提供新样件的所有供应商。程序：由客户提供对样件的检验清单；供应商得到有关提供样件要求的通知；供应商得到相关要求；供应商提交样件和按客户要求等级提供文件；供应商得到提交样件审理结果的通知；批准"用于样车制造"／"可用于样车制造"／"不可用于样车制造"。

第六步：正式生产件评审程序。

这是指关于正式生产件得以审批的一般产业程序。程序：供应商严格按照正式生产件审批程序（PPAP）中规定的各项要求执行。

第七步：按预定能力生产。

这是指实地验证供应商生产工序能否按照预定生产能力制造符合质量及数量要求的产品。程序：进行风险评估；决定"按预定能力运行"的形式（由供应商监控／由客户监控）；通知供应商安排时间；完成"按预定能力运行"程序；后续工作及进行必要的改善。

第八步：初期生产次品遏制。

这是指供应商正式生产件审批程序控制计划的加强措施，初期生产次品遏制计划与产品先期质量策划及控制计划参考手册中的投产前控制计划一致。程序：作为质量先期策划的组成部分，供应商将制订投产前控制计划。控制计划是 PPAP 正式生产件审批程序的要求之一，在达到此阶段放行标准之前必须按该计划执行。

第九步：持续改进。

这是规定供应商有责任制定一套能实行持续改进的程序。程序：所有供应商必须监测其所有零件的质量工作情况并致力于持续改进，持续改进的程序目标在于减小生产加工的偏差和提高产品的质量，供应商应着重听取用户的意见和工序的反馈，以努力减少工序波动。

第十步：成效监控。

这是指监测供应商质量成效，促进相互交流和有针对性的改进。其目的是提高质量成效反馈，以促使重大质量问题得到改进。范围：适用于所有的供应商。

第十一步：问题通报与解决（PRR）。

这是为促进解决已确认供应商的质量问题而进行交流的程序。程序：识别——如经现场人员核实，问题源于供应商不合格，立即通知供应商；遏制——供应商必须在24小时内针对不合格品遏制及初步整改计划做出答复；整改——供应商必须判定问题的根源并在15日内就执行整改措施，彻底排除问题根源的工作情况做出汇报；预防——供应商必须采取措施杜绝问题复发，事发现场须核实这些措施的有效实施情况，以关闭PRR程序。

第十二：发货控制——一级控制。

这是用于处理PRR未能遏制程序。程序：由S公司向供应商提出，供应商在发货地遏制质量问题外流。

第十三步：发货控制——二级控制。

这是由客户控制的遏制程序。程序：由S公司控制的遏制程序，可在供应商、S汽车制造公司或第三方现场执行，费用由供应商承担。

第十四步：质量研讨。

这是指在供应商现场进行质量研讨，解决具体质量问题。程序：在研讨会期间，着重付诸实践且有效地解决问题，并采取持续改进的一系列措施；记录现场情况，广泛提供各种改进意见，评估、试验并记录改进结果。

第十五步：供应商质量改进会议。

这是指供应商和全球采购高级管理层会议（执行总监级）。程序：S汽车制造公司陈述质量问题、资料和已采取的措施；供应商介绍整改计划；针对是否将此供应商从S汽车制造公司供应商名单中除名做出决定（除非在质量成效和体系上做出令S汽车制造公司满意的改进）；制订并监控整改计划。

第十六步：全球采购。

这是指在全球范围内寻找有关产品在质量、服务和价格方面最具竞争力的供应商。程序：由于不能解决质量问题，主管供应商质量部门通知采购，开始寻求全球采购；采购部门开始进入全球采购程序。

（来源：物流天下网，http：//www.56885.net）

规范的采购流程对于采购管理的有效实施至关重要。S汽车制造公司的采购流程清晰地制定了采购的步骤和要点，为有效运行物流系统奠定了基础。一般认为，采购是指单位或个人以生产、销售、消费等为目的，购买商品或劳务的交易行为。根据人们获得商品方式和途径的不同，采购可以从狭义和广义两方面来理解。

狭义采购，顾名思义就是买东西，指购买的过程。将它扩展开来，就是企业根据需求提出采购计划、审核计划、选择供应商、经过商务谈判确定价格、 交货及相关条件， 最终签订合同并按要求收货付款的过程。 广义采购是指除了以购买的方式占有物品之外， 还可以通过租赁、 借贷、 交换、 征收等各种途径取得物品的使用权， 以达到满足需求的目的。 综上所述， 所谓采购是指单位或个人为了满足某种特定的需求， 通过购买、 租赁、 借贷、交换等各种途径取得商品及劳务的使用权或所有权的活动过程。 在日常经营活动中， 采购主要指购买方式。

从上述定义中可以看出， 采购包含如下几个要点： ①采购是一种交易行为； ②采购的实现必须具备一定的条件； ③采购是一个选择的过程； ④采购的目的是满足自身需求； ⑤采购过程是商流、 物流、 信息流的有机统一。

对于企业采购来讲， 虽然单个企业之间的采购流程略有差异， 但大体上有一个共同的模式， 且完整的采购流程大致包括以下几个过程： ①确认需求——收到采购请求、 制订采购计划。 ②选择、 确认供应商。 ③洽谈合同。 ④签发采购订单。 ⑤跟踪订单， 进行进货控制。 ⑥接收、 检验货物， 入库。 ⑦核对发票， 划拨货款。

以上只是一个大概的采购流程， 不同类型的企业在采购时有不同的特点，因此具体的步骤和内容也会有所不同。 S汽车制造公司的采购流程就是灵活应用的实例。

案例 3　上海石化招标采购的具体做法

中国石化上海石油化工股份有限公司是国有控股公司， 也是国内首家在上海、香港、纽约 3 家证券交易所挂牌的上市公司。作为上市公司，企业的经营目标是以经济效益为中心，追求企业利润最大化、股东回报最大化和上市公司股票市值最大化。为降低制造成本，公司除了减员分流增效外，还对物资供应系统进行了改革，推行招投标采购。通过招标采购，既降低了采购成本，又增进了团结。2001 年 1～11 月，累计招标 87 件，中标标的 4.4245 亿元，节约资金 6267 万元。

上海石化招标采购的具体做法如下。

一、 组建专家库

为了规范采购行为，严格招标采购程序，上海石化组建了自己的专家库，共分设备、电气、仪表、材料和化工 5 个大类。专家库成员以高级工程师和高级经济师为主，吸收少量有专业才能的中级工程技术人员参与，这些专家都是上海石化的技术精英，都能够独立解决技术问题。因此，上海石化专家库具有较高的技术水准。

二、 招标项目的评审委员由用户推荐和专家库随机抽样选择产生

用户推荐的评委数量不超过评委总数的 1/3，基本上为 1～2 名。用户评委的主要职责是介绍技术交流情况、供应商的主要特点和经营业绩，其次是介绍用户现有设备装备情况以及库存备品备件情况，为其他评委评分提供参考。抽样选择评委数不得少于评委总数的 2/3。

三、 自行招标采购以邀请招标采购为主

在长期的采购实践中，本着控制总量、提高质量、优胜劣汰、公正廉明的准则开发形成了有 228 家成员的资源市场。在自行招标采购中，多以邀请招标采购为主，且被邀成员多是从资源市场中挑选出来的供应商。由于对供应商的资质、生产能力和技术水平相当了解，选择目标供应商能够做到有的放矢，缩短供应商筛选的时间，主要关注技术交流和商务标。从操作情况看，到目前为止，很少出现废标，采购设备基本上也达到了设计要求。

四、 招标采购评标以综合评分为主

评委的职责是采用打分的形式对投标供应商的资质、经营收入、技术水平、生产能力、交货期、投标标的和货款支付方式进行综合评价，满分为 100 分，如表 4-1 所示。

表 4-1　招标评分表

分类	投标标的	技术水平	生产能力	经营收入	资质	交货期	货款支付方式	总计
标准分	60	10	10	10	5	3	2	100
评分								

评委通常由 5～7 人组成，会按招标文件确定的评标标准和方法打分。

累计总分时去掉一个最高分和一个最低分，并按总分高低排序。评委会评标结束后，提出书面评标报告，并根据评分高低推荐中标候选人。当标的不超过 100 万元时，授权评委会直接确定中标人；当标的超过 100 万元时，由招投标领导小组根据书面评标报告和推荐的中标候选人确定中标人。

五、 关键设备的采购委托专业招标公司投标采购

根据物资的特点，将招投标具体划分为进口设备、备件和材料、国内制造的大型设备等几大类。像加氢反应器、汽轮机等大型设备的招投标就委托专业招投标公司，如上海机电设备招标公司、中国石化国际事业公司进行招投标采购；其他备件材料，就自行招标采购。由于专业招投标公司操作规范、专业水平高，对招投标双方都有很强的约束力，因而能够保证招投标质量。

六、 委托专业监造公司对中标人进行全过程验收和监造

对关键设备、材料、备件实行中间验收和监造，以确保采购质量。例如对腈纶部 8.3 立方米聚合釜和 3.2 立方米终止釜的进行中间验收时，在现场拼装焊接阶段，发现部分焊接质量、焊缝均匀性及成型、铝板的拼接错边、部分圆筒弧板内凹等超过设计标准。据此马上要求供应商通过研究拿出整改建议，并由双方签署检查备忘录，确保采购质量。除此之外，上海石化还委托中国石化等监造中心监造重大设备等金额达 2.39 亿元。监造包括进度、材质检验、制造工艺、制造方法和验收等多方面的内容。通过多次招标采购实践，上海石化体会到：中间验收和监造是保证招标采购质量的有效方式。

七、 上海石化自行招标采购的几点经验

自行招标采购的主要环节是技术交流、制定评标标准和中标后的采购质量跟踪，因此一

定要严把这三关。

1. 技术交流

技术交流的核心是统一标准。传统的设备、备件、材料的采购，因其技术更新慢，基本能够按设计料表订货。但电气、仪表控制系统等由于技术进步很快，不同的供应商对控制系统达到的目标有不同的解决方案，导致配置不同、标的有差异，因而评标困难。通过要求供应商根据不同方案分别报价、及时进行技术交流和信息交流统一标准，为顺利评标扫清了障碍。

2. 严格制定评标标准

评标标准直接关系到评标质量，可有效限制恶性竞争。所以在招标采购前，要由专家和技术人员根据采购项目和所供产品的技术指标等因素制定严格的采购标准。

3. 加强自行招标采购质量跟踪

为确保采购物资的质量，上海石化建立了三级质量保证体系，全方位地开展 ISO9001 质量认证工作。不仅对通用的物资建立了质量验收标准，还对成套设备、关键设备的采购制定了严格的质量跟踪管理措施。如采购前有质量标准要求；制造中有原材料检验标准和质量验证标准；出厂前要验收，施工现场开箱时要验收，并且所有设备都有质量保证金，使质量管理贯穿采购全过程。上海石化还建立了质量追究制度，"谁采购，谁负责"，出现质量事故，要负连带赔偿责任。对关键设备，即使是招标，也要委托第三方监理单位监造。正是这一系列的质量跟踪管理，确保了采购质量。

（来源：物流天下网，http：//www.56885.net/，2008-03-03）

招标采购是目前广为采用的采购方式，具有公开、透明、公正的特点。上海石化的具体做法提供了招标采购的范式。

采购方式是采购主体获取资源或物品、工程、服务的途径、形式与方法。当确定采购战略及计划后，采购方式的选择就显得格外重要。采购方式决定着企业能否有效地组织、控制物品资源，以保证其正常的生产和经营及较大利润的实现。采购方式很多，划分方法也不尽相同。比如，台湾的企业将采购方式分为招标、比价、议价采购；世界贸易组织的《政府采购协议》将政府采购方式统一规范为公开招标采购、选择性招标采购和限制性招标采购；而国内许多学者在此基础上又特别强调二阶段采购、谈判采购、询价采购、单一来源采购等。

一、集中采购与分散采购

① 集中采购。集中采购是指企业在核心管理层建立专门的采购机构，统一组织企业所需物品的采购进货业务。集中采购的特点：a. 量大，过程长，手续多；b. 集中度高，决策层次高；c. 支付条件宽松，优惠条件增多；d. 专业性强，责任大。②分散采购。分散采购是由企业下属各单位，如子公司、分厂、车间或分店实施的满足自身生产经营需要的采购。这是集团将权力下放的采购活动。分散采购的特点：a. 批量小或单件，且价值低，开支小；b. 过程短，手续简，决策层次低；c. 问题反馈快，针对性强，方便灵活；d. 占用资金少，库存空间小，保管简单、方便。

二、 现货采购与远期合同采购

从生产企业或其他经济组织对物品的交割时间来划分， 采购者的经济活动又可划分为现货采购与远期合同采购。 这一采购方式在其他方式的支持与合作下， 完成企业对外部资源的需求。 ①现货采购。 现货采购是指经济组织与物品或资源持有者经协商， 即时交割的采购方式， 这是最为传统的采购方式， 具于即时交割、 责任明确、 灵活、 方便、 手续简单， 易于组织管理、 无信誉风险、 对市场的依赖性大等特点。 ②远期合同采购。 远期合同采购是供需双方为稳定供需关系， 实现物品均衡供应， 而签订的远期合同采购方式。 通过合同约定实现物品的供应和资金的结算， 并通过法律和供需双方信誉与能力来保证约定交割的实现。 这一方式只有在商品经济社会， 具有良好的经济关系、 法律保障和企业具有一定的信誉和能力的情况下才能实施。

三、 招标采购

招标采购是现代国际社会通用的采购方式， 它能做到过程的公开透明、开放有效、 公平竞争， 有利于促进企业、 政府降低采购成本； 同时， 也能促进人类社会文明、 进步、 健康地发展。《联合国采购示范法》《WTO 政府协议》《世界银行采购指南》 等均主张或倾向于采用招标的采购方式。 招标是一种特殊的交易方式， 是指招标人发出招标公告或通知， 邀请潜在的投标商进行投标， 最后让招标人通过对各投标人提出的规格、 质量、 交货期限及该投标企业的技术水平、 财务状况等因素进行综合比较， 确定其中最佳的投标人为中标人， 并与之签订合同的过程。 狭义的招标是指招标人根据自己的需要提出一定的标准或条件， 向指定投标商发出投标邀请的行为， 即邀请招标。根据招标范围， 可将采购方式统一规范为公开招标采购、 选择性招标采购和限制性招标采购。 世界贸易组织《政府采购协议》 就是按这种方法来对政府采购方式进行分类的。

公开招标的运作程序并不会因国别、 区域和组织的不同而有特别的差异。招标采购程序一般为： 策划→招标→投标→开标→评标→决标→签订合同。

案例 4 解析戴尔的"零库存"

1984 年，迈克尔·戴尔以 1000 美元起家创办了戴尔计算机公司。现在，戴尔公司是全球领先的电脑系统公司、电脑产品及服务的首要提供商、全球最大的直销个人电脑公司、全球 500 强企业之一。戴尔的"零库存"管理是其主要的竞争优势。

一、 库存过量的教训

1989 年，戴尔公司刚成立 4 年多，就顺利地从资本市场筹集了资金，首期募集资金3000 万美元。对于靠 1000 美元起家的公司来说，这笔资金的筹集使戴尔的管理者开始认为自己无所不能。因急于做大市场，戴尔动用巨资大量投资存储器，买进所有可能买到的存储器，实施存储器囤积计划，以谋求暴利和发展。然而一夜之间形势逆转，此后存储器价格就大幅度滑落。屋漏偏逢连夜雨，存储器的容量几乎在一夕之间就从 256K 提升到 1MB，戴尔在技术层面也陷入了进退两难的窘况。结果戴尔不得不以低价摆脱存货，这大大降低了收益，使股价甚至暴跌到一整季的每股盈余只有一分钱的地步。

这是戴尔第一次面临前所未有的市场压力。巨大的库存风险促使戴尔公司积极深刻地反省自己，同时也促使戴尔深思存货管理的价值。在IT这样波动剧烈的产业中，制约决策也很有价值。存货过量的风险是直接引导戴尔确立"摒弃存货"原则的基础：一是充分利用供应商库存，降低自身的库存风险；二是通过强化与供应商的合作关系，并利用充分的信息沟通降低存货风险。在经历风险之后，戴尔才深刻认识到库存周转的价值。在互联网技术出现之后，戴尔公司进一步完善了库存管理模式，并丰富了"信息代替存货"的价值内涵。

二、 解读"零库存"

"零库存"并非意味着没有库存。像戴尔这样的组装企业，没有库存就意味着无法生存。戴尔所谓的要"摒弃存货"其实只是一种导向，绝对的零库存是不存在的。库存问题的实质是：既要千方百计地满足客户的产品需求，同时又要尽可能地保持较低的库存水平。只有在供应链居于领导地位的企业才能做得到，戴尔就是这样的企业。戴尔的库存很低，周转很快，并且善于利用供应商库存，所以其低库存被归纳为"零库存"。当然这只是管理学上导向性的概念，不是企业实际操作中的概念。

"零库存"的精髓是低库存，因此戴尔不懈追求的目标是降低库存量。21世纪初期，戴尔公司的库存量相当于5天的出货量，康柏的库存天数为26天，一般PC机厂商的库存时间为2个月，而中国IT巨头联想集团的库存天数是30天。

当客户把订单传至戴尔信息中心时，控制中心将订单分解为子任务，并通过Internet和企业间信息网分派给上游配件制造商。各制造商按电子订单进行配件生产组装，并按控制中心的时间表供货。戴尔只需在成品车间完成组装和系统测试，剩下的都是客户服务中心的事情。一旦获得由世界各地发来的源源不断的订单，生产就会循环不停、往复周转，形成规模化。在得州圆石镇，戴尔公司的托普弗制造中心巨大的厂房可以容纳5个足球场，而其零部件仓库却不超过一个普通卧室的大小。如此，工人们根据订单每三五分钟就能组装出一台新的台式PC。

三、 如何形成零库存

戴尔的"零库存"优势是如何形成的呢？主要方式有：一是整合供应商工作做得好。戴尔通过各种方式赢得了供应商的信任，以至于不少供应商在戴尔工厂附近建造自己的仓库，形成了"戴尔频繁要求订货，供应商勤快送货"的运作模式。二是形成了良好的沟通机制。戴尔与供应商形成了多层次的沟通机制，使其采购部门、生产部门、评估部门与供应商建立密切的业务协同。三是打造强势供应链运作机制。戴尔通过打造供应链运作机制，使供应商必须按照其意图来安排自己的经营计划。

1. 与供应商分享利益

戴尔"零库存"目标的实现主要是依赖戴尔的强势品牌、供应商的配合以及合理的利润分配机制的整合等。按照法国物流专家沙卫教授的观点，戴尔要想与供应商建立良好的战略合作伙伴关系，就应在多方面照顾供应商的利益，支持供应商的发展。首先，在利润上，戴尔除了要补偿供应商的全部物流成本（包括运输、仓储、包装等费用）外，还要让其享受供货总额3%～5%的利润，这样供应商才能有发展机会。其次，在业务上，要避免零库存导致采购成本上升，戴尔向供应商承诺长期合作，即一年内保证预定的采购额。一旦采购预测失误，戴尔就把消化不了的采购额转移到全球别的工厂，以尽可能地减轻供应商的压力，保证其利益。

2. 强化信息优势

通过强强合作，戴尔与供应商建立起合作伙伴关系，实现充分的信息共享。"由于戴尔采用直接经营模式，我们可以从市场得到第一手客户反馈和需求，然后生产等其他业务部门便可以及时将这些客户信息传达到戴尔原材料供应商和合作伙伴那里。"戴尔副总裁萨克斯说。戴尔打造信息沟通的基本工具是免费 800 电话、全球性强大的网络交易、订货、接单体系。戴尔与客户、供应商及其他合作伙伴之间通过网络进行沟通的时间界限非常模糊，戴尔与客户可以 24 小时进行即时沟通，突破了上班时间的限制；同时，戴尔与合作伙伴之间的空间界限也很模糊，戴尔在美国的供应商可以超越地域的局限，通过网络与设在厦门的工厂进行即时沟通，了解客户的订单情况。通过强化信息优势，戴尔整合了供应商库存协作关系，并在实践中成功地磨合出了供应商的送货能力。戴尔与供应商培植紧密的协作关系，以保证为客户提供精确的库存。

3. 强势供应链

戴尔的"零库存"是基于供应商"零距离"之上。戴尔要求供应商在其生产基地必须自建或租赁仓库，来保持一定的元器件库存量。供应商承担了戴尔公司的库存风险，而且还要求戴尔与供应商之间有及时、频繁的信息沟通与业务协调。

戴尔的基本优势是低库存，具有行业水准。在 IT 界，没有哪家竞争对手的库存水平能够超越戴尔。这是因为，戴尔每天根据订单量来整合供应商资源。比如，戴尔可以对供应商说，"我们需要 600 万个显示器及 200 万个网络界面"，这对供应商来说是一个很大的机会。所以，供应商愿意按照戴尔的要求把自己的库存能力贡献出来为戴尔做配套，也尽量满足戴尔提出的"随时需要，随时送货"的要求。那么，戴尔是如何实现低库存的呢？主要是精确预测客户需求；评选出具有最佳专业、经验及品质的供应商；保持畅通、高效的信息系统；最关键的还是保持戴尔对供应商产生强势的影响力。这样，戴尔就能打破供给和需求不匹配的市场经济常态的限制，凸显自己的低库存优势。在戴尔，很少会出现某种配件的库存量相当于几个月出货量的情形。

因此，戴尔的"零库存"是建立在对供应商库存的使用或者精确配送能力的基础上，即通过对供应商库存的充分利用来降低自己的库存。在供应链管理中，戴尔作为链主，其主要分工是凝聚订单。供应商在戴尔的生产基地附近租赁仓库，并把零配件放到仓库中储备，当戴尔需要这些零配件时，则通知供应商送货。零配件的产权由供应商转移到戴尔。由于戴尔采取了以 VMI、CRM 等信息技术为基础的订单制度，因此在库存管理方面基本上实现了完全的"零库存"。

四、 伯灵顿的例子

伯灵顿环球公司是一家价值 18 亿美元的环球运输及供应链管理企业。当戴尔公司将亚太区制造中心由马来西亚转移到厦门时，伯灵顿就以合作伙伴的身份一起到了厦门。以与戴尔的紧密合作关系做铺垫，伯灵顿在厦门的业务获得了快速的增长，且其内部系统和戴尔相连，采用托管代售/原材料托管模式。这种现代物流的实质，就是直到伯灵顿将货物发到客户（戴尔）之前，货权仍属于伯灵顿，戴尔并不用承担库存成本，而是根据生产线的情况及时订货，供应商提供及时供货（JIT）服务，结果双方的效率都有所提高，成本都得到降低。这就是 VMI 的具体操作模式。

在国际上合作广泛的伯灵顿随戴尔一同进驻中国，并承担起戴尔中国工厂原材料的物流供应，现在已经把即时供货的时间缩短到 90 分钟以内。供货时间之所以能这么短，一是能系统化地接收戴尔的生产计划，二是能通过自动库存管理保证货物的先进先出。伯灵顿在厦门为戴尔管理和运作 VMI，帮助戴尔（中国）实现了真正的"零库存"。这是伯灵顿成立 30

年以来，在全球 123 个国家遇到的第一个真正的"零库存"企业。

（来源：中国国际物流网，http://www.guoji56.com，2008-07-10）

戴尔公司基于市场的瞬息万变采取的"零库存"策略，是其成功的众多因素之一。戴尔的"零库存"优势，是通过整合供应商、实现充分信息共享、建立强势供应链等有力措施逐步形成的，对于降低企业采购成本、增强企业竞争力产生了重要作用。

在供应链管理模式下，采购工作要做到 5 个恰当：恰当的数量、恰当的时间、恰当的地点、恰当的价格、恰当的来源。在供应链管理环境下，企业的采购方式和传统的采购方式的差异主要体现在以下几个方面。

（一）从为库存而采购到为订单而采购转变

在传统的采购模式中，采购的目的很简单，就是补充库存，即为库存而采购。在供应链管理模式下，采购活动是以订单驱动方式进行的，制造订单的产生是在用户需求订单的驱动下产生的，然后制造订单驱动采购订单，采购订单再驱动供应商。这种准时化的订单驱动模式，使供应链系统得以准时响应用户的需求，从而降低了库存成本，提高了物流速度和库存周转率。

（二）从采购管理向外部资源管理转变

实施外部资源管理也是实施精细化生产、零库存生产的要求。要实现有效的外部资源管理，制造商的采购活动应从以下几个方面着手进行改进：①与供应商建立一种长期的、互惠互利的合作关系。②通过提供信息反馈和教育培训支持，在供应商之间促进质量改善和质量保证。③参与供应商的产品设计和产品质量控制过程。④协调供应商的计划。⑤建立一种新的、有不同层次的供应商网络，并通过逐步减少供应商的数量与供应商建立合作伙伴关系。

（三）从一般买卖关系向战略协作关系转变

在传统的采购模式中，供应商与需求企业之间是一种简单的买卖关系，因此无法解决一些涉及全局性、战略性的供应链问题。而基于战略伙伴关系的采购方式为解决这些问题创造了条件：①库存问题。在供应链管理模式下，通过双方的合作伙伴关系，供应与需求双方可以共享库存数据，因此采购的决策过程变得透明多了，从而减少了需求信息的失真现象。②风险问题。供需双方通过战略性合作关系，可以降低由不可预测的需求变化带来的风险，比如运输过程的风险、信用的风险、产品质量的风险等。③通过合作伙伴关系可以为双方共同解决问题提供便利的条件。通过合作伙伴关系，双方可以为制订战略性的采购供应计划共同协商，而不必为日常琐事消耗时间与精力。④降低采购成本问题。通过合作伙伴关系，供需双方都从降低交易成本中获得了好处。⑤战略性的伙伴关系消除了供应过程中的组织障碍，为实现准时化采购创造了条件。

案例 5　麦德龙的采购新政

麦德龙集团是德国跨国零售集团，主要业态为仓储商店。麦德龙集团在全球零售业排名第五，在欧洲排名第三。2004 年麦德龙现购自运销售额达到 264 亿欧元，目前已经在 28 个国家开业，销售区域呈现出高度国际化。1964 年，麦德龙以其独特的现购自运配销制（Cash&Carry，C&C）方式短时间内在德国及欧洲等其他 21 个国家迅速成长并活跃于全世界。经过几十年的市场搏杀，麦德龙已是世界第三、欧洲第二的商业集团，成为世界上最大的现购自运制的商业连锁公司，在全球 800 强中居第 32 位，其 2000 年的销售额为 900 多亿德国马克。

1995 年，麦德龙携自己成功的管理模式和先进的电脑信息系统来到了经济高速发展的中国，其旗下最强的 C&C 业态与中国著名的锦江集团合作，建立了上海锦江麦德龙购物中心有限公司，并以上海为中心迅速向外扩展。1996 年，麦德龙在上海开设了第一家商场，而且从一开始就取得了惊人的成绩，给中国带来了全新的概念。2000 年，锦江麦德龙做出了销售额 40 亿元人民币的不俗业绩，而麦德龙全球采购网络每年从中国采购的出口商品价值 10 亿德国马克。

麦德龙能进入中国，并不是一朝一夕的事。此前，麦德龙足足做了 6 年的市场调查和研究，对中国的营销机会甚至比国人还要通晓。正所谓"知己知彼，百战不殆"。不可否认，"德国恐龙"显然是成竹在胸、有备而来的，因而这种气定神闲的姿态自有其底蕴。与全球第二大商业零售企业家乐福之前出现窘态形成强烈反差的是，麦德龙是目前国务院有关部门批准的唯一能够"自由"发展分支机构的外商。"我们要把店开到中国地图上很远的地方。"目前，中国麦德龙负责人雄心勃勃地表示，他们已将目标瞄向广阔的西部，并初步计划开设100 家分店。

而实际上，麦德龙在中国的发展也面临很多挑战。2014 年 7 月，一场人事地震揭开了麦德龙苦心经营的物流新政的内幕。从表面上看，这是麦德龙采购人员对采购新政"高压政策"不满的愤而出走。实际上，这是麦德龙试图建立起一个更加有效的监管体制，在向采购腐败开刀的过程中与旧利益体系发生了强烈的冲击。7 月末，麦德龙中国区突然颁布总部采购部门与区域采购部门联合采购的新政，打破了以前全部商品都由上海总部说了算的局面。华北、华中、华东和东北四大区域的采购部，取代以前总部肩负的搜集资料、与当地供应商洽谈业务等工作。正是这场新政针对采购人员制定的"量化业绩、优胜劣汰"的考核体系，遭到了采购人员的抵触。据报道，非食品采购部门的员工辞职率一度超过 30%。《第一财经日报》获悉，到目前为止，辞职的采购人员已经超过 10 人。

"一方面是权力下放，另一方面是考核更加严格，而且新考核指标的下限要求达到的利润指标是过去的好几倍，一些人就觉得没法干下去了。"一位麦德龙内部人士告诉《第一财经日报》。采购新政颁布后离开麦德龙的一位员工告诉记者，早在今年的上半年，麦德龙就已在着手策划此事，将以前由总部统一管理的商品目录数据库分类之后交付给四大区域中心各自管理。可以说，该举措打破了麦德龙以往全球通行的中央集权采购体系。无论是德国的麦德龙，还是法国的家乐福，其本国都以中央采购为主。而家乐福在 1995 年进入中国之后，一直以"比对手更快"为最高目标，将中国市场分为 5 个大区，实行各自为政、分区采购的政策。据介绍，麦德龙之所以将采购权下放，是因看到与其同年进入中国的家乐福在中国发展得顺风顺水，产生了模仿之意。2003 年初，麦德龙中国区在上海建立起自己的全国配送中心，"麦德龙原本希望配送中心介入供应商管理，即把不同供应商的货物汇集到一起再配送到各个门店。麦德龙以为，比起让供应商自己送货，物流费用会减少很多。"一位业内人士说。实际上，麦德龙试图将其德国的全套做法都搬到中国来：以中央采购为主体，辅以配送中心的集中配送，从而达到降低成本的目的。物流效益的体现是以规模经济为前提的，在德国，麦德龙物流体系不仅包括现购自运制商场，也包括超级市场和百货商店。在德国门店总数已超过 1700 家，并且从配送中心到门店的平均距离小于 250 公里。而在中国，同一区域内平均送货距离就接近 500 公里。2003 年，麦德龙 18 家店散布于全国各地，但与他们在德国本土以至欧洲开店的密度可谓差之千里。实际上，麦德龙的物流成本不降反升。

"会员制，只买不租，中央采购，这些做法都使得麦德龙与其他零售企业风格迥异。作为一家德国企业，麦德龙因固执而出名。"这位业内人士说。但是，麦德龙也为自己的固执付出了代价：在中国辛苦经营了 10 年后，麦德龙仍承受着巨大的亏损压力。直到今年 6 月初，麦德龙在昆明投资 1 亿元开设了它在云南的第一个大型会员制批发商场，第一次摒弃了"只买不租"的开店策略。此举被视为麦德龙对如何更加顺应中国特殊情况进行反思的开始。"下放采购权是在这个大背景下的第二步。"这位业内人士说。据透露，此次采购新政另一个非常重要的原因，就是麦德龙原来的采购管理体系不仅没有达到降低成本的目的，而且漏洞百出，给采购腐败提供了可乘之机。据麦德龙的一位供应商反映，在还没有配送中心的时候，供应商们跟麦德龙的采购经理谈好商品价格后，会自己负责把货送到各个卖场；现在采购经理跟他们谈好商品价格后，同时也会给供货商提供进入物流配送中心的选择。也就是说，这个全国配送中心的建立给麦德龙采购经理们创造了一个获利空间。据一位知情者透露，麦德龙的配送中心沿用了它在德国的一套成本核算方法，使用在这套方法，供应商的商品在进入麦德龙的配送中心之后，无论是被运到上海还是哈尔滨的卖场，价格都一样。由于是由采购经理跟供应商共同决定商品是否进入物流中心，因此采购经理们为了能够获得更多的"返点"，便跟供应商达成交易，如进哈尔滨卖场的货品全部进了物流中心，上海卖场则由供应商直接送。长此以往，麦德龙物流中心大量聚集着供应商们至哈尔滨、至沈阳等的远距离商品。

"几乎 60％的商品都是由上海外运，导致物流成本居高不下。"这位业内人士说，"在德国，由于麦德龙供应商所有的商品都必须送到物流中心配送，杜绝了投机行为滋生的空间。但是在中国，由于不是全部商品都通过这个配送中心运送，因而给一些人提供了可乘之机。"

根据麦德龙中国区的内部流程，采购部门决定了进物流中心的商品价格之后，会在系统中标注一个"进入"的记号，物流部门就会在下一环节扣除一定比例的物流费用。但如果采购部将"进入"改成"不进"，物流费用会自动归零；如果采购部再将"不进"改成"进入"，物流部门的系统上就不会有任何显示了。在这种情况下，商品其实已经进了物流中心，物流部却浑然不知。一些采购经理与物流部门相关人员"串通"，不计成本地面向供货商降低商品物流费用。而据麦德龙内部一位人士透露，今年上半年麦德龙物流部一位员工正是因此被辞退，这位员工造成的损失达 50 万元。去年一年，麦德龙物流部亏损人民币 100 万元，今年上半年就达人民币 200 万元。可见，潜藏在麦德龙内部的这只看不见的"手"已越来越危险。记者在向麦德龙中国区供应链经理恭庆国询问此事时，他只是说"很难回答"，拒谈此事。但据麦德龙内部人士反映，采购新政下很大一部分商品将实行区域采购和配送模式，采购中心的权力会被大大削弱。同时，采购权力下放到地区也造成了新的危险，所以要配以严格的业绩考核体系。

"采购权力向区域下放后，采购腐败的问题还是不能完全杜绝。如果管理不善，将会比集中采购更加严重。"这位业内人士说。1995 年麦德龙正式进入中国，与上海锦江集团有限公司按照 60％与 40％的比例合资成立锦江麦德龙现购自运有限公司。今年 5 月，麦德龙增持合资公司的股权使其持有比例达到90％。有消息指出，麦德龙在中国辛苦经营10年还没有实现盈利。但在年初，麦德龙外资方却还要投入巨资加速拓展，按每店1亿元计算，至少还需投资40亿元。锦江集团不想在10年间还得不到任何回报的情况下，继续承担其中4成、高达16亿元的投资比例，因此才导致股权变动。知情人士向记者透露："2001年以后，麦德龙中国区被划分成4个大区，目前唯一盈利的就是华东区。华中区的业绩尚可，而新进入的华北和东北大区一直处于亏损状态。""我们对目前的状况很满意。"麦德龙中国区公关经理黄忠杰则向记者表示，去年集团的数据显示，麦德龙目前在中国的24家门店中，已经有17家门店实现了"可同比盈利"。除此之外，他不愿再对经营业绩做出任何评述。但据业内人士解释，"可同比盈利"并不是真正意义上的盈利，即麦德龙还没有完全赚回已经投资在中国的3亿欧元。

（来源：中国物通网，http：//help. chinawutong. com/View. aspx？id＝503，2014-04-15）

在竞争日益激烈的现代商战中，采购已经不单纯是成本的问题，而是当今企业打造核心竞争力、取得竞争优势的关键因素。控制采购成本，对一个企业的经营业绩至关重要。采购成本下降不仅体现了企业现金流出的减少，而且直接体现了产品成本的下降、利润的增加以及企业竞争力的增强。因此，控制好采购成本并使之不断下降，是一个企业不断降低产品成本、增加利润的重要且直接的手段之一。

企业的采购战略有多种，而且有不同的分类方法。按照采购技术的不同，可以分为以下几类。

1. 传统采购

企业传统采购的一般模式是，每个月末，企业各个单位向采购部门报下个月的采购申请计划，然后采购部门把各个单位的采购申请计划加以汇总，形成统一的采购计划。接着根据这个采购计划，分别派人出差并到各个供应商处订货。最后策划组织将所采购的物资运输回来，并验收入库、存放于企业的仓库中，以满足下个月对各个单位的物资供应。这种采购，以各个单位的采购申请计划为依据，以填充库存为目的，管理比较简单、粗糙，市场反应不灵敏，库存量大，资金积压多，因而风险大。

2. 订货点采购

订货点采购是由采购人员根据各个品种需求量的大小和订货提前期，确定每个品种的订货点、订货批量或订货周期、最高库存水准等，建立起一种库存检查机制，当发现到达订货点时，就检查库存，发出订货，订货批量的大小由规定的标准确定。订货点采购包括两大类方法：一类是定量订货法采购，另一类是定期订货法采购。定量订货法采购，是预先确定一个订货点和一个订货批量，然后随时检查库存，当库存下降到订货点时，就发出订货，订货批量的大小每次都与规定的相同。定期订货法采购，是预先确定一个订货周期和一个最高库存水准，然后以规定的订货周期为准，检查库存，发出订货，订货批量的大小每次不一定相同，等于当时的实际库存量与规定的最高库存水准的差额。

3. MRP采购

MRP（Material Requirement Planning, 物料需求计划） 采购， 主要应用于生产企业。 它是由企业采购人员采用 MRP 应用软件， 通过制订采购计划进行采购的。 MRP 采购的原理， 是根据主产品的生产计划（MPS）、 主产品的结构（BOM） 和主产品及其零部件的库存量， 逐步计算出主产品的各个零部件、 原材料的投产时间、 投产数量， 或者订货时间、 订货数量。 也就是形成所有零部件、 原材料的生产计划和采购计划， 然后按照采购计划进行采购。

4. JIT 采购

JIT 采购也叫准时化采购， 是一种完全以满足需求为依据的采购方法。 需求方根据自己的需要， 向供应商下达订货指令， 要求供应商在指定的时间将指定的品种、 指定的数量送到指定的地点。 JIT 采购的特点: ①与传统采购面向库存不同， 准时化采购是一种直接面向需求的采购模式， 其采购送货是直接送到需求点上； ②用户需要什么， 就送什么， 品种规格符合客户需要； ③用户需要什么质量， 就送什么质量， 品种质量符合客户需要， 拒绝次品和废品； ④用户需要多少， 就送多少， 不少送， 也不多送； ⑤用户什么时候需要， 就什么时候送货， 不晚送， 也不早送， 非常准时； ⑥用户在什么地点需要， 就送到什么地点。

5. 电子商务采购

电子商务采购是在电子商务环境下的采购模式。 它的基本原理， 是由采购人员通过上网寻找供应商、 所需品种、 洽谈贸易、 进行订货甚至支付货款， 但是在网下送货进货， 完成全部采购活动。 电子商务采购扩大了采购市场范围， 缩短了供需距离， 简化了采购手续， 节约了采购时间， 降低了采购成本， 提高了工作效率， 是一种很有市场潜力的采购模式。 但是它要依赖于电子商务的发展和物流配送水平的提高， 而这两者几乎都取决于整个国民经济和科技进步的水平。

案例 6　全球热交换器股份有限公司的采购失误

全球热交换器股份有限公司（GHE）的采购负责人 Tina，正面临着一项重要的采购决策。公司刚刚同一家以前没有业务往来的大客户签订了一份重要订单，生产即将开始。遗憾的是，GHE 一家供应商的大幅提价，威胁到这个项目的初始定价，并影响到这个项目的实施。

一、 公司情况

全球热交换器股份有限公司成立于 1920 年，一直享有很好的声誉，目前已经成为各领域热交换器生产中处于领先地位的设计和制造商。精良的制造工艺使 GHE 的热交换系统在很多行业得到了广泛运用，包括制浆和造纸、发电、变电和输电以及其他与加工有关的行业，有的交换系统甚至已使用了 20 多年。

尽管 GHE 在发展过程中经历了多种所有权形式，但在行业内始终保持着领先地位。1991 年，GHE 归入 Zest 工业品公司，从而成了 Zest Heat Transfer 集团的一员。Zest 是美国一家拥有超过 12000 名员工的大型私有公司。

GHE 的设施主要包括两个部分：制造部分和办公部分。制造部分由制造、机器车间、装配、检测和研究开发部门构成，总占地面积大约 28700 平方米，有 80 名雇员；办公部分由销售、采购、工程、预测、会计和管理部门构成，总占地面积大约 2700 平方米，有 60 名雇员。

GHE 拥有很高的国际知名度，主要得益于遍及北美以及开设于澳大利亚、中国、巴基斯坦、瑞典和英国的销售处。近年来，它的一些较大的国际项目包括印度的核电设备、欧洲的输电系统、加利福尼亚的大型水泵系统以及远东的节能设备。

二、 采购部门

Tina 是 GHE 一位具有 10 年丰富经验的采购人员。她同 Charlie Bond 一起在采购部门工作，分别负责不同零件的采购；同时，他们还与工程部门和预测部门的主管展开密切合作。Tina 认为，交流是各部门之间成功协调的关键所在。

"我经常同工程部门和预测部门的人联系，因为我们想保证 GHE 所设计的系统具备最好的质量，并且销售价格很合理。这就要求我们之间进行更好的协调，以便工作能顺利进行。"

Tina 同时也强调了其工作的重要性以及对利润的影响："我能节约的钱是不增加成本的，是净利润。采购对于盈利来说非常重要，只有节约每一分钱才能保证实现预测的计划。"

三、 预算过程

采购决策的复杂程度取决于订购的设备是标准系统还是定制系统。一套标准系统通常只需要一台电动机及一种简单设计，并且能够根据 GHE 的产品目录进行订货。这种系统的价格相应低些（普通的标准系统大约 5400 美元），因此可以提供现货。

对于定制系统来说，则要进行一个复杂的预测过程。定制系统比标准系统要大得多，价格要贵 20 倍左右。定制系统需要几台电动机，并且常常利用特殊的材料设计和制造。在确定订单的时候，GHE 的做法是把自己的预算文件寄给客户以求得认可。

对预算的需要，一般是通过销售部门传到预算部门的。之后预算部门与工程部门紧密合作，以使系统设计达到客户的要求。设计完成后，预算部门同采购部门合作并提出正式的预算，然后交由销售部门发送给客户进行认可。

GHE 预算的有效期一般只有 30 天，30 天后必须重新进行。这个期限是行业的标准，许多供应商都提出了相似的条件。Tina 认为 GHE 的周转速度很快，通常是客户降低了交易的速度。

"我们彼此会紧密合作以确保进展速度，从而保持业务的发展。然而也不应忘记我们的客户同样有其自己的销售、预测、工程和采购部门，且订单通过整个系统需要花费时间。因此，客户反馈信息需要一段时间。"

四、 日本公司询价

3 月 1 日，GHE 的销售主管、总工程师和总经理从东京带回了一份由日本一家大型发电厂发出的热交换系统预算请求。预期订单是可以获利的，并且这项交易十分重要。Zest 刚刚派来的总经理对这项潜在的新业务很感兴趣，把它作为在远东市场的突破，并不断向 GHE 包括 Tina 在内的所有重要职员强调其重要性。

在接下来的一个星期，销售部门、工程部门和预测部门的人员认真地进行了预算，并把最终对零件的要求提交给 Tina。Tina 毫不费力地从长期供应商那里获取了对所需材料的估价，并把这些信息返回给预算部门。这个热交换系统需要很多定制的电动机、金属管以及非常昂贵的钛金属，这些费用加起来相当于总成本的 50%。在把适当的利润加入最终的预测成本之后，当周就将合同发往东京，并预计定价为 1200 万美元。

五、 突生变故

4 月 17 日下午，Tina 午餐后刚回来就被总经理带到庆祝会上。因为公司前一天收到了日本人对 GHE 预算的认可，所以整个公司都为这份订单和潜在的新业务而欢欣鼓舞。这家客户给公司的未来带来了希望，前途看似一片光明。当天下午 3 时 13 分，Tina 回到办公室后收到了一份传真。内容如下：

FAX SENT：4 月 17 日

ATTENTION：全球热交换器股份有限公司采购主管 Tina

Tina：

我个人想通知你关于最近公开价格的变化，我方已经在新的价格目录中发布了公告（给你方的一份已发出，你方很快就会收到）。

你会注意到，钛金属板的价格大幅上长 25%。3 月 3 日我方提供给你方关于这种特殊材料的预计价格，我方认为你方应该了解价格的这种变动。尽管你方过去的订货量很大，但我方对价格的上涨感到遗憾（这是我方不能控制的），希望它不会影响我们之间未来的合作。最后，真诚地希望我们之间长期的合作关系能继续下去。

真诚的

Charles Pappas

Titania 有限公司销售主管

Tina 仔细看了一遍又一遍，以确认没有看错。Titania 公司价格的上涨将导致对日本订单成本的严重低估，并最终给 GHE 带来损失。她疑惑地摇了摇头，想知道下一步该怎么办。

（来源：《物流管理概论》化学工业出版社 袁长明主编）

采购部门是负责采购工作的部门，不仅需要和相关部门保持密切的沟通，以及时了解采购需求，更要做好供应商的管理工作。定期审核、更新供应商数据，及时与供应商保持有效沟通，都是完成采购任务的重要前提。在本案例中，采购主管 Tina 负有主要责任，同时其他相关部门也应承担相应的责任。

供应链环境下的采购管理重点在于做好供应商的管理工作，正确处理和发展同供应商的关系，将采购及供应商的活动看作是自身供应链的有机组成部分，加快物料及信息在整体供应链中的流动，做到缩短生产周期、降低成本和减少库存，同时又能以最快的交货速度满足顾客需要。

（一） 企业采购的物料分类管理

对于一个大型企业来说，每年为生产而采购的物料种类成千上万，不可能也没有必要同每一种物料的供应商建立长期的合伙关系。可以按照以下因素对所采购的物料进行分类：①物料对企业的重要程度；②物料获得的难易程度和可靠程度；③供应市场化程度；④企业与供应商的相对优劣势。企业可以在考虑这些因素的基础上，采用不同的管理模式发展同这些物料供应商的关系。

（二）选择合适的供应商

一般来说，在传统采购模式下，向企业供应同一种物料的厂家可能有很多。在确定企业应该重点管理的关键性物料后，下一步就是如何挑选合适的厂家并发展长期的合作伙伴关系。但是，企业的产品对零部件或原材料的需求比较多样，因此不同企业供应商的数目不同，企业应该根据自己的情况选择适当数量的供应商，建立供应商网络，并逐步减少供应商的数量，致力于和少数供应商建立战略伙伴关系。

（三）培养和加强长期合作伙伴关系

良好的合作关系首先必须得到供应和采购双方最高管理层的协商和支持，双方需要了解相互的企业结构和文化，并适当对企业组织结构进行改造和对企业文化进行重塑，消除文化和态度之间以及业务流程结构上存在的障碍。在建立长期合作伙伴关系的实质阶段，双方需要进行期望和需求分析，相互之间需要紧密合作以加强信息共享，并相互给予技术和设计支持。具体可以从以下几个方面着手：①供应和采购双方的高层领导建立经常性互访制度。②供应和采购双方经常进行有关成本、作业计划、质量控制信息的交流和沟通，保持信息的一致性和准确性，通过提供信息反馈和教育培训促进供应商的质量改善和质量保证。③建立联合任务小组，实施并行工程。④协调供应商计划。一个供应商往往同时参与多条供应链的业务活动，在资源有限的情况下必然会陷入多方需求争夺供应商资源的局面。在这种情况下，制造商的采购部门应主动参与供应商的协调计划。

这里需要特别指出的是，要想维持长期的合作伙伴关系，相互间的信任必不可少。只有相互信任，双方才会共同寻找解决问题和分歧的途径，而不是寻找新的合作伙伴。相互信任比事先预测、依靠权威或进行谈判等手段能更快更经济地减少合作伙伴间的复杂性与不确定性，并能因此大大提高双方的合作绩效。

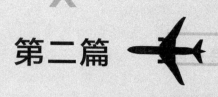

第二篇

功能篇

流通是经济领域里的黑暗大陆。

——［美］彼得·德鲁克

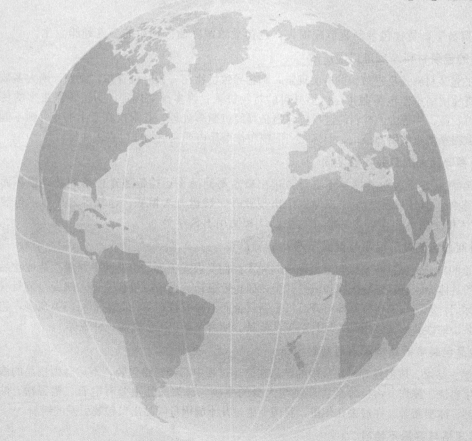

第5章

包装与装卸搬运

案例1　包装引发的国际商务纠纷

在国际贸易中，货物包装问题造成损失，进而导致国际商务纠纷的事件频频发生。

1. 使用的包装材料违反进口国法规

若使用的包装材料违反进口国的有关规定，则会导致货物在入关时被查扣。例如，绝大多数国家都不允许使用稻草作包装捆扎与衬垫材料的货物进入；许多国家规定，为避免病虫害的传播，以木、竹、藤、柳等为原材料的进口包装物必须经过熏蒸处理，并附权威证明书，否则不能进入；大多数国家禁止使用旧报纸、旧棉花、旧棉布作商品内部充填物或包装缓冲材料。

2. 脆弱易碎商品的包装不够坚固

我国每年都会发生因包装保护不良导致进出口贸易商品在运输流通途中遭到破碎损坏而引发索赔的事件。其原因除了运输流通途中出现意外，装运方法粗暴、违规等，还包括包装容器结构设计和使用不合理、内部缓冲衬垫设计和使用不科学等。

3. 贵重商品包装过于简易与封缄不严

有些贵重的出口商品往往会因包装简陋或封缄不严而受损或丢失，引发商务纠纷。造成物品受损或丢失的具体原因有：包装纸箱封缄处开裂，捆扎带松开，受压后包装变形，缺少包装封缄的原封专用标记，无防偷换措施（即打开后可重新封合而不留痕迹）等。此类商品门类众多，包括丝绸、服装、抽纱品、文体用品、玩具、工艺礼品、精密仪器、工艺瓷器、钟表等。

4. 危险品包装容器结构薄弱与密封不良

具有易燃、易爆、放射性等潜在危险的产品在储运过程中需要密封包装，不然会因物品的渗漏逸出而发生燃烧、爆炸、污染等危害环境与人身的事故。这类商品主要有电石、铝银粉、油漆、有机溶剂、冰醋酸等。在过去几年里，我国发生过几十起因危险品出口包装引发的纠纷。

5. 包装规格与容量不恰当

我国某些商品的包装不按国际贸易惯例的要求执行，不遵照客户的要求操作，或因包装规格与容量的设置划分不当，有些商品的包装体积过于巨大或过于笨重，导致进口方拒收，从而引发商务纠纷。

6. 包装设计违反进口国宗教与风俗习惯

一些商品包装的图文标贴设计违反了进口国的宗教文化、风俗习惯，也是引发国际商务纠纷的常见原因之一。

（来源：《中国物流包装中存在的问题与发展策略探讨》，金国斌，2011-04）

包装是生产的终点，也是物流的起点。物流系统的所有构成因素均与包装有关，在物流过程中若不考虑包装的制约因素将会对物流产生重大的不良影响。贸易纠纷的发生，往往不是由商品本身的原因造成的。在物流实践中，不合格的包装会导致合格的商品被判定为不合格，因此有必要在物流系统中考虑包装的方法和技术以及功能要素。

包装（Package/Packaging）是为在流通过程中保护产品、方便储运、促进销售，按一定技术方法而采用的容器、材料及辅助物等的总体名称。它也指为了达到上述目的而采用容器、材料和辅助物的过程中施加一定技术方法等的操作活动。任何产品要从生产领域转移到消费领域，都必须借助于包装。早期，人们对商品进行包装，主要是为了保护商品。随着科学技术的不断进步和商品经济的发展，人们对包装的认识也在不断深化，并赋予它新的内容，既要方便运输、装卸和保管，又要保证商品在生产领域的延续。现代包装已开始向消费领域延伸，成为"无声的推销员"。

包装的保护功能是其最重要和最基本的功能，主要保护商品的价值和使用价值在流通过程中不受外界因素的损坏。①防止产品破损变形。产品包装必须能够承受在装载、运输、保管等过程中的各种冲击、振动、颠簸、压缩、摩擦等外力作用，具有一定抗震强度，形成对内装产品的保护。有关资料显示，我国每年的物流损失率高达140多亿元人民币。②防止产品发生化学变化。产品在流通、消费过程中常因受潮、发霉变质、生锈而发生化学变化，影响产品的正常使用。这就要求包装在一定程度上能起到阻隔水分、潮气、光线及有害气体的作用，避免外界环境对产品产生不良影响。③防止有害生物对产品的影响。众所周知，鼠、虫及其他有害生物对产品有很大的破坏性。这就要求包装具有阻隔霉菌、虫、鼠侵入的能力，形成对内装产品的保护。④防止异物混入、污物污染、丢失、散失和盗失等。对易污、易腐商品进行包装，可以使商品不受污染，不腐烂变质，保持洁净卫生，从而保护其价值和使用价值不受损坏。

包装的销售功能源于市场竞争，是现代商品流通中必然存在的现象。在商品质量相同的条件下，精致、美观、大方的包装可以增强商品的美感，引起消费者的注意，诱导消费者的购买欲望和购买动机，使他们产生购买行为，起到"无声的推销员"的作用。可以说，包装是公司和消费者相互联系的最终界面。消费者经常依据他们对商品的印象来购买商品，而他们的印象就源自包装上的信息——商标、色彩和对产品的展示。有些包装，因具有潜在价值而强化了销售功能。如美观适用的包装容器，在内装物用完后还可用来盛装其他物品；五彩缤纷、印刷精美的火花、烟标等，还可作为艺术品加以收藏等。

案例 2 泡沫填充袋保障运输

作为 Thomson 集团一个组成部分的 Thomson Learning 公司，坐落在美国肯塔基州，是一家世界领先的计算机教学公司。该公司专门生产计算机领域的文本教材、在线课件等教学材料，以及其他能够促进有效学习的产品。最近，Thomson Learning 公司在提高包装品质方面下了功夫，改用 Sealed Air 公司生产的填充在包装袋内的泡沫包装来运输自己的产品。通过这项改变，Thomson 公司对存放包装材料的空间需求减少了近 1500 平方米，大大降低了劳动成本，并使包装产品所需的时间缩短了 25%。

目前在 Thomson 公司位于美国肯塔基州的占地面积为近 27 万平方米的工厂中，8 条主要的包装生产线上都配备了向包装袋中填充泡沫的包装系统。该种保护性的、在包装袋内填充泡沫的包装，也提高了包装区域的生产能力和吞吐量。尤为重要的是，它还减少了产品因为损坏而被退回事件的发生。因为泡沫的体积最大可以膨胀 280 倍，形状与其内容物一致，便形成了一个保护性的衬垫。

很明显，Thomson 公司在寻找高品质包装方式时需考虑的一个重要问题是保护性能。公司每天包装并运输大量的物品，包括教科书、光盘、评估和测试材料，以及许多其他在运输过程中必须安全稳定的产品。虽然该公司以前使用的松散填充包装也可以提供缓冲作用，即具有保护性，但是达不到它所需要的缓冲级别。使用松散填充材料，一般每天必须向悬挂的料斗中补充 3 次原料。这项工作要求操作工将生产线停下来，放低料斗，加入松散的填充材料，再将料斗升起归位。这是一个非常耗时的过程，每条生产线在一天中都要被迫暂停数分钟。

在对其他几个包装方式进行评估的同时，Thomson 公司通过在厂里安装一台 SpeedyPacker 包装袋填充泡沫设备对该系统进行了测试。这样员工就可以取得填充在包装袋中泡沫缓冲过程的第一手资料，并且可以亲自操作设备。Thomson 公司经对包装进行测试，最终在决定采用这项包装袋填充泡沫系统之前征求顾客的反馈意见。

SpeedyPacker 只是来自 Sealed Air 公司系列产品中的一个，这些系统使用 Instapak 出品的泡沫，其体积能够膨胀到它液态时体积的 280 倍。在包装作业线上，这种填充在包装袋内的泡沫衬垫几秒钟就将 Thomson 公司的学习材料固定在运输箱内的位置，有助于降低产品在运输中被损坏的风险。根据被包装产品的不同，SpeedyPacker 系统可将包装袋料卷定制成 6 种袋长和不同的泡沫量，每分钟最多可以生产 21 个包装袋。

Thomson 公司的维护经理 Dick Adams 先生说，Thomson 工厂进行了 240 个小时（大约 6 个月）的运输测试，并且在向加利福尼亚州和波士顿的顾客用瓦楞纸板运输箱包装的产品时，使用了 Instapak 出品的填充了泡沫的包装袋作为缓冲材料。于是，征求顾客对新包装反馈意见的顾客回执卡片被夹在每一个运输箱中。

结果顾客给这种新的向包装袋中填充泡沫的包装方法打了很高的分数。由于包装袋中填充有泡沫的衬垫为产品提供的保护作用，订购的货物能够以更好的状态抵达，因而 Thomson 公司被退回来的产品有所减少。另外，Thomson 公司工作在包装作业线上的员工给该系统打的分数是 A+。

Instapak 泡沫在运输箱中的膨胀方式是独一无二的，可以填充在产品和包装箱之间的空隙中，这是 Thomson 公司改用包装袋内填充泡沫包装方式的另一个好处。这一特点使 Thomson 公司统一了所需要的瓦楞纸箱尺寸，把使用的瓦楞纸箱型号从 24 个减到 5 个。对 Thomson 公司来说，最棒的是公司达到了自己的目标。

在改用包装袋中填充泡沫的过程和采用 SpeedyPacker 系统之前，Thomson 公司的每个操作人员每天一共可以包装大约 120 箱产品。而现在的新工厂里有需求时，8 条生产线中的每一条每一班最多能够包装 1000～1500 箱产品。在开学的高峰期，每天可以包装超过 40000 箱产品。正如 Ballachino 先生所介绍的那样，这个在包装袋内填充泡沫的项目获得了成功。

"在包装时间（每箱）上的节约使我们的生产线操作工很高兴，"他总结道，"如果用具体的数字来说明我们在劳动力上的节约，那就是我们的每箱成本减少了 3 美分。该 Instapak 系统使我们有能力增加包装量，以便满足顾客对产品的需求；同时还使我们达到了减少劳动力和改变混乱状态的目标，并实现了一些事先没有预期到的节约。在使用 Sealed Air 包装袋时，我们获得了很多经验。"

（来源：《包装资讯》，http://news.pack.cn）

自从 Thomson 公司选择 Instapak 泡沫作为填充包装材料后，商品在储运过程中减少了因破损而导致的消费者和企业利益受损的情况；企业所需场地有所减少，空间利用率得到了提高；在包装效率提高的同时降低了包装成本，最重要的是提高了服务质量，为企业赢得了客户的信任。

目前的包装技术包括以下 5 种。

1. 包装袋

包装袋是柔性包装中的重要技术，它采用的柔性材料有较高的韧性、抗拉强度和耐磨性。包装袋一般分成 3 种类型：集装袋、一般运输包装袋、小型包装袋（或称普通包装袋）。

2. 包装盒

包装盒是介于刚性和柔性包装两者之间的包装技术。其包装材料有一定的柔性，不易变形，抗压强度较高，刚性高于袋装。一般采用码入或装填，然后将开闭装置闭合。包装盒整体强度不大，包装量也不大，不适合做运输包装，而适合做商业包装、内包装，主要用于块状及各种异形物品包装。

3. 包装箱

包装箱是刚性包装技术中重要的一类。其包装材料为刚性或半刚性，有较高强度且不易变形，包装量也较大，适合做运输包装、外包装，主要用于固体杂货包装。包装箱主要有以下几种：瓦楞纸箱、木箱（木板箱、框板箱、框架箱）、塑料箱、集装箱。

4. 包装瓶

包装瓶是瓶颈尺寸有较大差别的小型容器，是刚性包装中的一种。其包装材料有较强的抗变形能力，刚性、韧性一般都较高，包装量一般不大。适合美化装潢，主要作商业包装、内包装使用，可包装液体、粉状货。包装瓶按外形可分为圆瓶、方瓶、高瓶、矮瓶、异形瓶等若干种。瓶口与瓶盖的封盖方式有螺纹式、凸耳式、齿冠式、包封式等。

5. 包装罐（筒）

包装罐（筒）是罐身各处横截面形状大致相同，罐颈短，罐颈内径比罐身内颈稍小或无罐颈的一种包装容器，是刚性包装的一种。其包装材料强度较高，罐体抗变形能力强。包装罐（筒）主要有3种：小型包装罐、中型包装罐、集装罐。

包装的分类：①传统分类。a. 运输包装又称外包装，是指以满足运输贮存要求为主要目的的包装。它具有保障产品的安全，方便储运装卸，加速交接、点验等作用。它主要在厂家与分销商、卖场之间流通。b. 销售包装又称内包装，是直接接触商品并随商品进入零售网点和消费者或用户直接见面的包装。它可分为内销包装、外销包装、礼品包装、经济包装等。销售包装直接面向消费者，要求新颖简洁、方便实用，能体现商品性。②专业分类。a. 按产品的属性分类：食品包装、药品包装、服装包装、五金包装、化工产品包装、电子产品包装等。b. 按包装容器分类：箱、桶、袋、包、筐、捆、瓶、坛、罐、缸等。c. 按包装材料分类：纸质包装、塑料包装、金属包装、玻璃包装、木制包装、陶瓷包装等。d. 按目的分类：一般货物包装和危险货物包装等。e. 按包装的结构分类：开窗式包装、购物袋式包装、封闭式包装、POP包装等。f. 按流通的功能分类：个包装、中包装、大包装。个包装又称为销售包装，这种包装是对产品最直接的包装；中包装又称为批发包装，这种包装的目的是保护产品，主要是将物品以一个或两个以上的单位予以整理包装；大包装又称为外包装或运输包装。

案例 3　日本包装减量化的典型案例

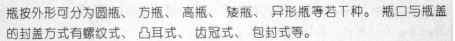

2008 年年底，上海市包装协会接待了日本包装协会"包装与环保"代表团，于是中日包装专家就包装、包装废弃物、环境等问题展开了交流，特别是对当今困扰社会经济生活发展的问题进行了深层次的切磋研讨。会上日本专家向上海同行介绍了他们在产品包装减量化方面的先进经验，其中有不少案例值得我们借鉴、学习。

一、"大日本印刷株式会社"的新型包装

该企业产品包装贯彻环保意识的四原则，即包装材料减量化原则、使用后包装体积减小原则、再循环使用原则、减轻环境污染原则。

①包装材料减量化原则：采用减少容器厚度、薄膜化、削减层数、变更包装材料等方法；②使用后包装体积减小原则：采用箱体凹槽、纸板箱表面压痕、变更包装材料等方法，如某种饮料瓶使用完毕后，体积变得很小，方便回收；③再循环使用原则：例如采用易分离的纸容器，纸盒里面放塑料薄膜，使用完毕后，纸、塑分离，减少废弃物，方便处理；还有

一种易分离的热塑成型的容器；④减轻环境污染原则：在包装产品的材料、工艺等方面进行改进，减少生产过程中二氧化碳（CO_2）的排放量，保护环境。

二、"索尼公司" 电子产品的新包装

索尼公司严格按照环境意识的四原则来推进其产品包装。它不但遵循"减量化、再使用、再循环"循环经济的"3R"原则，而且还在替代使用（replace）方面想办法，对产品包装进行改进。1998年该公司对大型号电视机的泡沫塑料（EPS）缓冲包装材料进行改进，采用8块小的EPS材料分割式包装来缓冲防震，减少了40％EPS的使用；有的产品前面使用EPS材料，后面使用瓦楞纸板材料，并在外包装采用特殊形状的瓦楞纸板箱，以节约资源。另外，小型号电视机采用纸浆模塑材料替代原来的EPS材料。

三、"东洋制罐株式会社" 的包装产品

由东洋制罐开发的塑胶金属复合罐TULC（Toyo Ultimate Can）罐，以PET及铁皮合成之两片罐，主要使用对象是饮料罐。这种复合罐既节约材料又易于再循环，在制作过程中能耗低、消耗低，属于环境友好型产品。东洋制罐还研发生产出一种超轻级的玻璃瓶，187毫升的牛奶瓶厚度只有1.63毫米，重89克，普通牛奶瓶厚度为2.26毫米，重130克，比普通瓶轻40％，可反复使用40次以上。另外，该公司还生产不含木纤维的纸杯和可生物降解的纸塑杯。东洋制罐为了使塑料包装桶、瓶在使用后方便处理，减少体积，在塑料桶上设计了几根环形折痕，废弃时可以很方便地折叠以缩小体积，这类塑料桶（瓶）规格多样，容积从500毫升到10升不等。

（来源：一诺钢铁物流网，http：//www.yn56.com）

案例分析

从以上几家日本公司包装产品的实际案例中，我们可以清楚地看到日本同行在包装减量化方面做了大量富有成效的研究、开发。而我国在包装工业高速发展过程中还存在一些问题：一是许多企业未摆脱高投入、高消耗、高污染和低产出的粗放型经营模式，部分商品存在包装过度的现象；二是包装物回收率低，除部分（如PET瓶和饮料罐）回收利用情况较好外，其他类型包装物的回收利用率都较低；三是资源浪费严重，大量废弃包装物除了给城市生活垃圾处理增加负担外，还浪费了大量的资源；四是我国现有的包装物回收渠道比较混乱，原有的以单一的政府行为为依托的回收系统和渠道不畅通，以市场为依托的规范的回收渠道又尚未建立；五是包装物再生利用技术落后，资源再生利用率低，而且存在较为严重的二次污染。

我们必须在整个包装行业大力推进可持续发展战略的绿色包装，保证产品包装的设计、制造、使用和处理均符合低消耗、减量、少污染等生态环境保护的要求。在满足保护、方便、销售等功能的基础上，应采取用量最少的适度包装，包装材料须无毒无害，且易于重复利用，或其废弃物易于回收再生。包装材料的变化又要求加工工艺、加工机械、容器制造、包装设计、装潢印刷等各个环节进行相应的变化，从而引发整个包装行业的观念大变革和技术大革命。所以说遵循循环经济原则、实现包装减量化是我国包装行业响应党中央、国务院号召，走建设资源节约型、环境友好型社会义不容

辞的历史任务。我们必须从自己的企业做起、从现在做起，共同为将我国建设成绿色家园而努力。

基于可持续发展战略，人们对物流包装提出新的要求，那就是降低包装的高消耗，使包装在货品废弃后利于回收。上述 3 家企业无疑在包装设计中传递了节约资源、加强回收利用、减少废弃物产生的理念，符合绿色包装的趋势，并遵循了绿色包装"3R1D"原则：合理选用材料、节约材料、研究新型替代材料。

为产品流通、消费提供方便是一种合理包装必备的特征。包装通常将产品以某种单位集中在一起。一般来讲，包装要求既能分割又能重新组合，以适应多种装运条件和分货的需要。产品包装的大小、形状、材料、重量、标志等各个要素应为运输、保管、验收、装卸、计量、销售等各项作业创造方便条件；同时，包装拆装作业本身要简便快捷，拆装后的包装材料应当易于处理。①方便物流。商品经过包装，特别是推行包装标准化，能够为商品的流转提供许多方便。例如，液态产品（硫酸、盐酸等）盛桶封装，小型异件产品装入规则箱体，零售小件商品集装成箱，为物流过程中产品的装卸、搬运、储存提供了便利；同时，推行包装标准化，能够提高仓储的利用率及运输工具的装载能力。此外，产品包装容器上标有鲜明的标记（发运地、到达地、物资名称、规格型号、重量体积、生产厂家、注意事项等）用来指导产品的装卸和运输，以便对商品的识别、清点和入库，有利于减少货损和货差，缩短流通环节的作业时间，加快商品流转，降低流通费用。②方便销售。a. 时间方便性：科学的包装能为人们的活动节约宝贵的时间，如快餐、易开包装等。b. 空间方便性：包装的空间方便性对降低流通费用至关重要。尤其是商品种类繁多、周转快的超市，十分重视货架的利用率，因而更加讲究包装的空间方便性。规格标准化包装、挂式包装、大型组合产品拆卸分装等，都能比较合理地利用物流空间。c. 省力方便性：按照人体工程学原理，结合实践经验设计的合理包装，能够减少人的体力消耗，使人产生一种现代生活的享乐感。

案例4 某食品公司对产品的多重包装处理

FRUITTREE 公司是一家生产各类果汁及水果制品的企业，随着零售点数目和类型的增加，果汁市场也迅速地成长起来。FRUITTREE 公司关注的最主要的一个问题，就是如何保持果汁生产时的新鲜度。因此，有些产品是通过冰冻或浓缩制造的。对于 FRUITTREE 公司的大部分生产来讲，气候决定着公司能否生产出某一产品。

十年前，FRUITTREE 公司的产品线是瓶装果汁和灌装水果的独立包装，所有的标签都是相同的，并且只有两种标准容器：瓶和罐。如果你需要苹果、梨罐头等，FRUITTREE 公司将会为你提供独立的产品。

现在消费者对果汁产品的要求越来越多元化。这些多元化要求包括：世界各地的顾客需要不同的品牌；顾客不再完全是英语语种的消费者，因此需要有新的品牌和标签；顾客的消费习惯要求容器大小能有一个可变的空间；顾客的包装需要从独立的包装变为 24 罐的不同包装；顾客对个性化品牌的包装需求呈现上升趋势；大量商品不再接受标准的托盘式装卸，而要求被重新托盘化。

在这种趋势下，公司的存储和销售出现了一些问题。单一的包装形式很难适应多元化的市场需要，从而出现了有些产品库存过多，而同类的其他产品却缺货的情况，因此公司需要寻求另一种方法来解决问题。

于是，FRUITTREE公司认识到，传统的生产、包装、打包、集合及运输入库的方法并不十分有效，解决方式是重新设计对仓库的责任。这一战略将生产环节设计为生产产品并放于未包装的罐和瓶上，这种产品被称为"裸装产品"。和这种"裸装产品"相关的各种瓶和罐一起被送入仓库，仓库成了一个托盘化"裸装产品"、瓶和罐的半成品存储地。当顾客向FRUITTREE公司提出每个月的购买意向后，直到货物装车前两天，公司才会确认订单，并立即将订单安排到仓库4条包装线的其中一条上，完成最后的包装和发运工作。为了保证包装生产线的利用率，当生产线有闲余时，将生产需求量大的产品，并将其入库以备后用。

FRUITTREE公司通过将包装业务转到仓储过程中完成，有效地解决了库存不均匀和生产预测难的复杂问题。该公司仓储改建包装流水线的总投资约700万美元，同时还增加了6个包装操作员来充实包装线及安排已完工的托盘，但是库存的减少和运输成本的降低带来了26％的额外税后利润率。更重要的是，对顾客服务的改进和对市场需求反应能力的提高，使曾认为无法完成的任务现在已能顺利完成。

（来源：《物流案例与实训》，机械工业出版社，何倩茵主编）

FRUITTREE公司"裸装产品"策略是一个类似企业管理中"延迟战略"的物流概念：为了降低物流包装的成本与增大其价值，在流通过程中寻找最合理的作业地点、时间及形式。传统的货物交易通过适当延迟，能减少风险，降低成本。"延迟战略"原理可用于国际营销系统中复杂产品的装配与包装。当产品类似但市场地点不同时，装配与包装的"延迟"会给客户提供适合其个性化包装的机会，而且使其长途运输成本和管线中货物库存量最小化。

商品的包装方法包括：①防震保护方法。所谓防震包装就是指为减缓内装物受到冲击和振动，保护其免受损坏所采取的一定防护措施的包装。防震包装主要有以下3种方法：全面防震包装方法、部分防震包装方法、悬浮式防震包装方法。②防破损保护方法。缓冲包装有较强的防破损能力，因而是防破损包装技术中有效的一类。此外，还可以采取以下几种防破损保护技术：捆扎及裹紧的、集装、选择高强保护材料。③防锈包装方法。主要包括：防锈油、防锈蚀包装方法；气相防锈包装方法。④防霉腐包装方法。防霉烂变质，通常是采用冷冻包装、真空包装或高温灭菌方法。⑤防虫包装方法。防虫包装技术，常用的是驱虫剂，也可采用真空包装、充气包装、脱氧包装等技术，使害虫无生存环境，从而防止虫害。⑥危险品包装技术。危险品有上千种，按其危险性质，交通运输及公安消防部门规定分为十大类，即爆炸性物品、氧化剂、压缩气体和液化气体、自燃物品、遇水燃烧物品、易燃液体、易燃固体、毒害品、腐蚀性物品、放射性物品等，有些物品同时具有两种以上的危险性能。对不同的危险品，要根据其特点采用不同的包装措施。⑦特种包装方法。主要包括：充气包装、真空包装、收缩包装、拉伸包装、脱氧包装。

案例5 "买买买"后的快递包装该何去何从

目前大家都在宣传设计各种环保快递包装，但是并未考虑如何对包装进行高效可持续的回收。包装回收成本太高，无法开展回收是一大痛点。因此，设法探索一种适应市场经济的回收模式很重要。

要想让快递包装绿起来，有两种方法：第一可使用可降解材料，用完即丢弃；第二可使用可回收包装，以便重复使用。就目前的状况而言，则应依靠外卖先将回收体系建立起来，之后其他行业如快递或者本地超市购物、酒店打包等各种有包装需要回收的场景就可以根据回收体系开展环保回收工作。

快递包装的回收模式无外乎当场回收、自己交付、单独回收这几种。但快递又不同于外卖，如果让快递员边送货边回收快递包装或者单独派人回收都不现实，因此还是应该让专业公司回收清洗之后再和快递公司进行交接，专业公司如能成规模化运营则可有效降低成本。

外卖是同城服务，餐具回收流转可控；而快递则是跨区服务，且大多是加盟模式，目前管控快件都问题出，更别说管理包装了。投放运营回收包装让加盟商出钱，还需等回收体系建立起来之后才好操作。直营公司操作起来则相对简单，因包装资产所有权属于总部，可统一调配安排。

针对非常贵重而不允许遗失的快件应先设计一款可重复使用的保险包装箱：最外层是纸箱，接着是金属框或箱防止压扁，然后是泡沫保温防震层、防水防火层，同时加装单独定位芯片，以免发生任何极端情况。

目前的快递包装基本可概括为5种材料：各种快递塑料袋，主要用来包装衣服类商品；各种型号纸箱，主要用来包装非衣服类商品；编织袋，主要用来包装各种较大包裹。这3种是每天货物中绝大多数的包装材料。胶带，用于封固包装；各种填充材料，如气泡纸、气泡袋、气泡柱、泡沫块、珍珠棉等，这两种是包装辅助材料，保护货物运输过程中的安全。

大部分时候为了尽可能保证货物安全不出问题，这5种材料会搭配使用甚至过度使用，如一个小包裹要用胶带裹得严严实实，把里面塞得满满的，费很大力才能打开包装取出货物。正是由于怕货物破损造成后续更多的麻烦，所以才会过度包装。

首先是快递塑料袋。一些劣质再生快递袋非常薄，到快递员手里基本都已损坏，没有任何利用价值，只能扔掉。现在大力提倡使用可降解材质的袋子，但成本会增加不少，因此推广起来难度很大。很多人拿到快递很兴奋，但拆的方法不对，两手用力将袋子从中间撕烂，袋子就没法再用了；正确的办法是用小剪刀沿着粘胶的边缘剪开折过来的那一层，这样拆开之后袋子基本会保持完整，还能勉强用一次。就像顺丰研制的二次文件封，上面两条封口胶，如果袋子也加一道封口胶，就能再用一次。同时，这也需要有专门的条例设计规范包装方法、规范拆封方法，既要保障安全又要设法让包装利用最大化。

其次是纸箱。纸箱虽然消耗树木，但是不像塑料材质那样会对环境造成污染，而且可以降解回收。所以快递主要还是应减少塑料材料填充物、胶带等的使用，纸箱就设法增加其强度减少或无须胶带的使用。苏宁研发的塑料漂流箱回收后可以折叠不占空间，因为回收再进行包装返回运输应尽可能减少车辆空间的占用。如果说顾客购物收货的习惯是固定的，比如高校统一都在菜鸟驿站收货，那么在下单的页面还要有关于对包装的选项，并用图文提前进行介绍，领取货物时只要按说明交回驿站人员或自助设备就可以。以后应当加大自助回收设备的研发力度，使这些设备将来和快递柜一样都成为社区物业的基础设施。

再次是编织袋和胶带。编织袋就要设法尽可能最大化地重复使用，如申通研发的自带芯片的编织袋就能大大增加其流转效率。现有的国外包裹使用的是环保的牛皮纸胶带，虽然很环保，但是缺点很明显，价格贵，关键是强度达不到，很容易撕开，推广起来很难。所以，只能改变包装设计，尽量设法少用胶带。

最后是填充物。如现在生鲜农产品通过快递卖得很火，对于农民的帮助非常大，但是每件货要用泡沫箱、珍珠棉气泡袋、气泡柱、冰袋等。有时看到一个个数据令人兴奋，通过电商渠道销售了多少万吨，但是谁又想过背后会产生多少白色包装污染呢？有的时令农产品集中发货甚至出现有货但没有泡沫箱子的情况，很多人收到货之后会直接丢弃包装。比如外卖，人们天天要吃东西，食品的重复消费频率很高，造成的包装污染也很惊人。

今后随着网络的发展，线上食品交易会更多更广泛，现在很多生鲜电商盈利比较困难，有的甚至处于亏损状态，其中一个很主要的原因就是生鲜运输损耗过大，客户收到货物破损就得赔付，运输过程中的种种问题更是无法避免。究其原因还是包装不行，但是专业包装又会增加大量成本，环保问题将更加严峻。

不过一旦包装回收体系成熟，用专业的包装运输农产品就可以解决损耗问题。如果采用这种包装运输生鲜农产品能成功的话，那运输其他产品就更不在话下了。

比如可以设计出与不同农产品相对应的包装，农产品最主要的问题是在运输装卸过程中应对暴力摔扔和货物相互挤压时的防震防压隔离，以免产品在内部相互碰撞，因此充气保护是最好的方式。可以设计外形坚固的塑料盒，四周附有可反复充气的柔软内衬，既适应不同形状填充内部空隙，又将产品隔离开来防止相互碰撞，还可防止压扁踩扁摔开。

比如鸡蛋就设计出蛋托形状的气垫，水果就设计出水果形状的气垫，有可靠耐用的充放气系统，直接包裹产品使其悬空，箱子里面不产生空隙，充气材料形状灵活柔软适应性好，可以单独或搭配使用，也可与箱子做成一体，用各种形状的易碎产品都能将其包住，放气之后箱体还可折叠保存。这样网点无须高昂设备，只需一个充气泵和专门的箱子就可以。

另外，还可以开发各种物品可重复回收使用的包装方案，既能保障产品安全又能回收。比如邮寄体积大的衣服、被子等时可以选择能重复使用的大号真空抽气压缩袋，也可以研发一种能快速固化环保降解无毒的类似填缝剂的发泡材料替代泡沫等。

（来源：物流时代周刊，2018-05-15）

目前整个回收体系尚不成熟，回收包装需让用户提前交押金才能保证回收率。如果不完善押金体系，客户将很难理解和配合。由于目前受制于很多现实情况，想实现绿色包装还是很困难。但相信随着环保理念的宣传和推广深入人心，未来绿色环保的包装和生活方式定会逐步实现。

所谓包装合理化，是指在包装过程中使用适当的材料和技术，制成与物品相适应的容器，节约包装费用，降低包装成本，既能满足包装保护商品、方便储运、有利销售的要求，又能提高包装的经济效益。包装合理化与标准化是"一胞双胎"，二者相互依存、相互促进。

包装合理化要做到包装适当。首先，要防止包装不足。包装强度不足、包装材料不足等因素造成商品在流通过程中发生的损耗不可低估。据我国1988年的相关统计分析，因此而引起的损失一年达100亿元以上。其次，要防止包装过剩。包装物强度设计过高、包装材料选择不当会造成包装过剩，这一点在发达国家表现尤为突出。日本的调查结果显示，发达国家包装过剩约在20%以上。我们应该从物流总体角度出发，用科学方法确定最优包装。

包装合理化措施包括以下5点：①广泛采用先进包装技术。包装技术的改进是实现包装合理化的关键。要推广诸如缓冲包装、防锈包装、防湿包装等包装方法，使用不同的包装技法，以适应不同商品的包装、装卸、储存、运输要求。②由一次性包装向反复使用的周转包装发展。③采用组合单元装载技术，即采用托盘、集装箱进行组合运输。托盘、集装箱是"包装—输送—储存"三位一体的物流设备，是实现物流现代化的基础。④推行包装标准化。⑤采用无包装的物流形态。对需要大量输送的商品（如水泥、煤炭、粮食等）来说，包装所消耗的人力、物力、资金、材料是非常大的，若采用专门的散装设备，则可获得较好的技术经济效果。散装并不是不要包装，只是一种变革了的包装，即由单件小包装向集合大包装转变。

🔖 案例6　小小托盘托起远大理想

一、关注托盘，因装卸工而起

从部队复员的余芸付，原本打算花一年时间走遍中国，然后进行适合自身发展的定位。曾在沈阳、广州、深圳、上海4个城市生活过的他，最终选择在上海创业。作为一个军人，余芸付有很强的生存能力。他当初参军的第一句誓言就是——"时刻准备着为祖国而牺牲"。但是复员后，余芸付深深感到："商场似战场，但又不同于战场。战场上没有第二，非赢即输，而商场上可以'不战而屈人之兵'。"余芸付引用了《孙子兵法》中的这句名言，显然他已在商场中定位了自己的新坐标，并将当初研读的军事战略运用于新的环境中。

参军时，余芸付是一名汽车驾驶兵。回到地方后，用人单位一看到他的简历，都只能提供驾驶员或者保安队长的工作，但是这些并非余芸付想要的。终于，余芸付在一家物流公司找到了一份自己感兴趣的工作。初入物流圈，余芸付的第一个身份便是装卸工，日后逐渐升职做了客服、运营、营销……他几乎尝试了整个流程的每一个工作岗位。正是因为当年装卸工的经历，使余芸付对托盘有一种挥之不去的情结。装卸工的辛苦他体味过，频繁的工伤更是触动着他，他每天接触得最多的可以说就是托盘了。

二、投身托盘，因大势所趋

2005年，根据中国加入WTO的承诺，中国物流市场迈开了全面开放的脚步，一些国外知名的物流公司纷纷抢滩中国，如UPS、FEDEX……一时间，物流被称为国家"经济的命脉"。随着物联网技术和云计算技术的快速发展，物流已被提高到供应链集成管理的高度。但是余芸付觉得最基础的问题还没有解决，那就是物流过程中的装卸。"物流是以物为本，物流的管理就要做到'眼中有物，心中无物'。"如何保证货物在运输搬运的过程中完好无损？余芸付认为，这与装卸工的情绪不无关系。装卸工的工作虽然是物流中最底层，但也是极为重要的环节。如果能够实现这一环节的低耗高效，就能使现有的物流实现飞跃式的递进。

怀着这样的想法，在行业中奋斗了 10 多年的余芸付一步一步从基层员工做到企业家；同时，他也见证了整个物流业从兴起到蓬勃的发展。过去的经历，让他始终关注第三方物流，尤其是托盘共用系统。现有的托盘能利用叉车装卸货物，省时省力，但如果托盘能够从产品下线后一直承载产品抵达消费终端，那将会极大地降低成本，提高效率。

2008 年，余芸付跨出了实现理想的第一步——创立了上海子伟托盘流通（共用）服务公司，并一心致力于托盘流通事业和托盘共用信息系统的建设。4 年来，余芸付凭借着对行业的准确把握创出了一片属于自己的天地。对已有的成绩，余芸付不以为然："我们的发展还比较慢，尤其在公司创立初期，专业团队打造、融资等很多方面都曾遇到过困难，而现在越来越多的企业也加入了托盘流通的队伍，并且都有了自己的市场，但他们在运营过程中还存在许多问题，甚至有些还给客户提供非标托盘，这对托盘物流的长久发展不利。而这些因素，都会阻碍民营托盘流通企业的发展壮大。"但是他依然非常乐观，因为这个市场非常大，行业正处于起步阶段，需求量却呈井喷式发展——目前，全国 10 亿片托盘（其中约 5 亿片在使用却未流通，约 5 亿片闲置不用），人均不到一片，仅为日本的 1/27、美国的 1/25。我国的物流量是其他国家的数倍，这说明我国的托盘事业仍有很大的发展空间。

三、 钟情托盘， 因有独到见解

回顾创业史，展望企业发展与行业前景，余芸付有着自己独到的理解。

1. 客户——多方共赢

"客户不仅仅是营销的对象，也是交流学习的伙伴。"这是余芸付在社会大学中所学到的。在其任职于大型物流集团公司的早期，余芸付通过与客户在各个场合的交流不仅掌握了物流的相关知识，而且交了很多朋友。谈及多方共赢，余芸付认为，与单纯赚客户的钱或通过缩减某项开支为客户省钱的方式相比，子伟托盘的理念是：帮助客户全面降低物流与供应链的成本，提高物流效率，减少库存量，降低人工支出成本，缩短人工装卸时间，通过节省在供应链各个环节中的开销实现共赢。因此，子伟托盘更容易与客户达成发展共识，结成合作伙伴。

2. 对手——战略合作

商场如战场的形容，在余芸付的企业拓展中并未充分体现；相反，他认为通过与各地区的企业建立战略合作关系，能够高效整合现有渠道以打造高覆盖率的市场网络。在目前的发展中，民营企业因其灵活性占据了主导地位。由于国内托盘需求量巨大，即使是中小企业也拥有相当可观的份额。曾有经济学家说过，如今企业的竞争就是供应链的竞争，中国的企业之所以比不过世界 500 强，是因为供应链还存在很多问题。因此，余芸付的目标是通过信息化平台整合供应链。通过标准化使各区域的托盘流通系统之间互相协同，打破地域的限制和企业的隔阂，使托盘在更大的区域范围内真正流通起来。很多人认为这只是个理想的状态，其实实现起来并不难。通过合作建立托盘公共系统，每个公司负责各自区域，进行跨区域的业务衔接，此举将轻松解决托盘跨区域运送后直接报废带来的高成本问题。托盘使用率提高，势必会影响生产加工厂商，余芸付希望工厂能够转型为托盘维修清洁的服务行业，以满足市场需求，并完善整个公共系统。

3. 行业——标准化

国内托盘缺乏标准化规范是影响物流发展的一大绊脚石。目前，国际通行的托盘标准主要分为"欧美标"与日本主导的"亚标"。中国并没有属于自己的托盘统一标准，在实际操作中，往往是两者并存，或随不同产品而设计定制，且种类竟然达数百种之多。这使得托盘的实际利用效率较低，且规格混乱不利于保持流通环节的顺畅，导致中国在国内外贸易环节中每年流失高达数千亿元人民币。鉴于目前中国托盘使用数量巨大，标准体系的选择直接影响着企业在国际国内贸易中的利益。余芸付认为，中国也应制定自己的标准体系。他设想随着业务的不断推进扩展，将来在区域内试行能够兼容国际标准的"中标"，并实现20亿~80亿片的数量。

托盘虽小，却是全球日常消费物质的运输、包装、仓储等所必须依赖的。比如去沃尔玛、家乐福购物，伸手取任何一件商品，都很可能是从托盘上拿的。现在的托盘直接进入超市，商品销售之后又直接返回物流中心，这种仓储式购物，周转速度非常快，减少了人手的干预，加快了货物的流通速度，通过托盘实现机械化、标准化、单元化甚至自动化。如果在托盘上加装RFID芯片互相联网，就可以全球监测托盘的流量和流向，甚至可以监控到物流中与食品安全相关的每个环节。

让中国拥有属于自己的RFID衡量标准，与PMI、CPI一样成为衡量经济贸易的参照指数。余芸付强调，托盘只是"载体"的代名词。我们所讲的周转箱、物料箱、叉车等都属于载体范畴，都是可以流通的，只不过都是与托盘配套使用的。而托盘比较标准，使用量比较大，所以余芸付选择托盘作为"载体"的代号就很容易理解了。

中国的流通事业要靠大家一起努力，单凭一个人的力量是无法做到的。关于行业标准化的制定，余芸付认为，可以由企业牵头先试行，然后由行业协会规范推行，最终由国家通过政策扶持等方式加以落实。

4. 企业责任——可持续发展

托盘有木托盘、塑料托盘、纸托盘、钢托盘和复合材料托盘之分。目前，我国以木托盘为主，实际使用约占总托盘量的90%以上。而一棵15年树龄的大树只能做5个托盘。余芸付认为，跨区域合作将有效利用托盘，直接减少托盘报废量约1亿个，减少树木砍伐量高达上千万棵。中国现有的托盘，有一半闲置在企业的仓库或者垃圾回收站里，另一半虽然在使用却未流通。如果这些托盘能流通起来，至少可节省一半甚至更多的托盘，中国因此可能在三五年乃至更长的时间内都不需要砍树用来做托盘。

另外，如果可以将木托盘回收处理后加工成复合材料的托盘再利用，不但能为生态保护做出极大贡献，还能实现可持续发展的盈利模式。循环使用后，将最终废弃的垃圾分类提供给厂家，再经燃烧提供所需能源。

托盘的流通和材料的循环利用，是余芸付一直在思考的问题。多年来，他一直是环保和可持续发展的倡导者和身体力行的践行者。

5. 人才——未来发展的希望

"团队人才是公司发展的瓶颈之一，非常缺少既懂物流又懂托盘和供应链的人才，也很少有人愿意为这个事业去奋斗自己的青春。本来物流行业的人才就比较紧缺，过渡到供应链、一体化思维这个层面就更少。我们需要这样的人才，除了寻找外，也一直在培养，现在志同道合的朋友越聚越多，相信在今后两到三年内，子伟的发展肯定会很快。"

谈到子伟的将来，余芸付充满信心："我非常乐观，我的梦想就是让中国的民营企业都能用得起托盘，中国的农民都能用得起托盘，让制造企业不再为产品的流通发愁，快速降低中国 CPI。"

（来源：《国际市场》，周健悦，2012 年第 2 期）

在中国托盘共用体系建设事业中，民营企业无疑扮演了先锋者的角色，并且可能会成为该系统不可或缺的组成部分。因此，它们的发展，将关系到这项事业的未来；它们的探索，将点亮中国托盘共用体系建设道路的明灯。

装卸搬运就是指在某一物流节点范围内进行的，以改变物料的存放状态和空间位置为主要内容和目的的活动。装卸（Loading and Unloading）：物品在指定地点以人力或机械装入运输设备或卸下。搬运（Handling/Carrying）：在同一场所内，对物品进行以水平移动为主的物流作业。

装卸搬运具有如下特点：①装卸搬运作业量大；②装卸搬运对象复杂；③装卸搬运作业不均衡；④装卸搬运对安全性要求高；⑤装卸搬运具有"伴生"性和"起讫"性；⑥装卸搬运具有"保障"性和"服务"性。

托盘是指用于集装、堆放、搬运和运输放置作为单元负荷的货物和制品的水平平台装置，是装卸搬运的一种重要工具。其主要特点是装卸速度快、货损货差少。

案例 7　联合利华的托盘管理

当前产品生产周期的缩短和 JIT 订购向仓库管理者提出了挑战，德州仪器公司基于 TIRIS 无线电频识别技术（RFIT）开发的一项全新的"Smartpallet"系统，利用自动化技术省去了重复分拣，并缩短了配送时间。

联合利华公司（意大利）是全球第一个使用 Smartpallet 系统的企业，现在它的订货处理时间缩短了 20%，员工数量减少了 1/3。目前排名第 25 位的联合利华公司生产洗发水、牙膏、洗洁精、化妆品、地板蜡和其他各种生活消费品。在安装 RFIT 系统之前，联合利华的 Elida-Gibbs 工厂每天需要 3 个工人处理 200 个托盘，现在一个仓库管理员一天就可以处理 350 个托盘，这样就可以减少托盘的堆垛和再装载工序。

德州仪器公司和一家计算机工程 Sinformat SRI 联合开发了联合利华的物流系统，此系统于 1995 年被安装在位于米兰附近的 Gaggiano 工厂。Sinformat SRI 设计了基于视窗操作的计算机软件 EASYSEND，德州仪器公司开发了低频的 RFIT 系统来控制生产过程、记录产品位置、对产品进行称重和标签操作。配有无线电频率读数器的叉车在仓库装载活动中穿梭不息，这些读数器将每个托盘的状态及时传送给仓库门口的无线电应答器，然后传送到仓库的计算机控制中心，管理人员随时就可以知道任何一笔订单所处的位置。结合半导体技术、微电子包装、计算机系统设计的 TIRIS 系统由 3 个部分组成：无线电发射应答器、信息阅读器和天线。无线电发射应答器被固定在托盘出入的仓库门口，信息阅读器和天线被装在叉车上。

在联合利华的高科技仓库中，每一个托盘都有一个条码，扫描仪通过扫描可将信息输入仓库的程序逻辑控制器中。除此之外，计算机还存有该托盘的详细数据，如可装箱的数量、订单装运地点、运送的商品种类等。一个托盘装载货物后，经过第一道门时用薄膜包装、称重，经过最后一道门时再次称重，以确保准确度。托盘按先进先出法处理，将排列顺序依次输入计算机中。当托盘被放在装载底板上时，叉车上的 TIRIS 信息阅读器就开始检查、传送由门口的无线电频信号，精确定位托盘。当托盘到达装货地点时，另一个无线电发射应答器就会警示计算机托盘准备进装托车中，随后货车的衡量工具会自动根据计算机记载的资料比较总负荷与单个托盘的重量，一旦出现任何偏差便在系统内标注记号。

联合利华公司通过对托盘的先进管理，节约了时间，减少了差错，同时也降低了物流成本。

（来源：《物流案例与实训》，机械工业出版社，何倩茵主编）

信息化是物流产业发展的必然趋势，它的出现改变了传统的物流作业方式，整合优化了作业组织。本案例中联合利华的高科技仓库对搬运组织进行了重新规划设计，特别是在出入库环节利用信息化手段确保了装载工具的先进先出以及包装、检验环节的自动化，提高了工作效率、降低了人力成本，相比于传统的出入库组织安排优势非常明显。

托盘按其基本形态，可分为用叉车、手推平板车装卸的平托盘、柱式托盘、箱式托盘、板状托盘；用人力推动的滚轮式托盘；装运桶、罐等与货物外形一致的特殊构造的专用托盘。托盘按装卸的形态，可分为保管装卸、终端装卸及托盘运输中的装卸 3 大类。一般常用的方法是：在保管装卸中，用叉车将托盘单元直接进行多层堆放保管的方法；利用托盘货架、流动货架的方法；利用中层货架和侧面装卸叉车配合的方法以及利用高层货架和升降吊车静配合的方法。

案例 8 适合装卸作业的货物仓库布局方式

某企业主要生产工装裤，规模不是很大，产品比较集中，主要差别仅在于的裤子的尺寸不同。

该企业在设计仓库布局的过程中，主要分为以下几个步骤。

第一，根据产品的特点进行分类分项。

在设计仓库布局时，该企业按照将尺寸大小不同的工装裤分别存放进行考虑。先按照工装裤的腰围大小，从最小尺寸到最大尺寸分为若干类。然后每一类再按裤长尺寸，由最小尺寸到最大尺寸分为若干项。

第二，根据分类分项进行存放。

分类分项后，按顺序存放。为了缩短订单分拣人员的分拣时间，除了按上述方法将工装裤按尺寸大小分类分项外，还可以将那些客户最常选购的一般尺码存放在较近和低层的货位，而将特小和特大、客户不常选购的特殊尺码存放在较远和高层的货位。通过在仓库中合理布局货物，提高了物流工作效率，实现了物流合理化。

第三，进行其他空间的安排。

除了货物入库和出库所需要的库房储存空间以外，仓库的其他业务活动也需要有一定的场地。具体安排如下。

（1）车辆为等待装货或卸货的停车场和员工休息室。

（2）入库和出库货物的暂时存放场地。

（3）办公室所需场地。

（4）保管损坏货物、等待承运商检查确认的场地。

（5）设备的保管和维护地区。

（6）危险品以及需要冷冻、冷藏等进行特殊保管的货物所需要的专用储存区。

对仓库进行这样的布局设计后，该企业取得了很好的效果。

（来源：《第三方物流实务》，武汉理工大学出版社，郝大鹏主编）

案例分析

本案例考虑到作业效率及成本，将客户最常选购的尺码存放在较近和低层的货位，而将特小和特大、客户不常选购的特殊尺码存放在较远和高层的货位。不同层货位所选用的装卸工具及工具产生的作业效率将不一样，而不同距离货位所实施的搬运线路选择也不一样。同时基于搬运活性因素，设置了具有不同功能的储存空间，进而提高了效率。

装卸搬运机械的选择条件包括：①装卸机械的选择要与物流量吻合；②装卸机械的选择应以满足现场作业为前提；③装卸机械吨位的选择，应以现场作业量、物资特性为依据；④在能完成同样作业效能的前提下，应考虑性能好、节省能源、便于维修、利于环境保护、利于配套、成本较低的装卸机械。

装卸搬运机械的配套要注意：①装卸机械在生产作业区要相衔接；②装卸机械在吨位上要配套；③装卸机械在作业时间上要紧凑；④装卸机械配套要注意方法：a.按装卸作业量和被装卸物资的种类进行机械配套；b.运用线性规划方法，设计装卸作业机械的配套方案；c.综合费用比较方法，来确定装卸机械的配套方案。

案例 9 楼层库装卸搬运系统设计分析

东洲卷烟成品物流中心（以下简称"东洲仓库"）主要由 1 号和 2 号两个楼层库组成，占地 60 亩，包括仓储区、办公区辅助功能区。其中成品仓储区由 1 号仓库和 2 号仓库组成，每个仓库配置有 8 个月台，分别负责省内和省外的业务；每个仓库 5 层，每层建筑面积5887.5 平方米，1 号仓库总建筑面积 29437.5 平方米，2 号仓库总建筑面积 29437.5 平方米，整个仓储区总建筑面积为 58875 平方米。

东洲仓库的服务对象为浙江中烟，通过采用物联网技术手段，其物流模式进一步向信息化、自动化、智能化和集成化方向发展，实现货位数字化、物品数字化、状态数字化及运行轨迹数字化。现在，东洲仓库正在将信息化的技术全面应用于楼层库的模式中。例如，其每个货位下面都有信息识别设备，需要出入库作业时可通过信息系统快速准确地找到相对应的货位；每台叉车上也装有车载终端，叉车司机可以快速准确地接收到自己将要进行的出入库作业信息；地埋天线的设置，也为整托出库作业提供了信息技术的支持。

楼层库与运输车辆之间进行出入库作业的接口是一层的月台，当接到订单时，通过月台进行出库作业；当东洲仓库的库存不足时，启动由生产基地向东洲仓库的移库作业；当需要向楼层库的高层取货或输送货物时，需要靠升降电梯来完成转储作业。

当一层的出库能力不足以支撑当天的出库总量时，就需要进行转储作业，转储能力主要与升降电梯相关，当然也与调度的合理性相关，能否在规定时间向规定地点转运规定数量的货物对出库效率影响很大，东洲仓库的出库作业有备货提前期，若在备货提前期内完成要求的转储量，则不会影响出库作业。另外，当一层的存储量不足以应对当天出库量时，就会发生即时的转储作业，即没有提前期的转储作业，此时的转储能力能否满足出库作业的要求将对出库效率产生很大的影响。

通过对转储作业的数据进行统计和分析，得出待售出库的成品烟在送到东洲仓库月台不入库，直接出库的数量占总出库量的 10%，集中在 2012 年 1~2 月；待售出库成品烟在送到东洲仓库一层不周转，直接出库的数量的占总出库量的 26%；从仓库二、三、四、五层转储到一层待售的数量占总出库量的 42%；从二层到五层直接送到月台进行装车的数量占总出库量的 22%。根据以上这些数据，以订单承接能力中订单承接量最大的月台为例，分析转储能力能否满足极限订单承接能力；如果能满足，则转储能力是足够的；如果不能满足，则需要进行改善。

由上述分析可知，东洲 1 号仓库订单承接能力中单日最大出库量为 2200 个托盘，其中 22% 也就是 484 个托盘需要在当天从二层至五层通过升降电梯输送到月台，升降电梯的载运能力为 6 个托盘，在配置两辆装载升降电梯的叉车以及两辆卸载升降电梯的叉车的情况下，一个升降电梯完成一次转储需要的时间平均为 6 分钟左右。1 号仓库共有 3 个升降电梯，所以可得出，在所列配置下，每 6 分钟可以完成 18 个托盘的转储，在 165 分钟内可以完成 484 个托盘的转储。从出库作业能力的分析中，可得出结论，完成单日极限出库量 2200 个托盘，在经过优化后极限能力可以在 130 分钟内完成，由此可以得出，在高峰期当日转储能力是要求达到的极限转储能力的 73%，可见有一定的差距，需要采取改善措施。

（来源：《企业物流技术》，2012 年第 31 卷，陆海良等）

案例分析

面对日益高昂的土地成本，立体仓库成为越来越多物流企业的选择，但接踵而至的就是库内的装卸搬运组织问题。相对于单一楼层仓储，电梯等物流瓶颈的出现既考验了仓储设计能力，也考验了仓储运作组织能力。而首要考虑的问题，不外乎搬运问题。装卸搬运的运作必须配合其他的物流环节一起组织实施，本案例就考虑到托盘化的搬运，同时设计了搬运线路，提高了作业效率。

装卸搬运是衔接物流各环节必不可少的活动。在物流活动中，装卸搬运出现的频度最高，作业技巧最复杂，科技含量最高，时间和空间移动最短，但费用比例最大。有统计数据显示，在我国铁路运输占运费 20%、轮船占运费 40%。而在装卸搬运中造成的货物损失，也比其他环节大得多。所以，装卸搬运是一个看似简单却不可低估的重要问题。

装卸搬运的合理化可采取以下措施：

（一）防止和消除无效作业

所谓无效作业是指在装卸作业活动中超出必要的装卸、搬运量的作业。

①尽量减少装卸次数。由于装卸搬运不产生价值，作业的次数越多费用就越高，而且货物的破损率和事故的发生频率也会越高，因此要尽量减少装卸搬运的次数。②提高被装卸物资的纯度。③包装要适宜。

（二）选择适宜的装卸搬运路线

选择适宜的装卸搬运路线可以达到短距化的目的。缩短装卸搬运距离，不仅省力、省能源，还能加快作业速度，减少货物因装卸搬运距离远、时间长可能造成的摔碰损坏或其他事故。以最短的距离完成装卸搬运作业，最明显的例子就是输送带自动作业。将所要装卸搬运的货物合理地码放在输送带两侧，作业人员以最短的距离实现作业，大大地节约了时间，减少了体力消耗，大幅度提高了作业效率。

（三）提高物资装卸搬运的灵活性

所谓物资装卸搬运的灵活性是指对物资进行装卸搬运的难易程度。所以在堆放货物时，事先要考虑到物资装卸作业的方便性。

物资装卸搬运的活性，可分为0级至4级共5个级别，0级为散放在地面的物资，1级为成捆或集装的物资，2级为被置于箱内以便装卸搬运的物资，3级为被置于装卸搬运机械上即可移动的物资，4级为已被起动、处于装卸搬运状态的物资。

（四）实现装卸搬运作业的省力化

在物资装卸中，应尽可能地消除重力的不利影响。在有条件的情况下，利用重力进行装卸搬运，能够节省能源、减轻劳力。此外，集装化装卸多式联运、集装箱运输、托盘一贯制等都是有效的方法。省力化装卸搬运应遵循以下原则：能往下则不往上、能直行则不转弯、能用机械则不用人、能连续则不间断、能集装则不分散。

（五）保证装卸搬运作业的顺畅化

保证货物装卸搬运的顺畅化是提高作业效率、保证作业安全的重要因素。所谓顺畅化，就是要保证作业场地无障碍、通道畅通、作业不间断。人力作业要有合理的通道，脚下要无障碍，头顶要有足够的机械作业空间，同时还要防止停电、线路故障和作业事故的发生。

（六）实现装卸搬运作业的机械化

利用机械化，可以快速高效连续作业，省时又省力。机械化程度一般可分为3个阶段：第一个阶段是使用简单的装卸器具的阶段；第二个阶段是使用专用高效的装卸器具的阶段；第三个阶段是依靠计算机实现自动化的阶段。

（七）推广单元化装卸

单元化装卸是指以集装箱、托盘、框架、网袋等单元化设备来装卸搬运货物。单元化装卸搬运效率高，货物散失和损坏率均低，可节约包装材料，便于码放和储存。单元化装卸具有很多优点：①装卸单位大、作业效率高，可节约大量装卸作业时间。②能提高物资装卸搬运的灵活性。③操作单位大小一致，易于实现标准化。④不用手触及各种物资，可达到保护物资的效果。

（八）实现装卸搬运人格化

装卸搬运工作是重体力劳动，很容易超过人体的承受限度。在组织管理装卸搬运作业中，必须重视对作业人员的关心和尊重，否则容易出现野蛮装卸、乱扔、乱摔现象，造成不应有的货物损失。装卸搬运的货物如不能使用机构设备，在包装时应注意考虑人的正常能力和抓拿的方便性。欧美国家在设计包装尺寸和重量时，均以妇女的搬运能力为标准。

第6章

仓储管理

案例1 英迈公司的仓储管理

2000年一年，英迈公司的所有库房只丢了一根电缆。半年一次的盘库，由公证公司作为第三方检验机构，两者统计结果只差几分钱，陈仓损坏率为0.3%，运作成本不到营业总额的1%……这些都发生在全国拥有15个仓储中心，每天库存货品上千种，价值可达5亿元人民币的英迈公司。英迈公司是如何做到的呢？通过参观英迈中国在上海的储运中心，发现其具有精准的成本概念和超强的服务意识。

一、几个数字

一毛二分三：英迈库存中所有的货品在摆放时，标签都一律向外，而且没有任何一个倒置。这是在进货时按操作规范统一摆放的，目的是便于查询出货和清点库存。运作部曾经计算过，如果货品标签向内，由一个熟练的库房管理人员将标签恢复至向外，整个过程需要8分钟，而这8分钟的人工成本就是一毛二分三。

3千克：英迈的每一个仓库里都有一本重达3千克的行为规范指导，内容细到怎样检查销售单、怎样装货、怎样包装、怎样存档、每一步骤在系统上的页面是怎样的等，且都有流程图、文字说明。任何受过基础教育的员工都可以从规范指导中查询和了解到每一个物流环节的操作规范，并遵照执行。在英迈的仓库中，只要有动作就有规范，清晰的操作流程为每一个员工所熟知。

5分钟：统计和打印出英迈在上海仓库或全国各个仓库的劳动力生产指标，包括人均收获多少钱、人均收获多少行（即多少单，其中人均每小时收到或发出多少行订单是仓储系统评估的一个重要指标），只需要5分钟。在Impulse系统中，对劳动力生产指标的统计实时在线，可随时调出。而如果没有系统支持，这样的一个指标统计至少需一个月时间。

10厘米：仓库空间甚至货架之间的过道，都是经过精确设计和科学规划的。为了尽量增大库存使用面积，只给运货叉车留出了 10 厘米的空间，这样叉车司机的驾驶必须稳而又稳，尤其是在转弯时更要稳。因此，英迈的叉车司机都要经过此方面的专业培训。

20 分钟：在日常操作中，规定仓库员工从接到订单到完成取货的时间为 20 分钟。因此仓库对每一个货位都标注了货号标志，并输入 Impulse 系统中，Impulse 系统会将发货产品自动生成产品货号，货号与仓库中的货位一一对应。所以仓库员工在发货时，就像邮递员寻找邮递对象的门牌号码一样方便快捷。

4 小时：一次，由于库房经理的网卡出现故障，无法使用 Impulse 系统，结果在库房中寻找了 4 小时，也没有找到他想找的网络工作站。依赖 IT 系统对库房进行高效管理，这个根深蒂固的观念已经深入库房员工的心。

1 个月：英迈的库房是根据中国市场的现状和生意的需求而建设的，投入要求恰如其分、目标清楚，能支持现有的经销模式并做好随时扩张的准备。每个地区的仓库经理都要求能够在 1 个月之内完成一个新增仓库的考察、配置与实施，这都是为了飞快地启动物流支持系统。在英迈的观念中，如果人没有做好准备，有钱也没用。

二、 几件小事

英迈库房中的很多记事本都是由打印过一次的纸张装订而成，即使是各层经理使用的也不例外。

所有人进出库房都须严格按照流程进行，每个环节的责任人都必须明确，一旦违反操作流程，即使有总经理的签字也不可以。

货架上的货品号码标识都采用的是磁条，这同样是为了节约成本。以往采用的是打印的标识纸条，但因为进仓货品及其占据货位的情况经常发生变化，用纸条标识的灵活性差，而且打印成本也很高，采用磁条后问题得到了根本性解决。

英迈要求与它合作的所有货运公司都必须在运输车辆的箱壁上安装薄木板，以避免板壁不平使运输货品的包装出现损坏。

在英迈的物流运作中，厂商的包装和特制胶带都不可再次使用，否则会被视为侵害客户权益。因为包装和胶带代表着公司自身的知识产权，这是法律问题。如发生装卸损坏，必须运回原厂花钱请厂商再次进行包装。而如果是由英迈自己包装的散件产品，则统一采用印有其指定国内代理怡通公司标识的胶带，以便分清责任。

三、 刚刚及格

提起英迈，都知道其最大优势是运作成本，而这一优势又往往被归因于采用了先进的 Impulse 系统。但从以上描述可看出，英迈的运作优势并非看似那样简单，而是对每一个操作细节的不断改进，日积月累形成的。从所有的操作流程看，成本概念和以客户需求为中心的服务观念贯穿始终，这才是英迈竞争力的核心所在。英迈中国的系统能力和后勤服务能力在英迈国际的评估系统中仅得了 62 分，即刚刚及格。据介绍，在美国专业物流市场中，英迈国际能拿到 70～80 分。

作为市场销售的后勤支持部门，英迈运作部认为，真正的物流应是一个集中的运作体系。一个公司能不能围绕新的业务，通过一个订单把后勤部门全部调动起来，这是核心问题。产生的覆盖面不见得是公司物流能力的覆盖面，物流能力覆盖面的衡量标准是经得起公司业务模式的转换，即换成另一种产品仍然能覆盖到原有的区域。解决这个问题的关键是建立一整套物流运作流程和规范体系，这也正是大多数国内 IT 企业所欠缺的物流服务观念。

（来源：《物流管理案例与实训》，机械工业出版社，曹前锋主编）

英迈公司注重仓储管理，具有精准的成本概念和超强的服务意识。英迈公司认为仓储管理无小事，对仓储管理中的每个操作细节都进行改进，并始终贯彻以满足客户需求为中心的服务理念和成本管理的观念。英迈公司在服务水平与成本之间找到了平衡点，在满足客户需求的前提下尽可能地降低了成本。

仓储（Warehousing）是指利用仓库及相关设施设备进行物品的进库、存贮、出库的作业。库存、储备、储存及保管这几个概念，经常被人们混淆。其实，这 4 个概念虽有共同之处，但仍有区别，而认识这个区别有助于理解物流中"储存"的含义。

（1）库存（Inventory）：储存作为今后按预定的目的使用而处于闲置或非生产状态的物品。广义的库存还包括处于制造加工状态和运输状态的物品。库存实质上是指仓库中处于暂时停滞状态的物资存量。造成物资停滞状态的原因包括：能动的各种形态的储备、被动的各种形态的超储、完全的积压。

（2）储备即物资储备（Goods Reserves）：储备是指为应对突发公共事件和国家宏观调控的需要对物品进行的储存，有当年储备、长期储备、战略储备之分。物资储备是一种有目的的储存物资的行动，也是这种有目的的行动和其对象总体的称谓。物资储备的目的是保证社会再生产连续不断、有效地进行。所以，物资储备是一种能动的储存形式。

（3）储存（Storing）：保护、管理、贮藏物品。广义的储存是包含库存和储备在内的一种广泛的经济现象，是一切社会形态都存在的经济现象。这种储存不一定在仓库中，而是会在任何位置，有可能永远也进入不了再生产和消费领域。狭义的储存是指物品在仓库中的储存，简称仓储。我们通常所讲的储存，即是指狭义的储存。

（4）保管（Storage）：保管是对物品进行储存，并进行物理性管理的活动。物资在储存过程中，受其本身自然属性及外界因素的影响，随时会发生各种各样的变化，从而降低甚至丧失产品的使用价值。仓储物资保管就是研究物资性质及其在储存期间的质量变化规律，积极采取各种有效措施和科学的保管方法，创造一个适宜物资储存的条件，维护物资在储存期间的安全，保护物资的质量和使用价值，最大限度地降低物资的损耗。

案例 2　快消品 B2B 七大仓储物流模式解析

目前国内快消品 B2B 有各种类型的模式，商品交付方式也不尽相同。差异明显的除了交易方式就是物流模式了，这与平台自身的业务模式有直接的关联。从大体上来说，快消品 B2B 的物流模式一般分成两种：一种是自营平台从品牌商处采购商品，自行配送到小店的模式；另一种是撮合平台获取订单后，交由货主自行交付给小店或者委托第三方交付的模式。

不同的模式，会对品牌商与 B2B 的具体合作造成一定的影响。下面解读一下目前国内快消品 B2B 比较主流的物流交付模式以及国内的几种自营平台。

一、 自营全网仓配模式

代表平台：京东

模式简介：京东原则上优先与品牌商签约直供合作，但也不排除与品牌商指定的 TP 商合作。在进仓方面，一般需要和总部进行谈判。签署合约后，品牌商按照京东的要求，将商品配送至京东指定的各个仓内。目前京东新通路全国有 29 个仓库，由于有些品牌商自身商品的交易量较小，也可以交给京东来做 TC 服务。京东供应商先将所有货物送到最近的 TC 转运中心，再由 TC 转运中心送往全国各个新通路仓库，最后由京东自行配送至小店。

优势：品牌商直接和总部沟通，沟通效率较高，品牌商对市场管理较为容易。

劣势：低货值/抛货/重货不适合跨区域长距离调拨周转。所以一些货值较低的小品牌在和京东合作时，需要考虑到物流成本问题。

二、 全国性自营仓配模式

代表平台：中商惠民/百世店加/易久批/店达/店商互联

模式简介：这类平台是目前国内较为主流的自营型 B2B 业务模式，在公司治理架构方面采用的是"总部＋分公司"模式。各地分公司一般独立经营核算，自负盈亏，自行签约采购。总部一般对各地分公司给予采购建议，并不强制进行采销配货。故品牌商和该类型平台总部签约后，仍需要与各地分公司的采购团队一一沟通进仓事宜，从而获得地方分公司的支持。有些产品及品牌也可以不通过总部，直接和各地分公司沟通对接入仓。

在物流结构上，这类平台一般没有中央仓或者干仓，各地仓库之间除易久批有较强的调拨周转联系外，其他 B2B 企业的各地分公司之间极少有较为紧密的联系。所以，如果想要覆盖某一地区市场，品牌商需要重点与当地的采购团队沟通进仓，并交付给他们配送。

在合作模式上，总部倾向于优先与品牌商直接合作，各地分公司则更倾向于从有本地代理权的一级经销商处进行现金批量采购，从而获得价格优惠以及有竞争优势的商品。

优势：局部市场覆盖密度较大，周转率高，商品流向可控，重货/抛货等商品交付成本较低，交付速度较快，SKU 数量相对经销商较为丰富。

劣势：沟通较为复杂，价格管控难度较大，对各地仓库库存的管理较为困难。

三、 本地零售型仓配模式

代表平台：每一天/36524/美宜佳

模式简介：这类平台一般是由当地连锁零售企业转型做 B2B 的一种自营型 B2B 物流模式。在没有做 B2B 业务之前，因为自身多年积累的便利店业务，它们在供应链和仓储物流方面都比较成熟。这类 B2B 物流的典型特点是：在覆盖地区方面，一般会根据自己店面的半径设仓；在供应链方面，有比较稳定的供应商；在供应关系方面，一般都是由当地的一级代理商供货，并承担一定的账期。

优势：供应链稳定，有比较健全的商品品类结构。

劣势：大多都有账期，供应商资金压力较大；与经销商原有的业务有一定的冲突。

四、 3PL（第三方物流）型共享仓配模式

代表平台：掌合云仓/万超帮/烟台益商/泰安运帮

模式简介：这类平台一般由当地的经销商联盟共同参股成立或者是第三方独立在本地专注于为快消品行业提供仓储物流的同城物流公司。该模式的本质，是将多个经销商的仓储物流集合到一起，通过共享仓储配送节约成本、提高效率，是一种典型的 3PL 物流模式。这类物流的特点是：一般不碰货权，不参与商品的交易，只提供相对应的服务。

这类模式一般分成两种：一种是前文提到过的经销商联盟，他们一般只提供本地化服务；另一种就是类似于掌合云仓和万超帮，其业务覆盖一片区域甚至全国，服务对象并不局限于本地化经销商，还包括一些有区域性物流需求的货主。

优势：配送半径短，交付极快。

劣势：无法提供个性化的服务。

五、 撮合型 B2B 全国仓配交付物流模式

代表平台：零售通

模式简介：零售通本身是一个平台，并没有仓储和物流，主要是通过菜鸟物流实现商品的全国性交付。菜鸟物流针对快消品的特性，设计了一套典型的三级仓配体系，这个三级仓配体系包括区域仓、城市仓和前置仓。

第一是区域仓，通常覆盖 3~4 个省，存放的是低频采购的差异性商品。零售通已经在全国设置了 5 个区域仓，完成了全国的布局。

第二是城市仓，每个城市仓覆盖 2~3 个地级市，中度分销品牌的快销商品。目前零售通约有 30 个城市仓，未来会在全国布局 200 个城市仓。

第三是前置仓，每个前置仓覆盖一个区县的经销商或本地的城配商。零售通希望通过经销商或城配商已有的仓储物流体系，帮助自己完成最后一公里的配送。

这里要说明一下，零售通的 3 种仓储之间不是递进关系，而是平行关系。不同的商品，会根据周转率、成本、频率以及配送时效等多重维度来选择进入零售通不同的仓储内。

例如，小店每下一个订单就会有一批货被从前置仓送过来，一般都是一些需要深度分销的高频产品，但是也会有区域仓送过来一些差异化的中频商品，还有城市仓送过来的一些低频产品。

区域仓和城市仓原则上会选取现在菜鸟的合作伙伴——菜鸟 CP，作为现在的物流供应商。前置仓，零售通选择的合作伙伴将是深度分销品牌的经销商。

六、 撮合型 B2B 本地交付物流模式

代表性平台：惠下单

惠下单是典型的纯撮合型模式，不参与甲、乙双方的交易，平台只为甲、乙双方提供订单服务，而仓储物流则由货主自己解决。

七、 区块链型 B2B 共享物流模式

代表性平台：讯猫智能供应链

云媒股份旗下的讯猫智能供应链本身并不设仓储物流，而是通过其自有的智慧物流系统，将一个区域内经销商所有的仓库和车辆连接成一张物流网。这张物流网的所有仓储节点就像区块链里面的钱包，而仓内的商品就像钱包里面的货币。一旦产生交易，所有的仓库物流都会记录并确认交易，同时根据交易及时调拨调整库存。通过这张仓储配送网，可以实现

所有商品就近仓储、就近交付，大大节约了交付时间和物流成本。

优势：成本极低，交付极快。

劣势：将区域的仓储整合到一起较为困难。

（来源：中国物流与采购联合会网，http://www.chinawuliu.com.cn/，2018-03-07）

不同的仓储模式具有不同的优势和劣势，但其目标是一致的，就是要通过加强仓储作业管理，降低流通成本，提高作业效率，以保障企业在激烈的市场竞争中仍能不断发展。在实际经济活动中，仓储对企业具有两方面的作用。

一方面是积极作用：①可以避免由于紧急情况而出现停产或供应中断。在经营中，企业通常会保持一定数量的库存作为缓冲，以防在运输或订货方面出现问题，从而影响生产或销售活动。制造商不愿意因原材料缺货而关闭装配线，因为这样做成本非常高。零售商也不愿意因存货缺少而陷入商品脱销的不利局面，因为会由此带来销售机会散失。②调整供需之间的季节差异。对于以农作物为原材料的企业来说，由于农作物只在一年中某些时间内生产，因而需要存储其产品以满足全年的需求。冬季，货物运输存在一定的困难，因而选择提前或滞后交货，以避免受到天气影响。对于生产企业来讲，根据需求高峰来设计生产，风险极大；为了避免风险，长期有规律性地进行小规模生产，形成了非高峰需求的库存。③防止市场异常变化。由于生产全球化程度的不断提高，企业产品销售的范围和原材料采购趋于全球化，同时市场不确定因素也越来越多。如果供应国发生政变或经济危机，那么供应就会中断，从而导致缺货。因此，从事国际货物交易的企业，必须保证一定量的安全库存。④可以节约经营成本。企业的原材料可以逐日采购、按月采购等，但采购成本不尽相同。如果定期采购，并增加采购量，就可以降低采购货物的价格。同时，大批量采购又导致大量运输，由于整车运输比零担运输的运费率低得多，所以节约了运输成本。

另一方面是消极作用：①占用资金。由于货物不能及时交付，企业不能及时收回资金，势必会影响经营。众所周知，加快资金周转率，可以提高企业的年利润率，这是很多企业努力的目标。②支付各种费用和货物的消耗。由于物品的交付需要一个间隔期，需要场所和措施保持货物的使用价值，并且会耗用相应的人力和物力，因而势必要支付保管费、房租费等各种费用。同时，货物在储存期间不可避免会发生自然损耗和异常损耗，造成货物的自然和人为减量。

在企业管理实践中，必须根据企业的实际情况，加强仓储管理，做到扬长避短，发挥仓储的最大效用。

案例 3 晋亿公司的自动化立体仓库

位于浙江嘉善的晋亿公司毗邻上海，占地面积 30 万平方米，厂房面积 17 万平方米，总投资 13 亿元，其中半数用于投资固定资产，主要包括制造设备、物流设施和信息管理系统。公司建有私家内河码头及能存放 10 万吨产品的自动化立体仓库，主要生产各类高品质紧固件，产品远销美国、日本、欧洲等市场。

一、 靠整合大赚物流钱

"现在不是靠造螺丝赚钱的时代了，晋亿赚的是物流的钱，赚的是管理的钱。"晋亿公司董事长蔡永龙说。

从跨出我国台湾地区开始，晋亿公司就建立了一个国家整体螺丝进出口与使用现况的信息库，每年有计划地搜集世界各国最大代理商当年度的买卖状况，并输入计算机建立资料与分析。采用这套系统，晋亿公司所有的库存都按照市场实时状况做调整，缺什么螺丝就生产什么螺丝。

晋亿公司不仅精确掌握了全美最大螺丝代理商 Fastenal 下给全球各大螺丝厂的订单数量，还帮助 Fastenal 分析了整个美国市场的最新状况，教 Fastenal 怎么抓住螺丝市场的商机。同时还帮助 Fastenal 解决订单难题，并替它节省成本。过去螺丝交货是一个个货柜运往洛杉矶，Fastenal 收货之后再自行依不同规格与数量进行分装送往各大据点。而通过晋亿的自动仓储与两万种螺丝分类，Fastenal 只要告知各据点需求与数量，晋亿的工厂就会按照这些需求和数量，直接送往美国各地，从而节省了 Fastenal 自行分装的人力与物流费用。螺丝生产毛利仅为 10％，但晋亿一次性服务却能加收 5％的服务费。在晋亿公司看来，螺丝产业不再是制造业，而完全变成了另一套管理与服务模式。

影响螺丝成本的 4 项主要因素分别是原材料、模具、运输和管理，而运输成本占总成本的 25％～30％。基于这一至关重要的原因，晋亿工厂的选址成为一项事关全局的战略。在晋亿公司的总投资一亿美元中，半数以上用于投资固定资产，主要包括制造设备、物流设施和信息管理系统。而晋亿工厂内部物流设施的投资，仅自动化立体仓库一项就超过了 7000 万美元。经过 3 年时间的系统规划与建设，各组织单元构成了一个完整的企业内部制造与仓储物流系统。

二、 规划从工厂选址开始

晋亿最终选定于嘉善建厂，显然有其道理。嘉善位于沪杭铁路、302 国道和大运河三线交会处，有高速公路直通，离火车站约 5 分钟车程。晋亿公司的原材料库与大运河河岸直接相通，并建有 3 座自备码头以接驳货物。由于河运成本低，这条河已成为晋亿目前采购原材料的主要运输通路，即八成以上的原材料都是通过水路运抵工厂。有了良好的外部物流环境，晋亿的重点就是整合内部物流体系。

内部物流体系首先解决的是螺丝制造过程中原材料、模具、半成品、包装及制成品的流转。根据螺丝产品的制造特性和制造程序，每个组织单元（车间或仓库）的分布都是精心规划的，而且每个组织单元之间都有轨道连通，使物品在相关工序之间（工序）得到方便而快捷的运送。

然而对于制造螺丝产品而言，一个最主要的特性就是投入的原材料品种相对单一。尽管供应物流的管理相对简单，但经过数道加工程序之后，会产出成千上万种不同规格的半成品、成品，货物的流量类似一个"大喇叭"。因此，随着不同物理状态的半成品或成品数量的迅速增加，整个工序的管理难度也在不断加大。

更为复杂的是，螺丝产品的制造并非连续的，加之许多订单要求的是非标准件，需要特殊的工序，因此不同规格的螺丝一旦进入大规模生产，其间物流的流量与路径就相当复杂。

关键问题是，数以万计不同规格的半成品、成品以及大量的模具在动态与静态之间转换时，如何与仓库之间进行及时、准确的存取？很显然，手工管理条件和传统的仓库管理方式无力解决这些问题。尤其是在整个制造系统高速运行的状况下，仓管员只能无所适从。例如，Φ16型螺栓存放在仓库的什么地方？怎么从堆积如山的成品仓库中找到Φ21型螺丝？如何知道仓库账物是否相符？如何完成生产车间与仓库之间的快速搬运？显然，大规模、多品种的生产与物流管理之间的矛盾同步增长，出入库与仓储管理的难度越来越大。

三、 自动化立体仓库帮大忙

为解决出入库与仓储管理的困难，公司建立了自动化立体仓库。自动化立体仓库采用开放式立体储存结构，为半成品、模具和制成品3个自动仓库分别设计了10万个库位单元。这些库位单元的区分，首先解决了仓库空间的有序利用。仅就空间而言，晋亿公司3个自动仓库相比于传统仓库节省了6万平方米。

晋亿的实践证实了一个命题——工业经济时代的制造业由于生产设备自动化程度已经非常高，产能的增长轻而易举。换言之，处于生产线上的"动态产品"物流自动化并不困难，企业可以实现低成本的作业管理。但由于设备和工具落后，管理处于仓库的"静态物品"显得非常困难。因为在整个物流过程中，传统仓库成为约束流量的瓶颈，尤其是产品动/静态快速高频转换（出入库）时无法同步企业无形中就付出了高昂的管理成本，甚至无法做到大规模生产。从物流路径的角度分析，传统仓库已是滞后的工具，晋亿应用先进的自动仓储技术旨在突破这一瓶颈。

同时，自动仓库采用电脑自动控制输送设备和高架吊车，使货物的搬运、存取实现了完全自动化实际上，晋亿的自动仓库与制造系统紧密联系在一起，构成了一个一体化的物流体系，其中半成品与模具自动仓库是配合制造工序必不可少的一部分，而成品自动仓库则成为实现企业内/外产品转移的物流中心。

立体化、机械化与信息化是自动仓库的三大特性，也是晋亿实现地尽其利、货畅其流的主要技术基础。尤为重要的是，IT技术的应用成为晋亿整个管理体系实现整合的基础平台。

四、 信息管理系统显威力

自动化仓储技术解决了晋亿内部物流的一个核心环节问题。公司借助于MIS计算机信息管理系统和互联网实现了对产、供、销的科学管控，而MIS生产管理系统则有效地解决了其前端的制造物流过程这一问题，并且与自动仓库系统整合为一套完整的信息管理系统。

更为重要的是，自动仓库从根本上解决了传统仓库和手工状况下无法实现的库存管理瓶颈。首先是账物明晰，运用条码技术，每一个库位的货物都有唯一的一个"身份证号码"。其次是在信息系统的管理下，对于货物的出入、存放、盘点管理都有一本"清晰的账"，这样传统方式下无法实现的"先进先出"管理难题就迎刃而解了。

晋亿的信息管理系统包括业务、生产、技术、成本、采购、材料及制成品等9个相互关联的子系统，并借此实现按订单生产、采购和交货。晋亿的目标显然不止于制造业，更重要的战略升级是——运用其成熟的物流管理技术做中国第一家五金行业的专业第三方物流公司。

（来源：中国物流与采购网，http://www.chinawuliu.com.cn，2008-11-19）

"物流"已经成为企业挖掘利润的新源泉，作为传统生产型企业的晋亿公司找到了新的利润增长点——物流。从工厂的选址到自动化立体仓库的建设都可以看出，晋亿公司充分考虑了物流对本企业的重要性，同时也认识到库存成本占物流总成本非常大的比重。因此晋亿改变了传统的仓储管理方式方法，将 MIS 系统与自动仓库系统整合为一套完整的信息管理系统，降低了库存成本，提高了仓储管理效率。

仓储与仓库的发展经历了漫长的过程。在原始社会，由于生产力的发展，剩余产品的产生就形成了储备。由于采用弓箭等狩猎工具，猎物得到大幅增加，因此除了自己享用和用于交换货物之外，出现了猎物的腌制和晾干等技术，以备食物短缺时所用。同时，也出现了谷物栽培技术，收获季节打下的粮食短时间内吃不完，储存起来就形成了储备。这种储备的作用，是储备剩余物资以待后用。后来，人们为了防备战争和灾害，平时便有计划有目的地进行储备。这种储备的作用，是为了满足以后的需要。随着农业、工厂手工业的发展，特别是 17 世纪以来商业和工业的发展，出现了多环节的生产过程和流通过程。为保障生产和流通各环节的顺利进行，需要一些物资处于等待、准备状态，这种在生产和流通各环节进行的储备是生产和流通顺利进行的条件。这种储备即为周转储备，其作用是缓冲各环节间供和需在时间上和空间上的矛盾，以保证各环节的顺利进行。

仓库按功能分类：储备仓库、周转仓库；按用途分类：自用仓库、营业仓库、公共仓库、保税仓库；按保管形态分类：普通仓库、冷藏仓库、恒温仓库、危险品仓库；按结构和构造分类：平房仓库、多层仓库、立体仓库、散装和罐式仓库。

案例 4　四川长虹公司的仓储信息化管理

四川长虹电器股份有限公司是一家集彩电、背投、空调、视听、数字网络、电源、器件、平板显示、数字媒体网络等产业的研发、生产、销售于一体的多元化、综合型跨国企业。其下辖吉林长虹、江苏长虹、广东长虹等多家参股、控股公司。该公司引入无线网络通信技术进行仓储信息化管理，取得了明显成效。

一、囤积彩管之痛

在物流领域，从家电行业整体情况来看，高成本、低效率、多环节是其面临的主要问题。电器行业的一个重要特点就是物品的贬值率特别高，如物品存放在仓库一天要损失 5% 的利润。这对已经趋于"微利"的家电企业来说，无疑是制约其发展的重要因素。作为我国家电业"龙头"的长虹，也不例外。

1998 年，四川长虹因犯囤积彩管的错误而遭遇了重大的损失。当时，四川长虹是中国家电企业第一品牌，从资本市场筹集了数十亿元资金，又是中国彩电产能最大的企业。当时，善打价格战的四川长虹打起小算盘，准备控制上游彩管资源，这样既可以消化大量的存货，又可以引发彩电市场价格回升，从而稳固自己龙头老大的地位。在 1998 年前后，通过精心策划，四川长虹发动了震惊中外的囤积彩管事件，花费的资金多达数十亿元人民币。这是四川长虹在其鼎盛时期所犯的最大错误。在此前一年，四川长虹获得的盈利高达 26 亿元，市场地位崇高。由于市场发生了变化，其领导人贸然做出的囤积彩管决策以失败告终，造成了经营上的重大损失。

二、 物流是流动的仓库

囤积彩管事件之后，长虹管理层认为，目前家电企业的竞争力不单纯体现在产品质量能否满足市场要求方面，更重要的是如何以最快的速度生产和递交令顾客满意的产品及服务。这就要求企业不仅要保证高节奏的生产，而且要实现最低库存下的仓储。

由此，长虹摒弃了存货越多越好的落后观念，提出了"物流是流动的仓库"的思路，用时间消灭空间，全面提升速度观念。

长虹在绵阳拥有 40 多个原材料库房，50 多个成品库房，200 多个销售库房。过去的仓库管理主要靠人工完成，各种原材料信息都通过手工录入电脑中。虽然采用了 ERP 系统，但有关原材料的各种信息仍记录在纸面上，而存放地点则完全依靠工人记忆。对于制造企业来说，仓库的每种原材料都有库存底线，库存不能过多以影响成本，而库存不够时需要及时订货。但是纸笔方式具有一定的滞后性，真正的库存与系统中的库存永远存在差距。由于库存信息的滞后性，总部无法做出及时和准确的决策。而且手工录入方式效率低，差错率高，因此在出库频率提高的情况下问题更为严重。

为了解决上述问题，长虹决定采用条码技术及无线解决方案。经过慎重考虑，长虹选择了美国讯宝科技公司及其合作伙伴——高立开元公司共同提供的企业移动解决方案。该解决方案采用讯宝科技的条码技术，并以 SymbolMC3000 作为移动处理终端，配合无线网络部署，进行仓库数据的采集和管理。目前长虹主要利用 SymbolMC3000 对其电视机生产需要的原材料仓库以及 2000 多平方米的堆场进行管理，并对入库、出库以及盘点环节的数据进行移动管理。

（一）在入库操作方面

一个完整的入库操作包括收货、验收、上架等。长虹在全国有近 200 家供应商，通常根据供应商提供的条码对入库的原材料进行识别和分类。通过条形码进行标识，确保系统可以记录每个单体的信息，以便进行单体跟踪。长虹的仓库收货员接到供应商的送货单之后，利用 SymbolMC3000 扫描即将入库的各种原材料条码，并扫描送货单上的条码号，通过无线局域网络传送到仓库数据中心，接着在系统中检索出订单，实时查询该入库产品的订单状态，确认可以收货后，提交给长虹的 ERP 系统。

收货后，长虹的 ERP 系统会自动记录产品的验收状态，并将订单信息发送到收货员的 SymbolMC3000 手持终端，同时指导操作人员将该产品放置到系统指定的库位。操作员将货物放置在指定库位后扫描库位条码，系统会自动记录该物品存放库位并修改系统库存，并记录该配件的入库时间。通过这些步骤，长虹的仓库管理人员可以在系统中追踪到每一个产品的库存状态，实现实时监控。

（二）在出库操作方面

一个完整的出库操作包括下架、封装、发货等。通过使用无线网络，长虹的仓库管理人员可以在下架时实时查询待出库产品的库存状态，采用"先进先出"方式，为操作人员指定需发货的产品库位，并通过系统下发动作指令，实现路径优化。封装时，系统会自动记录包装内的货物清单，并自动打印装箱单。发货时，系统会自动记录发货的产品数量，并自动修改系统库存。

通过这些步骤，长虹可以在系统中追踪到每个订单产品的发货情况，实现及时发货，提高服务效率和客户响应时间。仓库操作人员收到仓库数据中心的发货提示，会查阅无线终端上的任务列表，并扫描发货单号和客户编码，待扫描无误后确认发送，中心收到后会关闭发货任务。

（三）在盘点操作方面

长虹会定期对库存商品进行盘点。在未使用条码和无线技术之前，长虹的仓库操作人员在清点完物品后，会将盘点数量记录下来，并将所有数据单提交给数据录入员输入电脑。由于数量清点和电脑录入工作都需要耗费大量的时间且不能同时进行，因此往往是电脑录入员开始无事可做，然后忙到焦头烂额；而仓库人员在盘点时手忙脚乱，之后又要围在电脑录入员身边等待盘点结果。这样的情况，几乎每个月都要发生一次。自从采用了讯宝科技的企业移动解决方案后，长虹杜绝了这种现象。仓库操作人员手持 SymbolMC3000 移动终端，直接在库位上扫描物品条形码和库位，系统则自动与数据库中的记录进行比较，通过移动终端的显示屏幕将盘点结果返回给仓库人员。通过无线解决方案可以准确反映货物库存，实现精确管理。

三、 仓储信息化管理效果显著

条形码结合无线技术的企业移动解决方案令长虹的库存管理取得非常明显的效果，不仅为长虹降低了库存成本，大大提高了供应链效率，而且让长虹的管理层可以根据准确及时的库存信息对市场变化及时做出调整，大大提高了长虹物流的整体水平和长虹在家电市场的竞争力。

一是库存的准确性大幅提高。无线手持移动终端或移动计算机与仓库数据中心实现了数据的实时双向传送，保证了长虹的原材料仓库和堆场中的货物从入库开始到产品出库结束的整个过程各环节信息都处在数据中心的准确调度、使用、处理和监控之下，使得长虹库存信息的准确性达到 100%，方便了决策层做出准确的判断，大大提高了长虹的市场竞争力。

二是增加了有效库容，降低了企业成本。由于实现了实时数据交换，长虹仓库货物的流动速度提高，使得库位、货位的有效利用率也随之提高。这样一来，便降低了产品的成本，提高了利润率。

三是实现了无纸化操作，减少了人工误差。由于整个仓库都是通过无线技术传递数据，从订单、入库单、调拨单、装箱清单、送货单等都实现了与仓库数据中心的双向交互、查询，从而大大减少了纸面单据。而采用 SymbolMC3000 手持移动终端进行条形码扫描识别，让长虹在提高数据记录速度的同时，减少了人员操作错误。

四是提高了快速反应能力。如今长虹可以在第一时间掌握仓库的库存情况，这让长虹面对复杂多变的家电市场能迅速做出反应和调整，从而获得了很强的市场竞争力。

（来源：中国物流与采购网，http：//www.chinawuliu.com.cn，柴凤伟，2008-06-25）

我国家电业"龙头"长虹曾因一次错误的仓储决策损失惨痛，由此认识到仓储管理对企业的重要性，甚至决定着企业的生产与发展。长虹摒弃了存货越多越好的落后观念，提出了"物流是流动的仓库"的思路，用时间消灭空间，全面提升速度观念。仓储信息化管理也大大地提高了长虹物流的整体水平和长虹在家电市场的竞争力。

仓储作业是完成仓库物资储存、入库、出库，以及流通加工等不可缺少的手段。整个仓储作业包括进货入库、保管和出库发送 3 个阶段，如图 6-1 所示。

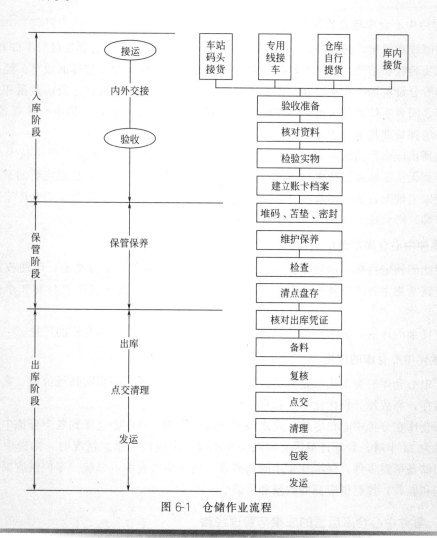

图 6-1 仓储作业流程

案例 5 德国邮政零件中心仓库的建立与管理

一、德国邮政的基本情况

德国邮政有 83 个国内邮件分拣中心和两个国际邮件分拣中心。分拣中心的布局和规模大小各不相同。小型分拣中心日处理能力可达 75 万份，大型分拣中心日处理能力可达 450 万份。在 1995—1998 年，分拣中心陆续投入建设并开始运营，总投资额为 17 亿马克。

分拣中心的设备按照邮件规格分类，同类设备处理同类邮件，在标准化方面要求很高。分拣中心购置了 569 台标码分拣机处理标准化邮件，169 台扁平函件分拣机处理厚度小于 20mm 的邮件，18 台倾覆式托盘分拣机处理厚度在 20~50mm 的邮件。小型分拣中心未配置自动化信匣等处理设备。

二、 零件中心仓库的建立

1. 零件中心仓库建立的背景

德国邮政在筹建之初，其 85 个分拣中心各有各的零件仓库，负责各自的零件有货清单、订单、来货验收和结账，同时负责从设备厂商那里购买零件，因而选择面很窄。经检查比较发现，尽管分设备标准化水平高，但是各个分拣中心之间各种零部件存货的数量和质量存在很大差异，同种零件的价格也不尽相同。在零件盘存最佳化方面，分拣中心各有各的标准，某些零件的到货期甚至长达 4 个月。

在选择供应商和测试新零件方面，缺乏系统统一的要求，甚至没有中央技术部门的参与。这样就无法准确地统计库存零件、零件消耗率，也就无从调查评估供应商的素质。

鉴于以上情况，德国邮政经过长达一年的论证，认为必须建立零件中心仓库来克服过去的种种弊端，降低成本并提高零件本身的质量。

2. 零件中心仓库的选址

要想达到预定目标，选址很重要。中心仓库的位置需临近交通要道，以便夜间航空运输，还应该紧靠主要的分拣中心和零件供应商。最后一条限制，意味着只有 3 个位置可以考虑。

经过详细的评估，法兰克福得分最高，这个位置就被选作中心仓库的厂址。

3. 零件中心仓库的作用

建立中心仓库的突出优点是节约成本，主要表现在：靠统一采购降低价格；靠中央仓仓储减少盘存；靠故障分析优化库存和订货。

中心仓库在分拣中心与零件厂商之间起着缓冲作用。从中心仓库到各个分拣中心的送货时限通常为 24 小时，紧急订单送货时限为 8 小时。出现极端紧急情况时，则选中 9 个分拣中心专门储备所需零件，保证在 4 小时内到货。建立中心仓库可以统一零件供应渠道，实现集中采购和验收，控制供应商的数量和素质。

三、 零件中心仓库运营的成果与管理经验

1. 利用中央数据库， 提高管理效率

所有设备消耗的零件在中央数据库中都有记录，因此零件的故障率可以计算出来。当出现不正常的情况时，可以借此与供应商进行沟通协调。利用数据库，管理者可以查阅零件消耗的有关数据。通过选择节约效果最好的零件，不仅节省了大量成本，还系统地测试了新供应商提供的 60 种不同的替代零件。通过对零件的测试和研究，找到磨损严重的部分进行局部维修，如此较之以前推给厂商换货成本大为降低。

2. 减少零件的库存

在中心仓库建成以后，有了中央数据库，每年实际的零件消耗量就可以计算出。与分散库存相比，集中库存可以大幅度降低库存量，尤其是贵重零件的库存量。

3. 采购一体化和集中送货

由于采购一体化、批量大，成本可以大度幅度降低。同时集中送货也降低了运输成本，价格最大降幅可达85%。在这方面，中央数据库起到了很重要的作用。

4. 选择合适的供应商

以前在设备保修期内，无法选择供应商，只能向厂商订购或者由厂商指定供应商。在中心仓库建成后，分拣中心的多数设备保修期已过，可以自己选择供应商。有了直接面对零件厂商的机会，对厂商的素质进行调查、跟踪和分析记录同样离不开中央数据库及其网络的支持。

5. 以人为本，提高员工素质

在零件集中经营的过程中，管理者们创造了配套的新办法和内部新的管理程序，不断学习掌握信息技术及软、硬件知识。同时还让员工学会成本分析，逐步培养成本意识，以达到降低成本的目的。

（来源：《物流案例与实训》，机械工业出版社，何倩茵主编）

德国邮政通过建立零件中心仓库，消除了之前各个分拣中心各种零部件存货数量和质量的差异，缩短了零件的在库时间，减少了库存量，进而降低了仓储成本，提高了企业资金的周转率。中心仓库在分拣中心与零件厂商之间起着缓冲作用，通过建立中心仓库可以实现零件统一供应、集中采购和验收、控制供应商的数量和素质。

储存合理化措施包括以下方面。

（一）进行储存物资的 ABC 分类管理

在 ABC 分析的基础上实施重点管理，分别决定各种物资的合理库存储备数量及经济地保有合理储备的办法，乃至实现零库存。ABC 分类管理方法在后面将做详细介绍。

（二）适度集中储存

所谓适度集中储存是指利用储存规模优势，以适度集中储存来代替分散的小规模储存，实现合理化。集中储存是面对储存费和运输费这两个制约因素，在一定范围内取得优势的办法。

（三）加速总的周转，提高单位产出

储存现代化的重要课题是将静态储存变为动态储存，具体做法有采用单元集装存储、建立快速分拣系统等，这些都有利于实现快进快出、大进大出。

（四）采用有效的"先进先出"方式

保证每个被储物的储存期不致过长，"先进先出"是一种有效的方式，也是储存管理的准则之一。有效的"先进先出"方式主要有：①贯通式货架系统。②"双仓法"储存。③计算机存取系统。

（五）提高储存密度及仓容利用率

①采取高垛的方法以增加储存的高度，可采用高层货架仓库、集装箱等。②缩小库内通道宽度以增加储存有效面积，可采用窄巷道式通道、侧叉车、推拉式叉车等。③减少库内通道数量以增加储存有效面积，可采用密集型货架、可进车的可卸式货架、各种贯通式货架、不依靠通道的桥式吊车装卸技术等。

（六）采用有效的储存定位系统

储存定位的含义是被储物位置的确定。行之有效的方式主要有：①"四号定位"方式。用一组4位数字来确定存取位置的固定货位方法，这4个号码是：序号、架号、层号、位号。②电子计算机定位系统。

（七）采用有效的监测清点方式

①"五五化"堆码，这是我国手工管理中采用的一种科学方法。②光电识别系统。在货位上设置光电识别装置，该装置扫描被存物，并将准确数目自动显示出来。③电子计算机监控系统。

（八）采用现代储存保养技术

①气幕隔潮。②气调储存。③塑料薄膜封闭。

（九）采用集装箱、集装袋、托盘等运储装备一体化的方式

采用集装箱后，它本身便是一栋仓库，不需要再有传统意义的库房。在物流过程中，就省去了入库、验收、清点、堆垛、保管、出库等一系列储存作业，是储存合理化的一种有效方式。

案例6 新华公司的库存管理

新华公司是一家专门经营进出口医疗用品的公司，2001年经营的产品有26个品种，共有69个客户，年营业额为5800万元人民币。对于新华公司这样的贸易公司而言，因为进出口产品交货期较长，库存占用资金大，因此库存管理显得尤为重要。

新华公司按销售额的大小，将其经营的26个品种的产品排序，并划分为ABC3类。排序在前3位的产品占到总销售额的97%，因此把它们归为A类产品；第4~7种产品每种产品的销售额在0.1%~0.5%，把它们归为B类产品；其余的21种产品（共占销售额的1%），把它们归为C类产品。

对于A类的3种产品，新华公司实施了连续性检查策略，每天检查库存情况。随时掌握准确的库存信息并进行严格控制，在满足客户需要的前提下维持尽可能低的经常量和安全库存量。通过与国外供应商的协商，以及对运输时间的认真分析，算出了该类产品的订货前置期为2个月（也就是从下订单到货物由新华公司的仓库发运出去需要2个月的时间）。即如果预测在6月销售的产品，则应该在4月1日下订单给供应商，这样才能保证在6月30日可以出库。其订单的流程如表6-1所示。

由于该公司的产品每个月的销售量不稳定，因此每次要按照实际的预测数量进行订货。为了防止预测的不准确和工厂交货的不准确，还要保持一定的安全库存。注意安全库存是下个月预测销售数量的1/3。该公司对该类产品实行连续检查的库存管理，即每天对库存进行

检查，一旦手中实际的存货数量加上在途的产品数量等于下两个月的销售预测数量加上安全库存就下订单订货，订货量为第三个月的预测数量。因其实际的销售量可能大于或小于预测值，所以每次订货的间隔时间也不相同。这样进行管理后，这3种A类产品库存的状况基本达到了预测的效果。由此可见，对于货值高的A类产品应采用连续检查的库存管理方法。

表 6-1　订单的流程

4月1日	4月22日	5月2日	5月20日	5月30日	6月30日
下订单给供应商（按预测6月的销售量）	货物离开供应商仓库，开具发票，已经算作新华公司库存	船离开美国港口	船到达上海港口	货物入新华公司的仓库，可以发货给客户	全部货物销售完毕

对于B类产品的库存管理，该公司采用周期检查策略。每个月检查库存并订货一次，目标是应有以后两个月的销售数量在库里（其中一个月的用量视为安全库存），另外在途中还有一个月的预测量。每个月订货时，再根据当时剩余的实际库存数量决定需订货数量。这样，就会使B类产品的库存周转率低于A类。

对于C类产品的库存管理，该公司采用了定量订货的方式。根据历史销售数据，得到产品的半年销售量为该产品的最高库存量，并将其两个月的销售量作为最低库存。一旦库存量达到最低就订货，将其弥补到最高库存量。这种方法比前两种更省时，但库存周转率低。

该公司自实行产品库存的ABC管理以后，虽然A类产品占用了最多的时间、精力进行管理，但得到了满意的库存周转率。而B和C类产品虽然库存的周转率较慢，但相对于其很低的资金占用和很少的人力支出来说，不失为好的管理方法。

在对产品进行ABC分类以后，该公司又按照购买量对其客户进行了分类。该公司发现69个客户中，前5位的客户购买量占全部购买量的75%。将这5个客户定为A类客户，到第25位客户时，其购买量已经达到95%。因此，把6~25位的客户定为B类客户，其他的26~69位客户定为C类客户。对于A类客户，实行供应商管理库存，一直与他们保持密切的联系，随时掌握他们的库存状况。对于B类客户，基本上可以用历史购买记录做出他们的需求预测，以此作为订货的依据。对于C类客户，因为有的是新客户，有的一年才购买一次，因此只在每次订货数量上多加一些，或者用安全库存进行调节。这样既可以提高库存周转率，同时也可以提高对客户的服务水平。其中，A类客户对此尤其满意。

通过新华公司的实例，可以看到将产品及客户分为ABC类后，再结合其他库存管理方法，如连续检查法、定期检查法、供应商管理库存等，就会收到很好的效果。

（来源：锦程物流网，www.jctrans.com）

新华公司作为一家专门经营进出口医疗用品的公司，由于进出口产品交货期较长，库存占用资金大，所以库存管理显得尤为重要。该公司对产库存产品和客户实行了ABC分类管理，既实现了对物资有重点的管理，也实现了对重要客户的重点管理，并取得了很好的效果。

库存控制（Inventory Control）是在保障供应的前提下，使库存物品的数量最少所进行的有效管理的技术经济措施。库存控制是对制造业或服务业生产、经营全过程的各种物资、产成品以及其他资源进行管理和控制，从而使其储备保持在经济合理的水平的一种方法。

库存物资数量管理的措施包括如下方面。

（一）物资编码

所谓物资编码，就是在对库存物资的品种、类别、规格等进行调查统计整理的基础上，形成物资类别品种体系，并进行系统化的统一编码标识工作。最基本的物资编码是组合序列码，其次就是实践中运用广泛的条形码。

（二）ABC 分类管理

ABC 分类管理是从 ABC 曲线转化而来的一种管理方法。ABC 分类管理是帕累托原理在仓储管理中的具体运用。它是根据两个相关因素的统计分布对错综复杂的经济活动进行分类，从中找出关键的少数（A 类）和次要的多数（B、C 类），对不同类别实行不同的管理。对 A 类因素要特别注意，并慎重处理；对 B 类因素也比较注重，予以认真处理；而对 C 类因素仅予以一般处理。ABC 分类管理法如表 6-2 所示。

表 6-2　ABC 分类管理法

分类结果	品种	资金占用额	管理级别	管理重点
A	10%～15%	75%～80%	特别重要的库存	精细管理，严格控制，采用定时定量供应，将库存压到最低水平
B	20%～25%	10%～15%	一般重要的库存	正常的例行管理和控制，采用定期订货、批量供应，按经营方针来调节库存水平
C	60%～65%	5%～10%	不重要的库存	简单的管理和控制，集中大量订货，不费太多力量

（三）CVA 管理法

CVA 管理法（Critical Value Analysis）即关键因素分析法，主要由于 ABC 分类法中 C 类货物得不到足够的重视，往往导致生产停工，因此引进 CVA 管理法来对 ABC 分类法进行有益的补充。它是将货物分为最高优先级、较高优先级、中等优先级、较低优先级 4 个等级，对不同等级的物资，允许缺货的程度不同。CVA 库存种类及管理策略如表 6-3 所示。

表 6-3　CVA 库存种类及管理策略

库存类型	特点	管理策略
最高优先级	经营管理中的关键物品，或 A 类重点客户的存货	不许缺货
较高优先级	生产经营中的基础性物品，或 B 类客户的存货	允许偶尔缺货
中等优先级	生产经营中比较重要的物品，或 C 类客户的存货	允许在合理范围内缺货
较低优先级	生产经营中需要，但可替代的物品	允许缺货

🦅 案例 7　全球十大智能物流装备巨头盘点

物料技术在制造业的各个领域始终扮演着重要角色，而物流设备是物流系统中的物质基础。随着物流技术的发展与进步，物流设备不断得到提升与发展。如今物流设备领域涌现出许多新的设备，如自动化立体仓库、多层穿梭车、四向托盘、高架叉车、自动分拣机、输送机、自动引导搬运车（AGV）等，极大地减轻了人们的劳动强度，提高了物流运作效率和服务质量，降低了物流成本，促进了物流业的快速发展。那么，基于今天产品和解决方案的发展，未来仓储自动化将是一番什么样的情景？下面让我们盘点一下全球 10 大物流装备企业巨头各自的优势，以展望未来物流技术前景。

1. 大福

在过去的 70 多年里，大福公司（Daifuku）始终致力于物料搬运技术与设备的开发、研究。将仓储、搬运、分拣和管理等多种技术综合为优质的物料搬运系统，提供给全世界各行各业的广大用户。此外，大福公司还将物料搬运技术成功应用于 LSP（LifeStyleProducts）行业，从事自动洗车机、保龄球、社会福利及环保设施的制造以及提供销售及相关售后服务。其代表产品有：自动化存储及检索系统，输送系统，高速分拣系统，旋转货柜，仓库管理解决方案，控制（管理）软件。

2. 胜斐迩

创建于 1937 年的胜斐迩（SSI SCHAEFER）总部位于德国，致力于提供高质量的工业仓储设备及自动化仓储系统，被誉为"解决仓储问题的专家"。在规划、设计和实现高效率的内部物流系统方面，胜斐迩为客户提供"一站式"的仓储解决方案，包括前期规划设计，囊括所有类型的货架系统和仓储自动化系统以及后期安装、调试和售后服务。胜斐迩在软件开发方面也具有丰富的经验，它自主开发的 WMS 和 WCS 系统为仓库管理和配送流程提供了透明可靠的操作流程。

3. 科纳普

科纳普（KNAPP）总部位于奥地利格拉茨（Graz），是仓储物流自动化领域国际领先的系统解决方案供应商，自 1952 年成立至今已在全球发展了 33 家子公司和分支机构，员工超过 2500 名。作为解决方案供应商，KNAPP 业务覆盖了无论是商业型库房还是生产型库房自动化抑或库房升级所需要的全部内容：从系统软硬件设计开发、系统安装、系统启动到范围全面的售后服务。其产品范围广泛，除一般产品外，还包括为用户定制的专利物流自动化模块和为用户定制的子系统，以满足用户复杂的特殊要求。此外，还包括对用户现成库房的改造、维修和技术支持。经过半个多世纪的专业积累，科纳普拥有全球超过 1000 个不同行业成功案例的丰富经验，客户包括各个行业的知名企业，如博姿、John Lewis、雅芳、爱马仕、Clarks、Hugo Boss、Mark&Spencer、Ocado 和沃尔玛等。

4. 瑞仕格

百年国际领导品牌——瑞仕格（Swisslog），在全球 50 多个国家成功交付了数千套立体仓库及自动化配送物流系统。进入中国市场 20 年来，瑞仕格为国内来自食品饮料、医药、零售及电子商务、烟草、银行、机械制造等不同行业的近 50 家客户提供了专业的立体仓库和配送中心物流系统集成服务。

5. 德马泰克

德马泰克（Dematic）是全球领先的物流集成商，其 4000 多名高技能物流专业人才覆盖全球网络，为客户提供着独一无二的世界级物料搬运解决方案设计视角。公司致力于产品和解决方案的研发，在美国、欧洲、中国、澳大利亚设有工厂。德马泰克有超过5000个世界级的集成系统成功发展并实施的案例记录，所有方案都基于客户，其中不乏世界级著名企业。德马泰克凭借超过70多年的经营发展，已为世界上超过40%的零售企业实施过零售订单履行系统。

6. 永恒力

永恒力集团（Jungheinrich）是世界顶尖的工业车辆、仓储技术以及物流技术的供应商之一。自1953年起，总部在德国汉堡的集团公司就开始为工业领域的客户提供叉车类搬运设备。公司着眼于稳固的客户关系，把握各个行业的发展状态和趋势，致力于和客户一起成长并开辟新的未来。

7. 林德

林德物料搬运（Linde Material Handling）总部位于德国阿萨芬堡，是欧洲市场的领先者、世界领先技术的带头人，在全球100多个国家均设有分支机构。林德物料搬运始终致力于科技创新，多年来一直保持着世界领先地位，向全球市场提供全系列产品及全方位服务和解决方案，是世界上唯一将静压传动技术大规模应用于工业车辆的制造商。林德（中国）叉车有限公司1993年成立于厦门，是林德物料搬运在亚洲的生产、销售、服务及技术支持基地，总投资17亿元人民币，占地面积22万平方米。林德（中国）向市场提供全系列的平衡重及仓储等叉车，专业的全方位服务，优质的物料搬运综合解决方案及物流方案的设计与咨询。

8. TGW

TGW物流集团是提供高动态自动化物流解决方案的世界领先供应商，它在欧洲、北美洲、南美洲和亚洲等各地均有本土公司的项目总包和系统集成商。TGW还是一个独立的机电系统供应商，建立了世界范围的系统集成商和总承包商网络。TGW与该网络内的合作伙伴一起创建了复杂的物流中心，并设计了整个物料处理和存储构想。

9. 英特诺

成立于1959年的英特诺集团是全球领先的物流系统关键设备和核心技术供应商，总部设在瑞士圣安东尼奥，于1997年在瑞士证券交易所上市。它在全球范围内拥有31家分支机构、1600名员工，为超过23000个客户提供物流系统的关键设备和核心技术。其客户包括成套设备制造商、系统集成商以及单体设备制造商。众多国际知名公司使用英特诺的产品，如亚马逊、博世、可口可乐、敦豪速递（DHL）、宝洁、西门子、沃尔玛、雅马哈等。英特诺主要致力于机场物流、包裹和邮政业、配送中心和食品加工业，也为其他众多工业提供专业的产品和技术。英特诺的生产网点和销售机构遍及世界各地，作为亚洲总部的亚洲技术中心是全球唯一一个可以提供英特诺全线产品的技术中心。英特诺于2002年进入中国，并首先在苏州的工业园区设立了工厂。2006年由于中国地区业务的扩大，搬到第二个厂房并扩大了生产面积。2011年搬到现在的工厂，一共有10000平方米的生产面积；同年，苏州工厂成为亚洲区技术中心，为亚太地区提供所有产品的技术支持和服务。这个技术中心，也是全球唯一一个可以生产英特诺全套产品的基地。换句话说，公司在欧洲的全部产品都已经实现了国产化。

10. 库卡

库卡（Kuka）机器人是德国起步最早的机器人公司。1898年在奥克斯堡建立，最开始并不是做工业机器人，而是关注室内照明方面。直到1995年才成立现今的库卡工业机器人有限公司，是世界上领先的工业机器人制造商之一。目前库卡机器人公司全球共拥有超过3000名员工，其总部在德国奥格斯堡。公司的主要客户来自汽车制造领域，但在其他工业领域的运用也越来越广泛。库卡机器人可用于物料搬运、加工、堆垛、点焊和弧焊，涉及自动化、金属加工、食品和塑料等行业。库卡工业机器人的用户包括：通用汽车、克莱斯勒、福特、保时捷、宝马、奥迪、奔驰、大众、法拉利、哈雷戴维森、一汽大众、波音、西门子、宜家、施华洛世奇、沃尔玛、百威啤酒、BSNMedical、可口可乐等。

（来源：排行榜网，www.phb123.com，2016-02-22）

案例分析

如今包括仓储在内的物流领域的基础设施已经开始向下渗透，但是边际成本却在日益凸显。以新一代信息技术、人工智能、机器人技术等为核心的智能仓储，为传统仓储提供了新的解决方案。

仓储管理在企业经营中起着非常重要的作用，直接影响着企业产供销等各个环节的活动。它在保障货物重组供给的前提下，能最大限度地降低库存量，直接关系到企业的经营效益。良好的仓储管理，能增强生产计划的柔韧性、满足需求的不断变化、防止中断、阻止积压、充分利用订单优势、缩短库存周期。传统的仓储功能单一，信息化程度低，服务水平和能力不高。

因此，现代企业物流为了保证生产经营活动的顺利进行，打造高效利润空间，降低生产成本，提高企业资金周转率和回报率，必须采用先进的仓储管理方法。但是随着现代科学技术和生产力的发展，仓库已经由过去单纯作为"储存保管商品的场所"逐步向"商品配送服务中心"发展。仓库曾经被认为只有仓储的功能，而现在库存的"流速"已经成为评价仓库职能的重要指标。仓库是"河流"，而不是"水库"或"蓄水池"。对仓储管理的要求，也发生着从静态管理向动态管理的根本性转变。

与此同时，储存也发生了根本性的变化。商品配送中心不仅储存保管商品，而且担负着商品的分类、检验、计量入库、保管、包装、分拣出库及配送等多种功能并配有计算机实施自动化管理。既然仓储业已经不断向前或更成熟化发展，由简单到复杂直至现代化，与整个社会生产力水平相适应，那么为了保证仓储各个环节都能正常运行，并取得良好的经济效益，就必须有较高素质的专业人员和现代化相结合。而仓储本身是对"物"的管理，这种管理又是由人来实现的，因为只有人才具有主观能动性，所以仓储管理员的素质就显得尤为重要。仓储智能化的实现除了现代化的科技系统外，更需要高素质的仓储管理人员。

第7章

运输管理

案例1 丹麦的物流发展战略

丹麦虽是一个小国，但在国际运输物流产业中具有较强劲的竞争力。丹麦拥有如A. P. 穆勒这样的大型跨国集团，其运输物流业发展的经验很值得我们借鉴和学习。

制定统一的发展战略是丹麦运输物流业发展的重要手段之一。目前，丹麦运输物流业的主要战略仍是1997年由政府与业界制定的战略。在1997年丹麦商业与工业部与丹麦工业界进行的一次对话中，丹麦运输工业以及运输服务的使用者表达了在物流和运输领域制定全国发展战略的强烈愿望。于是，丹麦商业与工业部同丹麦运输部、环境与能源部顺应企业的需要于1997年底共同制定了统一的战略。

来自公共部门和私营部门的代表举行了关于工业所面临的挑战的研讨会，并就6个方面提出了战略应对措施，且政府与企业达成了共识。

工业所面临的挑战：企业全球化对运输业提出了新挑战，使物流变得越来越重要。面对全球性的竞争，运输业应该为整个制造业供应链提供增值服务；同时应与外国运输企业联合发展多式联运，包括卡车、铁路、飞机和船舶。

由此需要创造良好的业界环境，包括公共法规、知识掌握、资金渠道、政府与企业互动以及国际竞争条件等方面内容。

公共法规：对运输产业的管理，应在国际范畴进行。丹麦企业和政府应积极参与国际相关运输法规的制定，通过各国协调关税及认证来发展有利于环保的运输。

知识掌握：为了产业的创新，应通过大学、技术研究部门和产业之间的紧密合作来加强对物流和运输的研究。政府机构可以为由研究部门与产业界共同进行的研究项目提供资助，同时推行新的运输物流师教育。

资金渠道：中间融资、风险基金和丹麦工业发展基金均应向运输业倾斜。政府在制定货物运输税收时，要考虑企业的全球竞争力，还应降低公司税。

政府与企业互动：发展基础设施，解决瓶颈问题，建立多式运输中心，建立福门海峡

（Femern Strait）的永久运输线。提高海关效率，管理好保税仓库。另外，政府应与企业就运输中的环境问题加强对话。

国际竞争条件：在国际上，强调运输企业和运输工具同业之间的平等竞争。政府要在国际上积极反对贸易壁垒和国家补贴，以改善丹麦企业的市场进入条件。为方便多式运输，运输部保证放开铁路货物运输，同时调查是否需要修订丹麦港口的一些法律，以适应新战略。

（来源：中国物流与采购网，http：//www.chinawuliu.com.cn）

丹麦运输物流业发展的重要手段之一是制定了统一的发展战略。丹麦的工业、商业、环境与能源等及运输部门共同制定了统一的战略。政府与企业在公共法规、知识掌握、资金渠道、政府与企业互动以及国际竞争条件等方面达成共识，为物流业的发展创造了良好的环境。

运输（Transportation）是采用运输设备将物品从一地点向另一地点运送，其中包括集货、分配、搬运、中转、装入、卸下、分散等一系列操作。在商业社会中，因为市场的广阔性，商品的生产和消费不可能在同一个地方进行，因此一般来说，商品都是集中生产、分散消费的。为了实现商品的价值和使用价值，使商品的交易过程能够顺利完成，必须经过运输这一环节，把商品从生产地运到消费地，以满足社会消费的需要和进行商品的再生产。如果我们将原材料供应商、工厂、仓库以及客户看作是物流系统中的固定节点，那么商品的运输过程正是连接这些节点的纽带，是商品在系统中流动的载体。因此，商品运输被称为现代物流的动脉。

运输与搬运不同，运输是在不同的地域范围内对物品进行空间位移，即较大空间范围的移动；搬运是在同一地域的活动，一般是指短距离、小批量的运输。运输与配送也不同，运输多数是一点对一点的货物运送，是大范围地区间（或节点间）的货物移动，是长距离、大批量的货物移动；配送一般是一点对多点的货物运送，是小范围地区内部的连接最终客户的货物移动，是短距离、小批量的货物移动。

企业的发展必须依靠高效的生产和大量的销售。在现代信息技术、计算机网络技术和通信技术的条件下，这并不难达到。但是，如果没有高效低价的商品运输能力，仍然难以实现企业的发展。商品运输在商品贸易中发挥着举足轻重的作用，因而被看作是现代企业生存和发展的基础。

运输实现了物品的位移，是物流的主要功能之一。根据物流的概念，物流是物品实体的物理性运动。这种运动不但改变了物品的时间状态，也改变了物品的空间状态。而运输承担着改变空间状态的主要任务，是改变空间状态的主要手段；运输再配以搬运、配送等活动，就能圆满完成改变空间状态的全部任务。在现代物流观念未诞生之前，甚至今天仍有不少人将运输等同于物流，其原因是物流中很大一部分责任由运输承担。运输的主要职能就是将物品从原产地转移到目的地，实现物品在空间上的移动。运输是在物流环节中的一项增值活动，通过创造空间效用来创造价值。空间效用的含义是：同种物品由于空间场所不同，其使用价值的实现程度不同，其效益的实现也不同。由于改变空间而最大程度地发挥使用价值，最大限度地提高产出投入比，因而称为"空间效用"。通过运输将物品运到效用最高的地方，就能发掘物品的潜力，实现资源的优化配置。从这个意义上讲，运输提高了物品的使用价值。

案例 2　青岛啤酒的"新鲜度管理"

青啤人常说："我们要像送鲜花一样送啤酒，以最快的速度、最低的成本让消费者品尝最新鲜的啤酒。"为了实现这一目标，青岛啤酒股份有限公司与香港招商局共同出资组建了青岛啤酒招商物流有限公司，并开始了物流领域的全面合作。

有趣的是，尽管是合作，但青啤完全能够从自己并不在行的领域里抽身而出，将自己的运输配送体系外包给招商物流。因为招商物流与青啤合作仅输出管理，先后接管青啤的公路运输业务和仓储、配送业务，并无任何硬件设施方面的投资。

据悉，自从合作以来，青岛啤酒运往外地的速度比以往提高了30％以上，山东省内300公里以内区域的消费者都能喝到当天出厂的啤酒，而300公里以外区域原来喝到青岛啤酒需要3天左右的消费者现在也能喝到出厂一天的啤酒了。

业内人士指出，这一合作，对青啤而言，实际上是将物流业务外包，这是国企中第一个吃螃蟹者；对招商物流而言，该项目是第三方物流服务的典型案例，在合作形式、合作技术上都具有挑战性。

一、"外包"　获得专业输送速度

2002年4月，青啤与招商物流正式确定合作关系，共同出资200万元组建了青岛啤酒招商物流有限公司。该公司通过青啤优良的物流资产和招商物流先进的物流管理经验，全权负责青啤的物流业务，提升青啤的输送速度。

双方协议，青岛啤酒招商物流有限公司除拥有招商局专业物流管理经验和青岛啤酒优质的物流资产以外，还拥有基于ORACLE的ERP系统和基于SAP的物流操作系统提供的信息平台支持。青岛啤酒招商物流有限公司两年内由青岛啤酒公司持股51％，两年后由招商局物流公司持股51％。

据介绍，在青啤与招商物流合作初期，招商物流首先对青啤的公路运输业务进行试运营。由于此前青啤自营运输业务，拥有许多如车辆、仓库等物流固定资产，因此在试运营期间，招商物流采用融资租赁的方式，租用青啤的车辆及仓库，以折旧抵租金，同时输出管理，以整体规划、区域分包的一体化供应链来提升青啤的输送速度。

青啤招商物流有限公司自运营以来，青岛啤酒在物流效率的提升、成本的降低、服务水平的提高等方面成效显著。据透露，青岛啤酒运送成本每个月下降了100万元，青啤车队司机的月收入也拉开了档次，最大差距达3500元。

另外，与招商物流的合作使青岛啤酒固化在物流上的资产得以盘活。据介绍，自1997年，青岛啤酒公司就开始进行物流提速的投资，在4年间先后斥巨资4000多万元进口大型运输车辆40余部，以保证按时向全国客户供货。但是青啤并不具备优势的自营运输业务，因而这支车队每年有近800万元的潜亏。早在两年之前，青啤就产生了物流外包的意图。

故在国内企业大多热衷于自建物流体系，而很少向外寻求物流服务的时候，青啤却将物流从主业中剥离出来，在招商物流的配合下小心却又决然地迈出了第一步。

据悉，青岛啤酒招商物流有限公司定位于做国内优秀的第三方和第四方物流服务商。青岛啤酒招商物流有限公司是招商物流在山东设置的一个节点，希望用来敲开华东地区物流市场的大门，其目标是3年内成为山东及周边乃至北方的标志性物流企业。青啤是招商物流开路的一个急先锋，而"青啤模式"则是招商物流开拓国内市场的一把利刃。

二、 信息不畅是青啤的"保鲜" 大碍

青岛啤酒招商物流有限公司在迅速完成扩张后,将营销战略由以规模为主的"做大做强"转变为以提升核心竞争力为主的"做强做大"。啤酒下线后送达终端市场的速度,即所谓的"新鲜度管理",成为青啤打造企业核心竞争力的关键要素。

青啤从1998年起,开始推行"新鲜度管理"。但是按照旧有的业务流程,产成品出厂后先进周转库,再发至港、站,然后到分公司仓库,最后才转运给消费者,此时其口味已发生了极大的变化。由于物流渠道不畅,不但增加了运费及库存,也占用了资金,提高了管理成本,因而新鲜度管理很难落到实处。另外,各区域销售分公司在开拓市场的同时,还要管理运输和仓库,因此很容易顾此失彼。

所以,青啤把"新鲜度管理""市场网络建设"等纳入了信息化建设范畴。青啤认为,信息不畅是制约消费者喝到最新鲜啤酒的重要因素。

2000年,青啤决定利用先进的信息化手段再造青啤的销售网络,组建青啤销售物流管理信息系统,建立起销售公司与各销售分公司的物流、资金流、信息流合理、顺畅的物流管理信息系统。这个系统对企业的发货方式、仓储管理、运输环节进行了全面改造,实现了销售体系内部的开放化、扁平化。

青啤销售物流管理信息系统由财务、库存、销售、采购、储运等模块构成,加快了产品周转和资金周转,同时降低了库存。更重要的是,实现了以销定产的"订单经济"。

2001年2月,青啤与ORACAL正式开始合作,通过引入ERP系统实施企业信息化战略。青啤规划借助于ERP系统这个现代管理平台,将所有的啤酒厂、数以百计的销售公司、数以万计的销售点集成在一起。对每一个销售点、每一笔业务的运行过程实施全方位监控,对每一个阶段的经营结果实施全过程审计,加快资金周转速度,提高整个集团的通透性,实现资源的优化配置。在青啤看来,做ERP绝对不是赶时髦,而是用新技术改造青啤传统业态的管理体制和运作方式。

青啤最重要的任务是建立畅通的渠道,当然这需要进一步的变革,还需要制定各种规章制度、建立综合信息库,采用先进的数理统计方法对搜集的信息进行分析处理,并应用到经营决策、资源配置、预防纠正和持续改进的过程中。

应该说,借助于网络技术的应用改造产品价值链,实现企业生产链向供应链管理转变是青啤管理重组的必经之路。

三、 流程不顺也难保"新鲜"

青啤人说,1998年第一季度,青啤集团以"新鲜度管理"为中心的物流管理系统开始启动,当时青啤的产量不过30多万吨,但库存就高达3万吨。于是他们着重做了两个方面的工作:一是限产压库,二是减少重复装卸,以缩短货物运达的时间。以这两个基本点为核心,对发货方式、仓库管理、运输公司及相关部门进行了改革和调整,耗费了青啤很多精力。

所以,青啤同样热衷于流程再造。对青啤而言,所谓流程再造就是为了建立现代物流系统,而从根本上对企业流程进行重新设计。青啤集团筹建了技术中心,将物流、信息流、资金流全面统一在计算机网络的智能化管理之下。他们简化了业务运行程序,对运输仓储过程中的各个环节重新进行了整合、优化,以减少运输周转次数、降低库存、缩短产品仓储和周转时间等。例如,根据客户的订单,产品从生产厂直接运往港、站,省内订货从生产厂直接

运到客户仓库。仅此一项，每箱的成本就下降了 0.5 元。同时对仓储的存量进行了科学的界定，并规定了上限和下限，其中上限为 1.2 万吨。低于下限发出要货指令，高于上限则不安排生产，这就使仓储成为生产调度的"平衡器"，有效地改善了淡季库存积压、旺季市场断档的尴尬局面，满足了市场对新鲜度的需求。

另外，销售部门根据各地销售网络的要货计划和市场预测制订销售计划；仓储部门根据销售计划和库存及时向生产企业传递要货信息；生产厂有针对性地组织生产，物流公司则及时调动运力以确保交货质量和交货时间。同时销售代理商在有了稳定的货源供应后，可以从人、财、物等方面进一步降低销售成本，增加效益。

青啤集团还成立了仓储调度中心，对全国市场区域的仓储活动进行重新规划，对产品的仓储、转库实行统一管理和控制，由提供单一的仓储服务到对产成品的市场区域分部、流通时间等进行全面的调整、平衡和控制。

不过，诸多流程还需要进一步细化。青啤的"新鲜度管理"，要实现在生产 8 天内送到顾客手里的目标，就必须考虑批发商的库存。如果工厂控制在 5 天以内，批发商必须在 3 天内出手，否则将无法实现。因此，青啤在考虑批发商的库存等因素后决定控制出货量，并整体调整了管理体制以便实施"新鲜度管理"方案。

（来源：中国物流与采购网，http：//www.chinawuliu.com.cn/xsyj/，2018-06-28）

青岛啤酒招商物流有限公司自运营以来，在物流效率的提升、成本的降低、服务水平的提高等方面成效显著，其中运输起到了关键作用。

通过改善物流流程，实现了运输的物品储存功能。从本质上看，运输车辆也是一种临时储存设施，具有临时储存物品的功能。如果转移中的产品需要储存，而短时间内产品又需重新转移，则卸货和装货的成本也许会超过储存在运输工具中的费用。这时便可考虑采用这种方式，当然用作临时储存物品的车辆处于移动状态，而不是闲置状态。另外，在仓库空间有限的情况下，利用运输工具储存也不失为一种可行性选择。可将货物装上运输工具，采用迂回路径或间接路径运往目的地。尽管用运输工具储存产品成本比较昂贵，但如果从总成本或完成任务的角度来看，同时考虑装卸成本、储存能力的限制等，那么用运输工具储存产品往往是合理的，有时甚至是必要的。在国际贸易中，人们常常利用远洋运输来实现产品的储存功能。从某种意义上讲，JIT 的物流配送模式也是利用了运输的储存功能。

在最终到达顾客手中商品的价格中，物流成本是一个重要的组成部分。运输成本的下降，可以达到以更低成本为顾客提供优质服务的效果，从而提高企业在市场中的竞争优势。首先，运输是运动中的活动，它和静止的保管不同，要靠大量的动力消耗才能实现；同时运输又承担着大跨度空间转移的任务，所以活动的时间长、距离远、消耗大。消耗的绝对数量大，其节约的潜力也就大。其次，从运费来看，运输在物流的总成本中占据最大的比例。一般综合分析计算社会物流费用，运输费在其中占近 50% 的比例，有些产品的运费甚至高于其生产成本。所以，节约的潜力非常大。最后，由于运输总里程远，运输总量大，通过体制改革和运输合理化可大大缩短运输公里数，从而实现节约。

案例3　日本花王公司的复合运输体系

花王公司是日本著名的日用品生产企业，其物流不仅以完善的信息系统闻名，而且还拥有极为发达、相当合理的运输体系，主要手段就是建立独特的复合运输来优化各种方式及路线。花王公司复合运输的主要特征表现在自动仓库、特殊车辆、计划运输、组合运输等方面。20世纪70年代末，花王公司的物流起点是工厂的自动化仓库，当时所有工厂全部导入了自动立体化仓库，完全实现了自动机械化作业。所有商品从各工厂进入仓库时，都是用平托盘装载，然后自动进行库存。出货是根据在线供应系统的指令，自动备货分拣并装载在货车上。

复合运输系统的终点是销售公司的仓库。为了提高进入销售公司仓库的效率，花王公司配备了三段式的平托盘和叉车，商品托盘运输比率为100%，充分发挥了复合运输的优势。除此之外，自动化立体仓库也在花王销售公司中得到了大力推进。20世纪80年代中期，近29万个销售公司的仓库都实现了自动机械化。

在花王公司积极推进工厂仓库和销售公司仓库自动机械化的同时，起着连接作用的运输方式成为花王物流系统变革中的重要一环。这方面的成就主要表现在特殊车辆的开发上，这种特殊车辆就是能装载14.5吨的轻型货车。该货车可以装载20个TII型的平托盘，并用轻型铝在货车货台配置了新型货车。与此同时，针对从销售公司到零售点的商品运输，花王公司还开发出了特殊架装车。特殊架装车由面向版店的厢式车、对应不同托盘的托盘车以及衣架展示运输车等8种特种车辆组成。花王公司后来又积极开发和推动了集装箱运输车，这成为向零售店进行配送的主力工具。

在花王的物流运输体系中，最有名的是计划运输系统。所谓计划运输系统就是为了避免交通阻塞，提高物流作业效率，选择最佳的运输路线和运输时间，以在最短的时间内将商品运抵客户的计划系统。例如，面向日本静冈花王销售公司的货车一般在凌晨2点钟从东京出发，走东名高速公路，于早上7点钟抵达静冈花王，这样就能使货车避开交通高峰，顺利通畅地实现商品配送。依此类推，花王公司针对每个销售公司的地理环境、交通状况和经营特点安排了不同的运输时间和运输路线，而且所有计划都是用图表的形式表示，真正确保了商品的即时配送，最终实现了全公司商品的高效率。

花王公司计划运输体系与花王公司的另一个系统——商品组合运输系统相联系，商品组合运输系统解决的问题是如何防止货车往返之中的空载。显然，要想真正防止货物空载，就必须搜寻运输的商品。刚开始，花王公司主要是与花王的原材料供应商进行组合运输，亦即花王公司将商品从工厂或总公司运抵销售公司后，与当地的花王公司供应商联系，将生产所需要的原材料装车运回工厂，以免出现空载。后来，商品组合运输系统的对象范围逐渐扩大，已不仅限于与花王公司经营相关的企业，即所有其他企业都可以利用花王公司的车辆运载商品。例如，前面所列举的静冈花王每天早上卸完货物后就装载清水的拉面或电动机零部件运到客户位于东京的批发店。现在参与花王组合运输的企业达100多家，花王工厂与销售公司之间近80%的商品运输都实现了组合运输。应当看到的是，花王公司的组合运输之所以能得以实现和大力发展，一个最大的原因就是其计划运输系统确保了商品运输的定时和及时运输。换句话说，正是因为花王的运输系统能确保及时、合理的运输，所以越来越多的企业都愿意加入组合商品运输。如果没有前者的效率化，就不可能实现组合运输。

（来源：《物流案例与实训》，机械工业出版社，何倩茵主编）

案例分析

运输的社会化和组合化将是运输业未来的发展趋势。企业内部或不同企业之间合作开展运输，不仅可以提高运输效率，还可以大大降低运输成本。花王公司计划运输体系的实施，对花王公司整体运作效率的提高产生了非常大的作用。

在古老的市场交易过程中，商品只在本地进行销售，因而每个企业所面对的市场都是有限的。随着各种商品运输工具的诞生，企业通过商品运输可以到很远的地方进行销售，企业的市场范围得以大大扩展，企业的发展机会也将大大增加。随着基于现代信息技术先进交易形式以及网络的发展，企业的市场范围出现了无限地扩大，任何有可能加入互联网的地方都有可能成为企业的市场。为了真正将这种可能变成现实，必须使企业的商品被顺利地送达这个市场中，这时就必须借助于商品运输过程。因此，商品运输可以帮助企业扩大市场范围，并给企业带来无限发展的机会。

各个地区因为地理条件的不同，拥有的资源也各不相同。如果没有一个顺畅的商品运输体系，其他地区的商品就不能到达本地市场，那么本地市场所需要的商品也就只能由本地来供应。正是这种资源地域的不平衡性，造成了商品供给的不平衡性。因此在一年中，商品的价格可能会出现很大的波动。但是，如果拥有了一个顺畅的商品运输体系，那么当本地市场对商品的供给不足时，外地的商品就能够通过这个运输体系进入本地市场，本地的过剩商品也能够通过这个体系运送到其他市场，从而保持供求的动态平衡和价格的稳定。

随着社会的发展，为了实现真正意义上的社会高效率，必须推动社会分工的发展。而对于商品的生产和销售来说，也有必要进行分工，以达到最高效率。但是，当商品的生产和销售两大功能分开之后，如果没有一个高效的商品运输体系，那么就实现两者功能的发挥。商品运输是商品生产和商品销售之间不可缺少的联系纽带，它能真正实现生产和销售的分离，促进社会分工的发展。

马克思将运输称为"第四个物质生产部门"，是生产过程的继续。这个继续虽然以生产过程为前提，但如果没有它，生产过程则不能最后完成。所以尽管运输的这种生产活动和一般生产活动不同，不创造新的物质产品、不增加社会产品数量、不赋予产品以新的使用价值，而只变动其所在的空间位置，仍然能使生产继续下去，使社会再生产不断推进，并且是一个价值不断增值的过程。

◆ 案例4　DHL助力美国家族企业打拼国际时尚市场

2009年2月16日，美国佛罗里达全球领先的快递和物流公司DHL成功与总部位于纽约的国际珠宝供应商International Inspiration续约，作为其全球唯一的物流合作伙伴继续助力该家族企业完成每年数百万美元的销售业绩。凭借着 DHL 往返于美国和亚洲之间快捷的递送能力，International Inspirations 自 2005 年起每年业绩增长达 3 位数。

4 年前，Mandy 和 Shaya Reiter 夫妇白手起家，将毫无经验的家庭作坊逐渐发展成一家知名珠宝设计供应商，提供流行设计、自有品牌创意、最新款配饰如项链、耳环、手镯、头饰等服务，其产品遍及全美超过 40 家专业珠宝零售店。

作为 International Inspiration 全球产销流水线的物流合作伙伴，DHL 的工作包括从中国的工厂将大批珠宝成品运送到 International Inspirations 位于美国新泽西的 3000 多平方米的配送中心、递送珠宝设计样品往返中国，以及将零售包装材料寄往中国工厂。

International Inspirations 公司的共同合伙人 Shaya Reiter 说："得益于 DHL 的帮助，我们可以在选择中国供应商时更多元化，且规划不同工厂多次进货的时间时不必担心货物的拼装、航空公司的最小运量以及航班冲突等问题。有了 DHL，我们能够在短短的两天里进行洲际间大型包裹的加急运送，同时还享受到快捷的服务和具有竞争力的价格。我经常看到大批货物从距离上海数百里的中国工厂起程，仅仅两个工作日就到达我们在美国的分销中心。在时尚产业，只有引领潮流才能取胜，所以产品的上市时间对于我们来说至关重要。为此，我们要感谢 DHL"。

今天，DHL 的服务已经覆盖中国 401 个城市，每周都有 700 多架次的商业航班和专机将这些城市连接起来。近些年来，DHL 在整个大中华地区的投资约为 13 亿美元。

DHL 通过其进口到付服务，对 International Inspirations 公司大部分货物进行管理。进口到付服务是 DHL 提供的快速进口美国的全包价、门到门服务。DHL 位于美国肯尼迪国际机场口岸以及公司俄亥俄州枢纽的员工对 International Inspirations 公司的所有货物进行全程监控——从货物录入 DHL 系统到最终派送，确保清关过程快速通畅。

DHL 快递高级副总裁兼东北亚地区总经理 Charles Brewer 先生说："凭借独一无二的全球运输网络和国际快递产品，DHL 以富有竞争力的成本在洲际间高效、快速地递送货件，帮助企业与全球的供应商进行贸易往来。"

（来源：中国物流与采购网，http：//www.chinawuliu.com.cn，2009-02-27）

案例分析

DHL 作为物流运输市场的供给方，提供着社会化的运输服务。DHL 是全球领先的快递和物流公司，其物流服务设施和网点的分布在物流行业有非常大的优势。因此 DHL 可以为 International Inspirations 公司提供专业化、全面化和系统化的物流服务，使它在行业竞争中取得竞争优势。

运输与物流的其他环节有着密切的关系：①运输与包装的关系。货物包装的材料、规格、方法都不同程度地影响着运输。包装的外部尺寸应与车辆的内部尺寸吻合，这对提高货物的装载率有重要意义。②运输与装卸的关系。只要运输活动发生，就必然伴随着装卸活动。物品在运输前的装车、装船活动是完成运输的先决条件。当货物运达目的地后，卸车搬运作为最终完成运输任务的补充劳动使运输的目的得以完成。装卸还是各种运输方式的衔接环节，当一种运输方式向另一种运输方式转换时必须依靠装卸作为必要的衔接手段。③运输与储存的关系。储存保管是货物的停滞状态，是货物投入消费前的准备。运输对货物的储存有重大影响，如果运输活动组织不善或运输工具不得力，就会延长货物在仓库的储存时间，这不仅会增大货物的储存量，而且还会增加货物的损耗。④运输与配送的关系。在物流活动中，将货物大批量、长距离从生产工厂直接运达客户或者配送中心，称为运输。从配送中心就近发运到地区内各客户手中，称为配送。配送属于连接客户的末端运输。在物流系统中必须实现运输与配送的有机结合，才能高效地完成物流任务。

案例5 强生集团怎样做物流

对于最优秀的卫生护理品巨头强生集团（Johnson&Johnson.，J&J）旗下的全球交通运输专业公司——强生营销和物流有限公司来说，2007 年是非常繁忙的一年。去年，强生的销售额达到 533 亿美元。2006 年 12 月，由于收购了辉瑞制药（Pfizer）消费者健康护理的生意，强生的资产猛增 40 亿美元。这笔生意将把辉瑞制药的李施德林防腐液和黑白分明滴眼露的产品增加到业已存在的强生消费者品牌如邦迪、泰诺和甜蜜素的网络中。

一、 收购辉瑞制药带来的物流挑战

2007 年，强生营销和物流有限公司整合了这两条供应链，大大增加了强生公司的消费者业务。

在收购辉瑞制药之前，强生公司的消费者业务为 98 亿美元。这将形成一个年销售额达 232 亿美元的药品部门以及总计 203 亿美元的医药设备，如诊断设施。

强生营销和物流有限公司能够将已经拥有的最好的实际经验应用到辉瑞业务中。据估计，在辉瑞业务被吸收以后，大约有 50 人加入全球运输系统的组织中。在两家公司都有强大分部的波多黎各，它们可以联合起来，特别是来自辉瑞拥有相关知识、经验和思想的专家可以加入团队中。两家公司有着不同的组织结构，但都擅长他们所做的事情。现在仍处于合并阶段的早期，强生的资深运输分析家 Michael Chianese 说："辉瑞业务为两家公司创造着机会，不仅能增加他们的运量，而且也能利用后方优势以及货物的三角路径运输。"

辉瑞消费者业务的确在美国国内产量中占了很大的比例，但强生是面向国际经营的。辉瑞消费者在其他国家占有一半左右的销量，而强生 44％的销量来自国外。

强生属于全球性采购，而并非都从亚洲采购的。在收购辉瑞消费者业务之前，强生 148 个制造设施中的 63 个位于美国，其中 16 个在美国以外的美洲，37 个在欧洲，32 个在非洲、亚洲和太平洋地区。这些设施中一些是供应地区市场的，但大部分都是在全球运输产品的。

强生以它的分权管理而著称，同时也把分权运用到物流中。当全球运输组织对大部分位于美国国内的强生运输以及进出口负责时，其他的强生组织将对运输负责。但是从强生的证券和交易委员会中，每个人都能理解对于像强生这样的公司来说物流成本有多么重要。据透露，去年强生集团用于运输和货物处理的成本达 6.93 亿美元。

二、 减少空运和海运承运人

强生一直在努力减少货运代理商的数目，并且努力降低运费。于是，从 10 年前

的十几家减少到现在的不到 10 家。公司主要使用无资产的货运代理，先进的技术将使它能够使用更少的供应商。其大部分交易关系都是在网上进行的，所以有许多理由可以减少供应商。当公司把评估运输供应商的绩效指标标准化后，使用更少的承运人则变得相当容易。

公司也对使用远洋运输进行了研究，虽然这个研究相比于航空货运还处于早期阶段。强生按照相同的机会进行分类，其中的一个原因就在于这些数据并非存在于一个地方，而是有着不同的来源。强生更多地使用远洋运输，一个原因在于一些远洋承运人是地区性的，如 Jones Act carrier 就专门从事美国境内至波多黎各的运输。另一个原因在于强生不想依赖于一个承运人。为了避免恶劣天气、罢工等事件带来的运输中断，强生倾向于使用多个承运人。

强生依靠班轮公司和运输中介，如货运代理和无船承运人来安排远洋运输。这通常是在对成本和服务进行权衡的基础上做出的决定。强生和班轮公司签有合同，强生可以在一些航线装载大量的货物，或者使用无船承运人来获得更密集的服务，因为他们使用更多的承运商。

在运量不大的地方，强生同样可以使用无船承运人。其实使用从出口到入口的无缝隙的过程有许多优点。在过去的 10 年中，全球运输集团逐渐参与到运输过程中，通过公司的供应链并不仅仅运输产成品，还有原材料和中间产品。

在最近的几十年中，运输方面一个大的转变就在于运输的标准化——集装箱的出现，按照合同中固定的价格，而不是关税条件下特定的条款。

三、 强生对承运人的选择

强生经常提醒承运人：并不是所有的货物都是平等的。比如，由于使用医用产品是注射入人体的，因此必须对产品质量进行控制。对于运输供应商来说，了解货物是移动的这一点非常重要，可以帮助他们采取恰当的保管和防护措施以保证产品送到强生用户手中仍是安全的。

强生选择承运人的标准之一，就是他们如何照管自己的产品。强生要求运输提供商必须理解并且同意遵循他们所颁布的保管条例中的规定。运输提供商必须填写一个调查表，并且证明他们关注于使用一个安全的供应链。强生关注的另一个热点是冷藏货，因为其越来越多的货物必须通过冷链来运输。

强生在员工的发展方面同样投入了很多关注。强生营销和物流有限公司的员工有终生的强生员工，也有刚到营销和物流公司才几个月的员工。公司致力于为每个人提供机会，无论是那些想长期在运输行业工作的人，还是那些想做兼职工作的人。

公司高层最想看到的，就是员工的创造性。例如，公司愿意看到承运人或者货代努力安排一般种类的货物运输，寻找城市间每周都需要运输货物的托运人，然后形成三角关系，并提供极具吸引力的运费。

（来源：中国物流与采购网 www.jctrans.com2008-3-24)

强生公司和物流公司作为供应链上的节点企业，通过整合供应链扩大了强生公司的消费者业务。强生公司通过评估运输供应商的绩效，不仅减少了货运代理人的数目，而且大大提高了运输效率，降低了运输成本。强生公司的分权管理理念加强了与物流公司的合作，不但实现了合作双方的共赢，更实现了供应链节点企业的共赢，这样的合作关系值得我国企业借鉴。

商品运输可以采用不同的运输方式，而不同的运输方式各具特点。基本的运输方式有铁路运输、公路运输、水路运输、航空运输以及管道运输。每一种运输方式所能提供的服务内容和服务质量各不相同，因而所需成本也各不相同。企业应该根据自身的要求，综合考虑各方面的因素，选择合适的运输方式。

（1）铁路运输。通过铁路运输商品的方式称为铁路运输，其最大的优势就是能够以相对较低的价格运送大量的货物。铁路运输主要货物的共同特点是低价值和高密度，且运输成本在商品售价中占比较大。铁路运输一般可以分为整车运输和集装箱运输两种类型。铁路运输的主要优点：铁路运输一般符合规模经济和距离经济的要求，在大批量和长距离的运输情况下，货物的运输费用会比较低；现有的铁路网络四通八达，可以很好地满足远距离的运输需要；铁路可以全年全天候运营，受地理和气候的影响比较小，具有较高的连续性和可靠性；铁路运输的安全性在逐步提高；铁路运输的速度相对来说比较快。但是，铁路运输也有自身的局限性。铁路运输的主要缺点：对于小批量的货物和近、中距离的大宗货物来说，铁路运输费用比较高；铁路运输不能提供"门到门"的服务；因为车辆调配困难，铁路运输不能满足应急运输的要求。

（2）公路运输。公路运输也可称为汽车运输，是使用公路设施、设备运送物品的陆路运输方式之一。在电子商务的环境下，特别是对于B2C、C2C等交易方式来说，公路运输是城市配送的主要形式。公路运输的主要优点：在近距离的运输情况下，公路运输可以提供"门到门"的服务，而且运输速度也比较快；公路运输可以根据需要，灵活制定运输时间表，而且对于货运量的大小也有很强的适应性；近距离且中小量的货物运输，使用公路运输的费用比较低。公路运输的主要缺点：一般公路运输的批量都比较小，且汽车的载重量有限，不太适合大量的运输；在进行长距离运输时，公路运输的运费比较高；公路运输比较依赖于气候和环境的变化，因此，运送时间受其影响较大。

（3）水路运输。水路运输由船舶、航道和港口所组成。它也称为船舶运输，是一种历史悠久的是使用船舶运送客货的运输方式，水路运输主要用于长距离、低价值、高密度、便于用机械设备搬运的货物运输。水路运输的主要优点：水路运输最大的优点就是成本低廉；水路运输可以采用专用的船只来运输散装原材料，运输效率比较高；水路运输的运载量比较大，因此其劳动生产率也比较高。水路运输的主要缺点：水路运输的运输速度比较慢，在所有的运输方式中用时是最长的；水路运输行船和装卸作业受天气变化影响较大； 水路运输所运货品必须在码头停靠装卸， 相当费时、 费成本，而且无法提供"门到门"的服务。

（4） 航空运输。 使用飞机运送货物的方式称为航空运输， 简称空运。对于国际货物的运输， 航空运输已经成为一种常用的运输方式。 航空运输的主要优点： 运输速度非常快， 一般在 800～900 公里/小时； 飞机的机动性能好， 几乎可以飞越各种天然障碍， 到达采用其他运输方式难以到达的地方， 因此适合运输急需的物资或者易腐烂、 易变质的货物； 被运输的货物只需要简单包装， 因此航空运输可节省包装费用。 航空运输的主要缺点： 航空运输成本高昂， 只适宜长途旅客运输和体积小、 价值高的物资， 鲜活产品及邮件等货物运输； 恶劣的天气会对航空运输造成极大的影响， 难以实现送货的及时性。

（5） 管道运输。 利用管道设施、 设备来完成物资运送的运输方式称为管道运输。 利用管道运输的大部分物品都是一些流体的能源物资， 如石油、 天然气以及成品油等。 管道运输的主要优点： 运输量大； 运输工程量小， 占地面积小； 能耗在各种运输方式中是最低的； 安全可靠， 无污染， 成本低； 不受气候影响， 可以全天候运输， 送达货物的可靠性高； 管道可以走捷径， 运输距离短； 可以实现封闭、 连续运输， 损耗小。 管道运输的主要缺点： 专用性强， 只能运输石油、 天然气及固体料浆（如煤炭等）； 管道起输量与最高运输量间的差额小； 管道运输的路线一般是固定的， 管道设施的一次性投资较大； 管道运输方式不灵活， 只有接近管道的用户才能够使用；管道运输的速度比较慢。

（6） 集装箱多式联运。 在多式联运方式当中， 集装箱多式联运相对普遍， 是在集装箱运输的基础上产生和发展起来的一种综合性的连贯运输方式集装箱多式联运一般是以集装箱为媒介， 按照多式联运合同， 把海、 陆、空各种单一运输方式有机地结合起来， 以至少两种不同的运输方式， 由多式联运经营人将货物从一国境内接管货物的地点运至另一国境内指定交付货物的地点， 组成一种国际间的连贯运输。 在经济全球化时代， 集装箱多式联运在国际贸易运输中发挥着举足轻重的作用。 其主要方式有： 海陆空路联运、 海路铁路联运、 航空公路联运、 铁路/公路——内河与海上——内河、 微型陆桥、 陆桥等。

案例6　中外运空运发展股份有限公司的物流运输可视化服务平台

一、 企业简介

1950 年，中国对外贸易运输总公司成立，其前身是中国海外运输公司和中国陆运公司。公司成立之后即开始承办航空、邮运业务，这也是中国航空货运业务的初期萌芽阶段。1987年，中国对外贸易运输总公司中国航空货运代理公司成立，从事航空货运代理业务，这是中外运空运发展股份有限公司的前身。

随着中国改革开放的深入发展，20世纪90年代迎来了中国外运空运业务突飞猛进的大发展。中国外运先后与4家国际知名快件公司成立了合营公司。自1997年至1999年，中国外运完成了华北、华东、东北、西南、西北、华南六大空运区域公司的组建。当年，中外运空运发展股份有限公司成立，作为中央企业中国外运长航集团旗下的专业空运公司、中国外运股份有限公司的控股子公司，注册资本为90548.172万元。公司于2000年在上海证交所上市，股票代码600270，简称"外运发展"，是国内航空货运代理行业第一家上市公司，截至2016年12月31日市值149.77亿元。

外运发展以专业化的航空物流为方向，主要经营航空货代、国际快件和与之密切相关的综合物流业务；同时积极探索并开拓电商物流，致力于成为具有专业能力的现代化物流网络运营商。

如今，外运发展在全国拥有4大区域，下辖100多家分支机构和300多个物流网点，拥有2000多名员工，服务范围几乎覆盖了境内所有省份，运营网络辐射全国。外运发展通过与DHL等国际物流巨头结成战略合作伙伴，先后在德国、美国、日本、阿联酋、中国香港和澳门设立了分支机构，同时借助中国外运长航集团在15个国家设置的40余个办事处，利用自身遍布65个国家的强大代理网络，为客户提供了全球化的全程物流服务。目前，公司在国际上的服务范围已覆盖全球200多个国家和地区。自2006年9月以来，外运发展通过与国航、东航、南航等航空公司及多家机场建立战略联盟，跨进了航空承运领域和机场核心作业领域，逐步发展成"天地合一"的整合物流供应商。外运发展还与惠普公司长期合作，开发出先进的全国货运和快运管理信息系统，信息化程度在业内名列前茅。近年来，外运发展通过与华为、索尼、三星、海尔、上海大众、京东方等国内外行业领先客户的长期合作，积累了丰富的服务经验，也获得了客户的广泛认同。

二、实施背景

1."部标"要求推动技术变革

2011年4月11日，交通运输部、公安部、安全监管总局、工业和信息化部联合下发了《关于加强道路运输车辆动态监管工作的通知》（交运发〔2011〕80号），要求所有运输管理机构必须执行《道路运输车辆卫星定位系统车载终端技术要求》（JT/T 794—2011）和《道路运输车辆卫星定位系统平台技术要求》（JT/T 796—2011）两项行业标准。从事道路运输车辆动态监控的企业监控平台及各级交通运输部门监管平台所属单位，需通过检测机构进行系统平台的检测。基于GPS"部标"的要求，无论是开发GPS设备硬件还是应用软件，都会面临国家交通部发布的道路运输车辆卫星定位系统部标认证标准对原有GPS系统产生的技术变革。

2.行业发展对"一站式"服务的客观需求

随着信息技术在物流领域的不断深入，作为交通运输业务管理、车辆轨迹跟踪的主要途径和手段，GPS系统和TMS系统的自身发展已经比较完善，行业内也不乏各种能提供相关服务的平台。但这些平台基本上都是以单一服务为主，导致用户不得不将完整的物流信息链条分割为运输管理和运输轨迹跟踪等多个部分，然后通过额外的定制开发将这些信息重新拼接起来组成完整的物流信息链，从而无形中增加了企业物流信息系统管理和运营的成本。不仅如此，各个系统平台服务商对自身技术的保护，也导致平台间的协作效果难以满足用户的原始期望。

3. 企业内部的客观需要

外运发展作为一家拥有全国性经营网络的上市物流公司，本身就拥有大量的运输业务。随着用户对运输管理、轨迹跟踪需求的不断提升，仅仅依靠公司原有的 GPS 平台已经无法满足用户对供应链提出的"实时、透明、在线"要求，因此将运输业务与轨迹跟踪有效地结合起来已成为公司物流信息管理系统发展的必然趋势。凭借着对业务的深度思考，对创新的强烈追求，外运发展决定以广东供应链的华为运输项目为契机，将运输业务信息与轨迹跟踪信息有效地结合起来，搭建基于互联网、物联网的物流运输可视化服务平台。

三、 实施情况

1. 情况概述

物流运输可视化是指首先将运输业务和运输轨迹跟踪相结合，再通过可视化门户系统、手机 APP 等渠道将信息传递并展示给最终用户，最后满足承运方（车队、司机）在运作过程中对系统交互性的需求。由于在前期进行需求调研时，用户否定了市场上的所有平台和产品，所以外运发展无从借鉴，只能通过自主研发创造出一种全新的物流可视化服务产品来满足用户的需求。在这个过程中，外运发展通过深入行业，了解到物流运输可视化并不是某一家用户的特殊需求，而是随着信息技术的进步与行业的发展，物流行业对自身业务管理能力提升的普遍愿望。基于这种行业发展趋势，外运发展秉持创新精神，凭借自身对物流信息化建设的深刻理解，打造出的物流运输可视化服务平台不仅满足了客户及自身业务管理的需要，还在物流服务的技术和模式上取得了飞跃式发展。

2. 建设内容

（1）以"实时、透明、在线"为平台建设的总原则。整个可视化系统包含基础管理、承运商管理、客户管理、订单管理、运输管理、司机 APP、客户 Portal、车辆与终端监控、运输基础数据管理、车辆轨迹管理、运单执行跟踪及报警、电子锁控制及状态查询、外部系统集成共 13 个一级模块、70 个二级模块。该系统提供了客户端接入、门户接入、手机接入等多种接入方式，实现了跨境进口运输业务、跨境出口运输业务、国内运输业务、终端派送业务的物流信息全生命周期管理和监控，满足了专业领域客户针对全程供应链物流信息提出的"实时、透明、在线"的要求，并将运输和仓储管理的可视化作为打造企业核心竞争力的关键举措之一。

（2）依托物联网将技术和经验转化为服务交付能力。外运发展充分利用自身多年深耕物流信息系统建设领域的优势，并结合对物流行业的理解和对物联网、互联网及通信技术的透彻把握，建设了能够适应市场新需求的物流运输可视化服务平台。

（3）五层式系统架构

① 应用层：包括可视化门户系统（PORTAL）、订单管理系统（OMS）、运输管理系统（TMS）、运力管控系统（GPS）、车队移动系统（APP）、司机移动系统（APP）6 个应用子系统。

可视化门户系统（PORTAL）：包括在线下单、运单查询、运单跟踪、运单轨迹、运输执行车辆报警信息查询等功能模块。

订单管理系统（OMS）：包括客户档案的维护，以及客户运单（即物流订单）的录入、查询、维护、处理等功能模块。

运输管理系统（TMS）：包括运输线路、路由节点设置、承运商管理、车辆资源管理、运输任务调度管理（由物流公司统一调度或者承运商自主调度）以及回单管理等功能模块。

运力管控系统（GPS）：包括通信服务器以及运力管控应用系统。其中，运力监控应用系统包括运力监控中心、车辆轨迹、线路、电子围栏、电子锁控制以及其他相关的车辆报警信息等功能模块。

车队移动系统（APP）：包括车队任务接收、任务调度、任务执行跟踪等功能模块。

司机移动系统（APP）：包括指令接收、指令接受、指令拒绝、执行过程反馈、电子回单等功能模块。

② 通信协议层：包括通信协议以及通信数据报文格式，是连接应用层与应用服务层的纽带。通信协议支持 Socket、HTTP、SOAP 等通信协议，采用 XML、JSON 等数据格式。

③ 应用服务层：包括业务系统应用服务（订单管理和运输管理）和运力管控系统（GPS）的应用服务。

业务系统应用服务：包括基础应用服务、用户账户权限应用服务、订单业务应用服务、运输管理应用服务以及可视化门户应用服务等。

运力管控应用服务：包括 GPS 通信服务、定位服务、报警服务、应用（线路、电子围栏、电子锁等）服务、地图服务等。

④ 数据存储层：包括业务系统（OMS 和 TMS）数据库以及运力管控数据库。

⑤ 平台接口服务层：包括与用户订单系统（OMS）、业务信息展示平台进行 EDI 对接等。

与用户订单系统（OMS）对接：OMS 系统下发运单信息，运输可视化平台接收运单信息。

与业务信息展示平台对接：运输可视化平台实时上报运单可视化数据（运单号、HTM 号、子运单号、车牌号、经度、纬度等信息），用户业务信息展示平台接收运单可视化数据。

3. 平台的主要技术特点

（1）"混合云"结构。外运发展物流可视化平台采用了基于 SAAS 结构的公有云与企业私有云相结合的混合结构，并采用了基于云端的存储设备，使系统具备了低成本、高可靠性、快速部署、简易维护的特性。

（2）支持多协议的标准接口通信产品。外运发展使用成熟产品来执行项目中所有的接口通信任务。该产品在外运发展的生产环境中已被长期广泛采用，并被验证具备良好的稳定性和可靠性，而且已经实现了对 Socket、Soap、HTTP 等协议的支持；同时，该产品具备完善的监控功能，能够实时监控数据通信成功与否并缓存日志信息，为通信服务的稳定可靠运行提供必要的保证。

（3）符合"部标"的 GPS 设备。在对车载、手持便携及开闭传感器等相关配套硬件设备的选择上，外运发展物流可视化平台支持符合"部标"相关标准（JT/T 794—2011、JT/

T 796—2011）的产品，为产品的合法化使用及无障碍升级提供了基础。

4. 解决的主要问题及方式方法

（1）解决了业务信息与运输轨迹信息对接与联动的问题。在传统的可视化应用场景中，业务信息和运输轨迹信息分别来自不同的软件或系统，导致用户在使用时需要先从业务系统中获得业务信息，再根据获得的业务信息到 GPS 系统中查询相应的运输轨迹信息。这种操作不仅繁杂，而且更容易出现误差。尤其是当 GPS 系统出现车辆运输状态的报警信息时，用户仅能立即获知是哪一辆车在运输途中出现了异常情况，然后根据车辆信息到业务系统中反查问题车辆对应的运输业务，其间所消耗掉的时间往往会令企业错失解决问题的最佳时机，从而被迫承担不必要的安全风险和经济损失。

外运发展打造的物流运输可视化服务平台完全摒弃了业务信息分项、单独管理的模式，将企业的业务管理作为平台服务的基本面，通过将运输业务系统和 GPS 运输轨迹跟踪系统有效地整合起来，很好地解决了业务单证、货物、车辆、司机、轨迹等运输业务关键信息的绑定和联动问题。在外运发展的物流运输可视化服务平台中，一旦发出运输状态预警，用户就会在第一时间得知哪一票业务、货主是谁、货物是什么、收货人是谁、哪一位司机驾驶的哪一辆车在什么时间、什么地点发生了什么情况，从而免去了用户靠二次甚至多次查询才能获得完整相关信息所消耗的时间成本，使用户可以立即着手对运输异常情况进行有针对性的处置，降低甚至避免可能发生的业务风险。

（2）"一体化"服务理念有效降低了用户的再开发成本。受制于传统可视化应用场景中信息来源比较分散的客观性，用户若想将可视化信息完整地展示出来，则需要通过再次开发将相关信息汇集到一个展示系统中。众所周知，各个系统之间由于关注点不同，其信息构成与数据结构即使是通过 EDI 对接的方式，也很难轻易地匹配和关联起来。为了满足业务管理的需要，企业必将为此付出高额的对接、定制与研发费用。

外运发展"一体化"物流运输可视化服务平台不仅具备运输业务管理、车辆与终端监控、运输基础数据管理、车辆轨迹管理、运单执行跟踪及报警、电子锁控制及状态查询等物流运输可视化业务的主要管理功能，免去了用户为关联各方信息所投入的研发成本，还在平台设计之初就充分考虑到用户对业务信息展示的需要，通过专门的功能模块对汇集的数据进行多层面的呈现，免去了用户在数据整合及关联、呈现等方面投入的再次开发成本。

四、实施效果

1. 经济效益

（1）直接经济效益。在直接经济效益方面，外运发展物流运输可视化服务平台的"一体化"特性一方面可以有效帮助用户节省数据整合、关联和呈现的定制开发与再开发成本，另一方面可以在减少业务管理中所涉及系统数量的基础上帮助企业降低系统运维所投入的人工成本。

（2）间接经济效益。在间接经济效益方面，外运发展物流运输可视化服务平台在业务执行过程中可以第一时间提供完整的运输任务预警信息，帮助用户在第一时间掌握业务异常情况，并在最短的时间内对异常情况做出应对，从而规避潜在的安全风险和不必要的经济损失。

2. 社会效益

（1）为物流运输可视化发展提供了全新的思路。物流运输可视化服务作为物联网范畴的核心板块之一，得到了国家的大力倡导及政策扶持。我国目前在 GPS 定位技术、GPS 设备的研发和制造水平上已经步入国际先进行列，完全可以满足运输轨迹跟踪的市场需要。其中，各种运输管理系统可谓琳琅满目。但放眼市场，能够直接满足企业对运输全程可视化管理需求的平台却少之又少，其根本原因在于市场上的 GPS、TMS 产品商大部分是信息科技型企业，在物流管理方面的经验相对薄弱。外运发展着眼于企业对物流管理的真实需要，通过"一体化"物流运输可视化服务平台对企业的业务和运输轨迹等可视化信息进行了无缝衔接，不仅很好地满足了企业自身的业务发展需求，还为物流运输可视化服务领域提供了全新的发展思路。

（2）改进运输可视化服务模式以满足社会需要。外运发展通过将"部标"GPS 跟踪定位设备、无线传感技术与运输管理有机地结合在一起，使业务单证、运力和货物信息运输轨迹得以无缝衔接，再通过图形等相关直观展现方式人性化地展现给最终用户，改进了传统运输可视化服务在面向最终用户时存在的多系统、多窗口的落后模式。在满足用户使用需求、提升用户使用感受的同时，还帮助企业降低了系统管理和运维的成本。

（来源：中国物流与采购网，http：//www.chinawuliu.com.cn，2017-08-29）

中外运空运发展股份有限公司物流运输可视化服务平台取得了显著的经济效益和社会效益，今后将以物联网服务为基础，引入互联网概念，利用公有云资源将现有物流运输可视化服务平台模块化、SAAS 化，最终发展成一个面向社会提供服务的公共物流运输可视化服务平台。当平台完成向 SAAS 架构的转型时，用户就可以免去以往系统部署、实施、运维的设备成本和人工成本，且只需要在平台上注册一个企业账号即可实现物流运输可视化方面的业务需求。不仅如此，用户还可根据自身对业务管理侧重点的不同，仅选择适合自身业务管理需要的功能模块，最大限度地帮助企业节省成本。

未来，外运发展物流运输可视化服务平台还将引入车辆运行状态监控、燃油监控、温度监控等与物流运输可视化相关的传感技术，并将传感器所检测的数据与物流业务信息和运输轨迹信息结合起来，不仅要使平台能够满足用户更为精细的可视化服务需求，还要令平台能够满足生鲜冷链、医药试剂、化工产品等特殊领域对货物运输环境的监控及管理需求。

企业在选择物流服务时，不可避免地要面对运输方式的选择（见表 7-1）。运输方式的选择条件，包括输送物品的种类、输送量、输送距离、输送时间、输送成本 5 个方面。其中，输送物品的种类、输送量和输送距离 3 个条件是由物品自身的性质和存放地点决定的，因而属于不可变量。与此相反，运输时间和运输成本是不同运输方式相互竞争的重要条件，因而必然会造成所选择运输方式的改变。一般来说，运输速度（特别是技术速度）与运输成本有很大的关系，且为正相关。200 公里以内选择公路运输比较合适，200～500 公里以内选择铁路运输比较合适，500 公里以上选择航空运输比较合适。

表 7-1 运输方式的种类和特征

运输方式	特征与优点	缺点	适用情况
公路运输	我国货物运输的主要方式之一,主要工具为汽车,主要特点是灵活机动,运输过程中换装环节少,运输速度较快,运输费用较低	运量比较小,长距离运输比铁路运输效率低、费用高	适用于中短距离、中少数量的高频率配送
铁路运输	我国货物运输的主要方式之一,运量大、速度快、可靠性高连续性强,远距离运输费用低。一般不受气候因素影响	受线路、货站、运行时刻、配车、编列等因素影响,不够灵活,近距离运输的费用较高	适用于中长距离的运输
水路运输	载重量大,能耗小,航道投资省,运输费用低	运输速度慢,运载搬运费用较高,航运和装卸作业受气候条件约束	适用于长距离、大批量的原材料、中间产品的运输
航空运输	运输速度快,货物包装要求低	运输费用高,重量受限制,对航空港设施要求高,受气候条件影响大	适用于长距离、快速运输以及生鲜商品和高价、低重量小体积商品的运输
管道运输	运量大,连续性强,损耗小,运输安全,建设投资省,高度专业化,货物不需要包装,不受地面气候影响	单向封闭的运输系统,灵活性很差,一次性固定投资大	主要适用于成品油、天然气等液体和气体的运输
集装箱运输	一种现代化运输方式,运费较低,能最大限度减少货损,高效率、高质量、标准化、专业化,节省包装费用,适用性强	需要采用统一的集装箱和配套的运输车辆,对搬运装卸机械的要求高	适用于各种商品的运输

选择适当的运输方式是物流合理化的重要因素, 可以选择一种运输方式, 也可以选择使用联运方式。

具体来说, 需要根据运输环境、 运输服务的目标要求, 采取定性分析与定量分析的方法进行选择。

（一） 运输方式选择的定性分析法

① 单一运输方式的选择。 单一运输方式的选择, 就是选择一种运输方式提供运输服务。 公路、 铁路、 水路、 航空和管道 5 种基本运输方式各有优点与不足, 可以在此基础上结合运输需求进行恰当的选择。 ②多式联运的选择。 多式联运的选择, 就是选择两种以上的运输方式联合起来提供运输服务。 在实际运输中, 一般只有铁路与公路联运、 公路或铁路与水路联运、 航空与公路联运得到较为广泛的应用。

（二） 运输方式选择的定量分析法

① 综合评价法。 综合评价法是选择运输方式的一种重要的定量分析法, 是根据影响运输方式选择的 4 个要素, 即经济性、 迅速性、 安全性和便利性进行综合评价, 然后根据评价结果选择运输方式。 ②成本比较法。 成本比较法是运输机工具选择的量化分析, 运输的速度可靠性会影响托运人和买方的库存水平。 ③竞争因素衡量法。 运输方式的选择如果直接涉及竞争

优势，则应考虑采用竞争因素衡量法。当买方通过供应渠道从若干个供应商处购买商品时，物流服务和价格就会影响到买方对供应商的选择；反之，供应商也可以通过对供应渠道运输方式的选择来控制物流服务要素。

案例 7　危化品物流：如何转"危"为安

化工产业的蓬勃发展，为危化品物流拓展了市场空间，同时也对危化品物流提出了更高、更新的要求。不过，若想保证危化品物流健康发展，行业还须系紧"安全带"。

现实的危险品运输中事故频出：4月10日，陕西省镇安县发生一起危爆运输车辆爆炸事件，造成7人失联，13人受伤；5月9日，山东省寿光市一化工厂溴素罐管体倾斜发生泄漏，现场出现大面积红黑色烟雾；5月12日，上海埃金科工程建设服务有限公司的工作人员在苯罐内进行检修作业时，发生燃烧爆炸事故，造成6人死亡；5月14日，山东省东营市两辆油罐车在高速上追尾自燃，随后爆炸，事故造成1人死亡……

这一系列令人震惊的事故有一个共同点：都与危化品仓储及运输有关。而危化品物流事故不同于一般事故，它会衍生出爆炸、泄漏、燃烧等更严重的后果，因此导致的经济损失、环境污染、生态破坏、人员伤亡等比普通仓储或交通事故要多很多。

一、"流动炸弹"比喻夸张却又符合实情

近年来，我国化工产品市场需求持续增长，许多伴生的危险品便成为人们生产、生活中不可或缺的资源，由此危化品物流步入高速增长期。有数据显示，我国危化品一年的运输量就高达16亿吨之多，其中道路运输量为10亿吨以上，约占危化品运输总量的60％、公路运输总量的30％以上，且呈逐年上升的趋势。

但不容忽视的是，日益增长的危化品物流市场虽前景广阔，却有着让人触目惊心的一面——公安部消防局数据显示，2012—2017年，公安消防部队参与、涉及的危化品事故近6万起，其中道路运输事故大约占76％，平均每天有28起。

由此可见，虽然危化品物流受到越来越多的关注，但其风险也非同一般。之前就有媒体称"危化品物流是'一颗流动的炸弹'"，这个比喻虽说有点夸张，但也符合实际情况。

清华大学互联网产业研究院副院长刘大成指出，其实自2015年天津港危险品仓库发生"8·12"特大火灾爆炸事故后，各级政府、企业就对危化品的安全给予了高度重视，关于危化品物流的政策更是频出。

尽管如此，每年危化品在仓储和运输过程中发生的各类事故依然不少，而且对生命、环境和社会造成了不可逆破坏。

二、制约危化品物流的始作俑者

伴随着物流业的快速发展，尤其是危化品需求的日益旺盛，危化品物流安全风险有增无减。所谓"百年累之，一朝毁之"，缘何危化品物流事故频频发生？究竟哪些因素是制约其发展的始作俑者？

中集国际物流有限公司副总裁李晋从4个维度，分析了当前危化品物亟待解决的难题：场地资产的专用性不足，安全隐患大；人力资产的专用性不高，运作效率差；物质资产的专用性不强，专业化水平低；专项资产不充分，绿色化缺口大。

刘大成则认为，由于高产值和高税收，过去化工行业成为地方财政收入的支柱，因而受到各地政府的追捧。而今随着中国经济发展变缓和环境问题凸显，且GDP不再是政绩考核

的唯一指标，加上国家对安全生产事故的追责和领导干部的问责越来越严厉，许多地方政府官员开始谈"危"色变，部分省市对保障危化品生产和销售的危化品物流更是采取禁止的方式一避了之。

"虽然这些措施能让危化品物流得到短期的安全保障，但长期下去必然会导致中小型企业千方百计躲避监管，也给危化品物流带来更大风险。"刘大成进一步解释，"对政府来说，因地制宜、因势利导、顶层设计、总体规划、标准建设、科学管理才是提升系统安全的正途。"

三、谈"危"色变也可转"危"为安

一方面是高速增长的需求，另一方面是频频报出的危险，有针对性地进行系统有效的预防、预警、应急处置与善后处理已成为危险品物流发展中的当务之急。

"政策越严格，投入越增加，保障就越得力。"刘大成认为，在一定时期内，严格的政策能在一定程度上降低危化品物流的事故次数和灾害程度。然而从长期来看，特别是面向民营中小微企业，危化品物流的管理更需要市场运营引导、企业主体责任落实与政府监管体系完善相融合。

"其实，以往的危化品物流安全监管体系不可谓不全、事故问责制不可谓不严，但安全生产事故率依旧居高不下。针对该现象，可以尝试以'降低外部不确定性'的方法，来降低安全生产事故。"刘大成就如何为危化品物流保驾护航，给出了他的"刘氏创新法"——锐减危化品公路运输比例。

影响危化品运输安全的四大要素是人、运载工具、管理体制和运输环境，其中可控要素是人、运载工具和管理体制，而不可控要素就是运输环境。对各主要运输方式进行比较，管道运输的外部不确定性最低，铁路运输次之，海运和空运居后，公路运输和内河运输则最高。尽管如此，目前承担危化品运输的主体却是外部不确定性最高的公路运输。

李晋则认为，若想危化品物流行稳致远，需要从两个方面着手，即进一步加强法制化和标准化建设，推进智能化管理和跟踪。

具体而言，在法制化和标准化建设方面，我国应对现有法律进行有机整合，使之成为一个完整、清晰的法律体系；以法律的形式将 HSE 管理体系渗透到危化品运输行业的每个岗位、每个环节，实现运输管理的全过程透明化，乃至安全管理的标准化、规范化。

（来源：物流时代周刊，昌校宇，2018-06-22）

案例分析

在推进智能化管理和跟踪方面，我国应加大投入力度，掌握并应用相关先进技术。同时，必须严格危险货物车辆联网联控系统的接入管理，加强危险货物运输车辆的动态监管，有效跟踪在途运营的实时信息。

国家已对危险化学品运输实施了资质认定制度，未经资质认定的不得运输危险化学品。通过连续几年的专项整治，道路化学危险品运输企业已基本实现了资质化。但由于化学危险品的生产、经营、储存、使用、销售、处置等各个环节不同程度地存在不够规范的地方，特别是化学危险品生产、销售、使用单位在托运化学危险品运输方面问题较为严重。各地方政府应根据实际情况，打破地方垄断，引导化学危险品生产、销售、使用企业实施化学危险品运输招投标。招投标一方面可以降低生产、销售、使用化学危险

品企业的物流成本，另一方面可以扶持化学危险品运输企业向专业化、规模化发展，使整个化学危险品的生产、托运、销售、运输等环节逐步走向成熟、规范，形成良性循环的好局面。

在危险货物运输企业的经营过程中，要从长远的角度考虑，加强动态监控。以合同运输方式建立产、销、用、运的点对点检查机制，从源头把住非法运输关，避免没资质的业户、车辆、人员运输危险品。成立危险品运输事故应急救援中心，并公布 24 小时免费救援电话。建立区域性救援中心，并与 110、119 等紧急反应中心密切联系、互通情况。建立与政府职能部门间的定期行车事故快报制度，加大对危货运输事故的紧急救援力度。

案例 8　医药冷链物流的中外发展比较

医药冷链物流是指为满足人们治疗疾病而进行的一项冷藏药品运输系统工程。在整个医药冷链物流过程中，需确保药品在各个链条环节的冷藏效果。将现代化信息技术融入医药冷链物流体系中，能够实现医药冷链物流智能化、信息化和自动化，提升物流效率。然而，当前我国医药冷链物流呈现高投入与高风险的特征，物流基础设施建设程度和信息化水平较低，运输和配送环节存在监管缺失现象。

我国医药冷链物流仍处于初级发展阶段，在基础设施、冷链质量控制标准等方面存在较多不足，尚未形成完整的医药冷链物流体系。

相较而言，美国、日本、加拿大等发达国家已形成了较完善的医药冷链物流体系，是医药冷链物流发展的典范。因此，比较中外医药冷链物流发展的差异，有助于推进我国医药冷链物流的现代化发展。

一、国外医药冷链物流发展的经验分析

（一）医药冷链物流标准化程度高，安全系数也高

目前，国际组织与部分发达国家已出台相对成熟的医药冷链物流标准指南。例如，世界卫生组织（WHO）出台了《The Blood Cold Chain》，并在血站组织指南中制定了极为严格的血液温度界限。

美国联合血液中心对血液成分制品冷链运输的温度控制、制冷剂品种、运血箱规格也有严格规定，并明令冷链物流各环节都要配备详细的追踪表单。同时，对超过冷链控制范围的血液进行严格的召回处理。美国冷链协会也发布了《冷链质量标准》，内容涵盖了冷藏药品包装、温度控制、冷链设施配备标准等方面，用以准确测试医药冷藏、冷链包装、医药冷链运输的标准性，为美国医药冷链运输的标准认证提供了基础。

加拿大卫生健康安全部也颁布了《温控药品储存运输指南（0067 号）》，并由加拿大社会各界人士监督其执行力。在医药冷链物流认证方面，加拿大以医药规范 GAP、医药生产规范 GMP 等标准制度为执行基准，严格控制医药冷链物流标准。在严格地把控下，加拿大冷藏运输率高达 90％，医药冷链物流安全系数极高。

（二）交通运输网络发达，医药冷链物流运输通道便利

国外政府积极打通冷链物流通道，为医药冷链物流发展提供了良好的基础运输环境。例如加拿大建立了多式联运交通体系，铁路、海运、航空、公路等各种运输方式相互补充，形成了综合型冷链物流交通网络。同时，加拿大还建立了西海岸运输走廊、东海岸运输走廊与南北运输走廊3大冷链运输走廊，覆盖了大西洋、亚太地区国家与美国的冷链海运业务，形成了沿美加边境、贯穿东西畅通发达的铁路运输通道与高速公路运输网络，为加拿大医药冷链物流的跨国贸易提供了极大的交通便利。

美国的交通运输网络也极为发达，美国区域铁路与公路交通网络由长岛延伸至纽约州、新泽西州和康涅狄格州，是世界上最大的交通网络之一。同时，美国的州际高速公路系统全长68500公里，可实现1000公里范围内医药物品冷链物流的24小时及时送达。在铁路冷链物流运输中，美国采用火车温控集装箱，用于48个州之间医药的即时运载。美国的"快运走廊"与"冰冷快线"冷藏快运通道，为东西海岸的医药冷链运输提供了无缝衔接，极大地提高了医药冷链运输的速度，且运输成本比公路低5%～15%。

此外，美国铁路运行通常以始发直达车的单元列车运行方式为主，运输时间易于把控，准时率通常在95%以上。依托于便捷的运输网络系统，美国医药冷链物流得以迅速发展。

（三）医药冷链物流技术成熟，物联网技术应用广泛

国外医药冷链物流的技术发展较成熟，各发达国家普遍拥有现代化医药冷链物流技术。在医药冷链物流运输方面，美国、英国、日本物联网技术应用率较高。美国应用RFID、GPS配备温度控制系统，通过自动控温与温度监控实时监控医药温度，将医药冷藏运输温度控制在2～8℃范围内，保障疫苗、生物制剂等医药在冷链运输过程中的温度适宜。

美国拥有世界最先进的"三段式"冷藏运输车，可同时满足3种不同冷藏医药品的温度需求。英国C. R. England冷链服务运输公司也拥有电子数据交换、卫星定位系统、远程控制平台等先进辅助技术，并为每辆冷链车配备了冷链GPS定位、网络跟踪设备和网络账单功能，可实时追踪每辆冷链车的运输信息，做到有据可查，保证医药冷链运输过程的质量安全。日本也拥有最先进的条形码技术与温度传感器技术，可实时监控医药冷链物流服务质量。同时，日本还引入了车载地图系统，为医药冷链配送车辆规划物流路线，极大地缩短了物流在途消耗时间，提高了医药冷链物流配送效率。

（四）医药企业市场集中度高，医药冷链物流管理体系健全

国外医药企业市场集中度高，相关管理体系完善且健全。例如，美国的医药冷链物流通常以大型的药品批发企业、制药企业为衔接枢纽，需将医药制品集中到大型药品的冷链物流中心，再进行最终的冷链配送。这种冷链物流模式，充分利用了规模效应，避免了市场上多而杂的小额订单，因此市场集中度较高。

同时，美国通常会通过无线冷链监控平台，实时监管、逆向追溯医药冷链物流的整个过程。此外，美国所有州需严格按照FDA药品冷链物流的标准条例，要求医药产品必须储存在7℃以下（包含7℃）的环境中，克服了美国所有州监管脱节、责任界定的困难。

日本医药冷链物流服务区域集中性也较强，大部分冷链运输医药产品进货需直接面向制造商，因此其医药冷链收发周期有较强的可控性。同时，日本医药冷链物流市场实行严格的准入制度，不允许区域型的低温药品在全国范围运营，因此日本几乎很少进口医药品，整个医药冷链物流市场的安全指数高。

二、 中外医药冷链物流发展存在的差异比较

（一）医药冷链物流基础设施建设存在差异

当前，中外医药冷链物流基础设施建设存在较大差异。美国、日本、法国等发达国家的医药冷链物流基础设施建设已较为成熟，物流设备的应用趋于自动化、智能化。在美国医药冷链物流体系中，无线通信设备、温度传感器等先进物流设备的应用已较为广泛。World Courier、Nagel、FedEx、UPS、DHL、Allergan等国际医药冷链物流领军企业均建有综合性的药品冷库，并配置先进的医药产品冷藏箱，采用现代化药品封装、温度电子监控等技术。

相较而言，我国医药冷链物流技术水平较低，物流基础设施较为滞后对现代化技术的应用严重缺乏。从交通运输层面而言，我国铁路冷藏车多为机械式速冻车皮，且数量较少，仅占冷藏车总量的2%左右。同时，我国冷藏保温汽车占比是货运汽车占比的0.3%，而该比例在英国和美国已分别达到2.6%和1%。从技术层面而言，我国部分医药物流企业在进货和出货时，仍采用人工对温度进行测定和记录，以致无法实现全过程温度的测定。同时，RFID技术与GPS技术在我国医药冷链物流企业中的应用尚未普及。

（二）医药冷链物流成本存在差异

中外医药冷链物流成本存在明显差异，我国医药冷链物流成本整体偏高。相关公开数据显示，我国医药冷链物流成本占销售总成本的12%，是美国的4倍。同时，我国医药流通费用率高达12.56%，而销售利润率却仅为0.6%，与美国3%的医药流通费用率和2.4%的销售利润率相差甚远。

另有业内专家指出，与普通运输的成本相比，冷链运输的成本高出80%左右，但冷链物流的利润仅为20%左右。同时，我国医药冷链物流中的设施建设费用、电费、检测费等均处于较高水平。

例如，九州通天津医药公司的技术人员指出，建立一个冷链仓库至少需要100万元以上的资金投入，相较于普通仓库400元/平方米的造价，配备保温系统的冷库则需要3000元/平方米以上的造价。同时，为了保持仓库温度的均衡性，需要花高额的电费，1万平方米的冷库至少需要20万元/月。加之每年的检测费用，即150平方米以下的仓库检测费为8000元，冷藏箱验证费用为1200元/个。

再如，2017年3月中国水运报新闻消息显示，苏州点通冷藏物流有限公司商务总监指出，医药冷链物流的投入成本远远高于传统物流业。在冷链物流硬件设施方面，一辆包括车厢、冷机和底盘在内且符合标准的冷藏车费用为50万元以上；冷链物流的温度控制系统、配套运作管理系统等，至少也需要几十万元的支出。由此可见，我国医药冷链物流成本较高，并制约着医药产业整体的发展。

（三）医药冷链物流信息管理系统存在差异

医药冷链物流信息管理系统包含仓储管理、运输管理、药品质量可追溯、全程温控等系统。当前，美国、加拿大、日本等发达国家已拥有较为完善的物流信息管理系统，且医药冷链物流体系的信息化程度较高。

美国依托大数据技术、自动识别射频技术、电子数据交换技术和远程控制技术等，建立了运输路线和车货匹配信息平台，不断优化着医药冷链物流信息管理系统。加拿大充分应用全球定位系统、电子数据交换等现代化信息技术，依据统一标准构建了医药冷链物流信息交

换、管理系统，现已在预冷、仓储、运输和销售各环节实现了全程温控和实时监控。同时，加拿大采用的自动化冷库技术可有效利用贮藏技术的自动化和 HDDS 高密度动力存储，预防医药产品发生质变。

然而，我国医药冷链物流信息管理系统建设程度较低，信息化水平整体较为滞后，缺乏对冷藏运输及配送过程的监控。在 2016 年第五届中国医药冷链物流峰会上，中国物流与采购联合会秘书长指出，山东疫苗事件充分反映出我国冷藏药品在配送过程中存在信息管理漏洞，导致药监部门无法利用现有信息管理系统对药品冷链物流进行全程监控。

可见，我国医药冷链物流信息管理系统仍不完善，无法全程跟踪、追溯和预警药品冷链物流信息。此外，在医药冷链所有环节中，从药品制造商、供应商、分销商到零售商等均采用独立管理方式，各环节之间缺乏组织协调和资源共享，导致医药冷链物流信息管理系统内部存在数据与信息的缺失情况。

（四）医药冷链物流监管体系存在差异

中外医药冷链物流监管体系存在较大的差距，我国监管体系较落后、可操作性不强。国外发达国家构建了完善的医药冷链物流监管体系，具有规范化、透明化的特点。例如，美国 Able Freight 公司实行高资质的医药检验，FDA 监测要求美国药品供应链生产商不仅需承担保证药品质量的责任，同时还需承担药品冷链运输中的管理职责。

美国药品在出厂时，需立即使用冷链物流温控监管技术，生产商则要进行监督以保证药品在冷链物流过程中不断链。相较而言，我国医药冷链物流监管体系尚未完善。目前，针对企业擅自降低医药冷链标准以及其他违法行为，有相关法律法规的处罚规定不够明晰，无法起到震慑作用，导致医药冷链物流行业频繁出现"断链"现象，药品安全无法得到保障。

例如，在 2016 年 3 月的山东疫苗事件中，正是疫苗在冷链运输和配送环节的监管缺失，致使未经冷藏的疫苗通过非法渠道流向 24 个省市，非法涉案高达 5.7 亿元。此外，我国药品生产、经营质量管理规范中的冷链标准缺乏统一性，且不同省市对中医药冷链规范的理解存在差异，这在很大程度上增加了监管工作的难度。

三、 推动我国医药冷链物流发展的对策

（一）完善医药冷链物流相关标准，加大医药冷链物流监管力度

完善的医药冷链物流标准，是促进医药冷链物流发展的重要保障。我国政府部门应加强与冷链物流行业组织和企业之间的交流与合作，不断制定与完善运输、存储、配送等环节的相关标准，为医药冷链全过程监管工作的开展提供依据。同时，依据国际相关冷链物流标准，不断更新医药冷链物流的建设、运作和管理规范，明确药品运输、储存和配送管理要求，严格监督相关管理部门在药品流通全过程中的具体工作。

我国政府要不断完善医药冷链物流监管系统与应急救援系统，加强对专业化冷链物流设施的监督，逐步规范冷链物流服务体系，推进医药冷链物流的标准化建设。此外，政府相关部门还应不断修改和完善疫苗存储与运输管理规范，为疫苗冷链物流体系建设以及储运过程的实际操作提供依据。

（二）充分运用物联网技术，实现医药冷链物流智能化

医药冷链物流企业应充分发挥物联网技术的优势，不断研发和引进现代化信息技术，推进医药冷链物流全程一体化和无缝化。在药品冷藏温控设备方面，物流企业可将多温控制技术运用到冷藏车上，并设置涵盖冷冻、冷藏、常温的不同温度的控制区域。

将不同药品放在与其温度要求相符的区域内进行同车运输，提高药品运输满载效率。另外，在软件设备方面，医药冷链物流企业应将RFID、GPS、无线通信、温度传感等技术应用于物流全过程，注重对国外先进技术的引进，逐渐形成智能化、自动化医药冷链物流中心。在冷链物流系统方面，物流企业可结合药品冷链仓储管理系统、PTL电子标签辅助拣货系统、无线射频拣货、低碳磁悬浮节能环保空调、全自动堆垛、实时监控、二维码识读等应用，构建智能医药冷链物流系统，实现医药产品运输、仓储、配送等全过程的智能化。

（三）建立医药冷链物流信息跟踪体系，推进冷链物流管理信息化

我国医药企业应及时搜集统一标准数据，构建包括物流信息管理、电子交换等系统在内的医药冷链物流信息跟踪体系。通过对各种冷藏车与冷库以及库存产品的保质期和库龄进行全方位动态监控，推进医药产品冷链物流管理信息化。医药物流企业应建立信息共享平台，搜集医药产品从生产到销售的所有信息，并结合条形码与射频识别技术对各环节的相关信息进行追溯。针对冷链物流过程中药品出现的问题，利用信息跟踪体系进行分析和评估，以便及时召回有安全问题的医药产品。

同时，利用药品集中采购平台的信息资源，逐步形成全国药品信息平台，及时发布医药产品的流通、价格、质量、规格等信息，实现医药信息共享。另外，要发挥社会监督优势，实时跟踪和监控医药冷链物流信息，提高医药物流信息化管理水平。

（四）大力发展第三方医药冷链物流，提升物流专业化程度

第三方冷链物流企业能够充分响应市场需求，为医药企业提供专业化物流服务，从而提高医药冷链物流效率。因此，我国政府应加大对第三方冷链物流企业的支持力度，鼓励它们积极开展医药冷链物流业务。

在药品冷库建设、冷藏保温设施购置等方面，我国政府可为第三方医药冷链物流企业提供相应的政策补助，如低息贷款、减免税等，激励它们在医药冷链物流领域的发展，提高医药冷链物流的专业化程度。

同时，采取政企合作方式，充分利用和整合第三方医药冷链物流企业的物流资源，加快物流设施和运输网络的建设，拓展物流服务功能，逐步健全第三方医药物流企业服务网络。

此外，政府还可通过聘请专家的方式，加强对第三方医药物流企业的业务培训指导，并添加指标考评项目，对第三方医药冷链物流企业的培训状况进行考评，以此提高其物流专业化程度，确保医药冷链物流有序发展。

（五）加强医药冷链物流基础设施建设，为冷链物流发展提供保障

目前，我国冷藏保鲜车、冷链物流基地等基础设施建设不足，严重制约着我国医药冷链物流的持续发展。因此，我国应逐步加强医药冷链硬件设施的建设，为医药冷链物流发展提供基础保障。在低温冷库建设方面，医药冷链物流企业应大力建设高效、先进的环保冷冻库，并根据冷藏产品对温、湿度需求的差异性进行分期更新。政府可建立辅助投入机制，减轻冷链物流企业建设基础设备的资金压力。

在冷藏运输工具方面，物流企业应加大资金投入力度，加强冷藏运输工具的开发与生产，提高运输工具的实载率，从而实现医药专业化冷链运输。同时，我国应当发展小编组冷藏车，以满足少量、多品种医药品的冷藏运输要求。此外，还应加紧建设医药冷链物流的专用应急通道，以便在突发医疗事件中，为灾后医药冷链运输或器官移植等紧急医疗需求提供迅速的医药冷链物流服务。

（来源：亿欧网，https：//www.iyiou.com/p/48432，2017-06-24）

医药药品安全直接关系着民生和社会稳定，同时对我国的物流供应链特别是冷链物流提出了更高的要求。随着冷链医药产品市场的不断扩大，医药冷链物流质量管理面临着前所未有的机遇与挑战，医药冷链物流发展之路仍任重而道远。

令我国医药企业最头疼的一个物流管理问题，就是冷藏品不易运输和托运。同时，我国目前的冷链体系仍然存在缺乏统一的行业规范、实时监控体系、完善的追溯机制及行业恶性竞争等问题，诸多事件暴露出中国医药冷链的薄弱现状。

2012年11月5日，国家质检总局、国家标准委发布《中华人民共和国国家标准公告》（2012年第28号），正式批准发布362项国家标准。其中，《药品冷链物流运作规范》（GB/T 28842—2012）和《食品冷链物流追溯管理要求》（GB/T 28843—2012）两项物流国家标准正式发布，自2012年12月1日起实施。两项国家标准由全国物流标准化技术委员会归口管理，并分别由浙江英特药业有限责任公司、北京松冷冷链物流有限公司以及上海标准化研究院等单位起草。其中，《药品冷链物流运作规范》规定了冷藏药品物流过程中的收货、验收、贮存、养护、发货、运输、温度监测和控制、设施设备、人员配备等方面的要求。本标准适用于冷藏药品在生产、经营和使用过程中的物流服务，将对我国药品冷链物流的健康发展起到重要作用。

长期以来，我国医药冷链物流水平低，冷链规范标准缺失就是很重要的一个原因。随着医药冷链物流方面标准的出台，药品流通这个"散、小、乱、弱"的市场将重新洗牌。但是标准即使出台也仍处于试运行阶段，离"强制执行"还有一段时间。企业生产、流通缺乏冷链的原因就在于成本投入过高。目前，国内从事医药物流快配的企业，利润不到1%。大规模地增添冷链设备并不现实，因而总是停留在数十个保温箱、一两辆冷藏车的规模下运作。90%以上的医药流通企业都是中小企业，经营规模在4亿元以下，根本没有能力建设现代物流中心，更无法投资现代化的信息化设备和自动拣选设备。据全国医药技术市场协会统计，企业内部使用良好信息化系统的医药流通企业最多不超过100家，即相对于1万家流通企业来说只有1%。因此，我国医药冷链物流的发展任重而道远。

第8章

流通加工

案例1　来自厄瓜多尔的玫瑰花

南美洲厄瓜多尔中部火山地区常年气候温暖、雨水充足，虽然山高林密、地势险要，却是玫瑰花和其他珍贵花卉的盛产之地。美国迈阿密州的布里恩花卉物流公司向北美各大城市配送的玫瑰花就是在这个地区的3家大型农场定点采购的。

当人们在花店中看到娇艳欲滴、花香袭人的玫瑰花时，无不为之心动。但不可否认的是，玫瑰花娇嫩易损，一旦残败凋零，其价值则丧失殆尽。根据鲜花种植专家的测定，玫瑰花从农场收割后，正常情况下可以保鲜14天。这在整个运输过程中万无一失的情况下才能够做到，而且玫瑰花不能受到挤压，一旦花枝变形就会大大降低玫瑰花的品质。那么，如何让人们看到最高贵的玫瑰花呢？

一、玫瑰花的旅途

Ctopaxi地区：昨夜一场大雨过后，空气格外清新，Rose走向农场，准备开始一天的劳作。这些玫瑰含苞待放，枝叶上的露珠微微颤抖，十分惹人怜爱。然而它们实在太娇嫩了，经不起日晒雨淋。所以，Rose将园中的玫瑰花枝剪下来之后立即包装起来。为了防止花枝受到挤压，包装玫瑰的盒子都非常结实，装满鲜花后即使站一个人上去也不会变形，而且避免了运输过程中重复包装。每次Rose都会将50枝玫瑰花包成一盒，然后将盒子装入2℃的冷藏集装箱内。在农场中，所有的人都是这么做。集装箱装满之后，就被送到厄瓜多尔的首都Quito国际机场，接着被连夜送往美国迈阿密国际机场。

美国迈阿密国际机场：布里恩花卉物流公司发明了一种环保集装箱，其保温时间可以持续96小时，而且还能储存在宽体飞机底部的货舱内。所以，这些玫瑰花整晚都安安静静地躺在飞机底部的货舱内。第二天凌晨，满载着新鲜玫瑰花的货机徐徐降落在迈阿密国际机场。在此等候的工作人员，迅速将鲜花从飞机舱口运到温控仓库里。早晨，海关、检疫所和动植物检验所的工作人员来对鲜花进行例行检查。之后，花卉就被转运到集装箱卡车或国内航空班机上，接着运到美国各地配送站、超市和大卖场，再送往北美大陆各大城市街道上的花店、小贩和快递公司等处，并最终到达消费者手中。其整个过程是快速衔接的，在时间上不能有任何差错。这样，北美地区的人们就能够欣赏到来自南美洲厄瓜多尔最美丽的玫瑰花了。

二、旅途多舛

当然，并不是所有的玫瑰花都能够顺利地被送到人们手中。在玫瑰花从不远千里的厄瓜多尔农场来到北美各大城市的过程中，任何一个环节发生意外或处理不当都有可能导致玫瑰花香消玉殒。比如，飞机晚点、脱班或飞机货舱容量不够大，抑或冷藏集装箱的温控设备失灵等都会影响玫瑰花的品质。此外，还有一些人为因素，如有些货主为了降低运费不采用具有温控设备的运输工具来运送玫瑰花等。

总而言之，鲜花物流的标准非常苛刻。因为鲜花十分容易枯萎甚至腐烂，这将导致鲜花一文不值。因此，布里恩花卉物流公司必须将新鲜花卉在运输途中可能遇到的各种障碍和意外风险都降低到最低。为此，布里恩花卉物流公司牵头，美国赫尔曼国际货运代理公司主持，成立了迈阿密赫尔曼保鲜物流集团，从事花卉的进出口运输工作。它还与联邦快递（FedEx）和UPS签订了一体化快递服务合同，把鲜花直接运送到美国各地。

（来源：《物流管理概论》，化学工业出版社，袁长明主编）

对于生鲜商品来说，流通加工在其市场经营过程中发挥着重要作用。合理的流通加工能够降低损耗和成本，提高运输效率和企业效益。

流通加工(Distribution Processing)是物品在从生产地到使用地的过程中，根据需要施加包装、分割、计量、分拣、刷标志、拴标签、组装等简单作业的总称。

流通加工是为了提高物流速度和物品利用率，在物品进入流通领域后，按客户的要求进行的加工活动。即在物品从生产者向消费者流动的过程中，为了促进销售、维护商品质量和提高物流效率，对物品进行一定程度的加工。流通加工往往通过改变或完善流通对象的形态来实现"桥梁和纽带"的作用，因此是流通中的一种特殊形式。随着经济的增长和国民收入的增多，消费者的需求出现多样化，促使在流通领域开展流通加工。目前，世界许多国家和地区的物流中心或仓库经营中都大量存在流通加工业务，尤其是日本、美国等物流发达国家更为普遍。

流通加工示意图，如图8-1所示。

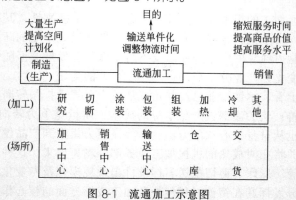

图8-1 流通加工示意图

流通加工是在流通领域进行的简单生产活动，具有生产制造活动的一般性质。但是从根本上说，二者之间有着明显的区别。生产加工改变的是加工对象的基本形态和功能，是一种创造新的使用价值的活动。而流通加工并非改变商品的基本形态和功能，是一种完善商品使用功能、提高商品附加价值的活动。二者之间的区别，如表 8-1 所示。

表 8-1 流通加工与生产加工的区别

项目	流通加工	生产加工
加工对象	进入流通过程的商品	原材料、半成品、零配件
所处环节	流通过程	生产过程
加工难度	简单	复杂
价值	完善或提高价值	创造价值及使用价值
加工单位	流通企业	生产企业
目的	促进销售、维护产品质量、提高物流效率	消费

案例 2　钢铁物流之流通加工

流通加工是在物品从生产领域向消费领域流动的过程中，为了促进销售、维护产品质量和提高物流效率，对物品进行加工，使物品发生物理、化学或形状的变化。

对于钢铁企业而言，流通加工是钢铁产品的纵向延伸业务，具有产品增值及战略协同的双重功能。目前，随着钢铁产业的成熟、竞争环境的变化、产业分工的调整，世界钢铁企业日益重视钢材流通加工业务的拓展。但钢铁企业面临着不同环境及不同战略的追求，加之钢材流通加工本身涵盖领域广、层次多，技术、质量及用户类别差异大，导致钢铁企业的流通加工业务在生产方式、发展程度上各有不同，在实践中形成了不同的发展模式。宝钢作为以钢铁为主业的大型企业集团，也较早地涉足了深加工，并在反复探索中初步形成了梯级定位、内外结合、聚焦发展、协同管理的战略经营模式。

一、流通加工的必要性

钢铁企业发展流通加工的根本原因是什么？抛开企业的差别性，其根本原因是产业分工关系的演变。传统上，由于钢铁业本身的大规模生产性质以及市场的旺盛需求，钢铁业很少涉足流通加工，大多是由独立的中小企业以及下游主体行业发展。但随着技术的进步、市场供需及其竞争环境的变化，产业分工格局也发生了很大的变化。

一方面，从整体上看，钢铁行业已经并正在从致力于规模扩张转向产业及产品结构的调整、质量及服务的完善；从关注钢铁产品本身的成本、质量竞争力转向整体供应链竞争力。另一方面，下游行业也从自身核心竞争力出发，将注意力集中到产品设计以及信息化、电子化等高附加值领域，并将相对成熟的机械加工业务部分剥离出来。这种产业分工的调整，导致一些诸如涂镀、制管、彩印、剪切配送、标准件出现规模化及专业化趋势。面对这两方面的变化，钢铁业为充分发挥其在钢铁材料性能及加工成形方面的核心作用，提高供应链竞争力，已经自觉由单纯的材料供应商向综合服务供应商转变，成为整合加工业务的主体之一。

目前世界上几乎所有的钢铁企业都或多或少、或深或浅地参与了下游深加工的整合，只不过其方式与途径有所不同。所以，钢铁业发展流通加工，是顺应钢铁与钢材加工的关系演变、积极调整产业分工格局的合理选择，是利用并进一步巩固、提升自身核心能力，强化供应链的必要环节，具有内在的必要性和必然性。

二、 流通加工的产业性质

流通加工发生在钢铁销售物流过程中，处于钢铁业与下游终端用户的中间环节，其目的是使钢材产成品通过一定的剪切、轧制等工艺流程，满足客户的多样化需求，进而使钢材产品产生增值。因此，钢铁流通加工具有过渡性和双重性。

过渡性：钢铁流通加工一般处于钢铁行业与下游汽车、家电、机械设备、建筑行业等的中间地带，既可以看作钢铁的延伸工序，也可以看作下游行业的上游工序，因而具有过渡性，尤其在我国这样非成熟市场的环境下更是如此。从市场博弈来看，这种过渡性导致了一定程度的依附性。所以，钢铁业涉足加工的核心目的并不是发展独立的多元产业，而是优化与整合供应链。甚至可以说，流通加工是钢铁企业在与下游企业渠道的博弈中形成的。同时，流通加工的过渡性也必然导致大多数深加工业务成为分散性业务，不具备规模经济性，不适合钢铁企业经营。

双重性：钢铁业涉足流通加工，不仅从理论上使相互之间的交易费用有所减少，更重要的是使深加工成为钢铁业的分销环节、技术试验厂以及新市场拓展基地。所以，流通加工不仅具有一般产业的资本增值价值，而且具有与钢铁业互动发展的战略协同价值，因而其产业功能具有双重性。钢铁企业发展流通加工，应兼顾其双重性。

三、 流通加工的现实意义

要促进我国钢铁物流现代化，提高钢铁物流效率，压缩钢铁企业成本，缩减流通费用，并以最小的投入获得最大的产出，做好钢铁流通加工有着不可忽视的现实意义。

首先，提高钢材产成品附加值。通过流通加工实现产品增值，从而提高产品盈利能力，是发展流通加工最基本的目的。只是这种附加值并不必然体现在流通加工环节，而是或隐或显地体现在整个供应链上。从理论上看，纵向产业链的利润总额是由各产业环节共同创造的，利润的分配形式（平均分配或向某个产业积聚）则随市场供需形势以及产业竞争生态的改变而改变，呈"此消彼长"的状态。近几年来，钢铁产业链利润向上游的积聚就是利润转移的明证。所以，应将附加值理解为产业链整体价值的附加。

其次，优化供应链。供应链管理是近几年众多管理专家们共同研究探讨的问题。所谓供应链，是指由产品在生产和流通过程中所涉及的原材料供应商、生产商、批发商、零售商以及最终消费者组成的供需网络，即由物料获取、物料加工并将成品送到用户手中这一过程所涉及的企业和企业部门组成的一个网络。供应链管理就是在商品供应的链条中，企业间就商品在流通过程中发生的各种管理活动，加强相互间的合作，形成战略联盟，通过信息的共有化、需求预测的共有化等，来实现物流机能的分担，实现商品流通全过程的效率最大化。流通加工作为分销增值手段，能有效满足下游用户的个性化需求，弥补钢铁产品大规模生产的不足。企业可通过合理的布局，降低综合物流成本，突破与客户及竞争对手博弈中的不利局面，从而平抑产业链利润转移的波动，提高产业链的竞争力，使自身产业链的盈利能力得以最大化。

再次，发展新市场。流通加工作为钢铁的基本市场，其本身就有市场发现的功能。钢铁业以自身材料性能及加工成形的核心能力，开发新产品、寻找新用途、拓展新领域，从而提高钢铁产品的竞争力。

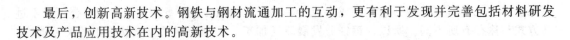

最后，创新高新技术。钢铁与钢材流通加工的互动，更有利于发现并完善包括材料研发技术及产品应用技术在内的高新技术。

四、 流通加工的模式及其特点

由于流通加工范围较广，不同类型的深加工对钢铁企业的意义也必然不同。我们从钢铁业供应链角度依次将钢铁深加工分为 3 类：材料型深加工、营销型深加工、产业型深加工。

1. 材料型深加工

材料型深加工一般是指以提高性能、增加功能、方便用户为目的的在线加工业务，是钢铁产品的自然延伸。因材料型深加工仍具有原材料性质，适合大规模生产，一般纳入钢铁生产平台，如涂镀、焊管、线材制品等。它是推动技术升级，开发新产品，提高产品附加值，增强产品竞争力的基础手段。

2. 营销型深加工

营销型深加工首先是指服务最终用户、控制分销渠道的中间品加工业务，属于服务营销型深加工；其次是指配合宝钢高附加值新产品的研发与促销而介入的产成品加工业务，属于技术营销型深加工。例如剪切加工配送（包括激光拼焊）、减振板等市场示范类产品等，是针对竞争对手的营销增值手段，且不与战略用户产生竞争。

3. 产业型深加工

产业型深加工是指以发展产业为目的的最终产品的深加工业务，如金属包装（二片罐、捆带）、钢结构。与钢铁业在市场、技术上的互动最为深入，对宝钢整体提升技术创新、控制并创造市场有着不可替代的作用。当然，由于产业型深加工拥有自身的核心价值链，且多与钢铁业的最终用户产生直接竞争，所以并不是所有的产业型加工对钢铁企业都存在同样的必要性。

当前营销型加工，尤其是剪切加工配送成为流通加工中最为热门的一种形式。钢材的剪切加工配送作为一种新型的物流服务方式，其机能就是拥有库存钢材，在中心切断、加工、检查，在最佳时间内配送给各个用户。著名的现代钢材物流企业美国瑞森公司，其旗下的30 家左右加工配送中心统一使用瑞森品牌，几乎能为北美、南美所有的钢材用户提供服务，并满足客户的加工、配送、信息指导、仓储、运输等需求。

现代物流方式对我国传统的从生产到流通全由钢厂一手操办的流通模式，构成了极大的冲击。随着国外钢材贸易集团进入中国市场，由各种形式的物流中心、配送中心、网上钢材交易等新型的营销方式及流通业态取代包括钢材在内的生产资料批发市场和生产厂家的供销公司，已成必然趋势。

目前，国内已经建成的钢材加工配送中心有 200 家左右，很多由外商独资或合资投建。仅韩国浦项在中国华北、华东和华南地区就建有 3 个板卷加工中心，年生产能力达到 37 万吨。日本商社更是在 10 年间，于中国建设了 29 家钢材加工配送中心。这些钢材加工配送中心的主要服务对象集中在外资、合资企业和一些上规模的民营企业，还没有普遍得到国内制造厂家的认同。另外，有些地方组建的钢板开平厂由于档次低，无法提供保证商品质量的钢板和钢卷。

钢材配送制作为一种先进的社会化流通体制和一种最合理高效的现代物流方式，对社会生产总成本的大量节约所产生的巨大效益正日益显现。当钢材用户对钢材的品种、规格、数量要求越来越分散时，钢材加工配送模式就越来越能体现出优势。

这种现代物流方式的作用如下。

一是顺应了钢铁企业的需求。尽管中国大多数钢铁企业都自备横、纵剪线，具有较强的剪切加工能力，但其生产周期长、钢材利用率低、加工成本高，严重影响了企业产品的竞争力。而钢材加工配送中心能据用户所需钢材的品种、规格、数量进行资源的组合备库，集中下料和合理套裁，从而压缩流通时间，降低流通费用。这种社会专业化的分工，也有益于提高钢铁企业生产集约化的程度。

二是顺应了钢材用户的需求。钢材用户自行加工钢材，尤其是在使用量不大的情况下，加工费用远高于外委。当他委托剪切加工时，既可节省加工设备的投资和劳务投入的时间，又可得到相应的产品质量保证，还可享受到剪切中心适时的供货服务，从而有可能实现"用多少加工多少"的零库存管理。事实上，有些钢材用户已准备卖出现有的剪切设备，与贸易商联手投资兴建配送中心，以享受现代物流服务。

三是顺应了贸易公司的需求。贸易公司利用剪切中心将板卷销售给用户，同时提供原料库存、及时加工、迅速交货等完整的配套优质服务。钢材加工配送和钢材贸易的结合，不仅提高了钢材的使用率，满足了用户对钢材品种、规格、数量的个性要求，也增强了贸易公司自身的综合竞争能力。

2008年的钢材市场，钢价波动剧烈，钢厂、钢材流通企业都面临着巨大的挑战和机遇。传统贸易方式向钢铁产品的"电子交易＋剪切加工＋配送"，即门对门服务的现代物流转变，已经成为一个不可逆转的趋势。因此做好产品的流通加工，将成为我国钢铁物流业一个重要的创收渠道。

（来源：一诺钢铁物流网，http：//www.yn56.com，2009-01-06）

随着技术的进步、市场供需及其竞争环境的变化，产业分工格局也发生了很大的变化，市场竞争可谓日益激烈。生产企业重视流通加工工作，有利于增强企业的竞争实力。对于钢铁企业而言，流通加工是钢铁产品的纵向延伸业务，具有产品增值及战略协同的双重功能。

流通加工不但可以提高物流活动的效率，满足消费者的多样化需求，同时还可以增加物流企业的经济效益。其目的具体表现在以下几个方面：①强化流通阶段的保管功能。食品类商品的保鲜包装、罐装食品的加工等，可以保证在食品克服时间距离后，仍能保证其新鲜状态。②回避流通阶段的商业风险。钢板、玻璃等产品的剪裁，一般都是在接到客户的订单后才进行，这样就可以明显提高产品的附加价值。③提高商品附加价值。蔬菜等原材料经过深度加工，如加工成半成品；稻米经过精加工，如加工成免淘米等。这些流通加工活动，可以明显提高产品的附加价值。④满足消费者多样化的需求。例如，不同顾客对于商品的包装量有不同的要求，通过改变商品的包装量可以满足不同消费者的需求。⑤提高运输保管效率。组装型商品，如组合家具等商品的运输和保管都采用散件形态，待出库配送前或者到达客户后再进行组装，这样可以大大提高运输工具的装载率和仓库的保管率。

随着科学技术的发展和技术革新的开展，流通加工的形态也在不断增加，并且对流通领域造成了重大的影响。一种全新的生产流通模式已经出现，并且以较快的速度在发展。这就是在生产制造工厂并不对加工对象完成全部的商品化工作，而是在最靠近消费者的地方才完成随后阶段的商品化工作。另外，经济全球化和国际分工的发展，以及采购全球化的趋势，使产品的原材料和零部件往往由一个国家流向另一个国家，进而使原材料和零部件的物流环节和距离变得更长。因此，流通加工也会变得越来越重要。

总而言之，流通加工在提高物流效率，满足消费者多样化需求，以及降低物流成本，增加物流企业效益方面的作用会不断加大。

案例 3　流通加工的效果实例

一、提高原材料利用率

利用流通加工环节进行集中下料，是对生产厂家运来的简单规格产品，按使用部门的要求进行下料。例如，将钢板剪板、切裁；将钢筋或圆钢裁制成毛坯；将木材加工成各种长度及大小的板、方等。集中下料可以优材优用、小材大用、合理套裁，能产生很好的技术经济效果。

北京、济南、丹东等城市曾经对平板玻璃进行流通加工（集中裁制、开片供应），玻璃利用率从 60％左右提高到了 85％～95％。

二、进行初级加工以方便用户

用量小或临时需要的使用单位，缺乏进行高效率初级加工的能力，而依靠流通加工可使使用单位省去进行初级加工的投资、设备及人力，从而搞活供应，方便用户。

目前发展较快的初级加工有：净菜加工、将水泥加工成生混凝土、将原木或板方材加工成门窗、冷拉钢筋及冲制异型零件、钢板预处理、整形、打孔等。

三、提高加工效率及设备利用率

要建立集中加工点，可以采用效率高、技术先进、加工量大的专门机具和设备。这样做的好处：一是提高了加工质量；二是提高了设备利用率；三是提高了加工效率。其结果是，降低了加工费用及原材料成本。

例如，一般的使用部门在对钢板下料时，往往采用气割的方法，需要留出较大的加工余量，不但出材率低，而且由于热加工容易改变钢的组织，加工质量也不好。集中加工后可配置高效率的剪切设备，在一定程度上避免上述缺点。

四、充分发挥各种输送手段的最高效率

流通加工环节将实物的流通分成两个阶段。一般来说，由于流通加工环节设置在消费地，因此从生产厂到流通加工的第一阶段输送距离长，而从流通加工到消费环节的第二阶段输送距离短。第一阶段是在数量有限的生产厂与流通加工点之间进行定点、直达、大批量的远距离输送，因此可以采用船舶、火车等大量输送的手段；第二阶段则是利用汽车和其他小型车辆来输送经过流通加工后的多规格、小批量、多用户的产品。这样可以充分发挥各种输送手段的最高效率，加快输送速度，节省运力运费。

五、改变功能以提高收益

在流通过程中进行一些改变产品某些功能的简单加工，其目的除上述几点外，还在于提高产品销售的经济效益。

例如，内地的许多制成品（如洋娃娃玩具、时装、轻工纺织产品、工艺美术品等）在深圳进行简单的装潢加工，改变了产品的外观功能，仅此一项就可使产品售价提高20％以上。

（来源：物流知识网，http：//www.siod.cn）

在物流领域，流通加工可以说是高附加价值的活动。这种高附加价值主要是着眼于满足用户的需要，提高服务功能而取得的，是贯彻物流战略思想的表现，是一种低投入、高产出的加工形式。

根据不同的目的，流通加工具有不同的类型：①为满足多样化需求的流通加工。生产部门为了实现高效率、大批量的生产，其产品往往不能完全满足用户的需求。那么要想满足用户对产品多样化的需求，同时保证高效率的大生产，就可对生产出来的单一化、标准化的产品进行多样化的改制加工。例如，对钢材卷板的舒展、剪切加工；对平板玻璃按需要规格进行的开片加工；将木材改制成枕木、板材、方材等加工。②为方便消费、省力的流通加工。根据下游生产的需要，将商品加工成生产直接可用的状态。例如，根据需要将钢材定尺、定型，并按要求下料；将木材制成可直接投入使用的各种型材；将水泥制成使用时只需稍加搅拌即可使用的混凝土拌合料等。③为保护商品所进行的流通加工。在物流过程中，为了保护商品的使用价值，延长商品在生产和使用期间的寿命，防止商品在运输、储存、装卸、搬运、包装等过程中遭受损失，可以采取稳固、改装、保鲜、冷冻、涂油等方式。例如，水产品、肉类、蛋类的保鲜、保质的冷冻加工、防腐加工等。④为弥补生产领域加工不足的流通加工。由于受到各种因素的限制，许多产品在生产领域只能加工到一定程度，而不能实现终极加工。例如，木材如果在产地完成成材加工或制成木制品的话，就会给运输带来极大的困难，所以在生产领域只能加工到圆木、板、方材这个程度，而进一步的下料、切裁、处理等加工则由流通加工完成；钢铁厂大规模的生产只能按规格进行，赋予产品较强的通用性，从而使生产能有较高的效率、取得较好的效益。⑤为促进销售的流通加工。流通加工也可以起到促进销售的作用。比如，将过大包装或散装的物品分装成小包装，以适合依次销售；将以保护商品为主的运输包装改换成以促进销售为主的销售包装，以起到吸引消费者、促进销售的作用；将蔬菜、肉类洗净切块，以满足消费者需求等。⑥为提高加工效率的流通加工。许多生产企业的初级加工由于数量有限，所以加工效率不高。而流通加工以集中加工的形式，解决了单个企业加工效率不高的弊病。它以一家流通加工企业的集中加工代替了若干家生产企业的初级加工，使生产水平有了一定程度的提高。⑦为提高物流效率、降低物流损失的流通加工。有些商品本身的形态使之难以进行物流操作，而且在运输、装卸、搬运过程中极易受损，因此需要通过适当的流通加工来弥补，使物流各环节易于操作，从而提高物流效率，降低物流损失。例如，造纸用的木材磨成木屑的流通加工，可以极大地提高运输工具的装载效率；自行车在消费地区的装配加工，可以提高运输效率，降低物流损失。⑧为衔接不同运输方式而使物流更加合理的流通加工。在干线运输和支线运输的节点设置流通加工环节，可以有效解决大批量、低成本、长距离的干线运输与多品种、少批量、多批次的末端运输和集货运输之间的衔接问题。在流通加工点与大生产企业间形成大批量、定点运输的渠道，以流通加工中心为核心，组织面向多个用户的配送，也可以在流通加工点将运输包装改为销售包装，从而有效衔接不同目的的运输方式。比如，散装水泥中转仓库把散装水泥装袋、将大规模散装水泥转化为小规模散装水泥的流通加工，就满足了水泥厂大批量运输和工地小批量装运的需求。⑨生产—流通一体化的流通加工。依靠生产企业和流通企业的联合，或者生产企业涉足流通，或者流通企业涉足生产，形成的对生产与流通加工进行合理分工、 合理规划、 合理组织, 统筹进行生产与流通加工的安排, 就是生产—流通一体化的流通加工形式。 这种形式可以促成产品结构及产业结构的调整, 充分发挥企业集团的经济技术优势, 是目前流通加工领域的新形式。 ⑩为实施配送进行的流通加工。 这种流通加工形式是配送中心为了实施配送活动, 满足客户的需求而对物资进行的加工。 例如, 混凝土搅拌车可以根据客户的要求, 把沙子、 水泥、 石子、 水等各种不同材料按比例要求装入可旋转的罐中。 在配送路途中, 汽车边行驶边搅拌; 在到达施工现场后, 混凝土已经被搅拌均匀, 可以直接投入使用。

案例 4　发达国家是如何开发物流园区的

物流园区作为物流业发展到一定阶段产生的新兴物流集疏方式，在日本、德国等发达国家已经得到了快速发展。

一、 区位选择和空间布局

物流园区的功能和服务特性，决定了它大都布局在城市边缘、交通条件较好、用地充足的地方。为吸引物流、配送转运中心等物流企业在园区集聚，物流园区在空间布局时还需考虑物流市场需求、土地价格、交通设施、劳动力成本、环境等经济、社会条件因素。

以德国为例，在设置物流园区时主要考虑以下 4 方面因素：一是至少可以实现两种以上运输方式连接，特别是公路和铁路；二是选择交通枢纽中心地带，使物流园区布局与运输网络相适应；三是经济合理性，包括较低的地价、数量充足且素质较高的劳动力等，为园区企业获得必要利益创造条件；四是符合环境保护与生态平衡的要求。

物流园区的规模较大，一般以仓储、运输、加工（工业加工和流通加工）等用地为主，同时还包括一定的与之配套的信息、咨询、维修、综合服务等设施用地。日本是最早建立物流园区的国家，自 1965 年至今已建成 20 个大规模的物流园区，平均占地 74 公顷；荷兰建有 14 个物流园区，平均占地 44.8 公顷；比利时的 Cargovil 物流园区占地 75 公顷。德国的一些物流园区规模较大，如不来梅的物流园区占地 100 公顷以上。

二、 物流园区的建设和经营

物流园区的发展历史要比物流的发展历史短许多。在西方物流较为发达的国家，物流园区也属于近 10 年发展起来的新事物，其建设的经营经验较少且不成熟。

1. 日本的经验

在西方经济发达国家中，日本的物流园区建设历史稍长，因而积累了一定的经验。其基本做法如下。

重视规划：物流园区的规模较大，影响的范围较广，政府重视通过制定园区发展规划和配套的市政规划，在城市的市郊边缘带、城市的内环线外或城市之间的主要干道附近规划有利于未来具体配套设施建设的地块作为物流园区。

土地的使用优惠和政府的投资政策：将规划园区内的土地分地块以生地价格出售给不同类型的物流行业协会，这些协会再以股份制的形式在其内部会员中招募资金，用来购买土地和建造物流设施。若资金不足，政府可提供长期低息贷款。

良好的市政配套设施及投资环境：政府对规划好的物流园区，积极加快交通、市政配套设施的建设，吸引物流企业进驻园区，并在促进物流企业发展的同时，使物流园区的地价和房产升值，给予投资者一定的回报。

2. 德国的经验

德国政府在物流园区的规划和建设上与日本存在一定的区别，但也是近几年国内较为推崇的园区发展经验。德国一般采取联邦政府统筹规划，州政府、市政府扶持建设，企业化经营管理，入驻园区企业自主经营管理的发展模式。其基本做法如下。

联邦政府统筹规划：联邦政府在统筹考虑交通干线、运输枢纽规划的基础上，通过对经济布局、物流现状进行调查，根据各种运输方式衔接的可能性，在全国范围内对物流园区的布局、用地规模与未来发展进行合理科学的规划。

州政府、市政府扶持建设：德国政府扶持物流园区发展的重要原因是对园区公共服务职能的定位，认为园区建设并非为了单纯地追求盈利。在物流园区的建设和运营过程中，州及地方市政府扮演着主要投资人的角色。例如，位于德国中部图林根州州府 Erfurt 市郊的图林根物流园区的建设投资比例为：市政府占 42.5%，州经济开发部占 35.5%，联邦铁路〔DB〕占 14.7%，行业协会占 7.3%。

企业化经营管理：德国物流园区的运营管理经历了由公益组织管理到企业管理两个阶段。管理物流园区的企业受投资人的共同委托，负责园区的生地购买、基础设施及配套设施的建设以及园区建成后的地产出售、租赁、物业管理和信息服务等。

入驻园区企业自主经营：入驻物流园区的企业实行自主经营、照章纳税，依据自身经营需要建设相应的仓储设施、堆场、转运站，配置相关的机械设备和辅助设施。

3. 美国的经验

实际上，美国也有类似物流园区的地方，但主要是对已经关闭的空军基地的二次开发。其中，比较成功的是被称为南加州第二国际通道的南加州物流空港（SCLA）。它是在 1992 年关闭的乔治空军基地包括铁路专用线、机场、仓库等在内的原有设施的基础上，由当地政府接管后通过招商重新开发建成的。据悉，开发商承诺为当地提供 1.5 万个工作机会。约 3 万亩占地中，除了各种运输功能外，还包括海关监管的集装箱货运站和仓库、自由贸易区、制造和分销企业园区。实际上，它是融我国的工业园区、保税区和交通枢纽于一体。但是它不叫物流园区，而叫多式联运中心，开发商的目标则是把它建成国际分销基地和工业园区。可见，叫什么名字并不重要，重要的是内在功能。

（来源：商用车新网，http://www.cvnews.com.cn/，2015-10-10）

案例分析

物流园区具备发展现代物流的众多优势条件，不仅有利于区内生产企业实现"零库存"，又有利于区内物流企业实现真正意义上的"物流"。它打通了"区外—区内—境外"的货物流通环节，加快了物流业的发展，促进了产业协调，成为当地整体经济可持续发展重要的新支柱型产业。

流通加工是否合理，最终的判断标准是它是否实现了社会效益和企业自身效益的最优化。流通加工企业与生产企业的区别，主要是前者更应把社会效益放在首位（当然所有的企业都要注重社会效益），这是由流通加工的性质所决定的。如果流通加工企业为了追求自己的利益，不去从宏观上考虑社会经济的需要而进行不适当的加工，甚至与生产企业争利，违背了流通加工的性质，或者其本身就不属于流通加工企业。

案例5 阿迪达斯公司的组合式鞋店

阿迪达斯公司在美国的一家超级市场设立了组合式鞋店，里面摆放的不是做好的鞋，而是半成品。其款式花色多样，有6种鞋跟、8种鞋底，均为塑料材质，鞋面的颜色以黑、白为主，搭带的颜色有80种，款式有百余种。顾客进店后可任意挑选自己所喜欢的鞋的部位，然后交给职员当场进行组合。只要10分钟，一双崭新的鞋便唾手可得。

这家鞋店24小时营业，职员技术熟练。鞋子的售价与成批制造的价格差不多，有的还稍便宜些。所以顾客络绎不绝，销售额比邻近的鞋店多10倍。

（来源：《物流管理概论》，化学工业出版社，袁长明主编）

本案例中的鞋店，充分发挥了流通加工的功效，可满足不同顾客的个性化需求。现代企业成功依靠的是核心竞争力，因而满足个性化需求是重要因素。

实现流通加工合理化的途径包括：①加工和配送结合。这种结合是指将流通加工设置在配送点中。一方面按配送的需要进行加工，另一方面将加工视作配送作业流程中的重要一环，加工后的产品会直接投入配货作业，这就无须单独设置一个加工的中间环节，从而使流通加工与中转流通巧妙地结合在一起。同时，由于配送之前有必要的加工，可以大大提高配送的服务水平，这是当前对流通加工做合理选择的重要形式，在煤炭、水泥等产品的流通中已经表现出较大的优势。②加工和配套结合。"配套"是指将使用上有联系的用品集合成套地供应给用户使用。例如，方便食品的配套。当然，配套的主体来自各个生产企业，如方便食品中的方便面就是由其生产企业配套生产的。但是，有的配套不能由某个生产企业全部完成，如方便食品中的盘菜、汤料等。这样在物流企业进行适当的流通加工，可以有效地促成配套，大大提高流通作为供需桥梁与纽带的能力。③加工和合理运输结合。我们知道，流通加工能有效衔接干线运输和支线运输，促进这两种运输形式的合理化。利用流通加工，按干线或支线运输合理的要求进行适当加工，可大大提高运输及运输转载水平。④加工和合理商流结合。流通加工也能起到促进销售的作用，从而使商流合理化，这也是流通加工合理化的方向之一。通过流通加工，提高了配送水平，促进了销售，使加工与商流得以有效结合。此外，通过简单地改变包装加工形成方便的购买量，通过组装加工解除用户使用前进行组装、调试的难处，都是有效促进商流的很好例证。⑤加工和节约结合。节约能源、节约设备、节约人力、减少耗费是流通加工合理化重要的考虑因素，也是目前我国设置流通加工并考虑其合理化的普遍形式。

案例6 行走的"制造+物流"

制造业物流化，可以通过在运输及仓储环节叠加制造功能来降低全过程成本、缩短交期和提高利润。制造业物流化的本质是，在制造业供应链上各个节点或节点间可以灵活组合的"移动生产或装配工厂"。

随着全球化市场竞争的日益加剧，在全球产业链上分工极为明晰的各国制造业竞争更为激烈，其中美国"再工业化"、德国"工业4.0"和"中国制造2025"都立足于各自禀赋资源优势实现集成创新突破，以获取市场竞争优势。虽然传统思维还聚焦在制造的成本、质量、交付期及服务能力上，但是产品及服务却不断呈现出客户化、即时化、便利化和过程交互化等新的消费特征，并逐渐演变成市场核心竞争优势的关键要素。

为更好地满足客户需求，隐藏在制造业背后的物流服务能力开始在竞争中凸显，制造能力开始让位于"制造＋物流"能力，使之成为相关罅隙市场竞争的综合要素。

服务制造业的物流本源可以划分成优劣两类，即有利并尽可能争取的商贸物流与有害且尽可能规避的生产物流。

商贸物流，是指物流经营主体主动争取并从中获取增益。即把商品从价格或价值较低的地方（资源地、加工地）移动到价格或价值较高的地方（消费地），并从移动行为中获取因价差而产生的利润，同时运输伴生的仓储、装卸搬运、包装、配送、信息处理及交易支付等功能，由此产生收益及成本。

生产物流，是指物流经营主体被动接受且需要支付费用/成本。即工艺条件、设施布局导致不同加工需要的在制品移动，如在机械加工流程中，传统的车、铣、刨、磨等加工设备因设施布局而难以位于一个地方，但前后接续的工序却要求待加工的工件必须依靠移动才能够被各个设备所加工。这些移动既花费了物流成本，又延长了交付周期。

如果在产品加工、装配乃至包装的有害生产物流过程中加入从原料地、生产地再到消费地的有益商贸物流属性，就必然会降低生产物流成本、提升商贸物流效益，同时提高"生产＋商贸"物流效率，缩短全过程交付期。

事实上，传统制造业也存在"生产＋商贸"物流一体化特征，如远洋海业就是其中最常见的"生产＋商贸"物流一体化的样板。

例如，在远离海岸的公海上，大型捕捞船可以完成捕捞、宰杀、开片、质检、冷冻、包装等一系列环节的流程，不但避免了返航周期较长海鲜变质造成的损失，而且还节省了到岸再加工的时间周期和场地成本。

德国啤酒在中国市场极为畅销，而中德港口之间有近30天的船期，海运企业就可以将远洋货轮打造成一艘专门进行啤酒酿造和装瓶作业的移动工厂。从德国港口装载原料，在公海完成啤酒生产，然后在中国港口直接卸载啤酒，这样既可以减少场地成本和交付期，也可以降低国际商贸的相关税赋。

此外，救护车可以在移动过程中实施急救、水泥搅拌车可以在运输过程中操作搅拌……现实中确有部分可以进行移动生产的专用货运汽车。长运距的铁路货运具有长运时特征，还具有路网内全封闭管理特征，更有条件在资源地—生产地—消费地产业链中建立更短交期需求的铁路移动工厂。如果在某些市场能低成本、便利化获取移动生产所需禀赋条件，又可以降低返程空车成本，完全可能获取生产和运输的双重利润，不失为铁路货运改革的一种创新。

（来源：物流时代周刊，刘大成，2018-04-29）

将制造过程与物流过程相结合是流通加工的延伸，无疑对保证产品质量和物流效率将起到极大的促进作用。

　　现代生产发展的趋势之一就是生产规模大型化、专业化，依靠单品种、大批量的生产方法降低生产成本获取规模经济效益，由此出现了生产相对集中的趋势。这种规模的大型化、生产的专业化程度越高，生产相对集中的程度也就越高。生产的集中化会进一步引起产需之间的分离，产需分离首先表现为人们认识的是空间、时间及人的分离，即生产及消费不在同一个地点，而是有一定的空间距离；生产及消费在时间上不能同步，而是存在着一定的"时间差"；生产者及消费者未处于一个封闭的圈内，某些人生产的产品供给成千上万人消费，而某些人消费的产品又来自其他许多生产者。弥补上述分离的手段，就是运输、储存及交换。

　　近年来人们进一步认识到，现代生产引起的产需分离并不局限于上述 3 个方面，这种分离是深刻而广泛的。第 4 种重大的分离就是生产及需求在产品功能上的分离。尽管"用户第一"等口号成了许多生产者的主导理念，但是生产毕竟有生产的规律，尤其在强调大生产的工业化社会，大生产的特点之一就是"少品种、大批量、专业化"，因而产品的功能（规格、品种、性能）往往不能和消费需要密切衔接。弥补这一分离的方法，就是流通加工。所以，流通加工的诞生实际上是现代生产发展的一种必然结果。

　　流通加工的出现与现代社会消费的个性化有关。消费的个性化和产品的标准化之间存在着一定的矛盾，使本来就存在的产需第 4 种形式的分离变得更加严重。本来弥补第四种分离可以采取增加一道生产工序或消费单位加工改制的方法，但在个性化问题十分突出之后，反而会使生产及生产管理的复杂性及难度增加，以致按个性化生产的产品难以组织高效率、大批量的流通。所以，消费个性化的新形势及新观念的出现为流通加工开辟了道路。

　　20 世纪 60 年代后，效益问题逐渐引起人们的重视，过去人们盲目追求高技术，引起了燃料、材料投入的大幅度上升，结果虽然采用了新技术、新设备，但往往得不偿失。70 年代初，第一次石油危机的发生证实了效益的重要性，使人们牢牢树立了效益观念。流通加工可以以小量的投入获得很大的效果，是一种高效益的加工方式，自然能获得很大的发展。所以，流通加工可能不需要采用什么先进技术，但它是现代观念的反映，在现代社会的再生产过程中起着重要作用。

第9章

配送与配送中心管理

案例1 沃尔玛的配送中心

沃尔玛在全球共开设了超过 5000 家商场，员工总数 160 多万，分布在美国、墨西哥、波多黎各、加拿大、阿根廷、巴西、中国、韩国、德国和英国 10 个国家。沃尔玛每周有近一亿四千万顾客光临，全球销售额惊人。2004 年达到 2630.09 亿美元，荣登《财富》杂志世界 500 强企业榜首和"最受尊敬企业"排行榜；2005 年达到 2879.89 亿美元，名列世界 500 强第一；2006 年为 3156.54 美元，名列世界 500 强第二；2007 年为 3511.39 亿美元，再次荣登世界 500 强榜首。

沃尔玛之所以业务增长迅速，并且能成为现在非常著名的公司之一，是因为沃尔玛在节省成本以及物流配送系统与供应链管理方面取得了巨大的成就。稍微了解沃尔玛的人都知道，低成本战略使物流成本始终保持低位，是像沃尔玛这种廉价商品零售商的看家本领。在物流运营过程中尽可能降低成本，把节省后的成本让利于消费者，是沃尔玛一贯的经营宗旨。

沃尔玛在整个物流过程当中，最昂贵的就是运输部分，所以会尽量将新卖场都设置在配送中心周围，以缩短送货时间，降低送货成本。沃尔玛在物流方面的投资，也非常集中地用于物流配送中心建设。

一、 快速高效的物流配送中心

物流配送中心一般都设立在 100 多家零售店的中央位置，也就是设立在销售主市场。这使得一个配送中心可以同时满足 100 多个附近周边城市的销售网点的需求。另外，运输的半径既短又均匀，基本上是以 320 公里为商圈建立一个配送中心。

沃尔玛各分店的订单信息通过公司的高速通信网络传递到配送中心，配送中心整合后正式向供应商订货。供应商可以把商品直接送到订货的商店，也可以送到配送中心。有人这样形容沃尔玛的配送中心：这些巨型建筑的平均面积超过 11 万平方米，相当于 24 个足球场那么大；里面装着人们所能想象到的各种各样的商品，从牙膏到电视机，从卫生巾到玩具，应有尽有，商品种类超过 8 万种。沃尔玛在美国拥有 60 多个配送中心，为 4000 多家商场提供服务。这些中心按照各地的贸易区域精心部署，通常情况下，从任何一个中心出发，汽车都可在一天内到达它所服务的商店。

在配送中心，计算机掌管着一切。供应商将商品送到配送中心后，经过核对采购计划、商品检验等程序，分别送到货架的不同位置存放。当每一样商品被储存进去的时候，计算机都会把它们的方位和数量一一记录下来。一旦商店提出订货需求，计算机就会查找出这些货物的存放位置，并打印出印有商店代号的标签，以供贴到商品上。整包装的商品将被直接送上传送带，零散的商品则由工作人员取出送上传送带。商品在长达几公里的传送带上进进出出，通过激光辨别上面的条形码，被送到该送的地方，传送带上一天输出的货物可达 20 万箱。

配送中心的一端是装货平台，可供 130 辆卡车同时装货，在另一端是卸货平台，可同时停放 135 辆卡车。配送中心 24 小时不停地运转，平均每天接待的装卸货物的卡车超过 200 辆。沃尔玛用一种尽可能大的卡车运送货物，大约有 16 米加长的货柜，比集装箱运输卡车还要长或者高。在美国的公路上经常可以看到这样的车队，沃尔玛的卡车都是自己的，司机也是沃尔玛的员工，他们在美国各个州之间的高速公路上运行，而且车中的每立方米都被填得满满的，这样非常有助于节约成本。

公司 6000 多辆运输卡车全部安装了卫星定位系统，每辆车在什么位置、装载什么货物、目的地是什么地方，总部都一目了然。因此在任何时候，调度中心都可以知道这些车辆在什么地方、离商店还有多远，也可以了解到某个商品被运输到了什么地方、还有多久才能被运输到商店。对此，沃尔玛精确到了小时。如果员工知道车队由于天气、修路等某种原因耽误了到达时间，装卸工人就不用再等待了，而可以安排别的工作。

灵活高效的物流配送使得沃尔玛在激烈的零售业竞争中技高一筹。沃尔玛可以保证，商品从配送中心运到任何一家商店的时间不超过 48 小时，沃尔玛的分店货架平均一周可以补两次货，而其他同业商店平均两周才能补一次货。通过维持尽量少的存货，沃尔玛既节省了存储空间又降低了库存成本。

经济学家斯通博士在对美国零售企业的研究中发现，在美国的三大零售企业中，商品物流成本占销售额的比例在沃尔玛是 1.3%，在凯马特是 8.75%，在希尔斯则为 5%。如果年销售额都按照 250 亿美元计算，沃尔玛的物流成本要比凯马特少 18.625 亿美元，比希尔斯少 4.25 亿美元，其差额大得惊人。

二、 沃尔玛配送中心采用的作业方式

配送中心的一端是装货的月台，另外一端是卸货的月台，两项作业分开。看似与装卸一起的方式没有什么区别，运作效率却由此提高了很多。配送中心就是一个大型的仓库，但是概念上与仓库有所区别。

交叉配送 CD（Cross Docking），交叉配送的作业方式非常独特，而且效率极高，进货时直接装车出货，没有入库储存与分拣作业，降低了成本，加速了流通。800 名员工 24 小时倒班装卸搬运配送，沃尔玛工人的工资并不高，因为这些工人基本上是初中生和高中生，只是经过了沃尔玛的特别培训。

商品在配送中心停留不超过 48 小时，沃尔玛要卖的产品有几万个品种，吃、穿、住、用、行各方面都有。尤其像食品、快速消费品这些商品的停留时间直接影响到使用。

沃尔玛是如何不断完善其配送中心组织结构的？

沃尔玛的每家店每天送 1 次货（竞争对手每 5 天送 1 次），这意味着可以减少商店或者零售店里的库存，从而大大降低零售场地和人力管理成本。要达到这样的目标就要不断地完善组织结构，建立一种能够满足其需求的运作模式。

沃尔玛 1990 年在全球有 14 个配送中心，发展到 2001 年已建立了 70 个配送中心。作为世界 500 强企业，沃尔玛到现在也只是在几个国家运作，即只在它认为有发展的地区经营，沃尔玛在经营方面十分谨慎，在这样的情况下发展到 70 个，说明它的物流配送中心的组织结构调整做得比较到位。

（来源：沃尔玛供应链管理经验，http：//class. wtojob. com/class681 _ 35355 _ 2. shtml）

沃尔玛始终如一的营销理念就是要把最好的东西以最低的价格卖给消费者，这是它成功的原因所在。可以说，低廉的价格与低物流成本关系密切。一般来说，物流成本要占整个销售额的 10% 左右，有些食品行业甚至达到 20% 或者 30%，而沃尔玛的配送成本只占到销售额的 2%。同时，沃尔玛的货物百分之九十多是进行集中配送的，只有少数可以从加工厂直接送到店里，而其竞争对手一般只有 50% 的货物进行集中配送，从而大大降低了成本、提高了综合竞争力。

配送（Distribution）是在经济合理区域范围内，根据客户要求，对物品进行拣选、加工、包装、分割、组配等作业，并按时送达指定地点的物流活动。配送是物流中一种特殊的、综合的活动形式，是物流的一个缩影或在某个小范围内物流全部活动的体现，几乎包括了所有的物流功能要素。一般的配送，集装卸、包装、保管、运输于一身，通过这一系列活动完成将货物送达的目的。特殊的配送，则还要以加工活动为支撑，包括的方面更广。同过去的运输学、仓库学、搬运装卸学相比，配送是创新产物。

从狭义上讲，运输分为干线运输和支线配送，而配送是相对于干线运输而言的概念。从工厂仓库到配送中心的批量货物空间位移称为运输，从配送中心向最终用户之间的多品种小批量货物的空间位移称为配送。配送是从最后一个物流节点到用户之间的物资空间移动过程。最后一个物流节点设施一般是指配送中心或零售店铺。配送的附加功能要远远超过运输。配送活动的全过程，不仅包括了最后阶段的货物送达作业，而且还包括按要求在物流节点设施内开展的流通加工、订单处理、货物分拣等作业活动。

配送的分类包括：①按实施配送的节点不同分类：配送中心配送、仓库配送、商店配送、生产企业配送；②按配送商品种类及数量分类：少品种大批量配送、多品种小批量配送、配套成套配送；③按配送时间及数量分类：定时配送、定量配送、定时定量配送、定时定路线配送、即时配送；④按经营形式不同分类：销售配送、供应配送、销售—供应一体化配送、代存代供配送；⑤按配送企业专业化程度分类：综合配送、专业配送。

案例 2　走进京东商城幕后：一次商品的神奇之旅

　　冬季的清晨颇为清冷，但京东商城物流园区内却是一派热火朝天的景象，入库组的工作人员忙得不亦乐乎，接听预约电话、打印单据、核对商品、清点数量、扫码……紧张有序地进行着。正值"双11"促销的第三天，各大电商平台此前纷纷开展大规模促销，消费者也迎来一波又一波的网购狂欢。不过，对于普通用户来说，电商的浏览商品、下订单等前端体验看得见、摸得着，但下单后商品如何历经千山万水送达自己手中则更像是一个"黑匣子"。面对坊间诸多"暴仓"新闻，我们走进京东商城幕后的物流中心、分拣中心，试图打开电商物流的"黑匣子"。

　　从用户下单的那一刻起，京东提供的便不止商品，还有服务。京东商城订单履行流程如图 9-1 所示。

图 9-1　京东商城订单履行流程

一、　入库：　商品进入京东的第一道关卡

　　入库是商品进入京东商城仓储的第一个环节，供货商按照采购协议，将商品运送到京东的指定收货仓库，收货员则根据采购单，严格核对商品的品种、数量、规格、型号等信息进行验收。这一环节看似无关紧要，事实上却与用户体验直接相关。京东商城南五环物流园区的收货员小王告诉记者："京东入库组员工需要有火眼金睛，把好第一道关，不放过任何一件瑕疵品，并最终完成上架工作。除此之外，他们日常还要做好理货和盘点工作。"

二、　拣货：　在商品的海洋里准确捞"针"

　　当用户按下"确认订单"付款按钮后，订单信息会直接下传到京东的物流信息系统，由拣货员从浩如烟海的商品货架上，将订单上的商品准确无误地放到扫描台上。京东商城每个拣货员都配有无线数据采集设备（RF），他们在扫描完集合单的批次号后，会逐一核对订单及货架上的商品信息。据一位刚刚工作不久的拣货员介绍，他们每天都会穿梭于工作台和货架之间，奔跑与速度最能诠释他们的工作。挑战极限和创造单日出库纪录是一件有趣的事，但满头大汗的背后更是对顾客的一种责任。

三、 复核扫描： 确保商品出货100%的准确率

作为商品出库前的关键环节，复核扫描任务艰巨，需要复核员拥有耐心、细心、责任感，复核每一个订单对应的商品型号、颜色，以及对应的面单、发票等出库单据，以确保出库商品和单据的准确性。这环节大多都是由女孩子"把关"，因经常站立工作，她们刚开始腿和脚容易浮肿，但凭着对顾客体验的执着和负责，即使在燥热的夏日里，也没有一个叫苦和退缩的。她们高峰期日均处理订单8万以上，并要求商品出货100%的准确率，她们说这是对用户购物体验的最大回报。

四、 打包： 把好商品出库前最后一关

打包工作是商品出库前的最后一个环节。打包员的操作过程令人眼花缭乱，可谓"粗中有细"。在完成包装并贴好包裹标签后，商品就依次被放到输送线，踏上出库的旅程。其实，仔细观察每一件打包好的商品，不难发现打包员的态度和细致，从再次校验商品订单到完成一个独立的包装，他们对包装质量和完美程度有着极致的追求。"还客户一个好包裹、还客户一次好体验"，是京东仓储人对客户不变的承诺。

五、 分拣发货： 一场与时间的赛跑

对已打包好的商品进行分拣，是配送体系中很重要的一个环节。京东商城拥有自动化分拣机，可对商品送达站点的不同进行自动归类。对于从传送带滑轨上下来的商品，分拣员会按照站点装进橙黄色的周转箱内。为了保证商品不受挤压，商品的摆放很有讲究，要做到大不压小、重不压轻，这不仅考验分拣员的眼力，还考验他们的判断力。

分拣完成后，发货员会将商品通过传站车辆运送到指定的配送点。在坚持承诺的背后，京东人进行着一场与时间的赛跑。

六、 配送员： 最后一公里体验保障

在商品到达配送站点后，京东商城的配送员便可整装待发了。他们先用PDA对商品进行扫描认领，然后麻利地将商品按照大小件和配送地址的远近整装进送货箱。这种做法，不仅可以保证每件商品到站时有条不紊地取放，还可大大提升配送效率。在送货途中，一位配送员告诉记者，每件商品除了原本的使用价值外，还寄托着用户的情感诉求，因此他们对配送速度要求很高。比如用户过生日，我们一定要在吹蜡烛之前把花、礼物送到，以确保用户"最后一公里"的满意。

七、 京东坚持的背后

一直以来，支付、信用和物流是阻碍电子商务发展的"三座大山"。如今，随着支付的便利性、信用度的提升，以及消费者网购习惯的形成，支付与信用方面的压力正逐步缓解，物流遭遇的瓶颈却日益严峻，"最后一公里"几乎成为令众多电商网站最为头痛的问题。消费者从浏览、选择商品，到下订单，再到签收商品，整个购买周期都想享受极好的体验，而物流配送环节时不时地"掉链子"，逼迫电商开始走上自营物流的道路。

近日国内首次发布的《网购快递满意度监测》报告显示，网购快递的服务整体满意度仅为 39.8%，而在电商投诉的数万起案例中，物流引起的诟病最为突出。尤其是第三方快递公司的服务态度和商品保障，拖了电商网站提升用户满意度的"后腿"。在近距离接触了京东的物流体系之后，我们才真切地体会到，京东投资百亿元自建物流体系，绝不是概念炒作，而是在当下中国国情下，电商配送最后一公里的解决之道。

（来源：速途网，http://www.sootoo.com，白苏，2012-11-21）

经过多年的发展，电商行业已进入"用户体验为先"的发展阶段。其他电商企业纷纷涉足物流，显然是看到了问题所在，并试图补足"短板"。用户满意度决定着电商企业的高度，电商企业必然会越来越重视物流服务。只有根据企业的实际情况构建现代化的物流配送体系，才能够在激烈的市场竞争中占有一席之地。

配送中心（Distribution Center）是从事配送业务具有完善的信息网络的场所或组织，应基本符合下列要求：①主要为特定的用户服务；②配送功能健全；③辐射范围小；④多品种、小批量、多批次、短周期；⑤主要为末端客户提供配送服务。《现代物流手册》对配送中心的定义是："从供应者手中接收多种大量的货物，进行倒装、分类、保管、流通加工和情报处理等作业，然后按照众多需要者的订货要求备齐货物，以令人满意的服务水平进行配送的设施。"王之泰在《物流学》中将配送中心定义如下："从事货物配备（集货、加工、分货、拣选、配货）和组织对客户的送货，以高水平实现销售或供应的现代流通设施。"

在长期的配送实践中，形成了各种各样的配送中心，主要类型如下：①专业配送中心；②柔性配送中心；③供应配送中心；④销售配送中心；⑤市配送中心；⑥区域配送中心；⑦储存型配送中心；⑧流通型配送中心；⑨加工配送中心；⑩依配送中心的拥有者分类：制造商型配送中心、零售商型配送中心、批发商型配送中心、专业配送中心（第三方物流企业所有）、转运型配送中心；⑪按配送货物种类分类：食品配送中心、日用品配送中心、医药品配送中心、化妆品配送中心、家电配送中心、电子（3C）产品配送中心、书籍产品配送中心、服饰产品配送中心、汽车零件配送中心。

案例3　智能快递柜：丰巢、菜鸟、e栈"三国杀"

从 2016 年起，为了突破末端配送的"最后 100 米"，快递物流公司纷纷发力智能快递柜，丰巢、菜鸟驿站、e栈……类型不一的快递柜被搬进小区、办公楼下，甚至学校里。日前继中通快递清空丰巢股份后，韵达和申通先后宣布退出投资。

业内人士指出，申通与韵达的退出，比市场预期来得更早更快，这会加速快递业终端的市场布局。顺丰、菜鸟、中国邮政在智能快递柜领域三足鼎立的局面基本形成，阵营分化日趋明显，快递物流企业可尝试打通数字化物流服务链，为消费者提供个性化的选择，并由此拓展增值服务，或许能减轻快速布点所背负的压力。

1. 智能快递柜三足鼎立的局面形成

根据公告，申通快递全资子公司申通快递有限公司与深圳玮荣企业发展有限公司（简称"深圳玮荣"）签署股权转让协议，向深圳玮荣转让其所持有的丰巢科技 9％的股权，价格为 8 亿元。

2016 年 6 月，顺丰、申通、中通、韵达、普洛斯中国宣布共同投资丰巢科技，致力于研发运营丰巢智能快递柜，拟通过 24 小时自助开放平台，解决快递"最后 100 米"的痛点。

2017 年 1 月，丰巢得到由鼎晖领投，国开、钟鼎等跟投，原始股东追投的累计 25 亿元 A 轮融资。

2018 年 1 月，申通和顺丰联合多家投资方再度向丰巢注资 20.7 亿元，不过这次战略融资中并未出现中通的名字。后有消息称，中通在 2018 年 3 月已经将持股比例减至 7.75％。

以中国邮政为主的融资重组变更结果显示，速递易 2017 年 7 月整合了中国邮政的 2.1 万组快递柜之后，柜体规模将增至 7.7 万组左右，市场份额飙升至 44％，达到接近一半的市场份额。

截至 2018 年 5 月，中邮速递易智能快递柜规模已达到 8.4 万组；丰巢并购中集 e 栈后的公开数据显示，整合 e 栈的 2 万组柜体后，截至 2017 年 9 月，丰巢总体柜量约为 7.5 万组，仍少于中邮速递易；菜鸟以自有品牌入局智能快递柜，菜鸟驿站的设备将采取直营铺设模式，选择一线或有限的核心城市来布局。

2. 智能快递柜整体盈利不理想

尽管申通和韵达不约而同地表示此次股权转让是基于"商业化考虑，实现合理的投资收益，进一步优化公司资产结构，提高运营和管理效率"。但从账面上看，申通、韵达入资丰巢科技不算一场好买卖。

此次申通快递公告同时透露了丰巢科技最新的财务数据：截至 2018 年 5 月 31 日，丰巢科技的资产总额为 63.11 亿元，负债总额为 17.32 亿元，净资产为 45.79 亿元；2018 年 1～5 月的营业收入为 2.88 亿元，净利润为－2.49 亿元。

除了丰巢外，智能快递柜公司都不好过。智能快递柜先行者速递易母公司三泰控股的财报显示，2016 年速递易的收入为 2.24 亿元，比 2015 年下降了 27.43％，并且亏损严重，2017 年一季度速递易的亏损近 3000 万元。

申通、韵达从注资到撤离丰巢的过程中还有一个插曲：今年 5 月，圆通、中通、申通等民营快递企业宣布向菜鸟供应链全资子公司"浙江驿栈"增资 31.67 亿元，致力于提高末端派送时效，拓展多元化派送渠道，由此"通达系"撤离丰巢被部分业内人士视为"站队菜鸟"。

从用户层面上看，智能快递柜的寄件价格不菲。以广州为例，丰巢柜寄件可选择的快递公司包括顺丰、中通、申通以及韵达。丰巢寄件价格按规格划分，具体如下。

顺丰快递小格口 20 元、中格口 36 元、大格口 52 元；

中通快递小格口 10 元、中格口 20 元、大格口 30 元；

申通快递小格口 15 元、中格口 25 元、大格口 35 元；

韵达快递小格口 10 元、中格口 20 元、大格口 34 元。

此外，丰巢内取件时间间隔超过 24 小时就得关注丰巢微信公众号并绑定手机号才能取

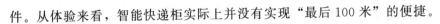

件。从体验来看，智能快递柜实际上并没有实现"最后100米"的便捷。

3. 末端配送需衍生智能化服务

快递专家赵小敏表示，申通与韵达的退出，比市场预期来得更早更快，但总体还在预期范围内，相关方的退出不会影响到用户的正常使用，还是会加速快递业终端的市场布局。

他认为，智能快递柜市场发展前景巨大，中长期来看，300万～500万组的市场容量才能满足用户需求，但从现有的快递柜市场来看，还没有一家超过20万组，快递末端投放快递柜的比例还很低，目前的铺设量无法满足正常的使用需求。

国金证券分析认为，虽然快递行业增速从2016年之前的逾50%降至30%左右，但市场空间为4000亿元～5000亿元，且受到电商提振，快递需求有向三四线城市下沉以及向西部城市蔓延的趋势。在此背景下，提供更好的终端服务，推动业务量的提高，成为快递企业的重要竞争领域。

中邮速递易执行副总周小夏在5月就曾透露要加大在末端物流的智能化投入，利用新零售浪潮打造智慧物流生态平台。据了解，丰巢的服务模式也将进一步更新升级，倾向于多样化创新化发展，可以进行社区洗衣服务、自助购彩服务、丰巢柜售货服务等。此外，丰巢通过有赞开设了"丰巢特惠商城"，目前生鲜水果为第一大品类，此外还有美妆、酒水与家居等。

申通与韵达的退出，比市场预期来得更早更快，这会加速快递业终端的市场布局，顺丰、菜鸟、中国邮政在智能快递柜领域三足鼎立局面基本形成，阵营分化日趋明显，快递物流企业可尝试打通数字化物流服务链，为消费者提供一些个性化的选择，并由此拓展增值服务，或许能减轻快速布点所背负的压力。

（来源：搜狐网，http://www.sohu.com/a/237096824_796910，2018-06-21）

电子商务企业间的竞争，随着支付系统的不断完善，最终可能决定在物流的最后一公里上。最后一公里配送是指客户通过电子商务途径购物，购买的物品被配送到配送点后，从一个分拣中心，通过一定的运输工具，将货物送到客户手中，实现门到门的服务。配送的"最后一公里"并不是真正的一公里，是指从物流分拣中心到客户手中这一段距离，通过运输工具，将货物送至客户手中的过程。由于属于短距离，被称为一公里配送。这一短距离配送，是整个物流环节的末端环节，也是唯一一个直接和客户面对面接触的环节，意义重大。总的来说，"最后一公里"配送意义重大，不仅是电子商务企业成败的关键，也是对电商消费者极其重要的一个物流活动。只有做好"最后一公里"配送，电商企业才能真正快速发展，整个物流过程才可以称得上通畅，才能获得客户满意。

目前，网络购物的飞速发展与物流配送的滞后已经严重不匹配，后者已成为电子商务发展的最大瓶颈。每逢年节，家电网购卖场京东商城的投诉量总是直线上升，而多数投诉都指定同一个方向——送货太慢。和京东一样，当当、卓越也时常遇到这样的问题，遇到大量货品集中配送的时候，物流便难免堵塞。

智能快递柜是解决物流配送"最后一公里"的有效方式，也有利于建立"社区物流"。现在城市中都是以小区为单独的小整体，快递企业也可以以小区为整体发展社区物流模式。通常，小区的物业可以作为快递的暂存点。快递公司将快递送至小区物业，由小区物业暂时存储保管快递直至送至客户手中。小区物业可从中赚取物流公司的管理费，整个过程中小区物业几乎不需要太多的资金投入就能从中获取部分利益，而对于客户来说这不仅消除了自己与快递派送员在时间上的冲突，也可以更加自由地安排收取快递的时间。就快递公司方面而言，实施社区物流就相当于多家快递公司将各自分散的客户整合为一个整体，这样一来就大大降低了快递公司的配送成本，大幅度提高快递公司的配送效率。建立社区物流还可以由私人与快递公司签订合同在小区内以便利店方式收发快递。经营商可以在小区内经营销售一些日常生活必需品，协助快递公司收取快递，客户可以根据查询快递信息并自由安排时间收取快递。通过这种方式实施社区物流不但提高了快递从发出到客户收取这一过程的配送效率，而且可以提供更多的就业机会，这一举措也更加严格地要求物流的各个环节必须做到信息公开透明，快递经手的每一个人员都必须诚信负责。而智能快递柜的出现，丰富了"社区物流"的建设途径，是实现电商企业、快递公司和客户多赢的现代化物流设施。

案例4　上海联华生鲜食品加工配送中心物流配送运作

上海联华生鲜食品加工配送中心是我国国内目前设备最先进、规模最大的生鲜食品加工配送中心，总投资 6000 万元，建筑面积 35 000 平方米，年生产能力 20 000 吨，其中肉制品 15 000 吨，生鲜盆菜、调理半成品 3000 吨，西式熟食制品 2000 吨，产品结构分为 15 大类约 1200 种生鲜食品；在生产加工的同时配送中心还从事水果、冷冻品以及南北货的配送任务。连锁经营的利润源重点在物流，物流系统好坏的评判标准主要有两点：物流服务水平和物流成本。联华生鲜食品加工配送中心是这两个方面都做得比较好的一个物流系统。

生鲜商品按其称重包装属性可分为：定量商品、称重商品和散装商品；按物流类型可分为：储存型、中转型、加工型和直送型；按储存运输属性可分为：常温品、低温品和冷冻品；按商品的用途可分为：原料、辅料、半成品、产成品和通常商品。生鲜商品大部分需要冷藏，所以其物流流转周期必须很短；生鲜商品保质期很短，客户对其色泽等要求很高，所以在物流过程中必须快速流转。这两个评判标准在生鲜配送中心归结起来就是"快"和"准"。下面分别从几个方面来说明联华生鲜配送中心的做法。

1. 订单管理

门店的要货订单通过联华数据通信平台，实时传输到生鲜配送中心，制定各商品的数量和相应的到货日期。生鲜配送中心接收到门店的要货数据后，立即在系统中生成门店要货订单，按不同的商品物流类型进行不同的处理。

（1）储存型的商品：系统计算当前的有效库存，比对门店的要货需求以及日均配货量和相应的供应商送货周期，自动生成各储存型商品的建议补货订单，采购人员根据此订单及实际情况做些修改即可形成正式的供应商订单。

（2）中转型商品：此种商品没有库存，直进直出，系统根据门店的需求汇总按到货日期直接生成供应商的订单。

(3) 直送型商品：根据到货日期，分配各门店直送经营的供应商，直接生成供应商直送订单，并通过 EDI 系统直接发送到供应商。

(4) 加工型商品：系统按日期汇总门店要货，根据各产成品、半成品的 BOM 表计算物料耗用，比对当前有效的库存，自动生成加工原料的建议订单，生产计划员根据实际需求做调整，发送到采购部生成供应商原料订单。

各种不同的订单在生成完成或手工创建后，通过系统中的供应商服务系统自动发送给各供应商，时间间隔为 10 分钟。

2. 物流计划

在得到门店的订单并汇总后，物流计划部会根据第二天的收货、配送和生产任务制订物流计划。

(1) 线路计划：根据各线路上门店的订货数量和品种做线路的调整，保证运输效率。

(2) 批次计划：根据总量和车辆人员情况设定加工和配送的批次，实现资源的循环使用，提高效率；在批次计划中，将各线路分别分配到各批次中。

(3) 生产计划：根据批次计划，制订生产计划，对量大的商品分批投料加工，设定各线路的加工顺序，保证和配送运输协调。

(4) 配货计划：根据批次计划，结合场地及物流设备的情况，进行配货的安排。

3. 储存型物流运作

商品进货时先要接收订单的品种和数量的预检，预检通过方可验货；验货时需进行不同要求的品质检验，终端系统检验商品条码和记录数量。在商品进货数量上，定量的商品进货数量不允许大于订单数量，不定量的商品提供一个超值范围。对于需要以重量计量的进货，系统和电子秤系统连接，会自动去皮取值。

拣货采用播种方式，根据汇总取货，汇总单标识从各个仓位取货的数量，取货数量为本批配货的总量，取货完成后系统预扣库存，被取商品从仓库仓间拉到待发区。在待发区配货分配人员根据各路线各门店配货数量对各门店进行播种配货，并检查总量是否正确，如不正确向上校核，如果商品的数量不足或其他原因造成门店的实配量小于应配量，那么配货人员通过手持终端调整实发数量，配货检验无误后使用手持终端确认配货数据。

在配货时，冷藏商品和常温商品会被分置在不同的待发区。

4. 中转型物流运作

供应商送货同储存型物流先预检，预检通过后方可进行验货配货；供应商把中转商品卸货到中转配货区，中转商品配货员使用中转配货系统按先路线再门店的顺序分配商品，数量根据系统配货指令的指定执行，贴物流标签。将配完的商品采用播种的方式放到指定的路线门店位置上，配货完成后统计单个商品的总数量/总重量，根据配货的总数量生成进货单。

中转商品以发定进，没有库存，多余的部分由供应商带回，如果不足在门店间进行调剂。

三种不同类型中转商品的物流处理方式如下。

(1) 不定量需称重的商品。设定包装物皮重；由供应商将单件商品上秤，配货人员负责系统分配及其他控制性操作；用电子秤称重，在每箱商品上贴物流标签。

(2) 定量的大件商品。设定门店配货的总件数，汇总并打印出一张标签，贴于其中一件商品上。

（3）定量的小件商品（通常需要冷藏）。在供应商送货之前，先进行虚拟配货，将标签贴于周转箱上；当供应商送货时，取自己的周转箱，按标签上的数量装入相应的商品。如果出现缺货情况，将未配到的门店（标签）作废。

5. 加工型物流运作

生鲜的加工按原料和成品的对应关系可分为组合和分割两种类型，它们在 BOM 设置、原料计算以及成本核算方面都存在着很大的差异。在 BOM 中，每个产品设定一个加工车间，在产品上区分最终产品、半成品和配送产品。商品的包装分为定量和不定量的加工，对于称重的产品/半成品需要设定加工产品的换算率（单位产品的标准重量）；原料的类型分为最终原料和中间原料，要设定各原料相对于单位成品的耗用量。

生产计划/任务中需要对多级产品链计算嵌套的生产计划/任务，并生成各种包装生产设备的加工指令。对于生产管理，在计划完成后，系统按计划内容出具标准领料清单，指导生产人员从仓库领取原料以及生产时的投料。在生产计划中会考虑产品链中前道与后道的衔接，将各种加工指令、商品资料、门店资料、成分资料等下发到各生产自动化设备。

加工车间人员根据加工批次、加工调度，协调不同量商品间的加工关系，以满足配送要求。

6. 配送运作

商品分拣完成后，会被堆放在待发库区。按正常的配送计划，这些商品会在晚上被送到各门店，第二天早上被上架。在装车时按计划依路线门店顺序进行，并抽样检查准确性。在将货物装车的同时，系统能够自动算出各门店包装物（笼车、周转箱）的使用清单，装货人员则据此来核对差异。在发车之前，系统根据各车的配载情况出具各运输车辆的随车商品清单、各门店的交接签收单和发货单。

商品到门店后，由于数量的高度准确性，在门店验货时只要清点总的包装数量，退回上次配送带来的包装物，完成交接手续即可。一般来说，一个门店的配送商品交接只需要 5 分钟。

（来源：物流天下网，http：//www.56885.net，2007-03-14）

本案例中包含着生鲜商品称重包装、物流类型、储存运输、商品的用途各个种类的配送操作作业，尤其是按物流类型划分的储存型、中转型、加工型和直送型四大类型作业模式涵盖了生鲜类配送所有的作业方式。对于定量的、通常需要冷藏的小件商品，华联在可能的条件下与供应商建立战略联盟，供应商不进行虚拟配货，而在送货时则按 EDI 订货数据信息在周转箱中装入相应的商品，这样的流程可以更快地实现作业效率。

配送中心的效益主要来自"统一进货，统一配送"。配送中心的作业流程要易于实现如下两个主要目标：一是降低企业的物流总成本；二是缩短补货时间，提供更好的服务。配送中心的一般作业流程包括：①订单处理。

在配送中心规划建设、开展配送活动之前，必须根据订单信息，对顾客分布、商品特性、品种数量及送货频率等资料进行分析，以此确定所要配送的货物的种类、规格、数量和时间等。订单处理是配送中心组织、调度的前提和依据，是其他各项作业的基础。②进货。配送中心进货主要包括订货、接货、验收入库3个环节。a. 订货。配送中心收到和汇总用户的订单以后，首先要确定配送商品的种类和数量，然后查询现有存货数量是否满足配送需要。如果存货数量低于某一水平，则必须向供应商发出订单进行订货。配送中心也可以根据需求情况提前订货，以备发货。b. 接货。当供应商（生产企业）接到配送中心或用户发出的订单之后，会根据订单的要求组织供货。配送中心必须及时组织人力、物力接收货物，有时还必须到站（港）、码头接运货物。c. 验收入库。货物到达配送中心，由配送中心负责验收，验收的内容包括质量、数量、包装3个方面。验收的依据主要是合同条款要求和有关质量标准。验收合格的商品即办理有关登账、录入信息及入库手续，组织货物入库。③储存。配送中心的储存作业是为了给配送提供货源保证。对配销模式的配送中心来说，一次性集中采购，储备一定数量的商品，可以享受价格上的优惠。储存阶段的主要任务是保证商品在储存期间质量完好，数量准确。④分拣。分拣作业即拣货作业人员根据客户订单要求，从储存的货物中拣出用户所需的商品。⑤流通加工。配送中心所进行的加工作业主要有：a. 初级加工活动，如按照用户的要求下料、套裁、改制等；b. 辅助性加工活动，如给商品加贴条码、拴标签、简单包装等；c. 深加工活动，如对蔬菜、水果等食品进行冲洗、切割、过秤、分级和装袋；把不同品种的煤炭混合在一起，加工成"配煤"等。加工作业是一种增值性经济活动，它完善了配送中心的服务功能。⑥配装出货。为了充分利用运输车辆的容积和载重能力，提高运输效率，可以将不同用户的货物组合配装在同一辆载货车上。因此，在出货之前还需完成组配或配装作业。有效地混载与配装，不但能降低送货成本，而且可以减少交通流量、改善交通拥挤状况。目前，各配送中心普遍推行混装（或同载）送货方式。⑦送货。通常配送中心都使用自备的车辆进行送货作业，有时也借助于社会上专业运输组织的力量联合进行送货作业。此外，为满足不同用户的需求，配送中心在进行送货作业时，可以采取定时间、定路线为固定用户送货，也可以不受时间、路线的限制而机动灵活地进行送货作业。

案例 5　潍柴动力的物流管理

2005 年，基于潍柴动力（集团）国际化、多元化发展模式的形成，潍柴动力专门成立了潍柴动力（潍坊）集约配送有限公司。按照全物流价值链的要求，公司大力优化上下游供应链，构筑起规划一致、协同发展、高效运转的供应链网络，形成了现代化物流链，不仅强化了竞争优势，也为潍柴创造了数亿元的经济价值。

潍柴动力（潍坊）集约配送有限公司主要担负潍柴动力（集团）公司生产物流、销售物流的仓储、配送任务。现公司在册员工 340 余人，注册资金 2000 万元，仓储面积达 7 万平方米，拥有各类运输、起重设备 90 余台，固定资产 1500 万元。公司以现代物流管理模式为依托，运用 ERP、WMS 现代信息管理技术，通过物料配送实施精益化管理，准确及时、迅速高效地为客户提供优质服务。

潍柴动力（潍坊）集约配送有限公司起步阶段，即第一阶段，以现代物流管理理念为指导，以全面整合企业物流资源为基础，实现精细管理、信息化管理，降低链条总成本；第二阶段，以提高公司的物流信息水平和管理水平为基础，加强公司在物流设计、控制、组织、协调方面的能力，努力拓展社会物流业务；第三阶段，在第二阶段的基础上，培养国际贸易人才，拓展国际物流业务。

一、 战略定位

第一，整个潍柴制造网络及供应链系统将扮演潍柴动力（集团）公司的核心第三方物流，乃至第四方物流角色。通过从集团层面进行的整体规划，协同采购、库存、营销、财务等各个方面，发挥跨职能供应链协调中心的作用，为整个供应链的协同发展提供条件。

第二，依托潍柴制造网络所聚集的资源，进一步整合社会物流资源，并在此基础上拓展社会物流业务，使之最终发展成国际型物流公司。

二、 经营框架与设想

依托潍柴品牌，借助现代物流设备及先进的信息化管理平台，有效整合企业物流，不断拓展业务。从潍柴物流向国内物流拓展，从国内物流向国际物流拓展，具体分 3 个阶段发展实施。

第一阶段：围绕企业物流范畴，全面有效地整合企业物流资源。

全面有效地整合企业物流，建立企业内部信息平台。以现代物流管理理念为指导，以整合企业物流资源为基础，全面整合供应链物流资源，加快公司发展。公司成立后，充分发挥公司的管理优势和服务优势，以"优质服务、科学管理"作为公司发展之本。建立企业内部信息平台，现企业已经开始并实施 ERP、WMS、PDM、CAPP 系统，基本实现了企业内部信息共享，能够处理从制造、运输、装卸、包装、仓储、加工、拆并、配送等各个环节中产生的各种信息，并通过企业内部平台快速准确地传递到企业内部以及整个供应链，加快企业对市场的反应速度，提高企业的核心竞争力。潍柴物流仓储中心零部件采用 VMI 库存管理方式，以系统集成的思想进行库存管理，使供应链系统能够获得同步化运作。物流仓储中心采用 OracleWMS 系统，并与集团 Oracle ERP 系统结合起来对仓储物流进行管理。

第二阶段：总结企业物流经验，拓展社会物流业务。

第一，在稳步提升潍柴物流业务水平的同时，整合自身物流资源，分析整个市场环境，扩展业务范围进行第三方物流业务，把第三方物流业务伸展到国内物流市场。第二，建立企业外部信息平台板块。根据企业和公司发展的需要，将来物流公司信息平台应具备以下功能板块：信息发布服务功能板块；会员服务功能板块；在线交易功能板块；智能配送功能板块：一是建设 GPS 货物跟踪系统，二是建设与结算支付相关的金融、保险、税务系统，以真正实现一体化的网上交易。

第三阶段：建成国际性物流公司，在稳定国内市场的基础上，积极开发国际市场，与国际物流公司进行合作，提供国际物流服务。

潍柴动力还规划建设了潍柴工业园物流中心，潍柴要把新工业园物流中心建成中国一流，达到世界较高水平的物流中心，因此请法布劳格公司的专家，在初步了解潍柴新工业园的总体规划和一些现状后，为工业园物流中心的规划建设提供宏观的描绘，并依据流行趋势及典例，对潍柴的一些初步构思以及现存疑难问题给予指导、提出见解。

法布劳格对潍柴工业园中 27000 平方米的物流中心进行规划，对立体仓库的可行性分析，确定物流中心与五个总装线厂房之间的最佳运输方式，总装线物料配送最优方式，对配件入库、分拣、出库等流程进行规划，以及根据国际上物流用标准和潍柴的实际情况设计托盘、容器和工位器具等，并且同时规划设计配件仓库和成品库；生产组织方式是在 JIT 理念下的 ATO，按订单装配；存货管理方式是在 JIT 理念下的 VIM，供方管理用户库存；工位器具的设计：①用专用器具和专用托架根据 JIS 和 JIT 原则配送；②使用标准器具配送标准件和常用件。

三、 全面启用泛越仓库条码管理系统

2008 年 3 月，潍柴动力全面启用泛越仓库条码管理系统。泛越仓库条码管理系统是在仓库管理中引入条码技术，对仓库的到货检验、入库上架、分拣出库、移库移位、库存盘点等各个作业环节的数据进行自动化的数据采集，保证仓库管理各个作业环节数据输入的效率和准确性，确保企业及时准确地掌握库存的真实数据，合理保持和控制库存。通过科学的编码，还便于对物资的批次、工位等进行管理。

该方案具有以下特点。

（1）对仓储运营过程中，支持执行层中货品的进货、收料、检验、上架（放置）、拆解、拣取、包装、出货等；同时涉及的空间资源、加工管理、设备资源、EDI 等功能，也为增值服务提供了良好的功能。

（2）泛越仓库条码管理系统充分考虑到系统与企业其他系统间的数据整合，分别为不同职能管理系统设计数据交互方案和数据接口，提高仓储与供应链的协同能力。

（3）在仓库管理运作各环节中，充分考虑到客户具体情况，解决方案在基本功能的基础上将 RFID、条码、立库等技术进行充分结合，根据需要可充分实现相关技术在仓储管理中的应用和数据接口，实现仓储高速、高效地自动化运作。

（4）泛越仓库条码管理系统帮助潍柴动力计划、执行、监控和优化复杂的库存要求，从而保证在正确的地点、正确的时间，以正确的规格为客户或生产线提供所需物品。

系统通过不同的功能模块支持企业仓储配送的执行并适应不断变化着的商务策略、生产要求、客户需求、现代化设备、订单的大小和结构环境，提高作业效率与资源利用率来降低物流成本和增强客户服务水平，实现对一个大型仓库或配送中心所有执行过程的有效管理，从而使仓储管理水平长期处于领先地位，帮助潍柴打造企业物流管理的核心竞争力。

（来源：百度文库，https：//wenku.baidu.com，2011-11-21）

配送中心的核心价值在于让传统仓储的"成本中心"转化为现代企业的"利润中心"，将企业的关注从纷繁复杂的物流聚焦到核心竞争力上。潍柴动力（潍坊）集约配送有限公司通过系统的顶层设计，对企业的整体发展起到了重要作用。

配货是配送工作的第一步，根据各个用户的需求情况，首先确定需要配送货物的种类和数量，然后在配送中心将所需货物挑选出来，即是分拣。分拣工作可采用自动化分拣设备，也可采用手工方法。当然这主要取决于配送中心的规模及其现代化程度。配货时，要按照入库日期的"先进先出"原则进行。配货工作有两种基本形式：拣选方式和分货方式。

拣选方式（又称摘果式），是在配送中心分别为每个用户拣选其所需货物。此方式的特点是配送中心每种货物的位置是固定的，对于货物类型多、数量少的情况，这种配货方式便于管理和实现现代化。在进行拣选式配货时，以出货单为准，每位拣货员按照品类顺序或储位顺序，到每种品类的储位下层拣货区按出货单内品类和数量拣取货物并码放在托盘上，继续拣取下一个品类，一直到该出货单内货物拣完，最后将拣好的货品与出货单放于待运区指定位置，由出货验放人员接手。这种方式就好比农夫背个篓子，从果园的这一头一路走到另一头，沿途摘取所需要的水果，因此被称为摘果式。便利店的配送作业，就是摘果式配货作业的典范。摘果式优点：以出货单为单位，一人负责一单，出错的机会较少，而且易于追查。有些配送中心进行摘果式配货时，甚至省略了出货验放工作，而由拣货员一带而过。摘果式缺点：作业重复太多——尤其是热销产品，几乎每一张出货单都要走一趟仓库，容易在这个地区造成交通堵塞、补货不及时等现象。人力负荷重——出货单的品类多，每单项数量少的时候，人力作业的负担很重，每人（分拣员）拣取单数与工作时间成反比。

分货方式（又称播种式），是将需配送的同一种货物，从配送中心集中搬运到发货场地，然后根据各用户对该种货物的需求量进行二次分配，就像播种一样。这种方式适用货物易于集中移动且对同一种货物的需求量较大的情况。播种式配货的原理和摘果式完全不同，除了单一的出货单外，还需要有各个出库商品品类总数量。拣货员的工作，先是按照"拣货总表"的品类总量，到指定的储位下层的拣货区一次取一类货物。取完一个品类后，托至待验区，按照出货单的代码（位置编号）将该品类应出货的数量放下。播种式的配货法需要相当的空间为待验区，对于仓储空间有限的业者而言，有相当的困难。而且出货时间必须有一定的间隔（要等到这一批的出货单全部拣完、验完），不能像摘取式配货那样可以逐单、连续出货）。

摘果式和播种式比较的前提条件是：拣货员与出货验放员数量不变，出货单数量相同。播种式配货法在误差度上占了明显的优势，而且在大多数情况下，处理时间也比摘果式节省。如果转换成人力成本来计算，应可节省17%～25%的费用或是相当的工时。

摘果式配货法在某些情况下，出货数量少、频率低的商品品种（书籍），品种多、数量少，但识别条件多的品种（如成衣），体积小而单价高的品种（化妆品、药品、机械零件）。牵涉到批号管制且每批数量不一定的品种等，仍然有其适用性。

案例 6　日本配送中心管理

一、　日本配送中心的基本情况

近 20 年来，日本的物流配送业发展很快，特别是对连锁超市的经营和发展起到了很大的促进作用。日本的配送中心由于采用了比较成熟的计算机管理，建立了严格的规章制度和配备了比较先进的物流设施，所以能确保商品配送过程的准确、及时、新鲜，从而降低了流通成本、加快了流转速度、提高了经济效益。几乎可以说，日本代表着世界先进的物流配送水平，有很重要的参考和学习价值。

二、　日本配送中心的管理

日本配送中心采用现代化的操作方式及操作流程，具体表现如下。

（一）普遍实现计算机网络管理，使商品配送及时、准确，保证商品经营正常运行

（1）日本基本上每个配送中心都有相当成熟的计算机网络管理，从商品订货进入 EOS 系统开始，信息就立即通过网络传到配送中心，整个物流作业都在计算机的控制下进行。

（2）日本配送中心由于采用计算机联网订货、记账、分拣、配货等，整个物流过程衔接紧密、准确、合理，不仅将零售门店的货架存量压缩到最低程度（直接为零售店服务的配送中心基本上做到了零库存），同时又大大降低了缺货率、缩短了存货周期、加速了商品周转，给企业带来了可观的经济效益。

（二）严格的规章制度使商品配送作业准确有序，真正体现了优质服务

日本配送中心都有一套严格的规章制度，各个环节的作业安排必须按规定时间完成，并且都有详细的作业记录。例如，菱食立川物流中心主要配送的商品是冷藏食品，对送货的时间和途中冷藏车的温度要求都很严格。该物流中心在送货的冷藏车上安装他们自己研制的监测器，这样冷藏车司机送货的各个点都必须严格按计算机安排的计划执行，并且每到一个点都必须按规定摁下记录仪按钮。再如，配送中心对于门店从订货到送货的时间都有严格的规定，一般是保鲜程度要求高的食品今天订货明天送到；其他如香烟、可乐、百货等今天订货后天送到。卡世美中央流通中心将一星期内的订货循环用表格形式安排得一目了然。西友座间物流中心为便利店配送商品，进货到达时间一般不超过 15 分钟，如因途中发生意外不能准时到达，必须马上与总部联系，以便总部采取紧急措施，确保履行合同。

（三）采用先进的物流设施，节约了劳动力成本，并保证提供优质的商品

日本配送中心的物流设施一般都比较先进，主要表现在两个方面：一是自动化程度高，节约人力；二是对冷藏保鲜控制温度要求高，保证商品新鲜。

1. 物流设施高度的自动化

日本配送中心在物流设施上非常先进，如卡世美物流中心，笼车在规定的运行路线上可随时插入埋在地下的自动链条中，将笼车中的商品从卸车点自行运送到各集配点，空笼车也可自行返回；又如商品储存点已不用人工记录，而能自动将信息分送给各有关部门（如统计、结算、配车等部门）；再如在东京的青果株式会社的大田批发市场，用一张面积大小与一般托盘相仿的厚度为 2～3 毫米的塑料薄片取代传统的木制托盘，用专用的叉车与之配套

操作，在水泥地上使用十分方便，大大节约了托盘的成本。

2. 增加投资，保质保鲜

为了食品类商品的保鲜，日本配送中心在温控设施上很舍得投资，如立川物流中心有6000平方米的冷冻库，最低温度可达到－20℃，有冷藏库（最低温度5℃）6000多平方米，有恒温（18℃）储存酒类仓库300多平方米。在该中心－28℃的冷冻库中，高7～8米的钢货架可以在轨道上移动，使用相当方便，大大提高了冷冻库的面积利用率和高度利用率。进货冷藏车上可同时容纳3种温度的商品，确保各类商品不同的温度要求，并在整个物流过程中都能控制温度。又如西友座间配送中心将商品分为常温、18℃、8℃、0℃、－20℃ 5个温度挡，这样就可以满足各种商品的需要。为了确保冷藏食品从冷藏库出来后在理货场等待运送时间段的温度，CGC标本配送中心设计了一种隔热笼车，即四周用白色塑料隔热材料围成，前面用拉链开启，方便又实用。

"细节是魔鬼"，在配送中心每一个作业流程都经过精心设计，这些流程必须同时满足客户的需求，每一个流程都能实现价值甚至增值，完全没有冗余的不必要的环节。每一个作业流程中的每一个步骤也都经过仔细考量，由此可见日本物流企业的核心价值体现在对细节的完善上。

（来源：《物流管理概论》，化学工业出版社，袁长明主编）

配送中心已经成为供应链领域越来越重要的核心环节。"信息化、自动化"是目前配送中心的最优选择，虽然前期投入巨大、维护成本高昂，但是大规模降低的人力成本、占用土地成本、库存资金占用量、大幅度提升的库存周转率、较高的配送作业效率都会证明这一切投入是值得的；但同时，配送中心还需要设计更完美的作业流程以适应信息化、自动化带来的巨大变革。日本配送中心的管理实践给了我们很多有益的启示。

配送中心的商品分配体系可以分为转运型、加工型、分货型3种模式，因而形成3种不同的特殊作业流程。①转运型配送中心的作业流程。转运型配送中心主要从事配货和送货活动，本身不设储存库和存货场地，而是利用其他"公共仓库"来补充货物。有时配送中心也暂存一部分商品，但一般都把这部分商品放在理货区，不单独设置储货区。②加工型配送中心的作业流程。加工型配送中心以流通加工为主，在其配送作业流程中，储存作业和加工作业占据主导地位。由于流通加工多为单品种、大批量商品的加工作业，商品种类较少，通常不专门设立拣选、配货等环节，而是将加工好的商品，特别是生产资料直接运到用户划定的货位区内。③分货型配送中心的作业流程。分货型配送中心是以中转货物为其主要职能的配送机构。一般情况下，这类配送中心在配送货物之前都先要按照要求把单品种、大批量的货物（如不需要加工的煤炭、水泥等物资）分堆，然后将分好的货物分别配送到用户指定的接货点。其作业流程比较简单，无须拣选、配货、配装等作业程序。

案例 7　7-11 的物流管理系统

除生产管理和营销管理外，物流管理因其能大幅度降低成本和各种与商品流动相关的费用而成为连锁企业创造利润的第三大源泉。全球最大的连锁便利店 7-11 就是通过其集中化的物流管理系统成功地削减了相当于商品原价 10% 的物流费用。目前，它共设立了 23000 个零售点，业务遍及四大洲 20 个国家及地区，每日为接近 3000 万的顾客提供服务，75 年来一直稳坐全球最大连锁便利店的宝座。

7-11 便利店商标的标记方式为：7-ELEVEN，其品牌原属于美国南方公司，1927 年在美国得克萨斯州创立，主要业务是零售冰品、牛奶、鸡蛋。到 1946 年，推出了当时便利服务的"创举"，将营业时间延长，改为早上 7 点到晚上 11 点。自此，"7-ELEVEN"传奇性的名字诞生。后由日本零售业经营者伊藤洋华堂于 1974 年引入日本，从 1975 年开始变更为 24 小时全天候营业。发展至今，7-11 店铺遍布中国、美国、日本、新加坡、马来西亚、菲律宾、泰国等国家。2005 年，7-11 成为日本公司。

7-11 总部的战略经营目标，是使 7-11 所有加盟单店成为"周围居民信赖的店铺"。一间普通的 7-11 连锁店一般只有 100～200 平方米大小，却要提供 2000～3000 种食品，因不同的食品可能来自不同的供应商，故运送和保存的要求也各有不同，每一种食品又不能短缺或过剩，而且还要根据顾客的不同需要随时调整货物的品种，各种情况对连锁店的物流配送提出了很高的要求。

一家便利店的成功，在很大程度上取决于配送系统的成功。7-11 便利店从一开始就采用在特定区域高密度集中开店的策略，在物流管理上则采用集中的物流配送方案。

一、 物流路径集约化

对零售业而言，中国物流服务水准在短期内是由处于上游的商品生产商和经销商来决定的。要改变他们的经营意识和方法，无疑要比企业自身的变革困难、复杂并漫长。这种情景与当初日本 7-11 在构筑物流体系所处的环境类似。为此，7-11 将以往由多家特约批发商分别向店铺配送的物流经营方式改为由各地区的窗口批发商来统一收集该地区各生产厂家生产的同类产品，并向辖区内的店铺实行集中配送。

二、 设立区域配送中心

对于盒饭、牛奶等每日配送的商品，各产品窗口企业向各店铺的配送费用依然很高。针对这一点，7-11 开始将物流路径集约化转变为物流共同配送系统，即按照不同的地区和商品群组成共同配送中心，由该中心统一集货，再向各店铺配送。地域划分一般是在中心城市商圈附近 35 公里，其他地方市场方圆 60 公里，各地区设立一个共同配送中心，以实现高频度、多品种、小单位配送。实施共同物流后，其店铺每日接待的运输车辆从 70 多辆下降为 12 辆。另外，这种做法能使共同配送中心充分反映商品销售、在途和库存的信息，使 7-11 逐渐掌握了整个产业链的主导权。在连锁业价格竞争日渐激烈的情况下，7-11 通过降低成本费用，为整体利润的提升争取了相当大的空间。

区域配送中心功能主要包括商品的集货和分散。首先由批发商将制造商的商品集中到配送中心，然后与零售商进行交易，这样可以对多数制造商的商品进行调配，从而发挥商品的集中和分散功能。同时，共同配送中心的建立还可以使得商品的周转率达到极高的水平，大大提高单店商品的新鲜度。通过建立共同配送中心，7-11 实现了拼箱化，提高了车辆的装载率和利用率，缓解了车辆拥堵，降低了配送成本。

另外，建立区域配送中心也为 7-11 实现不同温度带物流战略、物流差异化战略等其他物流战略铺平了道路。

三、 不同温度带物流战略

7-11 为了加强对商品品质的管理，体现"对顾客负责、顾客第一"的企业精神，对物流实行了必要的温度管理，按适合各个商品特性的温度配送，使各种商品在其最佳的品质管理温度下，按不同温度带进行物流，最终使畅销的商品以味道最鲜美的状态出现在商店货架上，这就是 7-11 的不同温度带物流战略。

7-11 针对不同种类的商品设定了不同的配送温度，并使用与汽车生产厂家共同开发的专用运输车进行配送，如蔬菜为 5℃，牛奶为 5℃，加工肉类为 5℃，杂货、加工食品为常温，冷冻食品、冰激凌为−20℃，盒饭、饭团等米饭类食品为 20℃恒温。7-11 总部根据商品品质对温度的不同要求，建立起冷冻配送中心系统、冷藏配送中心系统和常温商品配送中心系统。对于不同的配送中心系统，单店都会有不同的订货，这种做法也是为了尽可能地提高商品的新鲜度。

为保证商品新鲜度，配送中心没有库存，也不打印配送单据。由单店直接向供货商发送订货信息，然后由供货商打印送货单据，并根据订货信息安排生产。同样，单店的订货原则也是每天上午 10 点结束。供货商会在当天下午 4 点前将货物与送货单据送至配送中心，接着配送中心再按不同单店的订货需求分装好货物并送至店铺，单店验收完货物后再在配送单据上签字并盖章，至此整个配送过程结束。

除上述两点外，7-11 在 20 世纪 90 年代还建立了独特的新鲜烤制面包物流配送体系。在该系统中，7-11 首先需要建立若干个冷冻面包坯的工厂，同时还要根据区域，按每 200 间单店配一家面包烤制工厂的比例，建设几十家烤制工厂。首先，在面包的制作工序中，将发酵工序之前的面包坯冷冻并送至冷冻面包坯的工厂加以保存；其次，每 200 间单店向其指定的一家烤制面包工厂发送订货信息；再次，冷冻面包坯工厂根据不同的订货量将冷冻的面包坯配送到不同的烤制工厂；最后，面包烤制工厂把烤好的面包送至共同配送中心。配送中心将会把烤好的面包与米饭类食品混载，向各个单铺进行每天 3 次的配送，以保证烤好的面包在 3～5 个小时就可以被陈列在货架上。

四、 量身定造物流体系

值得指出的是，经营规模的扩大以及集中化物流体制的确立虽然由 7-11 主导，但物流体系的建设却是由合作生产商和经销商根据 7-11 的网点扩张，按照其独特的业务流程与技术量身打造的。这些技术有订发货在线网络、数码分拣技术、进货车辆标准化系统及专用物流条形码技术等。

在日本，7-11 的点心配送都由批发商 A 公司承担。起初，它们利用自己的一处闲置仓库为 7-11 提供物流服务，并安排了专门的经营管理人员。但随着 7-11 的急剧扩张，A 公司为了确保其商品供应权，加大了物流中心的建设和发展力度，在关东地区建立了四大配送中心。每个配送中心为其临近的 500 家左右店铺配送所有点心，品种在 650～700 个。每天早上，配送中心 8 点至 10 点半从生产企业进货，然后将商品在中午之前入库。为了保证稳定供货，每个配送中心拥有 4 天的安全库存，在库水准根据销售和生产情况及时补充。中午 11 点半左右，配送中心开始安排第二天的发货，把配送路线、配送店铺、配送品种、发货通知书等及时地打印出来，交给各相关部门；同时，通过计算机向备货部门发出数码备货要求。

五、 设置配送流程以分钟计算

从一个配送小组的物流活动时间看，一个店铺的备货时间大约要 65 秒，货运搬运时间要花费 5～6 分钟。从分拣到结束需要 15 分钟，所以 170～180 个店铺要 4 个多小时，即整个物流活动时间大约为 4 个小时（不算货车在配送中心停留等待出发的时间）。货车一般在配送中心停留一晚，第二天早上 4 点半到 5 点半根据从远到近的原则配送到各店。最早一个货车的到店时间应该是上午 6 点钟，一般店铺之间的运行为 15 分钟，加上 15 分钟的休息时间，每个店铺商品配送需要的时间为半个小时。也就是最迟在早上 9 点半或 10 点半左右，完成所有店铺的商品配送任务。从每辆车的配送效率看，除了气候等特殊原因外，平均每辆车配送商品金额为 75 万日元，装载率能稳定达到 80%。配送中心每月平均商品供应为 50 亿日元，相当于为每个店铺供应 100 万元的商品。货车运行费用每天为 2.4 万日元，相当于供应额的 3.2%，属于成本目标管理值 3.0%～3.5% 的范围，为 7-11 压缩了很大的物流成本。

现在，7-11 已经实现了一日三次的配送制度。其中包括一次特别配送，即当预计到第二天会发生天气变化时对追加商品进行配送。这些使 7-11 及时向其所有网点店铺提供高鲜度、高附加值的产品，从而为消费者提供了更便利、新鲜的食品，实现了与其他便利店的经营差异化。

（来源：物流天下，http://www.56885.net，2008-09-07）

案例分析

7-11 采用共同配送中心模式，能满足跨区域、多储运方式、高频度、多品种、小单位配送。DC 在节约大量库存和运输单位的同时，能及时反映商品销售、在途和库存的信息，使 7-11 逐渐掌握了整个产业链的主导权。7-11 能够做到常温商品一日一配，低温商品一日多配，是其 DC 合理化作业的重要标志。

不合理配送的表现形式包括：①资源筹措不合理。如不是多客户多品种联合送货、配送量计划不准、资源过多或过少等。②库存决策不合理。如库存量没有控制、库存结构和库存量不合理。③价格不合理。如配送价格过高或过低。④配送与直达的决策不合理。如大批量用户不直送、小批量用户不配送等。⑤送货中不合理运输。如不联合送货、不科学计划配送路线等。此外，不合理运输的若干表现形式（如迂回运输）在配送中都可能会出现，从而使配送变得不合理。

对于配送合理化与否的判断，是配送决策系统的重要内容，目前国内外尚无一定的技术经济指标体系和判断方法。按一般认识，以下若干标志应当被纳入：①库存标志。库存是判断配送合理化与否的重要标志，一般以库存储备资金计算，而不以实际物资数量计算。②资金标志。总的来讲，实行配送应有利于资金占用降低及资金运用的科学化，具体判断标志包括：资金总量、资金周转、资金投向的改变。③成本和效益标志。总效益、宏观效益、微观效益、资源筹措成本都是判断配送合理化与否的重要标志。由于总效益及宏观效益难以计量，实践中常以按国家政策进行经营，完成国家税收及配送企业与用户的微观效益来判断。④供应保证标志。具体包括缺货次数、配送企业集中库存量、即时配送的能力及速度。⑤社会运力节约标志。运力使用的合理化是依靠送货运力的规划和整个配送系统的合理流程及社会运输系统合理衔接实现的。⑥用户企业仓库、供应、进货人力物力节约标志。实行配送后，各用户库存量、仓库管理人员减少为合理；用于订货、接货、负责供应的人员减少为合理。⑦物流合理化标志。物流费用降低、物流损失减少、物流速度加快、各种物流方式有效、有效衔接了干线运输和末端运输、物流中转次数减少、采用先进技术手段。

案例 8　苹果公司的物流体系

日前，在苹果 CEO 蒂姆·库克发布了两部新 iPhone 的同时，数以百万计的 iPhone 手机也沿着苹果复杂的供应链流向世界各地。

iPhone 的无标识集装箱经过安全细节检查从工厂运出，然后装上卡车，运上预先租用的运输机输送到各地，其中包括老旧的俄罗斯军用运输机，最后旅程在零售店结束。苹果会根据零售店的需求不断调整出货量。

一般来说，新 iPhone 的物流准备工作发布前几个月就已经开始。苹果首先要组织运输机和卡车将组件从供应商运到中国工厂进行组装，然后由销售、市场营销、运营和财务团队并肩协作估计出到底要出售多少台设备。

内部预估至关重要，一个最明显的例子就是微软最近库存积压的 Surface 平板导致了 9 亿美元的资产减记。目前这家世界上最大的软件制造商收购了诺基亚，这就意味着他们要更加注重硬件产品的生产。

一旦做出预测，数以百万计的 iPhone 手机就会在中国的组装厂里被组装成型。与此同时，苹果的软件团队在总部完成与之匹配的 iOS 软件。一旦完成最终版本，软件就会被灌装到手机上。

iPhone 在舞台上正式揭幕之前，其手机就会被运送到包括澳大利亚、中国、捷克、日本、新加坡、英国和美国在内的国家的配送中心。而安保人员会参与其中的每一个步骤，从卡车、机场、海关到存储仓库。

联邦快递运送苹果手机到美国时，主要使用波音 777 飞机。这些飞机可进行 15 个小时的飞行，从中国到美国田纳西州孟菲斯的货运枢纽无须加油。一架波音 777 飞机可以携带约 45 万台 iPhone，运费为 24.2 万美元，燃料占据一半以上的费用。不过，苹果曾经也使用过非传统飞机进行运输。比如，采用老旧俄罗斯军用运输机运输 ipod。

iPhone 昂贵的价格和轻便的重量意味着苹果虽然选择空运，但仍然可以获得巨大利润。而其他的消费类电子产品，大多会选择海运。一旦开始销售，苹果就开始摸索消费者的喜好，如颜色、内存大小等。iPhone 5s 有三种颜色，iPhone 5c 有五种颜色。中国工厂里的工人会根据网上收到的订单，将 iPhone 裸机定制成所需要的型号。

通过监测其零售商店、网站和第三方经销商的销售，苹果公司基于需求会重新分配手机订单。比如在中国下线，原本运往欧洲零售店的 iPhone 手机，会被用来填补网上存货的不足。这一过程，往往基于大量物流数据的支持。

（来源：联众物流网，http://www.lianzhongwang.com，2013-11-13）

　　即使销量稳定，也不是苹果庆祝的时候。当每一个版本的产品推出后，该公司的物流团队都要在苹果总部进行研究总结，以期做得更好。这就是苹果的供应链，复杂而精妙的传输系统。可以说，不断实现配送合理化是苹果公司供应链追求的重要目标之一。

　　配送合理化的措施包括：①做好配送计划。配送往往涉及多个品种、多个用户、多个车辆、不同载重量的各种车等多种因素，所以需要认真制订配送计划，实行科学组织，调配资源，达到既满足客户要求又使总费用最省、车辆充分利用、效益最好的目标。配送计划方法主要有节约法、0-1 规划法、邮递员模型法等。 ②一定综合程度的专业化配送。 通过采用专业设备、 设施和操作程序， 降低配送过分综合化的复杂程度及难度， 从而实现配送合理化。 ③推行加工配送。 通过加工和配送的有机结合， 实现配送增值。 同时， 借助于配送， 加工目的更明确、 和用户联系更紧密， 从而避免了盲目性。 ④推行共同配送。 通过联合多个企业共同配送， 可以以最近的路程、最低的配送成本完成配送， 从而追求合理化。 ⑤实行送取结合。 配送企业与用户建立稳定、 密切的协作关系。 配送企业不仅成了用户的供应代理人， 而且承当用户储存据点， 甚至成为产品代销人。 ⑥推行准时配送系统。 配送只有做到了准时， 客户才能把握资源， 可以放心地实施低库存或零库存， 从而有效地安排接活的人力、 物力， 以追求最高效率的工作。 ⑦推行即时配送。即时配送成本较高， 但它是整个配送合理化的重要保证手段。

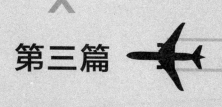

第三篇

战略篇

21世纪的竞争不再是企业与企业之间的竞争,而是供应链与供应链之间的竞争。

—— [英]马丁·克里斯托弗

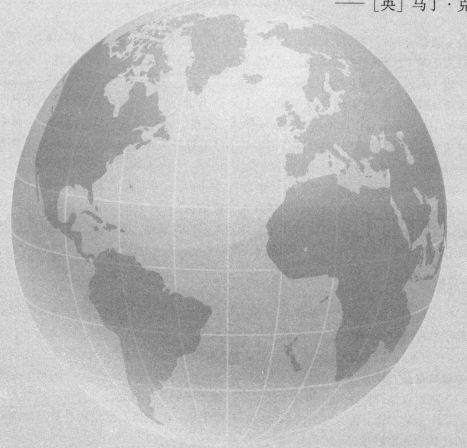

第10章

物流信息系统

案例1　家乐福转战智慧零售的排头兵——Le Marche

为了迎合主流的 O2O 模式，Le Marche 也将作为前置仓来实现线上线下的一体化。消费者选择家乐福 B2C 网上商城下单，不仅可以通过 O2O 平台购买 1 小时送达，还可以享受店内购物满 188 元三公里免费送货服务。

近日，家乐福与中国互联网巨头腾讯在上海合作推出了智慧生活零售门店"Le Marche"。据称，这是家乐福在世界上第一家集餐饮、生鲜、进口商品和自有品牌于一体的智慧门店，并得到了腾讯的支持。亿欧零售记者马不停蹄进行了实地探访，以亲身体验来揭开家乐福"Le Marche"的面纱。

"le marché"是法语词汇，中文意思为"集市"。法国人认为，人们美好浪漫的一天会从集市里的一杯咖啡、邻居间友好的问候交谈开始。家乐福 Le Marche 天山店位于上海市天山西路与蒲淞北路的交会处，与地铁二号线北新泾站 1 号出口相连。走近负一楼的入口，橱窗、灯光、地砖、色彩都与熟悉的家乐福完全不一样。

一、商品结构

据了解，Le Marche 天山店仍旧秉承大卖场的两层结构模式，上层以日用品及家装用品为主，下层除了常规的食品分区外，还开辟了"生鲜＋堂食＋加工"为主的一条龙服务。该店占地 4000 多平方米，共引入了超过 2.5 万个商品种类。在 Le Marche，食品类占比超过78％，而其中进口食品占比约为 17％。

店内专门为进口食品开辟了 300 平方米的区域，按照国家来进行划分，并统一摆放在最靠近主通道的第一个货架上。除此之外，Le Marche 中个护、美妆以及家乐福自有品牌商品和新品潮品的比例也大幅增加。

二、"生鲜＋堂食＋加工"

Le Marche 也跟很多效仿盒马鲜生的门店一样，引入了"生鲜＋堂食＋加工"的模式。此外，Le Marche 还设立了美食街和餐饮区。美食街包括中餐、西餐和日料，中餐的比重较大。整个餐饮区的面积超过了 700 平方米，每个档口都是家乐福自营，全面支持移动支付店内就餐，顾客挑选好商品即可结账等待送餐，并现场食用。

三、黑科技：扫码购、刷脸支付、自助收银

腾讯近日公布的 2018 年第一季度报表中，首次提到了类似于多点 Dmall 主推的"扫码购"，这一技术也被应用到了 Le Marche 中。在卖场各处都有自助买单的标识，用手机微信扫描卖场贴出的二维码，便会跳出"家乐福扫码购"的小程序，绑定微信之后即可使用。大致流程是：扫描商品的条形码，即可在小程序中出现所需要的商品，微信支付结账之后会有相应的离场码，可在卖场两层的出口验证离开卖场。

由微信支付与腾讯优图联合推出的人脸识别功能也在 Le Marche 中正式上线，采用将人脸识别、会员认证、免密支付等核心技术整合起来的方法，让消费者可以通过"刷脸"完成会员注册与绑定、结账免密支付。Le Marche 刷脸支付需要输入用户的基本信息，还需要人脸正面对框大声读出相应的数字并录制上传验证，整个认证过程略显烦琐，所需要的时间也略长。

艾媒咨询发布的《2017 上半年中国计算机视觉专题研究报告》中的数据显示，2017 年上半年中国使用过刷脸支付的用户占比 18.7％，即绝大部分仍然使用指纹和密码支付。了解刷脸支付的用户中有 59.0％认为个人信息泄露是刷脸支付的最大隐患，识别不准确和使用渠道不畅通分别以 57.6％和 41.9％位列第二和第三名。

和永辉超市、7FRESH 类似，除了双层的人工收银线，Le Marche 在两层同步添置了 9台自助结账机。现场有工作人员进行教导，以此来提高收银效率。

除此之外，Le Marche 的商品全部采用水墨电子标签，由系统统一调价，避免在传统商超里出现标签模糊、撕毁、措置等场景，对消费者造成误导。虽然其成本较高，不过家乐福认为，有些设备看似高端，但其实可以通过设计和布局减少使用量来降低成本。

四、互动体验区

传统商超在发布超市折扣优惠时，使用的是宣传册和传单的方式，但实际上这些宣传的效果有限，在一定程度上会降低超市的销售量。为此，Le Marche 和腾讯联合推出了"线下互动电子屏"，电子屏上结合世界杯的场景，定制体感点球游戏，让消费者参与到其互动中。同时根据腾讯优图的人脸识别技术，可分析出消费者的购物习惯，向消费者推送他们可能感兴趣的商品的优惠券，提高商超的坪效。而且，消费者在店里等着就餐时，也可以跟电子屏进行互动，这实际上也是提高消费者购物体验的一种方式。

作为"智慧"门店，Le Marche 想打造的"智慧零售"基本涵盖了线下主流的技术和场景，如精选 SKU、"生鲜＋餐饮"、自主收银台、扫码购、刷脸支付等。站队腾讯之后，家乐福破除了"退出中国"的谣言，但在智慧零售或者说新零售领域，抛开和阿里、高鑫零售的竞争不说，家乐福要完成自我改造进化肯定将面临阵痛期。不过总的来讲，不变则亡，家乐福终于是迈出了第一步。各位看官，你们怎么看？

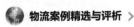
（来源：亿欧网，https：//www.iyiou.com/，2018-05-24）

企业应用和推广的物流信息技术是现代物流的核心，是物流现代化的标志，也是物流技术中发展最快的领域。同时，随着物流信息技术的不断发展，产生了一系列新的物流理念和物流经营方式，推进了物流的变革。

物流信息（Logistics Information）：反映物流各种活动内容的知识、资料、图像、数据、文件的总称。物流活动的管理和决策应建立在对信息准确与全面掌握的基础上，否则物流作业活动的效率化将不可能实现。在物流活动中不论是运输工具的选择、运输路线的确定、运输途中货物的跟踪，还是订单处理、库存情况的掌握、配送计划的制订等，都需要详细与准确的物流信息。

物流信息技术主要由通信、软件、面向行业的业务管理系统3大部分组成，包括基于各种通信方式的移动通信手段、全球卫星定位（GPS）技术、地理信息（GIS）技术、计算机网络技术、自动化仓库管理技术、智能标签技术、条形码及射频技术、信息交换技术等现代尖端技术。在这些尖端技术的支撑下，形成以移动通信、资源管理、监控调度管理、自动化仓储管理、业务管理、客户服务管理、财务处理等多种信息技术集成的一体化现代物流管理体系。

在现代物流管理活动中，物流信息与商品信息、市场信息相互交叉，彼此联系密切，相关性强。物流信息不仅能够起到连接并整合从生产企业、经过批发商到零售商，最终到使用者或消费者供应链的作用，而且在充分利用现代信息技术的基础上，能够实现整个供应链活动的效率化。

案例2　海尔集团的物流信息系统建设

为了能与国际接轨，建立起高效、迅速的现代物流系统，海尔集团采用SAP公司的ERP系统（企业资源计划）和BBP系统（原材料网上采购系统），对企业进行了流程改造。经过近两年的实施，海尔的现代物流管理系统不仅很好地提高了物流效率，而且将海尔的电子商务平台扩展到了包含客户和供应商在内的整个供应链管理上，极大地推动了海尔电子商务的发展。

海尔物流的ERP系统共包括五大模块：MM（物料管理）、PP（制造与计划）、SD（销售与订单管理）、FI/CO（财务管理与成本管理）。ERP实施后，打破了原有的"信息孤岛"，使信息同步集成，提高了信息的实时性与准确性，加快了对供应链的响应速度。如原来订单由客户下达传递到供应商需要10天以上的时间，且准确率低，而实施ERP后订单不但能在1天内完成"客户—商流—工厂计划—仓库—采购—供应商"的过程，而且准确率极高。

另外，扫描系统能够自动检验采购订单，防止暗箱收货。而财务在收货的同时自动生成入库凭证，使财务人员从繁重的记账工作中解放出来，发挥出真正的财务管理与财务监督职能，而且大大提高了效率与准确性。

BBP 系统主要是建立了与供应商之间基于互联网的业务和信息协同平台。使用该平台既可以通过互联网进行招投标，又可以通过互联网将所有与供应商相关的物流管理业务信息，如采购计划、采购订单、库存信息、供应商供货清单、配额以及采购价格和计划交货时间等发布给供应商，使供应商足不出户就可以全面了解与自己相关的物流管理信息（根据采购计划备货、根据采购订单送货等）。

实施和完善后的海尔物流管理系统，可以用"一流三网"来概括。这充分体现了现代物流的特征："一流"是指以订单信息流为中心；"三网"分别是全球供应链资源网络、全球用户资源网络和计算机信息网络。整个系统围绕订单信息流这一中心，将海尔遍布全球的分支机构予以整合，使供应商和客户、企业内部信息网络这"三网"同时开始执行，同步运动，为订单信息流的增值提供支持。

（来源：《物流信息系统管理》，杨永明主编，电子工业出版社，2010）

案例分析

海尔的物流系统实现了即时采购、即时配送和即时分拨物流的同步流程。100%的采购订单由网上下达，以信息代替库存商品，提高了劳动效率。系统不仅实现了"零库存""零距离"和"零营运资本"，而且整合了内部、协同了供货商，提高了企业效益和生产力，方便了使用者。这得益于海尔集团建立并应用了现代物流信息管理体系，其中主要是建立和应用了在 Internet 信息传输基础上的 ERP 系统和 BBP 系统，将物流、信息流、资金流全面统一在计算机网络的智能化管理之下。

物流信息的特征包括：①信息量大。物流活动是一个大范围的活动，物流信息源也分布于大范围内，而物流的对象是商品。随着使用与消费需求的多样化，企业的生产销售正逐步朝着多品种、小批量方向发展，使用者或消费者对物流服务的需求也呈现出小批量、多频率的特征，这无疑增加了物流信息处理的数量。②信息更新快。多品种、小批量、多频率的配送技术与现代数据收集技术的不断应用，以及商品更新换代速度的加快、周转速度的提高、订货次数的增加，使得物流作业活动频率也得到大幅度的提高，从而要求物流信息不断更新，而且更新速度越来越快，物流信息的及时收集、动态分析、快速响应已成为预示现代物流活动成功与否的关键之一。③信息来源多样化。物流信息来源多样，不仅包括来自企业内部的物流信息，而且还包括企业之间的物流信息，以及与物流信息相关的信息，涉及从生产到消费、从国民经济到财政信贷等各个方面。

案例3　顺丰菜鸟掐架背后，快递业洗牌才刚开始

2017 年"六一"儿童节，菜鸟和顺丰给所有网民送了一份"大礼"：互相切断了数据端口，进行隔空"掐架"。6 月 1 日下午，菜鸟官微发出一则"菜鸟关于顺丰暂停物流数据接口的声明"，称顺丰主动关闭了丰巢自提柜和淘宝平台物流数据信息回传。随后，顺丰回应称，菜鸟以安全为由单方面切断了丰巢的信息接口，并指责菜鸟索要丰巢包括非淘系订单在内的所有包裹信息，认为菜鸟是有意让其从腾讯云切换至阿里云。

不过这场"掐架"并没有持续多久，在国家邮政局的调停下，历时 40 多个小时的大战终于偃旗息鼓。菜鸟、顺丰同意从 6 月 3 日 12 时起，全面恢复业务合作和数据传输。菜鸟、顺丰之争来得快去得也快，但这并不意味着快递行业的长治久安。实际上，在多位业内人士看来，这或许只是根导火索，即快递行业的战争才刚刚开始。

一、明争暗斗：数据

在这次大战中，双方提到最多的关键词是数据。目前双方虽然暂时休战，但关于数据合作的问题仍悬而未决。6 月 3 日菜鸟网络表示，未来一个月，公司将和顺丰继续就快递柜数据安全问题进行谈判。在业内人士看来，用户数据安全更像是个幌子，在保护用户权益的大旗背后是获取更多数据的野心。

由电商起家的阿里近年来在物流领域大有动作，业务从线上往线下走；而由快递起家的顺丰近年来在电商领域也频频出击，业务从线下往线上走。据中国电子商务研究中心主任曹磊介绍，双方在业务上从互补到竞争，逐渐产生了根本利益的冲突，对物流、用户流、商品流、资金流和大数据流控制权的争夺矛盾日渐凸显。

此前，人们对快递行业的印象还停留在暴力分拣、爆仓方面，连快递行业自身也没有意识到数据的重要性。不可忽视的是，互联网公司通过大数据分析进行用户划项，根据用户不同的标签推送精准服务，补全用户真实姓名、住址等信息后，用户划项会更加精准。

数据，越发成为菜鸟与顺丰直接竞争的焦点。此次"掐架"事件的导火索——丰巢自提柜就是最直接的一个案例。丰巢自提柜主要解决的是物流配送"最后 100 米"的仓储问题。在物流快递行业，"最后 100 米"的数据往往更加精准，也更难以准确获得。而丰巢 2016 年年底，已经在 70 多个城市有超过 4 万台快递柜，与全国 100 多家物业公司达成合作。2017 年 1 月，丰巢宣布完成 25 亿元 A 轮融资时披露，其格口数量达 300 万，日均包裹处理量已达快递柜行业第一。顺丰在此次事件的公开回应中表示，本次菜鸟暂停丰巢数据接口，表面上是以信息安全为由，其实是一场有针对性的封杀行动。顺丰呼吁："希望所有快递行业同仁能警惕菜鸟无底线染指快递公司核心数据的行为。"

而菜鸟方面则表示，菜鸟从未要求顺丰提供非淘系数据，反而是在过去的合作中，顺丰大量查询和使用丰巢中非顺丰的数据，且远远超出了正常使用范围。事实上，顺丰与菜鸟关于丰巢自提柜的合同已于 2017 年 3 月到期。经过近两个月的沟通谈判，双方无法就信息安全所需要的数据连接达成共识，遂终止了合同协议。"因为核心数据是企业的命脉，失去客户数据只会使自己更依附于阿里系平台，顺丰自然是不愿意的。"曹磊说，在电商业务方面，以顺丰和"三通一达"为代表的民营快递公司内心一直都极力想摆脱对单一电商巨头平台的依赖，而选择"单飞"以及包括自营电商平台在内的新的业务增长点。

二、生存认证：品牌

大数据固然重要，但也有观察人士分析，如果从商业进化的角度来看，当商业模式和消费习惯逐步定型的时候，巨头之间真正的竞争将不再是产品创新，而是"品牌"。

很显然，如果用户手机终端所有的快递信息来源都是顺丰，就算这个数据的提供者是菜鸟，让用户记住的服务者依然是顺丰而不是菜鸟。相反，如果用户每次购物所接收到的物流信息来源显示的都是菜鸟，那么用户记住的就是菜鸟。这就好比麦当劳和肯德基，各自最在乎的是承载产品的包装上面的那个 LOGO，而不是里面的薯条和汉堡。知名财经专栏作家肖磊判断，菜鸟和顺丰未来很难有更加深度的合作，因为他们不会为了当下的利益而放弃自己的品牌。

如今，国内消费者已经进入了一个品牌消费时代，"大家争夺的，表面上看是大数据和消费习惯，实际上是品牌认知，因为最终人们可持续性的选择，是由品牌认知决定的。"肖磊分析认为，菜鸟和顺丰最在乎的是这个数据将由谁传递给消费者，同时让消费者知道是谁在服务自己。

三、 决胜局： 智慧物流

提到数据，则不得不提智慧物流。在"互联网＋"的大环境下，智慧物流成为快递业的一致追求，而智慧物流的基础就是大数据的相关技术。

就在菜鸟与顺丰之争爆发前不久，阿里巴巴董事长马云刚刚为同业合作共谋智慧物流而振臂高呼。"一天 10 亿包裹数量，不会超过 8 年，估计六七年就能实现。"5 月 22 日，马云在 2017 年全球智慧物流峰会上说："去年快递公司纷纷上市，融到钱，但钱必须用到技术、人才方面，实现智慧物流转型升级，并且要联合作战，才有可能解决未来每天 10 亿件包裹的问题。"

目前，中国已经成为全球最大的物流市场。中国的快递业务量已经突破 300 亿件，在世界上排名第一位。整个物流行业的从业人员，全国已经突破 5000 万，其中邮政和快递业是 245 万人。可见，物流行业已是整个国家吸纳就业最多的行业之一。物流行业作为劳动密集型产业，人工紧缺已经成为普遍难题。有业内人士估算，快递业人员缺口率在 20％左右，企业急需加大技术和装备升级力度，提升物流信息化、自动化和机械化水平。

2017 年，伴随着快递上市竞争的加剧，快递企业也将面临更大的管控风险。快递业要提升整体服务水平，最重要的是充分利用"互联网、物联网、大数据、云计算"等信息技术，优化完善服务网络，培育更多需求。在此背景下，智慧物流为物流行业提供了降本增效的解决方案，成为其挖掘发展潜力的最佳方向。

谁能率先利用智慧物流转型，谁就能率先在整个快递行业成功换道超车。菜鸟总裁万霖在 2017 年全球智慧物流峰会上宣称，未来几年，菜鸟平台的大数据和算法将深入智能物流的毛细血管，有望为每一辆快递车和每一位快递员优化路径。由此可见，阿里欲用技术革新倒逼商品流通领域产业链升级的雄心已经非常明显。而中国电商另一极——京东，2017 年在物流方面动作不断，年初进一步开放物流能力后，4 月又宣布物流独立运营全面向社会赋能，5 月在西安打造京东全球物流总部、京东无人系统产业中心以及京东云运营中心，预计未来 5 年将投资 205 亿元。还有顺丰，实际上已经成为中国唯一拥有在线集中式移动终端服务、快件全生命周期调度与监控的快递公司。同时，顺丰在大数据、移动互联网等各项新领域也有深入发展，并凭借技术创新、数据运维和高端技术人才，目前已稳坐中国快递公司第一和上市快递第一股的交椅。

（来源：中国小康网，http：//www.chinaxiaokang.com/，徐呈丽，2017-06-26）

如果说 2016 年是中国快递企业"上市元年", 那么 2017 年就是中国快递行业的"洗牌年"。 有快递专家表示, 2017 年上半年是快递行业运作的关键期, 资本介入使一些企业成功上岸。 在行业门槛提高的情况下, 部分快递企业将面临被淘汰的命运, "转型成为快递企业突出重围的重要选择之一"。 也就是说, 能否有效建立符合企业发展要求的物流信息系统成为一个重要条件。

物流信息系统 (Logistics Information System, LIS) 是由人员、 计算机硬件、 软件、 网络通信设备及其他办公设备组成的人机交互系统, 其主要功能是进行物流信息的收集、 存储、 传输、 加工整理、 维护和输出, 为物流管理者及其他组织管理人员提供战略、 战术及运作决策的支持, 以达到组织的战略竞优, 提高物流运作的效率与效益。

物流信息系统应用范围广泛, 实用价值很高。 物流信息系统通过对信息的收集、 分析, 能够实测物流活动各环节的运行情况, 预测未来将出现的问题, 为物流管理提供辅助性决策, 帮助企业实现物流规划目标。 物流信息系统最重要的作用或者最根本的目标是实现物流过程中各个环节的有机衔接与合作, 实现物流资源的最优化配置, 实现以客户为中心的物流服务目标。

物流信息系统的特征包括: ①不同地域对象之间的系统。 物流活动从发出和接收订货开始, 发出订货的部门与接收订货的部门并不在同一个场所。 这种场所相分离的企业或人之间的信息传送, 就要借助于数据通信手段来完成。 ②不同企业之间的系统。 物流系统涉及企业内部和外部的很多部门, 是由这些企业内外的相关部门和相关企业共同构成的。 使用电子数据交换 (EDI), 能够实现不同企业之间数据交换的标准化。 ③大量信息的实时处理。 物流系统在大多数情况下, 需要一件一件处理信息。 即便是中等规模的批发商, 一天要处理的订货票据也会超过 1000 件, 而且在接收订单后的订单检查、 信用检查、 库存核对、 出库指令、 运输指示等都需要及时处理。 如果发现信息不全面或有错误的话, 需要与客户及时联系。 ④对波动的适应性。 物流活动的一个特点是波动性较大, 在一天内的不同时间段。 一周内的不同日期, 物流作业量均有较大的差别。 物流系统要具备适应能力, 还必须有对波动性的预测能力。 物流信息系统与生产管理等其他系统不同, 即使事先可以预测到高峰期, 也无法事先进行处理。 物流作业服务本身是及时性产品, 生产过程也是消费过程, 无法进行事前储备。 ⑤与作业现场密切联系的系统。 物流现场作业需要从物流信息系统获取信息, 用以指导作业活动。 信息系统与作业系统紧密结合, 可以改变传统的作业方式, 大大提高作业效率和准确性。 例如, 在使用条形码的基础上, 利用条形码读入系统读取包装上的条形码信息, 在手持末端机上就会立刻显示出该类商品的订货数量, 检验员会根据屏幕显示的订货数量核对到货数量, 从而节约查找数据的时间或查找商品的时间。

案例4　亚马逊如何借助大数据给物流"降本增效"

近日，电商巨头亚马逊宣布了一项重要举措：要求所有第三方卖家从 8 月 31 日开始，将其包裹的投递速度提高 40%。

那么，亚马逊究竟是如何在保证销量的同时，提高整个平台物流效率的？

一、引领电商物流的技术优势

亚马逊物流运营体系的强大之处在于，它已把仓储中心打造成全世界最灵活的商品运输网络，通过强大的智能系统和云技术，将全球所有仓库联系在一起，以此做到快速响应，并能确保精细化的运营。

1. 智能入库

智能预约系统通过供应商预约送货，能提前获知供应商送货的物品，并相应调配好到货时间、人员支持及存储空间。收货区将按照预约窗口进行有序作业，并根据先进先出的原则，将货物按类别存放到不同区域。入库收货是亚马逊大数据采集的第一步，为之后的存储管理、库存调拨、拣货、包装、发货等每一步操作都提供了数据支持。这些数据可在全国范围内共享，系统将基于此在商品上架、存储区域规划、包装推荐等方面提供指引，以提高整个流程的运营效率和质量。

2. 智能存储

亚马逊开拓性地采用了"随机存储"的方式，打破了品类之间的界限，按照一定的规则和商品尺寸，将不同品类的商品随机存放到同一个货位上，不仅提高了货物上架的效率，还最大限度地利用了存储空间。此外，在亚马逊运营中心，所有存储货位的设计都是根据商品的品类并基于后台数据系统的收集和分析进行的，因而会有所不同。比如，系统会基于大数据的信息，将爆款商品存储在距离发货区比较近的地方，从而缩短员工负重行走的路程。

3. 智能拣货与订单处理

在亚马逊的运营中心，系统会通过后台大数据的分析优化拣货路径，告诉员工下一个要拣的货在哪儿，确保员工永远不走回头路，而且其所走的路径是最短的。此外，大数据驱动的仓储订单运营非常高效，中国亚马逊运营中心最快可以在 30 分钟之内完成整个订单处理，从快速拣选、快速包装到分拣等一切操作都由大数据驱动。由于亚马逊后台的系统运算和分析能力非常强大，因此能够实现快速分解和订单处理。

4. 预测式调拨

亚马逊智能物流系统的先进性还体现在，后台系统会根据消费者的购买行为，记录客户的浏览历史，提前对库存进行优化配置，将顾客感兴趣的商品提前调拨到离他们最近的运营中心，即"客未下单，货已在途"，这便是亚马逊智能分仓的魅力。

5. 精准库存

亚马逊高效物流系统还会通过自动持续校准来提升速度和精确度，通过连续动态盘点让企业客户实时了解库存状态。据了解，亚马逊系统全年 365 天、每天 24 小时连续盘点的能力可以降低库存的损失风险，确保库存精准、安全。

6. 全程可视

相信做过物流的都知道，实现精细化物流管理的精髓是运营管理过程中的可视性。全程可视的难点在于确保产品任何时间、任何状态下，包括在途中都是可视的。亚马逊物流的精细化管理，正是要确保这一点。

二、 如何赢取高峰期物流大战

要探讨电商物流能力的强弱，就不得不分析其应对高峰的策略。电商物流的开创者亚马逊是美国多年"黑色星期五"购物节中的主力，不仅在全球物流体系布局上早有建树，而且在物流供应链的准备方面也早已领先一步。

1. "超强大脑" 的神机妙算

亚马逊智能系统就像一个超强大脑，可以洞察到每个小时、每个品类，甚至每件商品的单量变化。同时，系统预测还可以随时更新，并对备货方案进行实时调整。在国内多数电商刚刚开始利用大数据备货的阶段，亚马逊早已实现了供应链采购和库存分配高度自动化、智能化。从一定程度上讲，供应链前端的备货是保证高峰期后端物流高效、平稳的基础。

2. 从仓储到末端配送， 每一步都精打细算

在物流的计划和准备方面，亚马逊供应链系统基于历史销售数据，从管理、系统等方面严谨地分析仓储物流的每一个环节，让单量预测的数据细分到全国各个运营中心、每一条运输线路和每一个配送站点，以便提前进行合理的人力、车辆和产能的安排。

在亚马逊运营中心内部，系统还会基于大数据的信息，结合近期促销、客户浏览和下单情况，对库内存储区域进行及时优化，将热卖商品存储在距离发货区较近的地方，提高从收货到发货的效率，在客户下单时可以直接对货品进行包装出库，从而缩短了库内操作时间，这些对高峰期的运营效率都至关重要。

针对"最后一公里"末端配送的难点，亚马逊对高峰期单量的分布情况进行了分析，并据此优化了配送路径，从而更科学合理地安排每个配送员的派单工作。在智能系统的辅助下，快递员的配送效率大大提升了，且送达时间较之前有所缩短。

3. 精准才是核心生产力

亚马逊智能系统具备全年365天，每天24小时连续自动盘点的能力。这意味着，从上架、拣货、分拣、包装到出库，系统在运营操作的每一步都可以及时发现并纠正错误，这是国内大多数仓储运营尚无法具备的核心能力。

亚马逊标准化的运营体系，会基于大数据运算提供拣货、包装、分拣指引。即使是刚刚上岗的操作人员，只需简单培训即可根据系统指引操作，不用付出太多精力就能迅速学习和上手。系统的纠错和学习能力减少了人工犯错的可能性，从而大幅度提高了生产力。

三、 争做跨境物流先行者

谁在跨境物流方面具备优势，谁就会获得未来的最大商机。在构建跨境物流网络方面，亚马逊早已抢先一步。2014年，随着海外购商店的推出，亚马逊成功打通了中美跨境物流网络，实现了系统和网络的对接。随着业务的扩张和出货量的增加，亚马逊的仓储能力也在不断提升。近年来，亚马逊一直致力于提升发货配送速度，并降低运输成本。

为了将物流速度提到最快，减少中转环节，保障商品安全，亚马逊跨境物流充分发挥其六大核心优势：四通八达的境外运营网络、"海外购"订单发货仅需一小时、优先发运不等待、24 小时入境清关、国内网络无缝对接、跨境全程可追踪。

1. 四通八达的境外运营网络

目前，亚马逊在美国有超过 70 个运营中心，并已构建了非常密集的联结各大机场或港口运营中心网络，避免了长途运输，缩短了运输时间。

此外，对于 Prime 包裹，在跨境运输前，亚马逊智能分拣系统会进行更进一步的分拣，从而根据 Prime 包裹的目的地提供最佳的跨境运输线路，将其直接发往国内距离目的地最近的口岸，以节省转运时间。

2. "海外购"订单发货仅需一小时

亚马逊运营中心采用先进的智能机器人技术和大数据仓储管理，可以提高订单的处理效率，对商品的存储和处理能力较之前提高 50% 以上。此外，该系统还能自动根据 Prime 会员下单时的预计送达时间优先安排 Prime 订单的拣货、包装、分拣和出库，确保加速处理，从而更快速地发货。而对货品包装完成后，由 Slam 一体化操作设备在包裹经过的一瞬间就能完成称重、贴标签、扫描等一系列工作，平时用人力费时费力的分拣在这里只要几秒钟就能完成。更重要的是，它还能通过高精度的称重能力快速识别并自动将错误的包裹剔除。

3. 优先发运不等待

大量来自亚马逊美国各地仓库，发往中国的商品被专门放在机场的空港仓库集中进行装箱。这样做的好处是：一方面可以通过集约化配置资源集中发货，减少等待时间；另一方面可以降低空仓率，最大程度地节省物流成本。此外，由于货量大，亚马逊在欧美日等主要线路可以实现常态化包机和固定航班，提供稳定的、7×24 小时不间断的运力保障。无论是高峰期还是平时，都可以实现任何时段的优先发运。同时，为了让 Prime 会员尽早拿到包裹，亚马逊也会安排 Prime 包裹的优先装载发货。

4. 国内物流网络无缝对接

包裹完成清关后，会直接进入亚马逊中国的物流体系，在运营中心只需要 30 分钟加贴中文面单后就能出货。截至目前，亚马逊已在中国建立了 13 个运营中心，其中"海外购"直邮的订单主要通过亚马逊天津、上海、广州的运营中心入境，之后通过亚马逊全国 300 多条干线网络快速运往全国各地，为近 3000 个城市区县的消费者提供优质的配送服务，其中有 1400 多个区县提供当日达、次日达配送服务。对于亚马逊 Prime 会员的跨境包裹，亚马逊北京、天津、上海和广州 4 地的运营中心为其设立了单独交接区域和快速处理通道，将其优先发往各地的亚马逊配送站点送达消费者手中。

5. 跨境物流全程可追踪

对消费者而言，跨境物流链条长、流程透明和商品安全才是最重要的。亚马逊国际物流与国内物流体系可以直接对接，减少中间转手环节，这意味着更低的商品破损和遗失风险。而亚马逊智能系统记录着每一辆载满包裹的卡车应该在几点几分到达、几点几分取货离开，如果卡车在某个区域不该停的位置停了 10 分钟，系统就会立刻发出警报提示，并了解出现了什么问题。

（来源：现代物流报，2018-07-16）

目前的电子商务企业大多只是解决商品信息流的网上传递，缺乏高效、快捷的物流配送系统成了其发展瓶颈。亚马逊不仅仅是一个电商平台，还是一家科技公司，其在业内率先使用了大数据，利用人工智能和云技术进行仓储物流的管理，创新推出了预测性调拨、跨区域配送、跨国境配送等服务，并由此建立了全球跨境云仓。可以说，大数据应用技术是亚马逊提升物流效率、应对供应链挑战的关键。

物流信息技术的发展趋势包括如下方面。

（一）视频识别（RFID）将成为未来物流领域的关键技术

RFID 技术应用于物流行业，可大幅提高物流管理与运作效率，降低物流成本。另外，从全球发展趋势来看，随着 RFID 相关技术的不断成熟和完善，RFID 产业将成为一个新兴的高技术产业群，并成为国民经济新的增长点。因此，RFID 技术有望成为推动现代物流加速发展的新品润滑剂。

（二）物流动态信息采集技术将成为物流发展的突破点

在全球供应链管理趋势下，及时掌握货物的动态信息和品质信息已成为企业盈利的关键因素。但是由于受到自然、天气、通信、技术、法规等方面的影响，物流动态信息采集技术的发展一直受到很大制约，远远无法满足现代物流发展的需求。借助新的科技手段，完善物流动态信息采集技术成为物流领域下一个技术突破点。

（三）物流信息安全技术将日益被重视

借助网络技术发展起来的物流信息技术，在享受网络飞速发展带来巨大好处的同时，也时刻面临着安全危机，如网络黑客无孔不入的恶意攻击、病毒的肆虐、信息的泄密等。应用安全防范技术，保障企业的物流信息系统或平台安全、稳定地运行，将是企业长期面临的一项重大挑战。

案例 5　人工智能和区块链赋能 新零售倒逼电商物流加速变革

2018 年 5 月 24 日，在上海市郊京东"亚洲一号"无人仓的分拣车间里，300 个"小红人"（分拣机器人）正以每秒 3 米的速度往来穿梭，分拣数十万个来自多个地区的包裹。该速度相当于 3 小时跑完北京二环，是全世界最快的分拣速度，它使得无人仓的日处理订单能力超过 20 万单，整体运营效率较传统仓储提升了 10 倍。

据业内人士称，随着新零售时代的到来，传统物流体系正在加速变革，因而为消费者提供精准服务是电商物流制胜的关键。但需注意的是，智能电商物流的建设并非一蹴而就，其中成本投入等问题仍面临挑战。

一、"无人"科技遍地开花

目前，为提升购物体验，实现精准库存控制和升级配送效率已成为国际电商物流的竞争焦点。为提升运营效率，无人仓、无人机、无人车等无人科技已成为物流中下游降本增效的利器。

来自山东临沂的姜珊已在上海京东"亚洲一号"工作了4年多。她说，自去年10月启动全球首个全流程无人仓项目后，分拣工作就开始变得轻松而高效。"原来赶上订单多的时候，我们每人每天要分拣3000多个包裹，非常忙碌。而有了'小红人'之后，自动化设备取代了简单机械化劳动，我们只需要处理一些技术方面的问题即可，效率大大提高了。"

除分拣"小红人"外，智能搬运机器人（AGV）叉车、堆垛机器人、自动供包机器人等十几种不同工种的上千个机器人，在40000平方米的仓库内集成人工智能、深度学习、图像智能识别、大数据应用等技术各司其职，其投放使用密度在行业内处于领先地位。

记者在现场了解到，全流程无人仓涵盖了收货、存储、订单拣选、包装4个作业系统，而操控全局的智能控制系是京东自主研发的"智慧"大脑，可以在0.2秒内计算出300多个机器人运行的680亿条可行路径，并做出最佳选择。同时，智能控制系统的反应速度为0.017秒，是人的6倍，已达到世界领先水平。

京东物流首席规划师、无人仓项目负责人章根云向记者介绍，科技已为京东无人仓装上了"大脑""眼睛""胳膊""腿"，使它变成一个强大的"人工智能"。

目前，无人仓的运营效率是传统仓库的10倍。除该仓外，京东已经投入使用的无人仓还有武汉亚一小件无人仓、华北物流中心AGV仓和昆山无人分拣中心等。

2017年4月，京东集团宣布京东物流正式独立运营，并组建京东物流子集团。成立半年后，京东物流收入规模达200亿～300亿元。2018年2月，又获得25亿美元的融资，投后估值达134亿美元，位居同行前列。华尔街分析师认为，京东大幅投入的物流建设是公司制胜的关键。

除京东外，海内外电商也纷纷布局智能物流。亚马逊早在2012年就收购了Kiva systems公司的机器人项目，目前已在全球部署10万台Kiva仓储机器人，在机器人应用数量、订单处理能力以及仓库自动化程度上均居全球前列。亚马逊推出的即时物流Prime Now还能通过云计算AWS等系列测算，一个小时内可将物品送达用户手中，远超同行速度。在供应链方面，亚马逊在全球范围内开启了智能供应链系统，基于云技术、机器学习和大数据分析系统，可以实现预测、采购、补货和分仓的自动化，并自动根据客户需求，精准调整库存，实现快速发货。

此外，物流巨头UPS、联邦快递、电商巨头阿里巴巴等均扩大了无人仓布局。UPS自2016年起对分拣设施、技术能力和生产自动化进行升级和投资，增强了运送能力；联邦快递则在2017财年投资建设19个全自动站点；菜鸟网络已累计投资上百亿元，打造出全球最大的物流数据基础设施，并推出电子面单、物流地址库、物流云、智能云客服等产品。

二、 抢滩区块链物流

如果说无人科技使物流供应链的中下游成功实现了降本增效，那么区块链物流则在上游处理订单和分发方面提升了效率，保证了防伪溯源。

2018年年初以来，以科技公司自居的京东、亚马逊、阿里巴巴等巨头纷纷抢滩区块链物流，希望能通过区块链技术优化生产、运输、检验的物流全过程。

4月，亚马逊的AWS云服务部门推出了支持以太坊和超级账本两种项目的"AWS区块链模板"业务，帮助亚马逊进行打假以及优化支付流程和物流服务。京东物流也于本月宣布成立"物流＋区块链技术应用联盟"，希望能通过搭建国内外区块链技术互动平台，联合政府部门和相关机构共同推动建立区块链在物流行业统一的应用技术标准，解决区块链技术共性、关键性问题。阿里巴巴旗下香水品牌凌仕国际则宣布，公司已成功将区块链技术应用于跨境物流贸易，并基于区块链研发的系统能够对进口货物的所有相关信息进行追踪，包括产品生产、运输方法、海关、检验及第三方认证。UPS 也于月初宣布加入货运区块链联盟。连零售巨头沃尔玛近日也申请区块链专利，称要创建一个智能的快递系统，即当客户与产品进行交互时，客户可以通过私有或公共身份验证密钥，接收来自智能搬运机器人（AGV）的包裹。

咨询机构普华永道本月发布报告称，区块链技术在物流领域最有可能创造价值。清华大学互联网产业研究院副院长刘大成对中国证券报记者表示，天然具有去中介化的区块链可以记录供应链物流的全流程信息，满足透明化以联合决策的需求。更重要的是，物流与供应链中需要交易的各类资源均可以在封闭的供应链生态中得到区块链技术的支持。

京东物流研发部负责人程岩在接受中国证券报记者采访时表示，未来区块链在物流领域的发展方向应该是"区块链＋人工智能＋物联网"三者相结合，其中人工智能是更先进的生产力，区块链是更先进的生产关系，物联网则连接更多的生产要素。三者结合将使更多的生产要素在信任的基础上自主进行智能交易与合作，同时将被更广泛地应用到智能仓储、智能商店、智能快运和智能配送等环节。

三、 新零售加速变革

业内人士表示，线下零售场景的不断丰富对电商物流提出更高要求。刘大成认为，未来物流的成功将源于对消费者的精准理解。他举例说，亚马逊的 AWS 云服务可以将配送时间普遍缩短至 2 天，部分地区能够缩短至 1 小时；相比之下，沃尔玛的配送体系还停留在 7 天一个周期。他认为，亚马逊物流和云计算 AWS 已成为亚马逊市值高企的主要推动力。

截至 24 日，亚马逊市值达 7779 亿美元，远高出沃尔玛（2445 亿美元）、好市多（873亿美元）等零售商市值；在科技公司中，亚马逊市值也仅低于苹果（9248 亿美元）。分析机构 FactSet 数据显示，2017 年亚马逊研发支出高达 226 亿美元，居全美首位，远高于谷歌母公司 Alphabet 的 166 亿美元、微软的 123 亿美元、苹果的 116 亿美元。

除上游区块链和中游无人仓外，在新零售的推动下，多数电商巨头在物流供应链的下游已将线下门店附加前置仓功能，在缩短配送时间的同时，降低仓储成本，进一步实现线上线下的深度融合。

自 2017 年起，亚马逊就设置了生鲜提货点，其生鲜自提可以在 15 分钟内备好货，等待消费者取货。阿里巴巴则在旗下安鲜达等品牌收购好邻居超市后，将其附加前置仓功能。对此，新零售样本盒马鲜生的创始人兼首席执行官侯毅表示，未来新零售业态下的物流体系一定是去中心化的。例如在线下店覆盖的 3 公里范围内做到 30 分钟送货上门，如此覆盖消费者生活半径的前置仓库将使物流作业更加简洁高效。

与此同时，在打通"最后一公里"的配送环节方面，无人机、无人车等代替快递员的无人物流时代已悄然而至。亚马逊的空中物流中心项目早于 2014 年年底获批专利，该中心在指定区域上空建立一种悬浮仓，通过小型接驳飞船将货物运送至目的地附近的悬浮仓，然后用无人机完成"最后一公里"配送。亚马逊已于 2016 年实现无人机送货首飞。

业内人士表示，随着无人驾驶技术的日渐成熟，物流业将被带入由互联网、人工智能、大数据、云计算所组成的高科技自动化的全新领域。刘大成认为，其中无人驾驶技术在促进物流业降本增效上的突破是最快的，将给物流管理模式带来根本性变革。无人驾驶技术还将加剧物流企业间的竞争，通过并购、联盟等形式实现资源整合，进一步促进行业降本增效。

值得注意的是，无人化电商物流的盈利能力尚存隐忧。尽管各大电商巨头和快递公司已从智能系统、智能机器人、无人机等硬件终端和大数据系统入手，对物流体系进行了改造升级，但物流业要想实现全面无人化仍为时过早。为吸引政策和投资，很多智慧物流公司将成本让位于速度，但无人科技在物流方面的投入较大，目前综合盈利水平还未可知。

英国技术调查顾问公司 Technavio 曾发布报告称，随着电商物流公司不断增加对科技软件、自动物料搬运设备和射频技术等科技的投入，到 2020 年，全球电商物流的市场规模增速将达 9.69%。

刘大成称，能否降本增效还要取决于应用场景和具体作业，无人化不是万能的，在柔性化可变作业方面，仍需人机结合。长城证券分析师也强调，新物流的建设并非一蹴而就，从计划、网络、仓储到配送等仍然面临诸多挑战。其中，物流计划需要对社区、个人客户有更精准的感知。在网络布局层面，需要兼顾零售和仓储配送，并满足不同订单需求。

（来源：万联网，http://info.10000link.com/，2018-06-06）

随着人工智能的不断发展，电商物流企业为缩减人员成本引进智能机器人降低物流成本已成大势所趋。

作为劳动密集型行业，物流行业中人工成本所占比重越来越大，约占总成本的 1/3，因此减少人工成本、提升效率、降低出错率是行业变革发展趋势。京东集团董事局主席兼首席执行官刘强东在接受 CNBC 采访时曾说，无人机送货相比汽车等"交通工具+人员配送"，物流费用将下降至少 70%。他还表示，未来京东将削减 4 万人，而这 4 万人毫无疑问说的是将被机器替代的快递人员。根据物流行业从业者报告的数据，截至 2016 年年初，全国社会化电商物流从业人员已经达到 203.3 万。一位顺丰快递人员透露，他们的工资构成中没有底薪，是以收件和派件的单数计费的，送件是 1.6 元/单，取件是 2.5 元/单，他目前的工资每月在 8000 元左右，即一位普通快递员年薪在 96000 元左右。机器人上岗后势必会缩减人员编制，释放企业财务压力，对企业来说可谓百利而无一害，但是工人今后将何去何从？这是物流企业在进入人工智能时代必须想办法解决的问题。

🔖 案例 6 菜鸟网络科技有限公司：智慧地址规则管理系统

一、企业概况

菜鸟网络科技有限公司成立于 2013 年 5 月 28 日，由阿里巴巴集团、银泰集团联合复星集团、富春控股、三通一达（申通、圆通、中通、韵达）等共同组建。菜鸟是一家互联网科技公司，专注于物流网络的平台服务。通过大数据、智能技术和高效协同，菜鸟与合作伙伴一起搭建全球性物流网络，提高物流效率，加快商家库存周转，降低社会物流成本，提升消费者的物流体验。

菜鸟的使命是与物流合作伙伴一道，致力于实现中国范围内 24 小时送货必达、全球范围内 72 小时送货必达。数据显示，2016 年中国已经进入日均包裹 1 亿个的超级繁忙时代。物流行业只有引入智能、开放的互联网协同模式，而非传统自建模式，才能更好地适应未来的物流需要。

菜鸟的商业逻辑是搭建平台，让物流供应链条上不同服务商、商家和消费者可以实现高效连接，从而提升物流效率和服务品质，降低物流成本。通过菜鸟与合作伙伴的努力，全球智慧物流网络已经覆盖 224 个国家和地区，并且深入中国 2900 多个区县，其中 1000 多个区县的消费者可以体验到当日达和次日达的极致配送服务。

以历年天猫"双 11"为例，菜鸟网络成立以来，通过智慧物流的提升，虽然单日物流订单量从 1.52 亿攀升到 8.12 亿，但是配送 1 亿个包裹的时间却从 9 天缩短到了 2.8 天，创造了世界物流业的奇迹。2022 年前，阿里巴巴和菜鸟网络还将投入 1000 亿元升级全球智慧物流网络，加快实现"全国 24 小时、全球 72 小时必达"。

二、 企业在实施信息化之前存在的问题

目前物流市场上的快递、快运业务已经进入红海时代，相互比拼的就是"提供极致的物流服务体验"，极致的服务体验离不开物流系统自动化能力的支撑。而主流物流公司针对业务全链路的自动分拨调度环节主要依靠 GIS 系统实现，通过管理人员在 GIS 系统上绘制规划各网点及人员的业务区域范围，然后根据下单客户填写的地址进行匹配解析，并自动路由到所属业务区域。这种操作模式存在的核心问题如下。

1. 企业自身数据质量问题

无权威地理数据：中国行政区信息变更快（尤其是四级街道/乡镇），物流企业无法及时响应政策变化，导致客户填写行政区划信息不存在阻断下单，急需一种能根据国家政策及时更新且数据在行业内权威标准的行政区划查询服务。无地址标准化能力：客户填写的地址质量较差，影响后续自动化处理水准，急需一种能有效提升用户填写的地址质量的标准化服务。

2. GIS 系统技术瓶颈问题

无完善的绘图体验：业务区域划不好导致分单不准，急需一种辅助绘图能力的服务实现绘图无重叠无缝隙，提供海量公共背景空间数据，规范业务区域绘制流程，从而辅助决策。网格管理不智能：当前基于大数据算法的分单服务无法随公司业务调整变化而及时快速响应，导致二/三段码计算不准确、不平稳，急需一种大数据深度学习服务能根据公司业务变化而快速自适应。

3. 无通用解决方案

需要一类服务一套解决方案同时满足快运物流、快递两大细分市场。

上述核心问题，造成企业运营成本大幅上升、客户服务满意度下降等诸多问题。

三、 信息化进程

实施将遇到的主要困难如下。

1. 需求漫延问题

问题描述：部分需求出现漫延。

解决措施：严格遵循需求变更流程，对于任何新增需求都进行评审备案，紧急出现的需求不盲目上线。

2. 运维支持问题

问题描述：系统中的地址围栏绘图服务功能复杂，隐性功能多，所以一般静态图文形式的系统操作文档较难讲解清楚，容易造成操作人员无法短时间内熟练掌握全部功能，发挥服务最大效益。

解决措施：在系统功能建设过程中，不但要考虑需求满足度，也要特别注重人机交互体验设计，化繁为简，做到"无文档操作"，降低学习门槛。

3. 数据接入问题

问题描述1：项目建设前，企业已经建立了自己的地址库，但与国家标准不统一，而且接入最新地址数据源后，数据整合难度大，无法对历史经营数据进行全部替换升级。

解决措施1：输出"四级地址建设方案"，建立映射层，以风险最低为原则，改动行政区划信息，原则上以不影响业务为标准。

问题描述2：因为分单算法采用大数据深度学习机制（多层神经网络），初始化及测试的样本数据量大，受网络传输速度限制，每个城市初始化工作周期长，影响全国上线计划。

解决措施2：采用分城市并行模拟运行机制，对未正式上线的城市，可以提前发布上线，只会获取每天全网运单流量，不会采纳测试计算结果。

本次项目建设主要解决物流企业各环节分拨调度不准的问题，但再玄妙的分单算法引擎也是建立在标准质量良好的数据基础之上，所以推进步骤是先完善基础功能，实现业务数据质量的提升，然后优化提升分单算法引擎。具体步骤如图 10-1 所示。

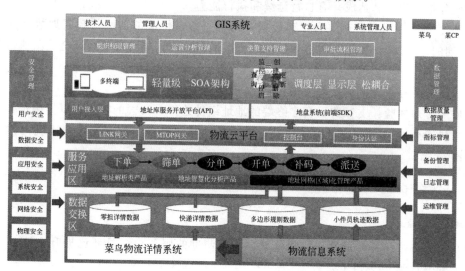

图 10-1 菜鸟物流系统构成

第一阶段

① 智慧地址规则管理系统包含"地址库服务开放平台""地盘 SDK"两个部分。

② 接入地址库服务开放平台 API，全渠道入口地址标准化提升。

③ 接入地盘 SDK 产品，GIS 绘图体验提升，业务区域无重合、无空白、无缝隙。

④ 零担调度、快递补码等服务试点城市指标提升。

第二阶段

① 收派地图网格化管理，将收派区域按照货量、面积等参数分割成最小揽收单元，由最小单元组成快递员揽派范围。

② 地址标准数据的推广是"由内而外"的，具体步骤如图10-2所示。

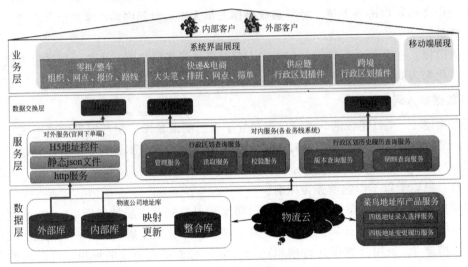

图10-2 菜鸟物流系统架构

第一步 对内（企业内部管理）。

① 建设一套数据模型及规范：建立一套有物流行业特色的地址概念模型，帮助GIS项目各项服务指标提升和达成，有自行延续和执行能力。

② 构建统一的数据管理平台：建设行业内唯一权威标准的四级行政区划数据库，实现"永不过期的地址库"，提供及时更新的国家行政区划数据，提升德邦物流全链路执行效率与水准。

第二步 对外（外部消费者使用）。

优质的客户体验：支撑跨平台多终端的地址组件选择，99%的客户可以精确选择归属地址，并与快递全网70%的单量地址标准保持一致，与阿里等主流电商系统无缝对接，实现丝般顺滑。

四、 信息化主要效益分析与评估

1. 经济效益

（1）技术方案具备普世性，快递分单、零担调度的服务指标月环比提升40%，部分城市分单准确率达到99%以上。

（2）创新业务模式，降低人员成本，企业运营成本年同比下降60%。

2. 管理效益

（1）制定一套完整规范的物流可视化绘图标准方案，同时满足快运、快递管理人员按照组织机构层级进行管控，保证所有系统操作人员按照相同的标准绘制出质量相同的业务区域多边形规则，工作效率提升50%。

（2）实现物流企业"经营业务"转变为"经营服务""经营产品"转变为"经营质量"，

并实现运力网格化、平台化，业务管控精细化。

3. 社会效益

建立物流行业地址标准，依靠龙头企业成功案例，扩大地址标准覆盖面，从而实现所有物流公司遵循统一标准，避免非标准化的信息在物流链路各环节流通时信息标准不一致所造成的损失。

五、信息化实施过程中的主要体会与推广意义

1. 主要体会

地址类企业项目建设是一个持续性过程，近些年来大部分物流企业忽视了地址的重要性，龙头快递企业越来越注重物流服务体验。然而地址解析不准就没有体验可讲，因为系统需要对这些非标准化的地址信息进行解析。而面对同一个末端地址，不同用户填写的信息描述往往是不同的，这就会大大降低地址解析、识别和使用的效率及准确性，末端小件员进入社区、村落、居民区等派送包裹时就只能人工分配承包区及规划路径，效率在这一段会非常低。

目前第一梯队的快递公司已经开始重视并尝试解决此类问题，但因自身IT瓶颈、数据匮乏等，无法有效解决。通过本次项目合作，利用菜鸟网络的标准地址资源和技术积累，为物流公司提供一整套解决方案，依托权威的基础地址数据和灵活高效的计算方法，从物流下单源头进行地址标准化，从而渗透到各个链路环节，对业务全流程管控进行优化，改善提升系统服务指标。

2. 推广意义

菜鸟网络的目标是搭建中国智能物流骨干网，实现以数据为驱动的社会化协同平台，降低社会物流成本，提升消费者的物流体验。

要实现真正社会化的数据协同，必须链接各个物流要素，那么地址就是"链接方式"的关键手段之一。建立行业地址标准势在必行，菜鸟地址库的使命是建立全中国最完善、最规范的地址库。可把菜鸟地址库的地址数据应用于物流行业，如路由策划、线路优化、包裹分拣、"最后一公里"派送等；同时基于大数据分析，形成基于地址数据的商业产品，如商业地址选点等产品和服务。

（来源：中国物流与采购网，http://www.chinawuliu.com.cn/，2018-07-25）

如何把社会化的物流企业聚集到这张网络内？本案例中的项目就是一次非常有意义的探索。通过智能地址技术解决企业核心链路痛点，不解决企业就无法快速成长，甚至面临被淘汰的危险；通过提升企业经济效益，建立服务生态，建立双方信任，从而实现资源共享，伙伴互惠共赢。

智慧地址规则管理系统未来的建设方向，应实现"业务管理一张图"，具体包括：产品轻量灵活、可嵌入；全球专业领先的地图绘制能力；精准海量的公共数据（物流数据视角）；智能网格分单引擎（基于深度学习框架，实时观测业务变化，实现秒级更新响应）等。在产品使命方面，要为提升消费者物流体验、商家/CP降本提效提供基于地址解决方案；在产品愿景方面，要建立全球化、高精度、多内涵的地址数据库；在产品结构方面，要建立面向物流全链路高品质的地址产品体系。

快递企业必须建立信息化平台，以对业务流程进行全面管理和监控。可以采取如下策略：①针对快件延误问题。在快递运行过程中加强管理，在收件时设置时间限制，建立预警机制，通过信息化平台及时查找快件延误原因，并对有预警报告的快件进行及时处理，从而杜绝快递慢的情况。②针对快件丢失、短少问题。对快递业务流程各个环节进行全程监控，快递员在快件整理、装入等过程中都要对快件进行扫描，待收货人签收确认后，还需要录入系统。在签收快件时，应将每个快件的重量记录在物流系统中，进行信息化系统处理，若发现有异常情况，将不予配送，从而解决快件丢失的问题，提高物流质量。③针对违规收费问题。收取快件的收费标准不同，建立信息化平台可以对收费的信息进行信息化处理，减少人为的不良因素。④针对快件包装损坏问题。在收件时，通过无线射频技术可对货物进行识别，并对破损的货物拍摄实物外包装的图片，将此照片上传到电脑中，可与在电脑中保留的原始商品包装信息进行对比，从而得知货物破损出现在快递业务流程的哪个环节。⑤建立代付代收货款信息平台。电子商务类快件，服务模式复杂，经常会有代收货款类快件，所以不能简单地统一规定为先检查快件再签收还是先签收再检查快件，而是要以快递企业和寄件人的约定为依据。

快递企业只有运用物流信息系统软件才能更有效地对企业内部进行整合，以及采集快递运作过程中的信息等，从而保证快递企业标准化、信息化的建设水平。虽然我国中小型快递企业对于物流信息系统软件的需求很个性，但是这些个性化需求是快递企业发展初期必有的阶段需求，所以软件开发商应该努力开发出满足快递企业个性化需求的物流信息系统软件，只有这样才能使我国快递企业信息化建设的发展越来越快。政府部门要发挥应有的职能作用，国家应该制定法律法规，对快递信息化发展做好科学的规划，加快信息化基础设施建设进程。快递企业信息化的发展需要完善的法律法规的支撑，以信息化推动工业化，用信息化与工业化的融合来推进整个地区的国民经济信息化。

政府部门以实现快递企业统一整体效益最大化为目的，为中小型快递企业信息化的发展做出总体规划，有效利用现有的资源，将其投入快递企业信息化建设过程中，形成了一套完整的综合型运输网络、完善的仓储配送设备以及先进的网络平台。

现代信息技术高速发展，快递企业对物件的自动包装和存储等技术也进行了大量应用，但集信息化建设理论知识和现代物流等相关信息技术的应用能力于一体的复合应用型人才却十分短缺。所以应在各大高校开设物流管理与物流工程的专业，并增设相关的培训机构，培养具有一定文化水平并且精通信息化建设理论、熟练掌握现代物流技术的复合型应用人才，从而满足我国中小型快递企业信息化建设的需要。

快递企业信息化建设是整个社会发展战略的一个重点，是一项系统的攻坚工程。加快快递行业信息化发展，是推动行业提质增效、转型升级的重要支撑；同时应根据快递企业发展的实际情况完善信息化建设，使其发挥对快递服务企业的重要指导以及推进作用。

第11章

第三方物流

案例 1 联邦快递发展之路

一、 每分钟都有联邦快递的飞机在天上飞

20 世纪 70 年代以前，美国孟菲斯并不是一个令人熟知的地方。如今，这座美国中南部的城市因为猫王和联邦快递的出现而变得不再冷清。

每当夜深人静的时候，孟菲斯机场却总是灯火通明。尤其是凌晨一两点的时候，联邦快递在这里的转运中心开始高速运转。机场被大量拥有相同紫橙相间机尾的白色飞机占据。飞机降落、卸货，然后开始分拣被送上传送带的包裹。以前没有全货机集中送货的时候，商用航班腹仓带货，点对点直飞，再加上中转，效率极低。

而采用全球转运中心这一模式，则能够更加高效快速地把包裹运送到目的地，因此后来成为国际快递巨头的共同选择。不过在 30 多年前，人们还不相信这样的场景会出现。

二、 论文和越战的灵感

施伟德（Frederick W. Smith）在大学三年级时写了篇 20 页左右的学期论文，在论文中构想了以航空中心为基础的空运配送模式。"由于当时从事投递业务的邮局和铁路等很少把包裹直接送到目的地，这为快递创造了巨大的市场空间。"施伟德进而分析，美国工业革命第三次浪潮将靠电脑、微处理机及电子装备来维系，而这些装备的维修则要靠量少价昂的组件和零件及时供应，有关信件、包裹、存货清单也需要尽快获得。因此，传统物流运输将无法胜任计算机化的商业社会。为了能够直接运输这些"非常重要、时间紧迫"的货物，应该有自己的飞机。这是一个来自拓扑学的灵感——如果将网络中的所有点通过一个中心连起来，就像票据交换所那样，效率会非常高。不过，他的论文只得了 C，刚及格。因为教授认为买飞机专门用来送货的想法是荒谬的，但这个受到冷落的创意却并没有被它的主人放弃。

大学毕业后，施伟德成了美国海军陆战队的一员，并到越南战场服兵役。美国军队通过集中一点然后分散调配军用物品和粮食的模式，使他的航空快递构想走得更远。他计划建立一个类似的配送体系，设置很多个点连成一个网络，然后全部通过一个中央控制室来周转。这就是联邦快递转运中心运营模式的雏形。

回到美国后，施伟德开始将大学和越战时的设想付诸实施。他变卖了父亲分给他的遗产——迪克西长途汽车公司的股份，获得了 75 万美元流动资产，并通过家族信托基金的担保，从孟菲斯国民商业银行获得 360 万美元的贷款。1971 年 6 月 18 日，施伟德 27 岁那年在特拉华州注册了新公司——联邦快递公司（Fedex）。于是，联邦快递这个名字就创造了一个新行业：通过转运中心及航线网络系统进行隔夜交货的速递方式。

这样的商业模式，需要一开始时就有足够的飞机，并建立起一个覆盖多个城市的航空网络。为此，施伟德竭力奔走游说华尔街，募集到了 9600 万美元，购买了 23 架"隼式"喷气机。

1973 年 4 月 17 日，联邦快递在 22 个城市同时开展了业务。1975 年年底就开始扭转亏损，翌年营业额为 1.09 亿美元，纯收入为 810 万美元。1983 年，联邦快递的年营业收入已经达到 10 亿美元，成为美国历史上第一家创办不足 10 年，不靠收购或合并而超过 10 亿美元营业额的公司。

三、 超级转运中心

事实上，在 1973 年联邦快递开始业务操作的第一个晚上，公司就用 14 架小型飞机将 186 个包裹运送到美国的 25 个城市，当时只是在一些临时的牌桌上进行包裹分拣。

35 年前施伟德之所以首先选择了美国田纳西州的孟菲斯作为其"中心辐射式"运输的中心，不仅因为该市位于美国中南部，地理位置比较理想，气候条件适于飞行，还因为该机场入夜后很少有旅客航班，而且当地政府也很支持。

如今，在孟菲斯机场，每天晚上都有上百架联邦快递的飞机在这里起落。每天夜里，在联邦快递面积达 364 公顷的超级转运中心，长达 300 多英里的传送带平均每小时处理 95000 个包裹。来自世界各地的不同物品，小至电子产品、香水，大至发动机源源不断地被运来，经分拣后再迅捷、精确地送到目的地。

每天 22 时 30 分左右，上晚班的工人陆续到达，联邦快递从全球各地飞来的飞机也陆续降落，每一分半钟就有一架飞机停靠在指定的位置，远望天空还可以看到星光点点排成一线，那些也大都是联邦快递的飞机。

货物从飞机上载、下载的时间都不超过 30 分钟，货物被卸下来后就会进行第一次扫描，每个包裹上都由发货人贴上了数据码，上面有运单号码、货物重量等，然后各种拖车就拖着整托盘的进港货物进入分拣中心。当包裹在传送带上运送时，传送带上的传感器就立刻可以捕捉到这个电子"身份证"，经过无数的扫描机，被自动送到不同的传送带，然后被自动机械手推至不同的目的地托盘上。

由于联邦快递实行的是精细化管理，每个员工都只负责包裹的一段旅程，主要是扫描、防止包裹从自动分拣机上滑落，以及将新的托盘整理好，准确无误地送到离港飞机的位置，依次装机。到凌晨 4 时，孟菲斯机场的飞机开始向目的地进发，飞机到达各个目的地后，还需要再分拣，然后装上不同路线的送货卡车。

自 2007 年 5 月 28 日起，联邦快递位于浙江省杭州市萧山国际机场的中国区转运中心也正式启用，联邦快递开始把孟菲斯转运中心的成功复制到中国的快递市场。到 2008 年年底，在中国广州白云机场（600004），还将有一处转运中心开展与孟菲斯机场和杭州萧山机场的转运中心相似的活动：停机坪上、传送机中、转运中心内，1200 名员工将静候着指挥中心的信号。亚洲 24 个主要城市的货物，将聚集在广州新白云机场，分拣后运送到世界各地；而全球 220 多个国家及地区运往亚洲的货物，也将来这里"驻足"。这也将是联邦快递在美国本土外最大级别的国际转运中心。

（来源：物流天下网，http：//www.56885.net，2008-05-26）

今天的联邦快递为什么会有这样的成绩？这不仅与领导者有关系，而且还与它的企业文化有很大关联。联邦快递有自己的大文化，它的文化在于时间观念、在于软件的创新和创意。它强调的是顾客满意的企业文化。

随着现代企业生产经营方式的变革和市场外部条件的变化，"第三方物流"开始引起人们的重视以及极大的兴趣。1988 年美国物流管理委员会的一项顾客服务调查中，首次提到"第三方服务提供者"一词，很快这种新思维就被纳入顾客服务职能中。

第三方物流（Third Party Logistics，3PL 或 TPL）：第三方物流是接受客户委托为其提供专项或全面的物流系统设计以及系统运营的一种物流服务模式。第三方物流的概念源自管理学中的 Out-Souring，意指企业动态地配置自身和其他企业的功能与服务，利用外部的资源为企业内部的生产经营服务。将 Out-Souring 引入物流管理领域，就产生了第三方物流的概念。目前对第三方物流的解释很多，国外还没有一个统一的定义。

根据运作主体的不同，可将物流的运作模式划分为第一方物流、第二方物流以及第三方物流。第一方物流是由卖方、生产者或供应方组织的，第二方物流是由买方、销售者组织的，第三方物流则是由专业的物流组织进行的。第三方物流实际是相对于第一方和第二方物流而言的。

第三方物流可以理解成是由供方和需方外的物流企业提供物流服务、承担部分或全部物流运作的业务模式，是在特定的时间段内按照特定的价格为使用者提供个性化的系列物流服务，是专业化、社会化和合同化的物流。

🔸 案例 2　第三方物流企业对制造商的"零库存"管理

"迟到 10 分钟，罚款 1.8 万美元。"这可不是用来约束员工上班的考勤制度，而是德尔福（中国）公司（DELLPHI）用来约束其合作伙伴第三方物流企业供货的。而上海实业外联发国际物流有限公司（SLC）作为第三方物流企业，之所以敢承接条件如此苛刻的业务，是因为它认识到信息在供应链整合中的作用，创建了基于 EC（Electronic Commerce）的看板拉动管理模式，为生产制造商、供应商、3PL 提供了一个作业衔接和业务协同的平台，并有效地实行了看板拉动管理。

看板管理的核心是追求一种"零库存"或使库存达到最小的生产系统。"零库存"并不是要求库存的商品数量为"零"，而是将供应节拍加快后，节拍间歇期缩短，每种商品的备货数量相应减少。由于每种商品的备货数量降低，市场变化导致商品发生损失的可能性越来越小，并趋于"零"。信息增值、以信息替代存货是"零库存"的核心。

上海实业外联发公司与德尔福公司之间创建了基于 EC 的业务系统。通过该系统，SLC 不仅管理 DELPHI 的物流，而且还扮演 DELPHI 制造供应商的角色。在这个不同寻常的安排中，SLC 向 DELPHI 位于上海市的工厂提供产品生产组件，按照生产线的需要在准确时间供货，一般 45 分钟一次。尽管 DELPHI 选择材料供应商，但由 SLC 签发采购单并从这些供应商处购买材料。SLC 接收到这些材料后，便进行配送分拨，运往 DELPHI 的生产线。DELPHI 收到 SLC 的发票，发票包括所有的作业成本、产品成本和边际利润。为使该系统有效运作，DELPHI 和 SLC 共享了大量的生产数据。这样 SLC 与 DELPHI 就有了实时生产系统连接，从而可以了解产品处于生产过程的哪个环节，即时查询 DELPHI 生产线上的库存信息。尽管 SLC 的任务包括物流和运输，但它远远超出了传统 3PLs 的责任范围。它管理库存，承担产品过时和损坏的损失，承担装配任务，因此满足了 DELPHI 减少库存、管理资产的要求。

（来源：《3PLs 推动下的看板拉动管理》，朱惠君，《物流技术》，2007.07）

案例分析

上海外联发作为第三方物流企业，为制造商提供的服务已远超传统 3PLs 的责任范畴。它通过成功运用信息技术创建针对服务对象的业务协作平台，实现了生产制造商、供应商、3PLs 之间的信息共享，并随时对来自合作伙伴发出的业务请求信息进行响应和反馈，将三者紧密地联系在一起，成为第三方物流企业的典范。

第三方物流对所服务企业起到了降低成本、提高效率的重要作用，其特征包括如下方面。

（一）第三方物流是社会化、专业化的物流

第三方物流是企业生产和销售外的专业化物流组织提供的物流。第三方物流服务不是某一企业内部专享的服务，而是面向社会众多企业提供专业服务，因此具有社会化性质，可以说是物流专业化的一种形式。

（二）第三方物流是合同化、系列化的服务

第三方物流是根据合同条款规定的要求，而不是临时需要，提供多功能，甚至全方位的物流服务。第三方物流服务内容如下：基本业务（包括货物集运、仓储、配送、装卸、搬运）；开发物流系统；附加值业务（订单、运费支付、运费谈判、货物验收、包装、加工、代理货物保险、代收款、货物回收等）；高级物流服务（库存分析报告、库存控制、分销中心、管理表现汇报、信息管理、电子数据交换能力、开发物流策略、系统等）。

（三）第三方物流是"三流"合一的物流

在商流、物流、信息流、资金流四大流中，第三方物流至少应集后三大流于一身。现代企业的规模在不断扩大，企业对物流控制的要求也越来越高。要满足企业对物流服务的需求，仅仅依靠手工、人力是不可能的，第三方物流的运作必须建立在现代电子信息技术的基础上，具有将物流、信息流和资金流有机结合的能力。常用于支撑第三方物流的信息技术有：实现信息快速交换的 EDI 技术、 实现资金快速支付的新技术、 实现信息快速输入的条形码技术和实现网上交易的电子商务技术等。

（四） 第三方物流是集成化、 系统化的服务

第三方物流是从系统角度统筹规划一个公司整体的各种物流活动， 处理好物流与商流， 以及公司目标与物流目标之间的关系， 不求单个活动的最优化， 但求整体活动的最优化。 集成化、 系统化就是将运输、 仓储、 装卸搬运、 配送、 流通加工、 包装、 信息处理等要素有机结合起来， 借助现代物流设施和技术及信息、 通信等技术使子系统协调运作， 实现客户以较少成本快速、 安全交付货物的要求； 同时能够为客户提供物流系统设计、 运营、物流计划、 物流管理及咨询等延伸服务， 从而使自身物流要素趋向完备、 物流实现系统化。

（五） 第三方物流是个性化或客户定制化服务

尽管第三方物流服务是由社会化的物流企业来提供的， 面向社会经济活动中的生产、 销售企业， 但其服务对象相对来说比较少， 只有几家甚至一家。 这是因为需求方的业务流程各不相同， 而物流、 信息流是随价值流流动的， 第三方物流企业需要按客户的要求进行投资， 同时按客户的业务流程来确定和调整服务方案， 针对特定的顾客设计合适的物流服务， 以满足不同客户的不同需求。 这也表明物流服务从 "产品推销" （Sales） 阶段发展到了 "市场营销" （Marketing） 阶段。

🔺 案例 3　马士基航运公司的发展历程

马士基 （MAERSK） 集团成立于 1904 年， 总部位于丹麦哥本哈根， 在全球 135 个国家设有办事机构， 拥有约 89000 名员工， 在集装箱运输、 物流、 码头运营、 石油和天然气开采与生产， 以及与航运和零售行业相关的其他活动中， 为客户提供了一流的服务。2018 年 7 月， 马士基公司在 "2018 年 《财富》 世界 500 强" 中排行第 305 位。

马士基集团旗下的马士基航运公司是全球最大的集装箱运输公司， 服务网络遍及全球， 素有 "世界第一大航运公司" 之称， 由 Maersk Sealand 合并英国 P&O Nedlloyd 后改组而成。 截至 2017 年， 马士基航运占世界集装箱航运市场的 17%， 其船队由 470 多艘集装箱船舶以及 310 万只集装箱组成， 总容量超过 180 万 TEU ［20 英尺 （1 英尺＝0.3048 米） 标准箱］， 可以确保可靠、 全面的全球覆盖。

马士基航运第一次班轮航行始于 1928 年 7 月 12 日， LEISE MAERSK 轮从美国巴尔的摩开始启航， 驶往远东。 从此以后， 马士基航运的船舶几乎每个月都会从美国东海岸港口出发， 往返于太平洋的两端。 在那时， 新的班轮服务还是一项实验， 因为班轮运输服务必须满足各种货物的需求， 而并非像不定期货船那样只能运输散货。 为此， 马士基航运为班轮运输设计定制船舶， 第一艘 GERTRUDE MAERSK 轮于 1930 年投入美国—远东航线。 GER-TRUDE MAERSK 拥有放置普通干散货的设施， 还拥有可以装载椰子油及其他类似产品的油舱、 特殊丝绸舱及早期冷链产品冷藏区域。

从 1934 年开始， 马士基航运推出双周班轮航线。 1940 年受到第二次世界大战的影响，

公司的发展被迫中断，班轮运输直至 1946 年才得以恢复并拓展到全球各地。

1928 年马士基航运首次提供挂靠上海、来往远东和美国的班轮服务。

1979 年首批集装箱货物搭乘马士基航运船舶离开中国大陆。

1984 年马士基在广州设立第一家航运代表处。

1994 年马士基（中国）航运有限公司成立。

2013 年 6 月 28 日马士基航运的第一艘 3E 级船舶"马士基·迈克 凯尼·穆勒"号成为马士基航运船队的一员，并于 7 月 17 日首航上海港。

2015 年马士基航运与中远船务签订协议，在浙江舟山订造七艘运力为 3600TEU 的集装箱船舶。

2018 年 4 月，马士基航运正式开始负责汉堡南美船队的管理和发展，未来与汉堡南美旗下船只相关的效率与环境目标将由丹麦马士基航运制定。

近日，德国汉堡南美发布 2017 年可持续发展报告。报告指出，与 2009 年相比，2017 年该公司每 TEU 公里二氧化硫排放量降低 40%，这刚好符合此前设定的 2020 年实现降低 45% 的目标的发展进度。然而，由于被全球班轮巨头马士基航运收购，德国汉堡南美很难再继续单独履行此前设定的环境目标。但汉堡南美方面称："我们相信，在一支新的管理团队的带领下，他们将继续在节能减排方面发挥重要作用。"

据航运界网了解，马士基于 2017 年 11 月正式完成对德国汉堡南美的收购。这笔高达 44 亿美元的交易，创造了一家运营（自有和租用）730 艘集装箱船的超级班轮公司。

（来源：百家号网，https：//baijiahao.baidu.com/，2018-07-14）

案例分析

世界是个地球村，在地球一端生产的商品能在地球另一端得以销售，低成本而高效率的海运起到了关键作用。马士基航运公司对国际物流的发展起到了巨大的推动作用。

第三方物流系统（3PL）是一种实现物流供应链集成的有效方法和策略，它通过协调企业之间的物流运输和提供后勤服务，把企业的物流业务外包给专门的物流管理部门，特别是一些特殊的物流运输业务。通过把物流业务外包给第三方物流承包者，企业能够把时间和精力放在自己的核心业务上，从而提高供应链管理和运作的效率。

传统的对外委托形态只是将企业物流活动的一部分，主要是物流作业活动，如货物运输、货物保管交由外部的物流企业去做，而库存管理、物流系统设计等物流管理活动以及一部分企业内物流活动仍然保留在本企业。

物流企业是站在自己物流业务经营的角度，被动地接受货主企业的业务委托，以费用加利润的方式定价，收取服务费。第三方物流企业则是站在货主的立场上，以货主企业的物流合理化为设计物流系统运营的目标。第三方物流企业不一定要有物流作业能力，也就是说可以没有物流设施和运输工具，不直接从事运输、保管等作业活动，只是负责物流系统设计并对物流系统经营承担责任，具体的作业活动可以再采取对外委托的方式由专业的运输、仓库企业等去完成。第三方物流企业的经营效益直接同货主企业的物流效率、物流服务水平以及物流效果紧密联系在一起。第三方物流与传统物流的区别如表 11-1 所示。

表 11-1 第三方物流与传统物流的区别

功能要素	第三方物流	传统物流
合约关系	一对多	一对一
法人构成	数量少(对用户)	数量多(对用户)
业务关系	一对一	多对一
服务功能	多功能	单功能
物流成本	较低	较高
增值服务	较多	较少
质量控制	难	易
运营风险	大	小
供应链因素	多	少

第三方物流管理是通过物流管理组织对整个物流活动进行的有计划、有组织的控制工作,主要内容包括物流合同管理、物流能力管理、物流设备管理、物流安全管理、物流费用管理、物流信息管理等。

案例4 美国通用汽车公司的物流业务外包

美国通用汽车在美国的 14 个州中,大约有 400 个供应商负责把各自的产品送到 30 个装配工厂进行组装,由于卡车满载率很低,库存和配送成本急剧上升。为了降低成本,改进内部物流管理,提高信息处理能力,美国通用汽车委托 Penske 专业物流公司为它提供第三方物流服务。

调查了解半成品的配送路线之后,Penske 公司建议通用汽车公司在 Cleveland 使用一家有战略意义的配送中心,由配送中心负责接收、处理、组配半成品,由 Penske 派员工管理,同时 Penske 也提供 60 辆卡车和 72 辆拖车。除此之外,还通过 EOI 系统帮助通用汽车公司调度供应商的运输车辆以便实现 JIT 送货。为此,Penske 设计了一套最优送货路线,增加供应商的送货频率,降低库存水平,改进外部物流活动,运用全球卫星定位技术,使供应商随时了解行驶中的送货车辆的方位。与此同时,Penske 通过在配送中心组配半成品后,对装配工厂实施共同配送的方式,既降低了卡车空载率,也减少了通用汽车公司的运输车辆,只保留了一些对 Penske 所提供的车队有必要补充作用的车辆,从而减少了通用汽车公司运输单据的处理费用。

另外,美国通用汽车公司选择目前国际上最大的第三方物流公司 Ryder 负责其土星和凯迪拉克两个事业部的全部物流业务,选择 Allied Holdings 负责北美陆上车辆运输任务,选择 APL 公司、WWL 公司负责产品的洲际运输。

(来源:《物流管理概论》,化学工业出版社,袁长明主编)

现代企业的竞争更多表现为核心业务能力的竞争,制造企业将非核心业务外包,可以实现经济上的双赢。在本案例中,第三方物流提供者借助精心策划的物流计划和适时运送手段,不仅可以提供更专业的服务,还可以实现规模经济所带来的低成本和高效率。而通用公司在通过物流外包、降低物流成本的同时,也使企业更专注于核心业务,提高了企业的竞争力。

现代意义上的第三方物流是一个有 10～15 年历史的行业。在美国,第三方物流业被认为尚处于产品生命周期的发展期;在欧洲,尤其是在英国,普遍认为第三方物流市场有一定的成熟程度。欧洲目前使用第三方物流服务的比例约为 76%，美国约为 58%，且其需求仍在增长。研究表明，欧洲 24% 和美国 33% 的非第三方物流服务用户正积极考虑使用第三方物流服务；欧洲 62% 和美国 72% 的非第三方物流服务用户认为他们有可能在 3 年内增加对第三方物流服务的运用。一些行业观察家已对市场的规模做出估计，整个美国第三方物流业有相当于 4200 亿美元的市场规模，欧洲最近的潜在物流市场的规模估计约为 9500 亿美元。

由此可见，全世界的第三方物流市场具有潜力大、渐进性和高增长率的特征。这种状况使第三方物流业拥有大量服务提供者，大多数第三方物流服务公司是以传统的"内物流业"为起点而发展起来的，如仓储业、运输业、空运、海运、货运代理和企业内的物流部等。他们根据顾客的不同需要，通过提供各具特色的服务取得成功。美国目前有几百家第三方物流供应商，其中大多数公司刚开始并不是第三方物流服务公司，而是逐渐发展进入该行业的。第三方物流的服务内容现在大都集中于传统意义上的运输、仓储范畴之内，运输、仓储企业对这些服务内容都有着比较深刻的理解，对每个单项的服务内容都有一定的经验，关键是如何将这些单项的服务内容有机地组合起来，提供物流运输的整体方案。

在西方发达国家第三方物流的实践中，有以下几点值得注意：第一，物流业务的范围不断扩大。一方面，商业机构和各大公司面对日趋激烈的竞争不得不将主要精力放在核心业务上，将运输、仓储等相关业务环节交由更专业的物流企业进行操作，以求节约和高效；另一方面，物流企业为提高服务质量，也在不断拓宽业务范围，提供配套服务。第二，很多成功的物流企业根据第一方、第二方的谈判条款，分析比较自理的操作成本和代理费用，灵活运用自理和代理两种方式，为客户提供定制的物流服务。第三，物流产业的发展潜力巨大，具有广阔的前景。

案例 5　某箱包企业的物流管理

一个销售额近 6000 万元的箱包企业工厂总部位于北京，在全国有 9 家分公司，与北京平均距离 1200 公里。10 个城市平均下来，月均 50 万元销售额。设标准包装箱为 45cm×33cm×60cm，约 0.09 立方米，15 公斤，每箱 30 只。平均计价 144 元/只，每箱货值 0.432 万元。每个城市每月销售 126 箱，约 11.34 立方米，计费吨数为 3.4 吨。设该公司于每个城市有 100 家销售网点，每个网点销售 1.26 箱，计 0.5 万元/家，约 38 只箱包。送货 3800 只/月/城，10 城市总送货 38000 只，全年送货 45.6 万只。设每家销售网点布货品种 20 种，30% 为畅销品，占销量的 70%，即 6 种箱包每月的送货量为 26 只，其余 14 种每月的送货量为 12 只，分 3 次送完。设每个城市每月送货 300 次，10 个城市送货 3000 次，全年送货 3.6 万次。该企业的物流比率为 1.8%。

该箱包企业为了发挥原料采购和产品分销等物流功能，可以有两种选择：企业自营物流和采用第三方物流。企业自行承担物流功能需要占用车辆、仓库、办公用房等固定资产，要负担相应的维修及折旧费用，负担有关人员的工资奖金费用，年物流费用为 277 万元，约占销售额的 4.62%。而采用委托第三方，采购全套物流服务，所需物流费用为 200 万元，约占销售额的 3.33%。

由此可见，利用第三方物流服务会比本公司自营节省 28％的成本。实践证明，采用第三方物流服务可为公司解决以下烦恼：降低物流成本；提高公司业务能力；集中精力强化主业；缩短出货至交货时间；提高车辆使用效率和减少油耗费用；彻底实施品质管理。

（来源：《物流案例与实训》，机械工业出版社，何倩茵主编）

在竞争激烈的市场上，降低成本、提高利润率往往是企业追求的首选目标。箱包企业通过采用第三方物流，一方面解决了本企业资源有限的问题，使自身更专注于核心业务的发展；另一方面使企业得到更加专业化的服务，从而降低了营运成本，提高了服务质量。

第三方物流发挥了现代物流的诸多功能，并且有着良好的发展趋势。

（一）实现规模化经营

在激烈的市场竞争中，第三方物流要想取得生存、发展，只有具备一定的规模和实力，才能有资信保证，才能取信于人，才能提供全方位的服务，才能降低成本，才能对客户需求有较快的反应能力，最终实现规模效益。

（二）物流功能多元化

传统的物流管理只局限于运输、仓储和市内配送，服务项目比较单一，不能完全满足客户的需求，要想在竞争中求得生存、发展，服务项目必须从单一功能服务转向全方位物流服务。在原有服务项目基础上发展货物集运、条码标签、延后服务、订单执行、货运付费、零件成套、退货、更换修理、咨询及售后等服务，满足不同客户的需求，取得竞争优势。

（三）第三方物流成为物流集成商

任何一个客户都希望用一个计算机接口、一个联系界面、一份合同、一份集单，就能解决所有问题。客户把有关的物流业务交给第三方物流企业全权代理，就迫使第三方物流公司与其他物流公司建立合作联盟关系，从而提高了作业效率，降低了成本，扩大了业务服务范围，保证了物流服务质量。

（四）优秀管理团队的建设

物流技术是不断发展的，第三方物流企业在运用物流技术的过程中要不断创新和发展；同时现代的第三方物流要求有高素质的管理团队与之相适应，即他们应该在为顾客提供最满意的服务方面达成共识，树立与顾客实现共赢而不是零和博弈的思想。

案例 6　宝供集团发展第三方物流的做法

宝供物流企业集团有限公司（以下简称"宝供集团"）创建于 1994 年，总部设于广州，1999 年经国家工商总局批准，成为国内第一家以物流名称注册的企业集团。宝供集团目前已在全国 46 个城市建立了 7 个分公司、48 个办事处，形成了一个覆盖全国，并向美国、澳大利亚、泰国、中国香港等地延伸的物流运作网络。企业拥有先进的物流信息平台，为全球 500 强中 50 多家大型跨国企业及国内一批大型制造企业提供物流服务，是当今国内领先的第三方物流企业。

宝供集团的业务范围包括物流规划、货物运输、分销配送、储存、信息处理、流通加工、国际货代、增值服务等一系列专业物流服务。

一、 不断创新经营理念， 促进物流经营的现代化

现代物流业是一门新兴产业，它不同于传统意义上的仓储、运输，而是集各种现代高科技手段、网络信息通信技术以满足客户需要建立起来的供应链一体化物流服务。

因此，宝供集团自成立之日起，就不断汲取国外先进物流理念，进行大胆探索和创新。宝供集团成立初期，基于对市场的敏锐观察和分析，率先打破传统的分块经营、多头负责的储运模式，建立门对门的物流服务方式。从生产中心到销售末端，无论中间经过多少环节、采用多少运输方式，一概实施全过程负责。宝供集团首先采用这种方式为宝洁公司服务，使宝洁公司在中国的分销业务顺利开展，市场不断扩大，收到了良好的经济效益和社会效益。

从 1994 年至今，随着客户分销网络的拓展，宝供集团逐渐建立起覆盖全国的分支机构体系，并向境外延伸，形成了国内第一个覆盖全国、提供物流全过程服务的物流运作网络，业务蒸蒸日上，声誉不断提高。在为客户提供服务的过程中，宝供集团始终秉承着"为客户创造价值"的经营理念，不断优化客户服务模式、提高服务质量、降低物流成本。从 2000 年至今，宝供集团已先后完成了红牛、联合利华、飞利浦、TCL 等客户的物流系统整合优化，使客户分销中心数量、库存水平明显降低，服务质量也得到了很大改善，创造了巨大的整合价值。2000 年，宝供集团参与了 TCL 物流系统的改造，在广泛调研的基础上提出了改进方案，该方案的实施使 TCL 每年节省了大量的物流费用。宝供集团在为飞利浦公司提供两年多服务的时间里，通过信息技术的运用和运作模式的改变，使其从几十万台的电视机库存下降到几万台，利润直线上升。1997 年，宝供集团建成国内第一个 INTERNET（国际互联网络）/INTRANET（企业内部互联网络）的物流信息系统，在与客户进行电子数据交换方面取得了重大突破，并在此基础上实现了企业间物流、资金流、信息流的流程整合，优化了客户供应链，标志着第三方物流服务供应链体系的形成。

二、 充分发挥第三方物流服务的优势， 增强企业的市场竞争力

所谓第三方物流服务，是指相对于生产、消费的"第三方"为生产和消费双方提供的专业化的物流服务。宝供集团第三方物流经营模式，是以市场需求为导向、物流系统优化为基础、信息技术和管理技术为手段，推动资源的合理配置和社会优势资源的整合，构筑完整的综合价值链，为客户提供一体化、专业化、全过程的物流服务。

宝供集团的主要服务内容：一是物流策划，包括物流规划与模式设计；二是物流运作管理，包括运输、仓储、装卸、包装、分拣和理货等；三是物流信息，包括信息系统规划、信息技术支持、信息管理，为公司和客户双方监控物流过程提供实时、准确的信息服务。

宝供集团计划在全国沿海以及内地重要城市兴建 15 个面积在 20 万～60 万平方米的高效、大型现代化物流基地，建成后的物流基地不仅仅是现代化的储存、运输、分拨、配送、多种运输交叉作业的中心，同时也是加工增值服务中心、商品展示中心、贸易集散中心、金融结算中心、信息枢纽及发布中心，并提供一关三检、物流科研培训服务，为生产制造及流通产品、进出口产品提供全球供应链一体化服务。

三、 建立先进的物流信息系统和运作网络， 不断提高物流服务效率

采用信息网络技术，构建现代物流业体系发达的神经系统，是提高物流服务效率的重要保障。宝供集团从 1997 年开始，累计投入数千万元资金、建设基于 INTERNET/INTRANET 功能强大的物流信息管理系统，实现了对全国各地物流运作信息实时动态的跟踪管理，确保了信息处理的及时性、准确性和有效性。这个系统也向客户开放，客户可通过 INTERNET 或其他网络方式，利用该系统实时了解自己货物的运作信息，确保对货物的有效管理控制。

2001年，借助于VPN平台、XML技术，宝供集团实现了与飞利浦、宝洁、红牛等客户电子数据的无缝链接，全面代替了传真、输单等手工操作，摆脱了落后的手工对账方法，而利用数据库、网络传递等计算机辅助手段来实现数据的核对、归类、整理，极大地提高了工作效率。这一技术的采用，为客户管理库存提供了很大便利，从而形成了一种新的管理模式，促进了客户成品管理水平的提高。宝供集团的这套信息化应用系统被英特尔公司誉为目前国际上先进的物流信息系统，也是全国最早以信息服务驱动提供物流全面解决方案的第三方专业物流公司。

TOMS（全面订单管理系统）与WMS（仓库管理系统）的采用，使整个运作过程更加可视化、可控化，最终实现物流信息在一个高效的系统内闭环管理。同时，宝供集团建立了覆盖全国的物流运作网络，从根本上改变了传统储运存货、接货、发货、送货多头负责、相互推诿责任以及多环节、高费用、低效率、难以监控的被动局面，确保了面向客户一致性、一体化的全程服务，实现了对物流运作网络的集中监控管理。物流运作网络的建立为大型制造企业在全国范围内的分销提供了高效、可控、透明的物流支持体系，是促进制造业企业拓展市场、提高资源利用率、降低成本的有效途径。而建立规范的操作程序，是提高服务效率和质量的重要保证。宝供集团的整个物流运作自始至终处于严密的质量跟踪及控制之下，确保了物流服务的可靠性、稳定性和准确性。2004年，宝供集团的货物运作可靠性达到98%，运输残损率为万分之一，远远优于国家有关货物运输标准。

四、 宝供集团未来的发展目标和战略

（一）发展目标

成为国际上较具影响的中国第三方物流企业，运作和管理达到国际先进水平。

（二）宝供集团的战略

1. 供应链一体化发展战略

基于对未来市场变化的判断，宝供集团决定在未来的3~5年，投入较多的资源，通过与铁路、航空、港口等社会机构的合作，致力于形成以供应链物流、快运业务、流通配送为主体的三大物流体系和服务网络，以提升宝供集团的整体竞争力和企业价值。

2. 网络战略

（1）为了更好地适应市场发展以及客户的需求，发挥运作网络的作用，提高物流运作水平，宝供集团拟在全国20条主要干线构造一个安全、稳定、准时、可靠的快速通道，最后形成一个快速的干线运输网络。

（2）在全国10个主要城市开展深度分销配送业务，构建一个BTOB、BTOC的运作网络，形成一个以干线运输（大动脉）、区域配送（血管）和城市配送（毛细血管）三级联动的运输配送体系。

3. 基地战略

为适应中国加入WTO所带来的机遇以及生产模式、营销模式的变化，宝供集团拟在全国15个经济发达城市投资建设大型现代化的基于支持全球供应链一体化的综合型物流服务平台（每个服务平台占地面积20万~60万平方米），形成一个以现代化物流服务平台为节点的运作网络。

4. 科技战略

为了向客户提供更多、更好、更快的物流服务，促使物流生产模式由人力密集型向技术密集型转变，不断提高运作效率和管理水平，宝供集团加大了技术开发力度，以科技促发展，逐步提高公司的技术水平。宝供集团不仅加大力度完善、提升其现有物流信息管理系统的服务能力，还与全球著名的IBM公司签订有关引进国外先进信息技术的合同，以及共同

联手打造一个基于支持全球供应链一体化的信息服务平台。同时，还将引进国外先进成熟的适应中国物流状况的部分信息系统和软硬件技术，以及国外先进的运作设备及运作技术。

5. 人才战略

宝供集团将坚定不移地推行自己的人才战略，从国外、国内各方面吸收优秀人才充实到企业各岗位。宝供集团在吸纳人才的同时，还不断完善自身的培训机制，加强对员工的培养，为公司参与未来的全球竞争奠定基础。

（来源：物流天下网，http：//www.56885.net）

宝供集团第三方物流经营模式，是以市场需求为导向、物流系统优化为基础、信息技术和管理技术为手段，为自己的客户提供仓储、配送、信息管理、订单管理等一体化、专业化、全过程的物流服务，在整个供应链管理过程中起着至关重要的作用。

在关注第三方物流快速发展的同时，我们还要注意，第四方物流正在兴起。近年来，在现代物流的基础上，衍生出一种新型社会化物流形式——第四方物流（Fourth Party Logisitics，FPL）。在这种模式下，专业物流公司依靠复杂的信息技术与客户的制造、分销、数据进行在线连接，对客户的供应链业务从事专业化管理。第四方物流不仅对特定物流活动进行控制和管理，而且对整个物流过程提出策划方案，并通过电子商务将这个过程集成起来。这种新业态的出现可以有效地实现对企业供应链的全方位管理，使物流企业与客户之间的战略伙伴关系得以有效建立和稳固。

著名的管理咨询公司埃森哲公司首先提出第四方物流的概念，他们认为："第四方物流供应商是一个供应链的集成商，对公司内部和具有互补性的服务供应商所拥有的不同资源、能力和技术进行整合和管理，提供一整套供应链解决方案。"它的主要作用是：对制造企业或分销企业的供应链进行监控，在客户和物流信息供应商之间充当唯一"联系人"的角色。同时，我们从这个定义中还可以看出，第四方物流是有领导力量的物流提供商，它通过提高整个供应链的影响力，提供综合的供应链解决方案，为顾客带来更大的价值。显然，第四方物流是在解决企业物流的基础上，整合社会资源，解决物流信息充分共享、社会物流资源充分利用的问题。

第四方物流是一个供应链集成商，它调集和管理组织自己的以及具有互补的服务提供商的资源、能力和技术，以提供一个综合的供应链解决方案。第四方物流不仅控制和管理特定的物流服务，而且为整个物流过程提出策划方案，并通过电子商务这个过程集成起来。第四方物流可以使迅速、高质量、低成本的产品运送服务得以实现。

综上所述，第四方物流是比第三方物流更进一步的物流服务形态，是从整个供应链的角度出发提供物流解决方案。在物流服务上，第四方物流与第三方物流应该合作互补，达到物流成本的最小化。

案例 7　医药冷链成物流企业"新战场"

医药供应链正成为人们关注的热点问题，因为医药产品的有效性设存条件要求极为严苛，所以这些年来冷链的发展以"不温不火"的方式为医药产品"保驾护航"。

一、 我国医药物流及其冷链发展潜力巨大

2018 年 5 月 3 日,《医药产品冷链物流温控设施设备验证性能确认技术规范》(GB/T 34399—2017)国家标准在京发布,规定了医药产品冷链物流设计的温控仓库、温控车辆、冷藏箱、保温箱及温度监测系统验证性能确认的内容、要求和操作要点等。

与此同时,国家邮政局局长马军胜在 2018 年第 5 次局长办公会上强调,要引导快递企业加快冷链、医药等高附加值业务。业界专家分析认为,随着标准政策的确定,医药产品冷链物流的竞争将更加标准化。企业也将根据国家标准,针对作业设定物流过程中的温度,以降低物流成本,提升服务品质。

事实上,随着经济持续稳定的发展和人们对医药消费要求的提高,整个医药市场的规模在逐步扩大,我国已成为全球第三大医药市场。最新公布的《2017 年中国医药物流发展报告》显示,我国医药物流总额 3.02 万亿元,同比增长 11.3%。按照每年 8% 的增长速度计算,预计到 2020 年,我国医药物流总额将达到 3.8 万亿元,而冷链运输的药品市场规模或可达到 1200 亿元。

医疗保障水平的提高和市场对需要低温储藏的医药冷藏品要求的严格,无疑是医药产品物流面临的一个挑战,医药冷链物流业随之进入了快速增长期。相关数据显示,疫苗类制品、注射针剂、酊剂、口服药品、外用药品、血液制品等医药冷藏品的销售金额占我国医药流通企业总销售额的 10% 左右,市场空间巨大。

"医药市场规模的持续增长,不仅促进企业的快速增长,也为医药物流及其冷链发展持续提供动能。"中国物流与采购联合会副会长兼秘书长崔忠付指出。目前,标准化工作已经成为国家战略层面的重要工作之一,而医药冷链物流作为物流行业的重要组成部分,其意义毋庸置疑。根据国家药监局公布的数据,药品质量问题中有近 20% 与冷链物流相关。这表明我国冷链物流的市场潜力巨大,而其规范化的进程也显得格外艰难和迫切。

业界专家分析认为,医药冷链配送的难点在于经历多个物流环节,不同的环节使用不同的运输资源和信息系统,要实现药品流通的信息共享和全程温控,势必需要有统一的标准和执行标准的能力,包括医药产品冷链物流涉及的温控仓库、温控车辆、冷藏箱、保温箱及温度监测系统验证性等。

"当前,我国的医药物流仍存在标准化覆盖率比较低、标准不统一、实施困难等多方面难题,阻碍着医药冷链物流标准化的推进。"崔忠付对我国医药冷链发展的状况表示担忧。记者在采访中了解到,受到标准化的影响,很多医药冷链企业尤其是第三方物流企业不敢贸然加大投入力度,扩大企业发展。

而医药冷链的竞争越发激烈,不仅有以此为主的企业,还有第三方物流企业。诸多企业进入这一领域,无疑是看到了其巨大的商业价值和市场潜力。事实上,医药冷链并不是一块容易涉足的领域,对运输及温度要求极为苛刻,一旦运输途中出现温度异常就会造成不可逆的后果。截至目前,国内可以覆盖全国的医药冷链运输企业仍然屈指可数。

二、 顺丰公司积极探索药品冷链物流市场

顺丰公司发现了医药冷链市场中的无限商机,并凭借自身巨大的配送网络积极探索这一高端物流市场。"在法律法规要求提高,社会化药品冷链物流管理标准逐步形成的背景下,社会化物流企业逐步参与到专业药品冷链物流中。这对于顺丰冷运来说,既是机遇也是挑战。"顺丰冷运业务开发与解决方案处负责人洪德智谈及顺丰进入医药冷链市场时说道。

顺丰 2014 年 3 月便单独成立了医药物流事业部,两年后正式成立了"冷运事业部",分离医药冷链和生鲜冷链资源。为此,顺丰在基础设施、网络能力及人员培训等方面都做了纵

深部署，将通过 6～7 个核心物流中心打造覆盖全国的仓储能力。

正是拥有这些基础，顺丰在医药冷链物流上才得以持续发力。顺丰年报披露，其医药运输网络目前已覆盖全国 132 个地级市，基本覆盖了全国大部分重点地区，可提供常温、零担、专递、商配、仓储服务；顺丰控股冷运网络覆盖 104 个城市及周边区域，其中有 3 座医药冷库、12 条医药干线。2018 年，顺丰控股将继续完善医药物流底盘，通过"多仓协同＋干线运输调度＋航空运力补充"逐步建立起全国"T＋3"医药物流网络；优化仓干配全链条业务模式和运作流程，进一步提升－40～25℃多温段精确温控能力，提高资源使用效率和营运质量；继续加强医药冷链设备设施验证管理技术以及信息系统模式研发和创新。

同样决心在这一市场深耕的，还有中国邮政速递物流公司（以下简称"中国邮政"）。早在 2006 年，中国邮政就开始在宁夏试点配送药品，并很快取得 GSP 认证证书。随后几年间，中国邮政又相继在甘肃、内蒙古、安徽等地试点。目前，中国邮政已经能够完全借助于符合 GSP 规范的药品仓库、药品温控运输和冷链运输配送能力，以及全程可视化的跟踪查询体系，为医药行业提供从医药原材料入厂物流、药品仓储运输至药品医院配送全过程的物流服务。

与此同时，随着政策上不断释放利好消息，加之医药流通市场的广阔前景，众多资本也纷纷投入布局医药流通领域。3 月 30 日，医药冷链物流服务提供商——生生物流获得协立投资独家数千万元 A 轮投资。本轮融资后，生生物流将继续加大设施和人员投入力度，包括升级仓储中心、新建配送站点、增加物流车辆等，以支持业务的高速增长。除顺丰、生生物流外，京东、DHL 等企业亦在不同程度地介入医药冷链物流，一时间医药冷链成了物流企业们的"新战场"。除新入局者外，原有流通巨头国控、上药、华润、九州通等也都没有闲着，纷纷加码物流配送中心，部署冷链配送业务。

"在冷藏药品市场规模持续增长的趋势下，将会吸引大量的企业及投资者进入这一领域，行业内的竞争也会加剧。"中国市场调查网市场分析师对医药冷链物流的市场前景表示看好。

三、 我国医药冷链物流市场面临的挑战

虽然我国医药冷链物流市场前景不错，但行业和企业对其现状却不得不加以重视，使它能够突破重重挑战。

第一，我国专业的医药物流人才急剧匮乏导致这一领域发展问题多多。医药冷链物流对于人才有着较高的要求，不仅需要懂得物流知识还需要懂得医药知识。尽管医药物流行业的人才缺口较大，但目前大多院校并没有专门设置医药物流专业，企业招聘的物流或医药人才也需要在后期进行培养。

第二，与医药冷链发达国家相比，我国的医药冷链物流行业仍显得小而散。"目前，小、散、乱的局面依旧没有得到有效扭转。"马东坦言，"这导致的直接后果就是流通环节众多，流通成本高居不下。"公开数据显示，我国医药冷链物流的成本占销售总成本的比例为12％，是美国的 4 倍。同时，我国医药冷链物流中的设施建设费、电费、检测费等均处于较高水平。"在硬件设施方面，一辆符合标准的冷藏车最低需要 50 万元；而冷链物流的温度控制系统、配套运作管理系统等，至少也需要几十万元的支出。"马东向记者表示，仅在硬件方面的投入就足以让很多"财气低"的企业退缩。记者从多家医药公司及业内人士处了解到，医药冷链的配套设备包括储存疫苗的低温冷库、冰徘速冻器、普通冷库、运送疫苗专用冷藏车、疫苗运输车、冰箱、冷藏箱、冷藏背包以及计算机和零配件等。

第三，技术方面存在难题。医药物流与常见消耗品物流不同，国际上对医药物流有着严格的规定。如 WHO 出台的《The Blood Cold Chain》在血站组织指南中制定了极为严格的血液温度界限。该指南中规定，全血和红细胞必须储藏在 2～8℃ 的环境下，血小板必须在

22℃下，新鲜冰冻血浆必须在－20℃以下保存，以保证血液成分制品的活性与安全性。在实际情况中，如新鲜冰冻血浆这类对冷藏温度要求极高的产品，将面临更为严格的冷链把控。因为温度记录仪只存在于集装箱内部，而产品在整个物流过程中会经历多次装卸货操作，且这些操作是难以控制或监控的。所以，企业必须为集装箱设置更低的温度，以避免装卸货过程中造成药品、疫苗的损坏。

第四，供应链协调存在问题。可以说，协调整条供应链的灵活性与精益性是当下供应链发展的趋势。灵活性要求上游企业以满足顾客需求而非成本为经营的第一要素。追求灵活性可以预防缺货情况，但相应的库存成本也会上升。一般情况下，库存是以成本的形式计入经营，一旦有突发事件导致供应链流通不畅，库存便会为企业带来盈利机会。精益性是指企业以零库存为目标，尽可能地减少安全库存数量。以精益性为目标的企业往往仓储成本较低，但企业经营严重依赖未来业务量的估算、供应链的信息化程度以及供应链的反应速度。此种模式具有较大的经营风险，但企业愿意为了追求零成本而不断提高供应链的稳定性。两种不同的模式直接影响着企业间的关系，医药类企业更偏好于保证供应链的灵活性。CIPS会员，来自克莱菲尔德的刘展告诉记者，医药领域的供应链特征尤其明显："就英国而言，供应链流通环节少，供应链形式简单，药物原材料商逐渐占据了供应链的主导地位。药物原材料如鱼精蛋白来源于鲑鱼，这种生物类药物原材料受季节影响，不能很好地应对突发情况。在此情况下，原材料商严格地控制了产品定价权，而下游企业话语权低，难以找到合适的替代商。一条具有活力的供应链必须有一个核心企业（指供应链某一节点，并非金融公司），能带动整条链的发展，这个企业不应该是供应商，最有可能成为核心的应该是医院或药物研发机构。"

四、 供应链云平台可能成为链上枢纽

业内人士认为，当前造成供应链效率低下的原因仍是不同节点企业之间的操作系统缺乏互操作性，医疗领域则是第三方物流EMR系统难以与HIS系统对接。既然存在这个问题，那么就会涌现出解决这个问题的企业，其中就涉及供应链的可持续性。国外供应链理论研究认为，供应链可持续性是企业衡量业务情况的一个重要因素。这里的可持续性分为两层含义：第一层是指单个企业发展的可持续性；第二层是指某一企业所处整个链条发展的可持续性。为了满足第二层的发展要求，为客户提供解决方案的供应链云平台应运而生。

第三方云平台能将大量供应链参与主体聚集在一起，节点企业能够轻易找到客户资源，选择更优秀的上下游企业，整个行业也因竞争加剧而变得更加有活力。未来国内外均存在庞大的医疗物流市场，无论是生物制药行业，还是医疗器械市场的繁荣都将推动医疗第三方物流发展；新医改的深化和相关医疗政策的陆续出台也为其发展锦上添花。相比于国外，国内市场的成本有极大的收缩空间，供应链模式也还未完全成熟，区块链、新型冷链运输等技术发展也为市场参与者提供了大量机会。

（来源：中国能源物流产业网，http://www.zjxny56.com/，2018-07-10）

案例分析

医药冷链运输附加值很高，但运输要求以及所存在的风险指数也很高。医药冷链运输要求企业做到精准配送，一不小心就会造成药品污染，产生不良的社会影响甚至危及公众的生命。因此，运输过程中的药品温控，不是简单硬件就可以达成的，还需要一系列设备辅佐，甚至要具备特殊通道资源。这意味着对医药冷链企业运输中的资源整合提出了较高的要求。政府应积极出台促进医药冷链发展的相关法律法规及政策，引导医药冷链物流向规模化、集中化、社会化、标准化、信息化等方向发展，从而对整个行业起到约束和规范作用。

医药市场规模的持续增长，不仅促进企业的快速增长，也为医药物流及其冷链发展持续提供动能。在新医改和相关政策的扶持下，未来生物生化主要行业仍将持续增长，医药冷链物流市场也将有强劲的动力。药品安全事件频发和社会民众对医药冷链物流的关注，将进一步催热医疗冷链及其关联的设备、技术等蓬勃发展。无论是物流企业还是供应链管理云平台企业，这里都有足够大的舞台供他们尽情展示自己。

案例 8　快递绿色发展的圆通行动

近期，《中共中央国务院关于全面加强生态环境保护坚决打好污染防治攻坚战的意见》发布，对快递行业的绿色发展提出了新要求、指明了新方向。国家邮政局也就进一步推进快递业绿色发展的问题进行了安排部署。

中国快递业面临着新的"必答题"。一直以来，圆通以"服务社会、强企为国"为社会责任理念，从配送、包装、作业、办公等多方面践行绿色发展理念，着力打造"绿色圆通"。

推进绿色发展，圆通已全面行动！

一、"先知而后行"，推进标准制定

网购和电商平台的蓬勃发展解锁了人们买买买的新姿势，但收到快递后即弃的包装也折射出过度包装、循环利用率低、环境污染等一系列危害环境的严峻问题。作为全球快递业务量最大的国家，上下游产生的快递垃圾数量可想而知。如何解决这个问题呢？举措在后，研发先行。扎实的理论研究基础是推进绿色快递建设的首要前提，决定着未来发展绿色快递道路的方向。

圆通充分依托物流信息互通共享技术并应用国家工程实验室平台开展绿色快递物流的研究工作，参与或牵头了多部国家、行业标准规则的制定与研讨，如国家标准《绿色物流指标构成与核算方法》、行业标准《电子商务绿色包装材料技术和管理规范》等，旨在打通物流行业信息互联互通，提升物流行业运营效率。

除此之外，在推动新能源物流车应用以及保障供电能源安全和可持续性发展方面，圆通也积极参与相关行业研究报告的编撰，如《中国新能源物流车发展报告》《分布式光伏发电在物流行业的应用》等，多方面多角度为发展绿色物流提供技术和理论依据，促进整个物流行业的科学化发展。

二、"纤体瘦身"，给包装减负

有数据表明，2017 年全年中国快递业务量达到 400 亿件，预计 2018 年将达到 500 亿件，而实际纸板、塑料包装回收率仅为 10%，令人瞠目。众所周知，纸板背后是对森林资源的破坏，而塑料包装垃圾无论是采取焚烧还是填埋的方式，都会对环境造成危害。在各类网购、外卖订单数量庞大的今天，一味通过减少包装物的使用来达到减少快递垃圾的目的，也是不现实的。为此，圆通速递开发了新型的可循环使用的绿色快递材料，且建立了有效的包装回收体系。在现阶段看来，这确实是节能减排、保护环境的明智之举。

近些年来随着人们食品品质安全意识的提高，对生鲜食品的需求量也在不断加大。过往生鲜运输一般采用不可降解、污染大且只能一次性使用的白色泡沫箱，而圆通则用荣获三项国家专利的具有食品级、可循环使用、绿色环保可降解特点的 EPP 保温箱取而代之，在保

证食品质量安全的基础上减少了泡沫垃圾的排放。同时，圆通与多家做绿色循环包装、固废回收的企业进行深度合作洽谈，努力构建包装循环、回收体系，承担解决包括电商一次包装在内的过度包装问题，切实履行为消费者负责的企业社会责任。

三、"小身材有大智慧"，打造智慧作业流程

时效是快递的生命，答应了你"使命必达"，我必"分秒必争"。

在传统快递作业流程中，分拣扫描需要逐一对应扫描，费时费力。圆通在 2017 年上线了 RFID 系统，并在全国 4 个启用自动化设备的中心批量使用耐油、耐高/低温、可循环使用的 RFID 环保袋，基于 RFID 系统可以实现非接触式批次扫描数个标签，极大地节约了分拣扫描时间，贯彻绿色作业流程。同时，纳入 RFID 系统的环保袋能够追溯快件源头，提供完整生命周期的跟踪记录并对之后的运营大数据分析做准备。

在细节之处，圆通同样考虑周全。它将现有的货签热敏纸尺寸缩小 40％，成本随之降低 30％，大大节约了每年在热敏纸采购上的花费。

四、"旧车换新颜"，节能减排进行时

汽车尾气是造成城市空气污染、PM2.5 的罪魁祸首。同时，能源吃紧的问题已成为威胁国家能源安全的一个隐患。如此一来，配送线路特别广、辐射范围特别大的传统机动车快递运输对环境造成的破坏可想而知。

为保护和改善生产环境与生态环境，防止污染，圆通在全网积极推进新能源车辆的投入使用。目前，公司直营业务租赁新能源物流车 300 多台，全网使用新能源物流车近1000 台。同时圆通积极响应节能减排号召，每年对全国一些排放不达标、车辆老旧、车龄较长的机动车进行淘汰，强制推行国五京六排放标准车型使用，减少二氧化碳排放量对环境的影响。

五、"环保从我做起"，营造绿色办公环境

除了快递作业、服务过程中打出重拳实施一系列节能减排措施，圆通人在日常工作中也严于律己，以实际行动践行着绿色环保理念。圆通已全面推行无纸化办公，减少其他如印刷、笔墨、订书钉等办公费用的支出；对于必须影印的纸质化材料，则采用外包的文印设备，使能耗有效降低了 80％以上。

同时，公司为员工配备了直饮水机，在保证员工健康饮水的同时，也节省了大量长期的饮水投资，并号召员工积极配合参与垃圾分类，提高环保意识。除此之外，圆通对办公区空调及用电等的能耗使用采取巡检制度，避免产生不必要的能耗浪费。

但目前，绿色快递仍处于起步阶段，还面临着公民环保意识的唤醒和相关经济政策激励的完善，以及新产品与旧基础设施之间的矛盾等现实困境。生态环保不仅关系到自然环境的保护，更关乎社会的可持续发展和整个人类的福祉。绿色快递建设工作的开展和绿色物流生态圈的打造需要整条产业链上下游群策群力、合力而为，共同提升转变物流行业增长方式，促进物流行业健康发展。值得肯定的是，圆通在绿色发展的道路上已经迈开了坚实的步伐，未来圆通还将以实际行动践行绿色环保理念，推进绿色快递建设，履行更多的社会责任。

（来源：物流时代周刊，2018-07-20）

近年来，随着物流业市场规模的扩大，快递包装过度、仓储保管不当、物流车尾气排放等问题突出，国家开始重视对物流产业的绿色化改造。2017年，国家邮政局发布《快递业发展"十三五"规划》，旨在推进快递服务体系向高效、安全、绿色节能的方向发展。当前，发改委正在会同商务部和邮政部等，研究在电商、快递、外卖等领域推行绿色物流、绿色包装的实施方案，绿色物流已成为未来物流行业发展的主基调。

在这一大趋势下，电商物流、快递企业等纷纷开始布局，利用大数据、物联网、新材料、新能源等技术，对物流产业的仓储、包装、运输和末端回收等各环节进行改造升级，推进绿色物流。

绿色仓储主要包括两个方面：一方面是仓库和物流园区的绿色化建设，包括仓库选址、内部布局以及库区规划、节能节水、排放控制等硬件设施的规划建设等；另一方面是仓储内部运营和管理的绿色化，主要是指应用绿色仓储技术对仓储货品进行电子化、信息化、智能化管理，从而达到环保节能的效果。

包装是物流产业绿色化的重镇，从政策层面来看，当前的绿色物流相关政策也是集中在包装上，我国邮政局先后出台的《推进快递业绿色包装工作实施方案》和《快递业发展"十三五"规划》等政策规划也多次强调进行绿色包装材料改造创新，达到包装减量、易回收处理、可循环、材料高效利用等环保效果。菜鸟、京东、苏宁等电商物流企业作为主力军早已开始在绿色包装上发力，纷纷推行"电子运单"、研发可降解可循环的包装材料。菜鸟运用智能打包法对包装流程进行智能优化，选择更合适的箱型和定制包装，节省15%以上的包装耗材；苏宁推广和投放共享快递盒，对快递包装进行重复利用；京东推行"青流计划"，联合供应链上游推行绿色包装，鼓励品牌商减少包装耗材并使用可循环包装。在物流领域，进行包装减量、推行绿色包装已成必然趋势。

在物流运输环节，运输工具对燃油的消耗以及废弃的排放是物流活动对环境产生重要影响的主要原因。运输路线规划不合理、运输工具选择不当不仅会增加道路需求面积，同时会产生大量能耗和废气污染。物流领域企业在运输上的绿色化布局实践主要从两个方向出发：一是对运输工具的选择，从减少排放、节约能耗的角度考虑，选择更为环保的新型运输工具，如京东物流购置了数百辆新能源汽车投入物流运营，苏宁研发并推行无人机配送计划；二是通过物流大数据平台的搭建，对运输网点和运输网络进行合理的布局规划，通过优化运输路线、降低空载率等措施实现节能减排、提高运输工具利用率。目前，物流领域已经开始将两个方向结合起来，为新能源物流车连接上智能物流系统，智能新能源物流车的推广将成为实现绿色运输、推动绿色物流发展的新趋势。

绿色逆向物流是基于循环经济的理念，对物流过程中失去使用价值的产品和包装进行回收和再制造的过程。物流企业通过发动快递包装回收类活动，采用可反复使用的包装等途径推进绿色逆向物流，实现绿色物流的可循环、可持续发展。

第12章

现代物流发展趋势

案例1 新物流三大趋势

阿里巴巴集团副总裁、阿里研究院院长高红冰认为，新物流未来发展呈现三大趋势：同城即时配物流兴起、仓储配送协同共享、C端场景物流创新与线上线下供应链融合。

从电商到新零售，商业业态的变革导致物流业的变革，这个过程中发生了哪些重要变化？

在中国交通运输协会主办的第二届中国智慧物流与供应链创新发展大会上，高红冰发表了《新零售驱动新物流》的主题演讲。

高红冰认为，新零售绝不只是一个零售端的问题，一定伴随着新制造，而新零售、新制造的背后一定靠新的物流进行连接。本质上，物流仍是连接生产和消费的，这是智慧物流所不能丢失的重要定位。新物流构成如图 12-1 所示。

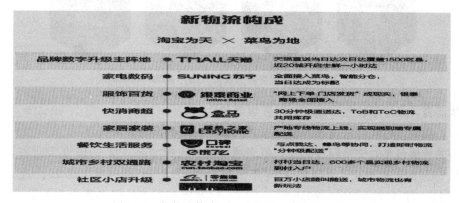

图 12-1　新物流构成（图片来源：阿里研究院）

阿里巴巴新物流，连接了生产和消费。

前10年，物流的合作方式主要是产业的联动，组织方式是加盟与直营，C端是包裹物流形态；后10年，物流的合作方式重点已经是供应链重构，组织方式在向协同共享演化，C端是场景物流形态。新零售对新物流的驱动如图12-2所示。

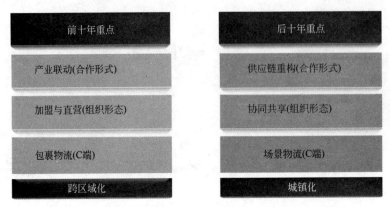

图12-2　新零售对新物流的驱动（图片来源：阿里研究院）

在高红冰看来，物流业开始由标准化的大宗物流转向个性化、快速响应市场的碎片化物流。新物流时代，消费者收货时间将以分钟计，如图12-3所示。

图12-3　新物流时代消费者的收货（图片来源：阿里研究院）

总体而言，未来新物流有以下3个发展趋势。

第一，新零售时代，快递进入新常态，同城即时物流成为新增长点。

电商的快递包裹过去是经济黑马，但同城物流在快速崛起。从2010年到现在，快递从以往超越50％的包裹增长速度降到2018年上半年的27.5％，而同城配送2017年已经接近100亿，同比增长超过300％。2016年一季度，同城即时配单量仅占快递业务量的5％；到2017年四季度，已经占到30％。

第二，市场自下而上开启共同配送模式。

在仓和配系统当中，之前物流企业自立门户，今天变成大家要在一起建立共享、共创的平台。自发的共同配送系统变成大趋势，这意味着物流业在随着消费端的个性化和制造端的柔性化以后，带来的必然趋势就是物流的社会化。

而社会化所需要的必须是共享经济，所以企业内部的物流系统必须开放出来，跟更多社会上的物流企业共享资源、共享运力，共享仓储空间、共享配送资源。

日本7-11由大零售体系驱动，日本高集中度的物流产业决定了日本自上而下共同配送体系的构建。而在中国，我们看到了自下而上、市场自发形成的共配形式。江苏省沛县的飞马配送是典型案例，6家物流公司集合在一起形成一个共同分拣集成中心，原来6家每天运送两次共需12次运送，而现在集合起来后一天只需要送4次，节省了30%以上的人工成本，也为大家提供了更好的价值共享。

第三，实体零售从店面转型到供应转型。

实体零售企业的物流和供应链物流进一步打通，实体零售供应链与电商供应链进一步融合改造，实现线上线下一盘货。

原来企业把货放到仓和供应链上，今天的货其实大多数时间是跑在路上。制造端的物流、库存逐渐转向批发商、零售商，最后转向消费者家里。也就是说今天的货不再是以静态的形式存放在仓库里，一个分拣中心的货一两个小时必须发出去，仓储库存周期越来越短。当下，货在快递员的车上、在快递员的手里……随着智慧物流的进一步发展，一个非常重要的趋势就是——货在路上。

阿里巴巴入股联华后，联华在线下的3600多家店铺以及在全国各地的仓库、物流都可以接入菜鸟网络，超市、大卖场、便利店都可以成为天猫超市购物的自提点。而天猫超市的商品也能提前入库到联华的一些仓库中，实现就近发货。

联华超市位于杭州的仓库于2017年3月开始部署"货到人"机器人仓库（见图12-4），这是"货到人"机器人系统在B2B行业的首次应用。针对商超行业特有的仓库作业特点，机器人系统实现了多批次、小批量的门店补货，使当日配送的门店从全部门店数量的40%提高到70%。

图 12-4　联华超市"货到人"机器人仓库（图片来源：阿里研究院）

（来源：万联网，http://info.10000link.com/，2018-07-24）

跨界竞争大幕已经拉开！这场数字经济的革命带来一个新现象，就是很多跨界业务成长中的"颠覆式创新"。很多物流企业开始未雨绸缪，主动拥抱变化。美国物流巨头 UPS 开始研究 3D 打印，并主动推出 3D 打印服务。当然，物流企业还有个空前的机会，就是变成百货公司，作为商业零售业态的核心触达枢纽。

新零售正在驱动新物流，反过来新物流也正在创造新零售。

2016 年，马云在云栖大会上首次提出新零售的概念，而且强调了物流发展的重要性，"线上线下和物流结合在一起，才会产生新零售"。马云所指的物流不是传统意义上的物流，而是现代化物流体系。谈到物流，马云说，物流公司的本质不仅仅是要比谁做得更快、获得的利益更多，而且要真正实现零库存，让库存管理更加便利化、信息化。只有这样，才是物流的本质。

传统的物流行业中都存在物流供应链链条过长、中间复杂的环节较多、仓储成本较高、新技术运用缺乏等重要问题，这些问题不能满足新零售下物流企业的要求。伴随着消费升级、技术革命和物流行业的降本增效，物流的运作将逐步适应新零售的要求。

物流网络应快速适应当前环境的发展。在新零售时代，线上与线下的快速结合，物流业的快速响应，线上、线下、社区体验、乡镇农村的全面融合，需要企业与现实社会的实际需求相匹配，以消费者为中心设计产品，实现全渠道、多渠道的发展。在配送方面，物流配送方式按照"干线+末端云仓（门店）集散配送+最后一公里"物流的形式，实现配送网络的快速响应。

物流网络应推进物流供给侧改革的实现。随着社会物流的发展，仓储时间日益缩短，库存逐渐向消费者端移动，货物将永远在路上，仓储成为类似于中转、流转的系统，物流中间环节减少，中间的商品滞留期缩短。原本是经销商、制造商的库存，未来会推到消费者端，大大降低了物流过程中仓储的运营成本。

物流网络应利用新兴科技实现智慧物流。在物流产业中，仓储、发货、配送等过程中都会产生较多数据，而依托云计算处理，能帮助企业实现信息互通，并在此基础上提供多样化的智能服务。通过大数据平台对消费需求、前端采购、供应链等环节进行优化，能更精准地预测销量、调拨库存，把货物放到消费者身边，既可以降低企业的物流成本，又可以提升消费者的体验，最终实现"一公里物流"。

案例 2　三个国家的绿色物流对比

一、德国

船舶运输是贝克啤酒出口业务最重要的运输方式。贝克啤酒厂毗邻不来梅港，是它采取海运的最大优势。凭借全自动化设备，标准集装箱可在 8 分钟内灌满啤酒，在 15 分钟内完成一切发运手续。每年，贝克啤酒采用海运方式发往美国一地的啤酒就达 9000TEU（为货柜容量的计算基础）。之所以会选择铁路运输和海运方式，贝克啤酒的解释只有两个字：环保。欧洲乃至世界范围陆运的堵塞和污染日益严重，贝克啤酒选择环保的方式不仅节约了运输成本，还为自己贴上了环保的金色印记。

二、日本

地下物流技术在国土狭小、人口相对集中的日本得到了广泛的关注。2000 年，日本将地下物流技术列为未来 10 年政府重点研发的高新技术领域之一，主要致力于研究开通物流专用隧道并实现网络化，建立集散中心，形成地下物流系统。日本建设厅的公共设施研究院对东京的地下物流系统进行了 20 多年的研究，内容涉及了东京地区地下物流系统的交通模拟、经济环境因素的作用分析以及地下物流系统的构建方式等诸多方面。拟建系统地下通道总长度达到 201 公里，设有 106 个仓储设施，这些设施可以将地下物流系统与地上物流系统连接起来。系统建成之后，能承担整个东京地区将近 36％的货运，使地面车辆运行速度提高 30％左右；运输网络分析结果显示，每天将会有超过 32 万辆车辆使用该系统；成本效益分析预计，该系统每年的总收益能达到 12 亿日元，其中包括降低车辆运行成本、行驶时间和事故发生率以及减少二氧化碳和氮化物的排放量带来的综合效益。该系统规模大、涵盖范围广，优点在于综合运用各学科知识，并与地理信息系统（GIS）紧密结合，前期研究深入、透彻，保证了地下物流系统的高质量、高经济效益以及高社会效益。

三、荷兰

建立专业的地下物流系统是荷兰发展城市地下物流系统的显著特点。荷兰首都阿姆斯特丹有着世界上最大的花卉供应市场，往返于机场和花卉市场的货物供应与配送完全依靠公路，对于一些时间性很强的货物（如空运货物、鲜花、水果等来说），拥挤的公路交通将是巨大的威胁，供应和配送的滞期会严重影响货物的质量（鲜花耽搁 1 天贬值 15％）。因此，当地计划在机场和花卉市场之间建立一个专业的地下物流系统，即整个花卉的运输过程全部在地下进行，只有到了目的地才露出地面，以期达到快捷、安全的运输效果。它的优点是服务对象明确，针对性强，因此要求系统设计、构建和运行等过程必须全部按照货物质量要求的标准来规划；其局限性在于建造费用高、工程量大。

（来源：中国物流与采购网，http：//www.chinawuliu.com.cn，2008-09-26）

案例分析

物流在促进经济发展的同时，也给城市环境带来了负面影响。因此，21世纪对物流提出了新的要求，即绿色物流（Environmental Logistics）。实施绿色物流的核心是理念，先进的物流技术是保障。借鉴其他国家的成功经验，系统设计并发展我国的绿色物流，对于我国经济的可持续发展具有非常重要的意义。

绿色物流是指在物流过程中抑制物流对环境造成危害的同时，实现对物流环境的净化，使物流资源得到最充分的利用。绿色物流也是一种以降低对环境的污染、减少资源消耗为目标，利用先进的物流技术，规划和实施的运输、储存、包装、装卸、流通加工等物流活动。

绿色物流是经济可持续发展的必然结果，对社会经济的不断发展和人类生活质量的提高具有重要意义。物流企业必须将自身的经营战略与环境保护有机联系起来，而且要与整个供应链上的企业协同建立广泛的废弃物物流。

绿色物流是以经济学一般原理为基础，建立在可持续发展理论、生态经济学理论、生态伦理学理论、外部成本内部化理论和物流绩效评估基础上的物流科学发展观，包括物流作业环节和物流管理全过程的绿色化。从物流作业环节来看，包括绿色运输、绿色包装、绿色流通加工等。从物流管理全过程来看，主要是以环境保护和节约资源为目标，改进物流体系，既要考虑供应链上的正向物流环节的绿色化，又要考虑逆向物流环节的绿色化。绿色物流的最终目标是可持续性发展，而实现该目标的准则是经济利益、社会利益和环境利益的统一。集约资源是绿色物流的本质内容，也是物流业发展的主要指导思想之一。通过整合现有资源，优化资源配置，企业可以提高资源利用率，减少资源浪费。

目前，我国在绿色物流发展上还存在一定差距，主要表现有：①观念上的差距。一方面，有些决策者的观念仍未转变，还没确立绿色物流的思想，缺乏发展的前瞻性，跟不上时代的步伐。另一方面，经营者和消费者对域外物流绿色经营消费理念仍非常淡薄，绿色物流的思想几乎为零。②政策性的差距。尽管我国自 20 世纪 90 年代以来也一直致力于环境污染方面的政策与法规的制定和颁布，但针对物流行业的还不是很多。同时，由于物流涉及的相关行业、部门、系统过多，而它们又都自成体系、独立运作，因此打破地区、部门和行业的局限，按照大流通、绿色化的思路来进行全国的物流规划与整体设计，是我国在发展物流过程中必须正视的政策性问题。③技术上的差距。绿色物流不仅依赖物流绿色思想的建立、物流政策的制定和遵循，更离不开绿色技术的掌握和应用。而我们的物流技术和绿色要求有较大的差距。在机械化方面，物流机械化的程度和先进性与绿色物流要求还有距离；在物流材料的使用方面，与绿色物流倡导的可重用性、可降解性也存在巨大的差距。另外，在物流自动化、信息化和网络化环节，绿色物流更是无从谈起。

我国必须采取可行的绿色物流实施策略：①树立绿色物流观念。随着社会经济的迅猛发展，越来越多的生态灾难使人们开始意识到：一切经济活动都取之于大自然，复归于大自然，离不开大自然。于是，循环经济或绿色经济应运而生，引起人们经济行为的变化，甚至引起社会经济结构的转变，一系列新的市场制度和经济法规，迫使企业降低环境成本而采用绿色技术，进行绿色生产、绿色营销及绿色物流等经济活动。许多专家认为，21 世纪是绿色世纪。②推行绿色物流经营。物流企业要从保护环境的角度制定其绿色经营管理策略，以推动绿色物流进一步发展。绿色物流要求搜集、整理、储存的都是各种绿色信息，并及时运用于物流中，以促进物流的进一步绿色化。另外，还要积极推行绿色仓储、绿色运输、绿色包装、绿色流通加工等。③开发绿色物流技术。没有先进物流技术的发展，就没有现代物流的立身之地；同样，没有先进绿色物流技术的发展，就没有绿色物流的立身之地。④制定绿色物流法规。绿色物流是当今经济可持续发展的一个重要组成部分，对社会经济的不断发展和人类生活质量的不断提高具有重要的意义。因此，绿色物流的实施不仅是企业的事情，而且还必须从政府约束的角度，对现有的物流体制进行强化管理，构筑绿色物流建立与发展的框架，做好绿色物流的政策性建设。制定和颁布相关的环保政策或法规，既可以成为企业的压力，又可以为企业提供发展的机会，物流企业经营者要认真分析研究，以便明确方向、克服障碍，推动绿色物流的顺利发展。

案例3 平安银行"互联网＋物流＋金融"服务模式

一、企业基本情况

平安银行股份有限公司是一家总部设在深圳的全国性股份制商业银行，于2012年6月吸收合并原平安银行并于同年7月更名为平安银行。中国平安保险（集团）股份有限公司及其子公司合计持有平安银行59%的股份，为平安银行的控股股东。截至2015年12月底，平安银行总资产规模达到25 071.49亿元，实现营业收入961.63亿元，净利润218.65亿元。平安银行围绕"最佳商业银行"战略目标，秉承"对外以客户为中心，对内以人为本"的宗旨，始终坚持"变革、创新、发展"的经营理念，以公司、零售、同业、投行"四轮驱动"为业务重点，以"专业化、集约化、综合金融和互联网金融"为四大业务特色，"跳出银行办银行"，积极创新产品和业务模式。同时，平安银行持续深化组织模式改革，全面实施事业部制，形成了地产、能源矿产、交通、现代物流、现代农业、医疗健康、文化旅游七大行业事业部，以及贸易金融、网络金融、同业、托管、投行、小企业、信用卡等11个产品事业部。这种体制架构体现了平安银行专注于专业产品开发以及行业专业化的经营特色，实现产业链"全覆盖"金融服务。

平安银行作为中国供应链金融的创新推动金融机构，在"互联网＋产业＋金融"方面奋力突进，取得了显著进展。作为"综合金融"与"互联网金融"的拳头产品，"橙e网"抓住了"互联网＋"产业电商化风口，聚焦生产性服务领域，积极布局行业生态应用，全面构建面向行业产业链和中小企业转型的服务生态体系，创新"B2B、B2C到C2B"服务模式，全面推进"互联网＋产业＋金融"的发展形态。2015年，"橙e网"触网用户数超过200万，其中注册用户162.5万、交易客户数97万，网络融资发放额超过210亿元。"橙e网"拥有网络融资、现金管理与商务支付、电商政务资金管理与账户体系、门户用户体系、商务协同、物流金融等6大自身核心能力，同时以"金融插件"式的定位形成产业金融服务竞争力。

平安银行现代物流金融事业部作为中国银行业首家物流专业事业部，坚持"专业化、特色化、产业化"的经营理念，深入结合应用"橙e网"各项核心能力，推动"互联网＋物流＋金融"服务模式，通过"互联网＋"模式实现物流信息共享、物流资源配置优化，从而达到提高物流效率、降低物流综合成本、促进物流产业整合升级的目的。

目前，平安银行现代物流金融事业部在"互联网＋物流＋金融"服务模式下，已形成了针对供应链管理企业的金融解决方案，有效服务于企业互联网转型中的金融需求，同时平安银行创新性地推出物流电商金融平台"橙e发货宝"，通过与物流企业、物流平台等联手合作，一举打通"商贸＋物流＋O2O＋金融"环节，实现物流资源的有效整合及物流行业各方主体的互惠共赢。

二、 平安银行"橙 e 网" 供应链金融服务模式

平安银行"橙 e 网"的供应链金融服务自始至终都秉承"因商而融"的理念。所谓"因商而融",即供应链金融业务的着眼点在于服务供应链上下游之间的交易,包括如何通过支付结算、融资、增信、信息撮合等服务方便交易的达成和最终履行。"橙 e 网"下的供应链金融 3.0 时代,作为核心企业的"1",其主体更加多样化,不仅包括核心企业,同时也可以是一个平台,如第三方信息平台、电商平台、供应链协同平台,或是第三方支付公司、政府机构等。"N"也不再局限于核心企业的上下游,也可以泛指平台、支付公司、政府机构等平台的客户。供应链金融 3.0 适应当前互联互通的时代,将传统"1＋N"的模式转围绕中小企业自身交易的"N＋N"模式。

在"互联网＋"的国家战略发展趋势下,传统供应链服务企业同样面临着转型升级的压力,互联网元素的嵌入有助于解决企业谈判价格方式落后,合同履行无法保障;结算方式传统,交易风险较大;产业链条上的利益相关方融资难,阻碍行业整体发展;专业配套服务缺乏,营运效率低;物流信息不对称,造成物流效率的损失和物流成本的增加等 5 个方面的问题。基于以上问题,搭建"钱货安全、快捷交易"的线上 B2B 交易及运营平台,就成了供应链管理企业业务转型升级的主要方向。

平安银行"橙 e 网"紧抓转型业务痛点,以服务于平台交易过程中的账户及资金管理需求为切入口,为供应链管理企业线上交易平台提供"橙 e 网"下 B2B 现货交易资金存管服务,以适应电商平台管交易、平安银行管资金的监管趋势。通过建立该类"硬信用机制"(交易平台和银行双重信用中介),确保交易畅达、交易资金安全可控,引导更多的会员通过平台达成交易,实现资金流与业务流的高度匹配,以及交易、结算环节的全流程线上处理。在保证交易信息可获得的基础上,平安银行"橙 e 网"以交易平台为核心推动"N＋N"模式,依托企业间或第三方交易平台掌握的交易数据,试行"交易信息＋信用"的全新供应链融资,在风控理念方面有了新的突破。在传统供应链金融服务模式下,银行对供应链的上下游进行融资业务,风控的着力点还是在核心企业,注重核心企业的主体资质和链条的交易结构。一旦出现上下游违约的情况,就会通过其与核心企业的交易安排来缓释和降低风险暴露。但在银行同业竞争日趋激烈,利率市场化步伐日趋临近的背景下,传统业务模式的市场空间越来越小。而橙 e 网的"互联网＋供应链融资"解决方案,可概括为"熟客交易"(区别于阿里平台"陌生交易"),引入交易平台实现全产业链的金融服务覆盖,以企业生意协同为中心,展开融资流程,以全产业链视角促进企业转型升级,通过产业链整合、供应链优化,总成本显著下降,最终受益的是中小企业和终端用户,普惠金融的理念得以实现。截至 2015 年年末,"橙 e 网"已与"飞马大宗交易平台""天津物产集团""钢联网"等 400 家供应链管理企业以及垂直电商平台实现对接,交易规模达 5000 亿元。

三、 发货宝金融服务模式

平安银行"橙 e 网"基于现有物流产业链客群的业务结构,创新"互联网＋物流＋金融"的金融服务模式,推行现代物流企业的金融服务应用云端化,围绕"物流、商流、信息流、资金流四流合一"的业务构想,开发了"橙 e 发货宝"物流电商金融平台。"橙 e 发货宝"并不直接对接运输商资源,而是作为一个"中介"桥接发货方与物流平台,并借助"橙 e 网"自身海量的企业资源,为物流平台及物流企业带来新的流量与客户,同时利用银行优

势为物流行业各参与主体提供包括支付结算、融资、资金增值、保险等在内的综合金融服务。这种双赢的安排让合作双方实现"1+1>2"的效果。

"橙e发货宝"的目标客户群包括收发货方(指各商贸批发、专业市场内的经营业户,以个体工商户为主)及零担物流公司(指为各商贸批发市场、专业市场内的经营业户提供小件货物运输、储存、装卸、配送服务的第三方物流企业,数量上个体工商户占大多数)。针对不同的目标主体及应用场景,"橙e发货宝"形成了"熟人圈交易模式""物流电商去哪儿模式""大型物流企业'1+N'模式""物流能力输出模式"四大应用模式。

1. 熟人圈交易模式

"橙e发货宝"通过与物流软件平台进行合作,为有固定承运商的中小发货企业提供线上下单发货及物流管理的功能。发货方可在"橙e发货宝"平台查找到常用承运商,并填写收发货信息及运输要求,常用收发货信息可快速复制,高效便捷,实现一键下单。针对合作方物流软件平台,平安银行提供全方位的互联网金融服务方案,包括依托物流软件数据向物流企业提供的纯信用融资、代收货款的收单及清分、贴合物流交易场景的物流一卡通方案等。

2. 物流电商去哪儿模式

"橙e发货宝"通过与物流电商平台等第三方联盟进行合作,为没有固定承运商或希望优化物流体验的发货企业提供海量运力资源,使之可在线对承运商价格、时效性、服务质量等进行比较,同时提供物流运输的全程可视化服务。针对合作方物流电商平台,平安银行提供物流货运贷、物流电商平台交易资金见证、在线支付以及司机金融等多种叠加金融服务,全面解决其在资金结算、平台增信、客户引流等方面的需求。

3. 大型物流企业"1+N" 模式

"橙e发货宝"可满足大中型物流企业的线上化对账需求,便于物流企业上游众多托运方在发货宝平台与物流企业进行对账单的核对确认及在线支付,且后续依据对账数据发起在线融资申请。

4. 物流能力输出模式

针对各类B2B、B2C电商平台,"橙e发货宝"构建了物流服务能力的标准接口,可将"橙e"平台形成的在线比价下单、支付、跟踪、投保等服务输出到对方平台,从而有效增强电商平台的物流服务能力,实现"商流、信息流、资金流及物流"的四流统一。

目前,"橙e发货宝"平台已汇集了上万零担物流企业,3万多条运输专线资源为平安银行数百万中小微企业提供服务。

四、 方案创新

平安银行现代物流金融事业部在"互联网+物流+金融"服务模式下的供应链金融解决方案以及"橙e发货宝"物流综合服务方案主要实现了技术层面、风险管理模式层面以及现代物流企业应用服务模式的创新。

在供应链金融服务模式中,平安银行根据"平安银行管资金、电商平台管交易"的总体思想,坚守资金汇总存放、分账户管理原则,交易资金封闭管理原则,虚实账户绑定原则,交易资金账户一一对应原则等。根据电商平台交易制度,建立大宗商品交易的结算资金存管制度,确保对存管资金的有效控制,防范风险隐患。同时,通过专业性方案解决了电商平台交易企业发票与银行回单无法匹配的做账难题。平安银行以安全、高效、灵活、可定制的设计理念，以及"金融插件"式的服务组合方案，定制出优势远超其他同业的产品。

在金融风险控制方面，供应链金融服务模式发挥交易平台、金融机构各自的特长，由交易平台提供交易大数据，金融机构则通过"交易信息＋信用"实现风险控制，结合现货仓储监管实现对授信主体的动态授信监控，充分提升了相对传统的风险控制手段。

"橙e发货宝"凭借创新性的四大应用模式，通过与物流电商平台、物流软件平台、物流企业等进行资源共享、相互赋能、利益分担，实现对收发货人、物流企业在整个商务链条过程中所需金融服务和非金融服务的全覆盖。"橙e发货宝"实现了物流资源的有效整合，帮助中小微企业大大降低了物流成本，同时降低了物流行业主体获得金融服务的门槛，是银行在"互联网＋物流＋金融"领域的有益探索。

（来源：中国物流与采购网，http：//www.chinawuliu.com.cn/，2016-11-15）

平安银行"橙e网"供应链金融服务模式不仅能够应用于面临转型升级需求的传统供应链企业，也能应用于各类B2B垂直电商平台、综合电商平台乃至跨境电商平台。根据艾瑞咨询的预测，中国电子商务市场交易规模约15万亿元，由此产生的结算、融资等方面的业务需求也将是万亿规模的级别。对于"橙e发货宝"而言，中国的公路物流行业是少有的未开垦的土壤，蕴藏着巨大的运费体量；同时实际从业的零担物流企业众多，而行业集中度却极低。面对物流行业小而散、效率低下、成本高昂的现状，"橙e发货宝"的推广可有效解决信息不对称造成的物流资源闲置及物流成本高昂问题；同时发货宝的金融属性又可为广大中小微企业提供融资、支付、投保等多方位的便利，因而具有较高的推广价值及广阔的应用前景。

物流金融是指在面向物流业的运营过程中，通过应用和开发各种金融产品，有效地组织和调剂物流领域中货币资金的运动。这些资金运动包括发生在物流过程中的各种存款、贷款、投资、信托、租赁、抵押、贴现、保险、有价证券发行与交易，以及金融机构所办理的各类涉及物流业的中间业务等。物流金融是为物流产业提供资金融通、结算、保险等服务的金融业务，伴随着物流产业的发展而产生。在物流金融中涉及3个主体：物流企业、客户和金融机构。物流企业与金融机构联合起来为资金需求方企业提供融资，物流金融的开展对这3方都有非常迫切的现实需要。物流和金融的紧密融合能有力支持社会商品的流通，促使流通体制改革顺利进行。物流金融正成为国内银行一项重要的金融业务，并逐步显现出作用。

物流金融是物流与金融相结合的复合业务概念，不仅能提升第三方物流企业的业务能力及效益，还能为企业融资并提升资本运用的效率。对于金融业务来说，物流金融的功能是帮助金融机构扩大贷款规模、降低信贷风险，在业务扩展服务上能协助金融机构处置部分不良资产、有效管理CRM客户，提升质押物评估、企业理财等顾问服务项目。从企业行为研究出发，可以看到物流金融发展起源于"以物融资"业务活动。物流金融服务伴随着现代第三方物流企业而生，在金融物流服务中，现代第三方物流企业业务更加复杂，除了要提供现代物流服务外，还要与金融机构合作提供部分金融服务。

物流金融对于提高流通服务质量、降低物资积压与消耗、加快宏观货币回笼周转起着不可取代的杠杆作用。物流金融是在供应链中为第三方物流企业提供的一种金融与物流集成式的创新服务，其主要服务内容包括：物流、流通加工、融资、评估、监管、资产处理、金融咨询等。物流金融不仅能为客户提供高质量、高附加值的物流与加工服务，还能为客户提供间接或直接的金融服务，以提高供应链整体绩效和客户的经营和资本运作效率等。物流金融也是供应链的金融服务创新产品，其提供商可以通过自身或自身与金融机构的紧密协作关系，为供应链的企业提供物流和金融的集成式服务。

案例4　中铁物流：TMS 核心业务系统上云

一、　企业概况

中铁物流集团（CRLG）成立于 1993 年 3 月，是国内知名的大型现代综合物流企业，业务涵盖电商服务、仓储、整车、零担、公路、铁路、金融、冷链、代理报关报检、贸易、国际快件等。集团于 2002 年形成全国地级市以上的配送网络，上线货物查询信息系统，2008 年圆满完成奥运会指定物流服务工作，成为商务部"商业特许经营"注册登记物流企业。2014 年，集团确定以仓配一体化的综合解决方案为核心产品，打造现代综合物流运营商推出仓储加盟模式，组建了国内首个仓储连锁平台并购重组"搜沃电商"，建成宁波保税库，加速对跨境电商物流服务体系的完善。2015 年，中铁物流通过复审再次获"国家 AAAAA 级物流企业"称号，被评为全国交通运输行业先进物流企业。2016 年，中铁物流集团被评为菜鸟网络家装物流年度优秀供应商，当选年度中国物流杰出企业。

集团旗下拥有快运、快线、仓储园区、公路港等多张全国性实体网络，为打造多平台联动的产品服务提供了基础支撑，全力推动网络化、平台化、产品化的战略布局。集团以物流整体解决方案为前提，根据不同属性客户的需求，通过分仓、专线、仓配、仓运、运配模块化组合方式，为客户提供适配的仓配产品和解决方案。

截至 2017 年，中铁物流全网营业网点 5000 多个，运营车辆 11000 多台，从业员工 4 万多，仓储管理面积超过千万平方米；在美国、加拿大、英国、韩国、尼泊尔、印尼、中国香港等多个国家及地区设有境外分支机构和海外仓，为全球客户提供方便、快捷、安全的物流综合服务。

二、　面临的主要问题

中铁物流集团的核心业务系统包括 TMS、PDA、TMS 网站和 API 平台等，以前这些业务系统主要部署在线下的 IDC 机房。

根据中铁物流集团目前的业务量以及对未来业务的预期，现有 IT 系统实际上已经无法满足业务高速增长的需求，特别是数据容量方面。当前的数据总量已经接近 2TB，每日新增数据上万条，每年的数据增量达到 TB 级别，传统的关系型数据库在 IO 性能和容量方面已经很难适应当前的业务场景，所以需要更优质的解决方案介入。

另外，考虑到建设成本等因素，当前业务系统主要采用集中式部署，一旦业务量突增，系统的弹性扩展能力就会受到限制，数据备份与容灾能力也将成为未来的瓶颈，因而急需突破。

三、 菜鸟物流云"两地三中心" 解决方案

经过全面的调研、测试和对应用系统的改造，菜鸟物流云在本次业务系统上云的过程中，为中铁物流集团业务系统特别策划并实施了"两地三中心"的解决方案。依托于阿里云的底层优势，借助于阿里遍布全球的数据中心、服务器和网络资源等方面的优势，此解决方案在保证中铁物流集团现有业务不受影响的同时，为未来业务的预期提供了足够优秀的应用场景。

（1）多地部署，系统高可用。菜鸟将中铁物流集团生产系统部署在上海地区的两个数据中心内，利用云上负载均衡（SLB）和云上数据库（RDS）等产品支持多地部署的特性，客户以极低的成本实现了 IT 系统的高可用，整体 SLA 达到了 99.95％以上，有效控制了各类有计划及无计划的宕机。

（2）提升预警，实现数据零丢失、零中断。菜鸟将灾备系统部署在华北区域的专属数据中心内，通过高速通道与生产系统环境连通，利用数据传输工具（DTS）实现数据级别的同步。当生产系统发生计划外停机时，业务系统可以在数分钟内切换到灾备系统，这表示 RTO 已达到分钟级，整体 RPO 控制在秒级，即短时间内就可以恢复几秒之前的数据，从而确保数据的完整性。

1. 数据分层存储

面对新业务场景的产生和数据容量几何式增长的现状，传统架构的数据库逐渐暴露出容量小、备份慢、性能差、可用性与扩展性不好等弊端。菜鸟物流云现在采用的主要解决方案有：建构新型数据库、对数据库分库分表、数据分层存储等。

（1）建构新型数据库。为解决传统数据库一致性、扩展性、可用性方面的问题，我们会针对性地采用一些新型架构的数据库，比如 Spanner、OceanBase、TiDB、CockroachDB。虽然部分解决了上述问题，但是在对传统数据库的兼容性方面并不完美。另外，还有 Aurora 和 PolarDB 等 cloud native 架构的数据库，是通过计算存储分离以及对存储提供扩展性以及可用性问题。

（2）对数据库分库分表。当单台物理服务器的性能无法满足数据库的性能要求时，一般会通过分库分表的方式将数据量较大的数据表水平拆分到后端的每个数据库中。这些拆分出来的数据库被称为分库，分库中的表称为分表。

（3）数据分层存储。对数据做冷热分离，一般来说时间较近、访问频率较高的数据称为热数据，而时间较远、访问频率较低的数据称为冷数据。将热数据单独剥离出来存储在系统数据库，把冷数据等历史数据保存在数据仓库等分析型数据库里。这样的方式既保证了热数据的读写性能，又兼顾了成本。

上述 3 种方案各有优劣，经过严密的论证和测试后，最终采用了"数据分层存储"的方案来部署上云系统。因为客户目前数据库系统主要采用 MS SQL Server，新型数据库支持较少，同时客户也计划未来建设数据仓库和大数据平台来对历史数据进行分析和挖掘，所以此选择为最佳方案。

2. 数据备份

应用服务器的备份通过云服务器（ECS）自带的快照功能保留某个时间点上的磁盘数据

状态，数据的备份则使用云数据库（RDS）自带的备份功能来实现，以全量备份—增量备份—增量备份为循环周期按天进行备份。相比于原来的线下备份方式，降低了数据备份的频率，减少了对计算资源和存储资源的消耗，同时在物流云上的资源也保证了整体系统99.95％的可用性。

3. 云上安全方案

本次云上系统采用云盾做了全方位的安全保障，云盾是阿里巴巴集团多年来安全技术研究积累的成果，结合云计算平台强大的数据分析能力，提供了诸如安全漏洞检测、网页木马检测以及面向云服务器用户的主机入侵检测、防 DDOS 攻击等一站式安全服务，并可以提供效益分析与评估。

四、 效益分析与评估

（1）经济收益：借助菜鸟物流云集群资源的规模优势，使得中铁物流的核心业务系统以较低的成本获得了 99.95％的可用性，并且实现了"两地三中心"的可靠性保障。同时，中铁物流在进行上云迁移时，充分考察并吸收了互联网企业在云计算架构方面的优势，对原有系统进行了分布式改造，通过虚拟化、云化的方式提高了服务器的使用效率；另外数据存储方面也通过冷、热数据分离，将热数据保存在性能较好、价改较高的存储系统，将冷数据存放在性能略差、价格低廉的存储系统，从而达到了大大节约成本的效果。

（2）运维收益：中铁物流原有系统部署在自有数据中心，硬件、软件、网络的运维工作都需要亲力亲为，随着企业业务的不断壮大，对运维团队带来巨大的压力。本次将业务系统迁移到云上以后，从硬件、系统软件、网络环境到云上产品的运维工作都由云服务上来提供，整体上提供了 99.95％的 SLA 保障。同时菜鸟物流云提供了完善的企业级支持服务，包括售后支持钉钉群、企业至尊快速服务通道、专家代运维服务等内容，为客户提供了 7×24 小时的支持保障。

（3）生态收益：菜鸟物流云为客户提供了公有云资源服务，使得客户可以按需使用阿里集团在云计算、大数据、数据库、人工智能、安全等多种技术红利，通过公有云租赁的方式、以较低的成本解决了技术难题。此外，菜鸟物流云还对外提供物流业务组件产品，例如货运导航、行业数据池、智能路径规划等能力，来帮助客户提升自身的能力，提高在行业中的竞争力。

五、 主要体会与推广意义

在如今的云计算、大数据时代，越来越多的企业已经选择了云计算服务。假如每个企业都自建一套 IT 系统，需要投资机房、设备和软硬件，建设周期长，再加上运维的成本，给企业造成很大负担和浪费。公有云正是解决了这样的问题，它具有降低成本、提高系统效能、可用性与可靠性、专业运维、提升安全保障等方面的优势，给企业带来更好的行业竞争力。

公有云作为云计算的主要形态，在国内已经发展得如火如荼，但是在物流行业中的普及才刚刚开始，今后还需要在物流行业中进行广泛推广和应用。

六、 下一步的改进方案与设想

本次中铁物流在菜鸟物流云上实现了核心业务系统"两地三中心"的部署模式，对数据存储也做到了冷热分离部署，下一步将基于目前系统，进一步借鉴更多的互联网技术，将大量的历史数据迁移到云上，实现云上数据仓库建设，真正做到热数据、冷数据、大数据的一体化数据平台。

科技是第一生产力，未来物流行业信息化，需要依赖更多的云服务、大数据等互联网平台与物流业务组件等技术服务，只有这样企业自身才能快速地提高基础设施的建设能力与技术能力，才能提高自身以及物流行业的整体能力，从而更好地为消费者来服务。

（来源：中国物流与采购网，http：//www.chinawuliu.com.cn/，2018-07-26）

物流信息化是指物流企业运用现代信息技术对物流过程中产生的全部或部分信息进行采集、分类、传递、汇总、识别、跟踪、查询等一系列处理活动，以实现对货物流动过程的控制，从而降低成本、提高效益。物流信息化是现代物流的灵魂，是现代物流发展的必然要求和基石。物流信息化能够以最小的成本带来最大的效益。中国物流信息化正处于发展初期，越来越多的跨国公司加大对华的投资，纷纷在中国建立分销、配送网络，使其产品、服务得以打开中国市场。

物流信息子系统在物流系统中与其他子系统有所不同，物流信息子系统既是一个独立的子系统，又是一个为物流系统整体服务的辅助系统。其功能贯穿于物流各子系统业务活动之中，物流系统的各个子系统都需要物流信息系统支持其各项业务活动。无论是运输、储存、包装，还是装卸、搬运、配送和流通加工，这些子系统的各项业务活动，都必须靠信息系统的经济效益。物流信息系统也可以从其作用上分出若干子系统，如运输信息系统、储存信息系统、销售配送信息系统等。

电子计算机及信息网络技术促进电子化商务迅速发展、支持信息流加速运动，实现物流少批量、多频率、高性能、快速度、低成本运行，以满足各类用户适应市场需要的变化。全球移动通信、企业内联网、电子数据交换、全球定位技术、物联网等的发展与应用，使信息化战略在其物流战略中的作用越来越突出。

当今社会，物流信息化战略的影响也已经从生产作业层次深化到管理变革层次。因为物流信息化必然要求企业组织结构、业务流程和管理方式相应变化，才能从根本上实现管理与信息的融合，发挥二者作为生产力的最大潜力。

在企业战略实施的全过程中，信息不对称、不准确、不及时都会导致企业做出错误判断，既定战略的实施、评估与控制也会受到影响，最终导致总战略不能顺利实现；相反，准确及时的信息有利于企业总战略的实现。物流信息化战略是企业在认真分析内外部环境及内外需求后制定的，它服务于总战略目标。因此，企业制定的物流信息化战略，既要解决上述信息不对称、不准确、不及时的问题，还要实现企业乃至整个供应链的信息共享。

总之，物流信息化战略是现代物流发展的灵魂，是现代物流发展的必然要求和基石。信息化战略目标要清晰，要与企业经营战略目标相辅相成、互为依托。正确的物流信息化战略能够促进物流信息化的发展，提高物流效率，降低物流成本，整合各类物流信息资源，实现供应链信息的无缝接轨，实现物流信息的网络化、实时化传输，真正达到物畅其流的效果。

案例5 盒马鲜生模式解读

一、盒马鲜生是什么

盒马鲜生作为阿里旗下的泛生鲜零售新物种，以线上线下融合和业态创新为主要经营特征。截至2018年3月，盒马在全国共有门店36家，覆盖北京、上海、深圳、杭州、苏州、宁波、成都、福州、贵阳9个城市。2018年3月28日，盒马鲜生与13家全国性地产商签订新零售战略合作协议，作为零售新业态盘活商业地产价值的重要尝试。

就经营模式而言，盒马区别于传统生鲜零售渠道和纯线上生鲜电商；盒马鲜生采用"门店（超市＋餐饮）＋线上"模式，通过打通线上线下及业态创新融合，为消费者提供即时便捷、高品质、场景化的泛生鲜消费解决方案。

二、盒马鲜生模式

盒马鲜生由原京东物流负责人侯毅创立，刚开始仅仅是一家开在上海的生鲜超市，在阿里介入后，侯毅开发了超市配送体系，打出"传统商超＋外卖＋盒马APP"的组合牌，提出5公里（目前为超市周围3公里）范围内半小时送达的零售新概念，从此盒马单店的覆盖半径和售卖效率提升了好几个档次。

1. 线下线上相结合的布局，最终拉动线上消费

盒马鲜生定位于以大数据支撑的线上线下一体化超市，具体来说，以线下体验门店拉动线上销量；定位80、90后的年轻消费群；提供门店3公里范围内30分钟送达的配送服务。盒马的开店有阿里大数据作为指导，可以针对不同消费阶层的活动商圈划定门店范围。从目前的门店选址可以看出，盒马所选的商场多为中高档生活广场，周边有写字楼、中高端社区等配套功能，居民消费水平偏中上，符合目标用户需求。

盒马的模式与传统电商和生鲜店都有很大区别。从门店组织架构来讲，盒马以线上销售为主，线下销售为辅，可以说绝对不只是一家O2O的企业。以线下体验门店为基础，并将之作为线上平台盒马APP的仓储、分拣及配送中心，通过将线上、线下业务完全一体化，来满足周边3公里范围内的消费者对生鲜食品采购、餐饮以及生活休闲的需求，这就是盒马鲜生的模式。

2. 全程可溯的品质，安全有保障

盒马鲜生是以卖生鲜产品为主的精品超市，和普通超市不同的是：提供当日最新鲜商品，不卖隔夜蔬菜、肉和牛奶；采用"生熟联动"和"熟生联动"模式；菜品全程可溯，食品安全有保障；可以无条件退款。

盒马是基于场景定位的，围绕吃这个场景来构建商品品类，吃的商品品类的构成远远超越其他超市卖场。对盒马的模式来说，即时加工的餐饮模式和水产供应链就是它的护城河。作为阿里巴巴的一员，盒马鲜生拥有充分成熟的资源，盒马、天猫或阿里巴巴集团的买手团队，依托大数据工具，在全世界范围内根据消费偏好直接采购，每天都可以从世界各地引进最优质的生鲜产品。

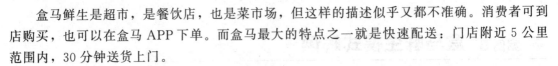

盒马鲜生是超市，是餐饮店，也是菜市场，但这样的描述似乎又都不准确。消费者可到店购买，也可以在盒马 APP 下单。而盒马最大的特点之一就是快速配送：门店附近 5 公里范围内，30 分钟送货上门。

3. 全面线上支付：消费数据，全面打通

支付层面，盒马鲜生只接受支付宝付款。盒马鲜生是全国首家支付宝会员生鲜实体店，售卖着 103 个国家，超过 3000 种的商品。走进店内，服务员就指导消费者安装"盒马鲜生"的 APP，到该店消费必须成为会员，其次必须通过 APP 或支付宝支付，不能使用现金，这也是盒马鲜生最大的特色之一。

盒马用支付宝形成的闭环，一是通过线上线下清晰消费数据，可以形成大数据、广告、营销价值，以填补 O2O 成本；二是增强用户在支付宝与盒马鲜生间的流动顺畅性，进而提升用户黏性，及 O2O 闭环效应。商超零售过去的痛苦，是信息孤岛和断点式客源数据，我们并不那么了解我们的顾客，只用支付宝结算有利于收集用户的所有消费数据，实现线下引流，刺激用户黏性，并实现收银、价签及物流系统的打通。

4. 整合供应链资源：品类丰富，价格实惠

上海光明与盒马鲜生达成了合作，光明食品集团的乳制品、有机米等国际国内品牌食品也逐步进入盒马鲜生体验店及互联网销售平台。此外，盒马在价格上也具有一定优势。盒马鲜生超市和线上 APP 上的价格显示，上海本地菜中常见的青菜等仅 1.5 元/包，空心菜等仅 2.5 元/包，价格低于传统菜场的 10% 以上。这些菜品的重量都不超过 480 克。

盒马鲜生总经理张国宏称，这是缘于没有中间环节，每天从崇明、奉贤等地的蔬菜基地直采直供，经过全程冷链运输并精细包装后，直接进入盒马鲜生超市冷柜售卖，商品卖不完当晚销毁，"我们不收取供应商一分钱的进场费，将全链条上节省下来的费用，直接补贴到消费者的身上，确保了盒马在微利情况下将该模式可持续运作。"

5. 生鲜标准化：独立包装，明码标价

众所周知，标准化分类、独立包装，是生鲜 O2O 最难的部分之一。很多传统的线下商超正在努力配合线上平台的销售特点，完善生鲜商品的标准化，但盒马鲜生是从上线伊始，就做到了独立包装、明码标价。据了解，盒马鲜生除了以个售卖的生蚝、以条售卖的活鱼，几乎所有商品，到店时已实现了独立包装，从蔬菜、肉类到水果等，并且重量和价格都标得很明确。

6. 电子价签系统：真正实现线上线下同时调价

盒马鲜生能够实现线上线下信息的打通，除了支付宝统一资金流外，还有一个重要的工具是电子价签。通过电子价签系统，盒马鲜生实现了线下线上销售的商品一致、价格同步。消费者可以放心在线上下单，不用再到线下看货，或者线下直接购买，而不用再到线上查价。

7. 强大的物流体系：五公里半小时送达

无论是在门店购买，还是 APP 线上下单，都能实现"五公里范围，半小时送达"，这是对所有其他生鲜模式的重大颠覆，能够冲破传统实体店面积的局限，在有限的空间内创造出无限的销售额。而这一切的实现都有赖于盒马鲜生的"全自动物流模式"。在门店后台设置了 300 多平方米的合流区，前后台采取据说是全球第一家的自动化传输系统，从前端体验店

到后库的装箱，都是由物流带来传送。而对于配送方面，盒马鲜生采用的是"自建配送队伍＋第三方物流"。据称，第一家线下店有七八十位自营配送员。人员共有接近200人次，高峰时期每班次约有100人在进行配送。

能做到30分钟配送速度，在于算法驱动的核心能力。据店员介绍，店内挂着金属链条的网格麻绳是盒马全链路数字化系统的一部分。盒马的供应链、销售、物流履约链路是完全数字化的。从商品的到店、上架、拣货、打包、配送任务等，作业人员都是通过智能设备去识别和作业，简易高效，而且出错率极低。整个系统分为前台和后台，用户下单10分钟之内分拣打包，20分钟实现3公里以内的配送，实现店仓分离。可以说，这样的物流配送、商圈设定以及线上线下融合，在国内生鲜零售圈尚属首例，是一种全新的生鲜经营模式。

8. 跨界融合："生鲜超市＋餐饮"，挖掘懒人经济

盒马鲜生的实体店购物体验，走在了国内领先水平。不仅门店设计的购物环境非常舒适，更是将"餐厅"纳入超市卖场，这被盒马鲜生称为"一体化消费"。另外，在超市的就餐区，还设置了水吧，顾客可以在这里吃水果、喝饮料、喝咖啡，还为方便顾客购物后自助就餐提供微波炉和洗手池。盒马鲜生餐饮可以做成半成品、成品，可以堂吃，就餐环境也不错，也可以半小时到家，这就是典型的围绕用户体验为中心的经营模式。

三、盒马鲜生的核心竞争力：去中心化、分布式的物流体系

"新零售的本质是什么，我认为物流体系是核心竞争能力。今天，盒马的物流水平，在整个电商行业里面也是比较领先的。"盒马CEO侯毅在一个行业论坛上表示。作为新零售标杆，盒马自成立以来一路狂奔，从生鲜切入，以一套新玩法开疆拓土。按照侯毅的说法，盒马的核心竞争力是去中心化、分布式的物流体系，跟以往比，这套网络不是细节上的优化调整，而是完全不同的架构。从整个网络上看，分为三层，即供应商—配送中心—客户。

盒马的商品坚持"原产地直采＋本地化直采"两种方式相结合，商品在基地完成采购后运往盒马加工中心进行分包，如日日鲜的蔬菜，会在加工中心分成300克一份的小包装蔬菜，再到门店销售。盒马的门店除承担销售、餐饮等线上线下一体化的互动体验外，还承担物流中心的功能，即门店仓。这种形式下店仓一体，人员和场地均做复用，无论人效还是坪效都大大得以提升。同时由于线上线下的融合，"线下门店已能够覆盖所有的日常运营成本，线上完全是增量"。

然而，模式谁都想得到，但如何实现并让其高效运转才是关键。在这张物流网络的背后，是一套完整的智能化数字化解决方案，新零售的精髓正在于此。

智能履约集单系统，基于客户的地理位置、下单时序、具体需求和商品的配送温度需求把订单串联起来，结合店内店外配送人员的位置和状态计算出最优配送方式，提高效率降低成本。智能店仓作业和配送调度系统，让配送员的位置信息、技能信息清晰可见，商品的订单、批次、包裹也实现了完全的数据化。在门店内，不论哪里需要增加拣货员，都可以实现随时调配。智能订货库存分配系统，则是基于盒马门店的历史销量和淘系数据，对不同区域商品分配的预测，提高门店库存周转效率。

经过对物流体系的再造，盒马新零售物流体系就形成了自己独特的优势：30公里仅需30分钟即可送达，帮消费者实现所想及所得。从－18℃到60℃的全温层配送，让冻品到手不会化、外卖到家还冒着热气。品类全且精，在向更多品类扩张的同时，从供应链端选到最好的商品。店仓一体不仅可以实现"0耗材配送"，降低物流成本，也更绿色环保。

盒马的新物流，从源头基地到门店，中间当然也会有 DC 大仓。但在商品的物流状态中，门店前的商品，都是以整个托盘的集约模式，用大卡货车集中配送到门店。集中配送到门店之后，门店再将整个托盘的商品，一次性在门店完成收货、上架、拣货、打包、配送的五位一体动作。盒马物流是一个托盘（或者是整箱整板）一次性操作 50 件包裹。而京东物流则是根据订单，需要操作 50 次才能完成 50 件包裹。操作效率、运载效率和成本核算，两者的差异都很大。

从 DC 大仓到顾客家中，做外卖式的直线配送，而且物流距离又短。成本和效率，自然出来了。当然，这并不等于说，盒马不过是将门店，替代成京东的 DC 大仓使用。按照盒马物流总负责人陈明的介绍，盒马物流是全新设计的一套去中心化、分布式的智能网络。跟以往比，不仅仅在于细节上的优化调整，而是从整体的底层架构上，构建一套新的物流体系。它的诞生，最早是根据生鲜品类而专门设计的。这也让盒马物流整体配送链路非常长，在整个阿里体系，比如与菜鸟网络对比，也是最重的物流模式。甚至相比于京东，盒马的物流模式也更重。然而，盒马物流在成本和时效上，却操作得相对轻巧些。

盒马物流的去中心化（不以大仓为主）、分布式（以门店为链路轴心）的智能网络，在清楚了去中心化和分布式的模式特性之后，盒马物流的智能化水平则是其第三个要着重分析的。

盒马物流的智能化，大致可分为四类。

第一，智能履约集单算法。

我们假定一个极端的完美物流体验命题：从福建厦门到新疆乌鲁木齐，以 12 小时的速度，获得最完美体验的物流解决方案是什么？答案只能是：快递员买张机票把货送过去。当然，这种昂贵的方案，根本不值得在物流层面做进一步的讨论。盒马物流不能这样一单一单地去做，而要讲究时效内的成本控制。其做法是：必须基于时效节点顺序、区块分布，在整个 POI 的位置上，打造出机遇线路的智能履约集单算法。将不同订单在一个路线上，做最优配送批次的串联。

第二，门店智能调度。

我们反复地强调，门店在整个盒马配送成本和效率上，是最重要的轴心坐标。盒马门店之所以能承担起 DC 大仓的功能，很重要的条件，在于盒马门店从设计之初，就是仓储式货架和库存设计。即盒马门店商品的货位和库存，都是实时回传调度的。这样，盒马门店，在线下层面，就是标准的门店运营，具备完全的实体店销售功能。在线上层面，门店就是标准的仓储作业。一个门店，一套班子，做到两个门店的人效和坪效。因为是智能调度，在中餐和晚餐的高峰时段，门店和仓配同时在作业的高峰期，也不会造成高峰期忙不过来，闲置期工作量不饱和的问题。下午 3 点前后的闲暇时间，就是云超订单配送的高峰期。

第三，配送智能调度。

按照上面所述，好像只要一个订单（包裹），在盒马门店作业完成分拣打包装车后，剩下的就是直线送到 3 公里半径内的顾客家里。其实不然，因为配送员熟悉的配送区域、所在的具体位置（门店、路途中、顾客家、返程中）、订单的不同批次、品类（常温或冷链），都需要进行最优智能匹配，才能实现智能效率的最大化。

第四，商品智能订货。

上文所述，盒马不是将门店（FDC），简单地替代成京东的 DC 大仓使用。其内在含义，在于门店的面积毕竟有限，不可能完全复制 DC 大仓的作业体量。一方面，盒马是基于全品类对标品做精选，缩小全品类的 SKU 数。另一方面，盒马会根据自己的历史数据和阿里的大数据，去做智能的订货和库存分配。达到库存周转、销售和顾客需求满足的最大化。再根据每个门店周边盒马会员的需求，做智能化的商品选品和库存分配（理论上盒马 APP 可以做到千店千面），进一步提升库存周转和商品动销。再配合盒马门店著名的悬挂链系统，一个高度自动化设备解决门店场内效率的工具，既可以分区拣货，也不需要让捡货员满场飞跑取货，盒马去中心化、分布式物流网络的效能，才搭建得起来。所以，这才是盒马门店发挥大仓的作用。

盒马鲜生的发展目标是在 3 年内直营店发展到 50 家以上，实现一线城市全覆盖。截至目前，盒马共在全国 13 个城市开出 46 家店，其中上海 16 家，北京 10 家。侯毅曾表示，2018 年还将新开 100 家门店。此外，无人新餐饮领域，盒马上海南翔店机器人餐厅也正在尝试探索当中。

（来源：海商网，https：//www.hishop.com.cn/，2018-05-18）

案例分析

盒马是阿里巴巴集团旗下，以数据和技术驱动的新零售平台。盒马希望为消费者打造社区化的一站式新零售体验中心，用科技和人情味带给人们"鲜美生活"。这是突破传统电子商务模式，将线上线下深度融合的新型商业模式，具有以下特点。

（1）到家模式会发展成为一个非常重要的商业模式。但是到家模式是满足了需要到家模式的消费者。未来一段时间的商业模式应该是到店与到家并存。各有各的需求，各有各的优势、劣势。

（2）放到大的生鲜市场来分析，盒马以其快速到家的优势，满足了一部分"懒人的"需求，有一定的市场。但是鉴于生鲜品的特殊性，盒马会占有一定的比例，不会成为主力。就如这么多年卖场、超市在生鲜品上以集客品为定位，赔本赚吆喝，所占比例也就是 30% 左右，没有形成较大的市场占比。

（3）生鲜品是特殊的商品，缺乏严格的标准化。有其操作的特殊性。例如，今天我想买芹菜，受影响的因素：鲜度；品种：西芹、本地芹菜、实心的、空心的、不同产地的口味、不同种植方法的口味，这些超市是难以提供的，但菜市场是可以的；和老板的熟悉程度；买菜在有些人看来是一个休闲。

（4）盒马模式持续发展的关键：持续不断地丰富商品；始终保持商品如一的鲜度；更短的到家时间；低价；食品安全。

电子商务（E-Commerce，EC）是在 Internet 开放的网络环境下，基于 Browser/Server 的应用方式，实现消费者的网上购物（B2C）、企业之间的网上交易（B2B）和在线电子支付是一种新型的交易方式。电子商务是 20 世纪信息化、网络化的产物。从广义上理解，电子商务是指企业内部员工之间的信息交流、供应链上商业伙伴之间的交易，以及一切与之相关的网上事务和相关的经济活动。换言之，电子商务是指买卖双方之间利用计算机网络、按照一定标准所进行的各类商务活动。

在当今这个电子商务时代，全球物流产业有了新的发展趋势。电子商务的不断发展使物流行业所提供的服务内容已远远超过了仓储、分拨和运送等服务。物流公司提供的仓储、分拨设施、维修服务、电子跟踪和其他具有附加值的服务日益增加。物流服务商正在变为客户服务中心、加工和维修中心、信息处理中心和金融中心。

电子商务是在计算机技术、网络通信技术的互动发展中产生和不断完善的。特别是近年来随着新信息技术的不断涌现，众多公司能够更好、更快捷、更廉价地实现电子商务功能。电子商务代表着未来贸易方式的发展方向，对现代物流业的发展起着积极的推动作用。电子商务为物流企业提供了良好的运作平台，大大节约了社会总交易成本；同时，电子商务极大地方便了物流信息的收集和传递。

随着电子商务的进一步推广与应用，物流的重要性对电子商务活动的影响日益明显。在电子商务中，一些电子出版物，如软件、CD等可以通过网络以电子的方式送给购买者，但绝大多数商品仍要通过其他各种方式完成从供应商到购买者的物流过程。例如在电子商务下，消费者浏览网页后，通过轻松点击完成了网上购物，但所购货物迟迟不能送到手中，甚至出现了买电视机送茶叶的情况，其结果可想而知，消费者势必会放弃电子商务，选择更为安全可靠的传统购物方式。由此可见，物流是电子商务重要的组成部分。我们必须摒弃原有的"重信息流、商流和资金流的电子化，而忽视物流的电子化"的观念，大力发展现代化物流，以进一步推广电子商务。

现在电子商务已经成为21世纪的商务工具，而现代物流产业将成为它的支点。一方面，物流能力可以成为核心竞争力；另一方面，现代物流应运而生。因此，可以用"成也配送，败也配送"来形容电子商务与物流的关系。从企业的供应链角度来看，电子商务是信息传送的保证，物流是执行的保证。没有物流，电子商务只能是空头支票。

物流是实现电子商务跨区域配送的重点。在B2B电子商务交易模式中，如果出现跨区域物流，物流费用将会大大增加。在B2B电子商务交易模式中，物流成本在商品交易成本中占有很大比重。尤其是在跨国交易中，没有良好的物流系统为双方服务，这种成本增加的幅度会更大。因此，最理想的解决方法就是借助于第三方物流来完成商品的配送。

电子商务的爆炸式发展越来越凸显出物流的瓶颈。智能技术在物流领域的创新应用模式不断涌现，成为未来智能物流大发展的基础。这将极大地推动行业发展，从而帮助企业加强对仓库和物流中心的管理，更快、更好、更敏捷地迎接当前新经济的诸多挑战。

➤ 案例6　如何使生鲜冷链物流不"断链"

我国是人口基数很大的农业大国，对冷链食品的消费量巨大；同时也是冷链食品的生产大国，每年约有4亿吨生鲜产品进入市场流通。尽管如此，仍然与不断增长的市场需求有巨大的差距，而且大部分农副产品是在常温下进行流通运输，很容易出现"断链"现象。

"新鲜"的背后缺乏冷链物流资源的支撑，导致我国电商冷链产业的发展遭遇很大瓶颈。而如何完善我国电商冷链产业的基础设施建设，使电商冷链产业规模化，对我国电商冷链产业的发展具有重要意义。在其过程中，对风险性的控制、对技术瓶颈的突破是解决这一难题的关键。

一、 我国电商生鲜品冷链物流存在的风险

"知己知彼，百战不殆"，在解决问题之前必须了解自身的问题，针对性地进行分析，从而得出可行性的解决方法，逐一击破我国电商生鲜品冷链物流发展之路的绊脚石。

1. 电商冷链基础设施不完善

电商冷链物流十分依赖于基础设施的建设，它是电商冷链物流发展的前提条件。目前我国的冷库网点不足，分布不均衡，而且大多冷库中的设备陈旧落后，缺乏现代化的保鲜冷藏设施，无法满足生鲜品的全程低温控制工作，造成生鲜品在运输过程中损耗率极高，大大增加了生鲜品的冷链物流成本。与国外的低温物流基础设施相比较，我国相当落后，发达国家的禽类肉制品低温物流能达到百分百的全程控制，果蔬品物流低温控制也能达到九成以上，而我国冷链低温控制率不到两成。这种巨大的差距严重限制了我国电商冷链物流业的健康发展，导致在面对国外电商冷链企业进入国内市场后，国内电商冷链企业竞争力不足，且举步维艰。就是和国内其他产品的物流相比，电商冷链物流也处于非常落后的位置，形势不容乐观，改进刻不容缓。

2. 电商冷链产业政策法规标准落实不到位

政府推行政策法规，但没有解决电商冷链物流企业面对的问题。许多中小型电商冷链物流服务企业为了各自眼前的利益，节约控制运输成本，用外皮是保鲜车的冒牌运输车来运输，采取低价竞争的恶性竞争方式，让真正的电商冷链物流大企业陷入尴尬境地。市场标准法规也多有重复矛盾的现象，市场管理混乱，甚至出现管理失控的情况。而且，由于电商冷链物流政策法规的推行落实不到位，冷链食品的概念没有深入人心，人们对于冷链食品的分辨率普遍不高，大多只看生产日期、包装、无法辨识食品的质量。一些中小型电商冷链物流服务企业的法规意识也十分淡薄，没有长远的发展目标，往往会扰乱市场，使食品的运输质量无法保障，久而久之形成恶性循环，严重阻碍了我国电商冷链物流行业的发展。

3. 冷链设备设施落后， 技术水平低

我国电商冷链物流的发展还处于初级阶段，冷链食品组织化程度低，冷库冷藏设备陈旧，冷藏运输设备数量太少。据中冷联盟 2018 版《全国冷链物流企业分布图》分析，目前我国冷藏车保有量约 9.3 万辆，远低于美国、日本的 20 余万辆。冷链设备设施的差距，导致食品在运输过程中损耗率很高，占整个冷链物流成本的 70%。据统计，我国每年因为这样的冷藏物流运输损耗损失总额已经超过 750 亿元，而国际标准是冷藏物流的成本应该控制在总成本的 50% 以下。其中，美、日等发达国家的运输冷库网点及运输设备已经全部配备EDI、GPS 等先进信息技术，对冷链物流食品进行全程的实时跟踪和监控；同时采用铁路、航空、公路、水路等联合运输方式，建立了一整套先进冷藏设备，确保了冷链食品在运输过程中的质量和安全问题。

4. 没有领军型的第三方电商物流企业

目前，我国第三方专业化的电商冷链物流产业发展尚不成熟，绝大多数刚刚成立的第三方电商冷链物流企业都不能说是专业化的企业，它们基本都是从事冷藏运输或者仓储的企业转型而来的，其规模小，设备差，技术落后，市场覆盖率低，竞争力弱，不能提供全程的冷链配送服务，无法保证冷链物流过程中食品的质量。另外，大多数冷链物流食品自身的特点导致其运输和配送范围不会太远。为了保证新鲜度和送货的及时性，冷链物流具有相当大的区域性。这样也就造成我国至今难以具有市场影响力、品牌号召力、产品认可力的第三方电商食品冷链物流行业的领军企业，阻碍了我国冷藏食品制造业与电商冷链物流产业的有效对接，不利于市场的健康发展。

二、 我国电商生鲜品冷链物流的发展思路及对策

我国电商冷链物流发展潜力巨大，根据国情和市场进行针对性的对策研究，能够有效地解决制约我国电商冷链物流发展的因素。具体可从以下几个方面入手。

1. 加强基础设施建设， 改善电商生鲜品冷链设施设备

我国目前的电商冷链物流发展还处于初级阶段，需要花费庞大的物力财力进行重点扶持。大力发展冷链物流运输的设备设施，例如冷藏运输车、冷藏集装箱等冷链物流业务必需设备，确保生鲜品在物流各个环节里的温度都能得到控制，保证生鲜品在到达消费者市场后的质量。此外，硬件设施的外在条件满足后，一些软性条件也要努力达到，比如控制冷藏车的开门次数，减少货物重新装车运输的次数等。政府应该出面，加大对冷链物流行业的融资力度，及时更新旧仓库的设备设施，使其满足现代化冷藏食品的储藏保鲜。从我国的冷藏网点配置来看，主要是农村和城市，东部沿海和中西部之分，导致整个电商冷链物流不是整个畅通的整体运营模式。政府应当增加公共冷藏仓库的数量，合理配置仓库的网点分散，整合独立自营仓库，将有限的资源利用起来，使整个电商冷链物流行业正常健康地运转起来，降低成本和风险。

2. 政策法规的推行推广

针对电商冷链物流，国家目前虽然出台了一些政策法规标准，但还没有形成一整套的行业体系标准规范，许多政策法规没有得到具体性的实施，没有深入人心，在执行方面堪忧，导致管理不到位，市场混乱。为此，国家首先应该完善电商冷链物流行业的政策法规，形成一整套法规体系，能够全方位指导和规范电商冷链物流行业的市场秩序，让电商冷链物流行业有法可依，据法可行。另外，还要成立专门的电商冷链物流管理组织，对混乱的市场秩序进行整合纠正，不断让法规意识深入企业、深入人心。电商冷链物流是一个整体运行的庞大供应链，每个环节都要求高效性、及时性、安全性、可靠性。作为企业应该根据市场情况制定一套合法合理符合自身发展规律的标准体系，规范自身的市场行为，进行科学的预算规划，及时反馈市场信息，同时加强各个企业之间的合作交流，让整个行业更加规范有序。

3. 加强与高铁运输及其他联合运输方式的长期合作

我国的高铁技术已经处于世界领先地位，随着国家的高铁交通网的建设，全国基本形成高效快速的高铁运输网，高铁是现代化运输方式，其自身的现代化程度高，能够满足生鲜品运输全程的冷藏保鲜要求，这是我国现有的优势，作为物流行业，应该紧紧抓住这一优势，加强同高铁运输业的合作交流，建立长期的市场战略合作关系，不断地将这一优势优化和扩大化。同公路运输和航空运输相比较，公路运输速度较慢，成本低，但公路运输基本处于饱和状态，航

空运输虽然快捷，但运输量小、成本高，高铁运输整合了这两种运输方式的优点，一直未得到大力推广应用，高铁运输应该承担起冷链物流中长距离的运输任务，这是铁路运输对于物流行业的发展应该承担起来的责任。企业应该根据冷链物流食品的特性进行运输方式的选择，在水运、空运、公路运输和铁路运输中灵活运用，采用多种联合的运输方式。

4. 加快推进电商生鲜品冷链信息化建设

冷链物流是一条流水线，保证流水线的顺利运转，就要对流水线的各个部分进行实时监控反馈，经过信息交流平台支撑和调度冷链物流的运输工作，可以实现对企业全部资源的战略协同管理，降低冷链物流的成本，提高市场竞争力和冷链物流企业的管理水平。其信息化建设主要从几个方面入手：基于 RFID 的冷链物流全程监测技术、GPS 定位监控技术、GIS 可视化技术。保证冷链食品全程得到有效的监控，之后通过 EDI 信息传输和交换技术实现冷链物流信息化系统与其他系统的信息共享和信息交互要求，使得各个系统之间互联互通更为流畅，大大提高冷链物流的采购和运输效率，降低库存成本。另外，电商冷链物流作为数据密集型企业，应该加大对数据的挖掘，了解运输全局，优化货物调配模式，改良运输模式，建立一套信息化标准体系，使得各个环节具有更高的组织协调性，增强核心竞争力，最终走向规模化、全球化。

5. 加强对电商冷链物流行业人才的培养

人才是行业进步的基础和前提，是冷链物流行业发展的要害所在。我国电商冷链物流行业的发展十分依赖对人才的培养，在整个冷链物流的过程中，运输、贮存、装卸、包装、加工、配送、信息采集模块烦冗，需要的人才错综复杂，对人才的要求也比较综合全面。因此可从几个方面入手：营建良好的冷链物流人才培养的社会背景、设置供需协调的电商冷链物流人才培养方式、鼓励职校开设电商冷链物流专业、加强电商冷链物流教育师资队伍、构建电商冷链物流教育资源的共享机制、开展校企联合协作人才培养模式。人才的培养不是短期就能出效果，但政府和企业应该未雨绸缪，高瞻电商冷链物流行业未来的发展趋势，对未来需求的人才进行规划培养。"十年种树，百年树人"，只有确保人才的质量和数量，才谈得了我国电商冷链物流行业的可持续发展，才能在未来的电商冷链物流行业全球化竞争中立于不败之地。

（来源：中国制冷网，http://www.zhileng.com/，2018-07-25）

案例分析

针对如何完善我国电商冷链产业的基础设施建设，使电商冷链产业规模化，对于我国电商冷链产业的发展具有重要意义。相当长的一段时间里，冷链物流的成本太高和服务质量跟不上成了生鲜电商发展的大瓶颈。

当前冷链物流分为两类：一类是以易果生鲜、顺丰优选、两鲜、每日优鲜、沱沱工社等为代表的自建物流模式；另一类是以本来生活、一米鲜、喵鲜生、拼好货等为代表的第三方物流模式。其实还有两类分别是以自建物流与第三方物流结合的方式以及众包物流方式。如今，在产业链条末端最新的竞争是前置仓模式竞争。因为前置仓面积小、规模小，所存储商品品规有限，因此其建设难度并不大，一般就是建设两个面积不大的存储空间（冷冻、冷藏）即可。其实，前置仓模式类似连锁便利店，其建设重点在选址、组网和对其补给体系建设等几个方面。

每日优鲜冷链物流体系的建设为生鲜电商企业提供了可借鉴的范本。每日优鲜首创"前置仓模式"，在主要城市建立起"城市分选中心+社区配送中心"的极速达冷链物流体系。在干线部分，每日优鲜选择冷藏车运输，末端配送利用网点密度将距离缩短到离用户身边3公里的范围，通过缩短配送时间让产品更保鲜。百果园采用的整体物流仓配体系，目前百果园已在全国拥有15个仓配中心，可实现果品全程低成本高效率的冷链。精确高效的物流和仓储，包括门店加盟体系和管理培训体系，支撑了目前百果园2300多家店的运转。

生鲜电商冷链物流能力的形成，需要在产业全链条上形成。在生鲜产业链条的前端需要的是预冷、贮藏保鲜等初加工冷链能力，也就是"最先一公里"的能力。早期的前端冷库多以储藏作为主要功能，并且存储产品单一，再加上相关冷库建设技术比较成熟，因此这种冷库建设难度不大。其实这种冷库能否建成并运营好，更多是看投资方、建设方在产业链条上的资源和能力，是否在生鲜产业链中具有掌控能力，是否可以给冷库提供充足的业务量。

近几年随着生鲜产业发展，建设在生鲜产品原产地的冷库也越来越多。并且，由于物流体系的升级发展，会有更多加工、包装的需求向前端转移，因此前端冷库的功能和类型也逐渐多样化，除了预冷和储藏的功能，具有加工、包装、配送功能的冷库也多了起来，前端冷库多元化的趋势明显。在生鲜产业链条的中间环节，最重要的节点是城市的冷链配送中心（DC）。一些生鲜电商把这样的城市配送中心称为"城市仓"，其运营复杂程度要远远高于前端冷库。很多城市原本都有冷链物流系统，主要是为批发、商超等传统流通体系服务，在操作环节上以整箱存储、分拣为主。但是生鲜电商的订单与传统流通体系订单完全不同，其中拆包、加工与拆零后的重新装箱、分拣等操作大大增加，使得生鲜电商配送中心的运营难度随之增加。

为了能够高效运营，新型的生鲜电商冷库配送中心往往配备了先进的物流系统和物流装备。在软件方面，订单管理信息系统（OMS）和仓库管理信息系统（WMS）成为仓库必备；硬件方面，各种半自动和全自动的物流设备也成为很多企业的选择。由于一些大型生鲜电商平台开始实施全品规运营，相关城市仓需要建设的不同温区也越来越多，如深冷区（−22℃以下）保存冰激凌类产品，冷冻区（−18℃）保存牛羊肉、海鲜、速冻点心等，冷藏区（0~4℃）存放除热带水果之外的所有水果、巧克力，控温区（10~15℃）则主要保存鸡蛋、热带水果等，这都使得城市仓的建设和运营更复杂、成本更高。

案例7 麦当劳的冷链物流

"麦当劳不仅仅是一家餐厅。"麦当劳创始人雷·克洛克曾是一位奶昔机推销商，54岁开始了经营麦当劳的传奇事业。50年后的今天，麦当劳已经在全球120多个国家拥有29000

多家餐厅，居全球知名品牌的前十位。在这个群体力量的成功故事中，物流伴随"我就喜欢"的火热节奏行遍全球，在麦当劳品牌的成长中扮演了一个不可或缺的角色。

1990年，中国的第一家麦当劳餐厅在深圳开张。就在许多人还没听过"物流"这个词的时候，麦当劳已将世界上最先进的物流模式带进了中国。一整天的繁华喧嚣过后，来自麦当劳物流中心的大型白色冷藏车悄然泊在店门前，卸下货物后很快又开走。尽管一切近在眼前，但很少有人能透过这个场景，窥视到麦当劳每天所需原料所经历的复杂旅程，这些产品究竟如何保持新鲜，又是怎样在整条冷链中实现平滑无隙的流转呢？

在麦当劳的冷链物流中，质量永远是权重最大、被考虑最多的因素。麦当劳对质量的敏感，源于其对市场走向的判断。消费者对食品安全的要求越来越高，低价竞争只能对供应链产生伤害，价格竞争将被质量竞争所取代。为此，麦当劳愿意在别人无暇顾及的领域付出额外的努力。比如，麦当劳要求，运输鸡块的冷冻车内温度需要达到−22℃，并为此统一配备价值53万元的8吨标准冷冻车，全程开机。正如餐厅并不是麦当劳的全部，运输中的质量控制，只是麦当劳冷链物流的冰山一角，在它的后面，有技术先进的食品加工制造商、包装供应商及分销商等构成的采购网络支撑，更有遍及世界各地的运销系统承载，还有准确快速的财务统计及分析软件助阵。

麦当劳对物流服务的要求是比较严格的。在食品供应中，除了基本的食品运输之外，麦当劳要求物流服务商提供其他服务，包括信息处理、存货控制、贴标签、生产和质量控制等诸多方面，这些"额外"的服务虽然成本比较高，但它使麦当劳在竞争中获得了优势。送货和接货有固定的程序和规范。在货物被装车之前，必须根据冷冻货物对温度的敏感程度，按照由外向里分别是苹果派、鱼、鸡、牛肉、薯条的顺序装车；接货时，则要对这些情况进行核查。接货的检查项目包括，提前检查冷藏和冷冻库温是否正常，记录接货的时间和地点，检查单据是否齐全，抽查产品的接货温度，检验产品有效期（包括估计是否有足够的使用时间），检查包装是否有破损和污染，糖浆罐是否溢漏，二氧化碳罐压力是否正常，最后才是核对送货数量，签字接收。及时响应麦当劳餐厅的需求，则是物流供应商发挥的特有作用。物流中心的一切管理工作细致有序，先进的设备也为物流质量提供了必要的保障。麦当劳利用夏晖设立的物流中心，为其各个餐厅完成订货、储存、运输及分发等一系列工作。

（来源：锦程物流网，http://info.jctrans.com/xueyuan/czal/20122211195638.shtml）

对于餐饮业来说，食品安全至关重要。麦当劳通过实行冷链物流，为企业经营提供了重要的保障。麦当劳冷链物流的建立是冷链物流管理的一个成功案例。

冷链物流服务需要的是一个完整不断链的冷链运输链条，因此在冷链运输环节需要使用冷藏型运输车辆。冷藏型运输车辆主要用于从前端产地仓库至城市配送中心的运输和从城市配送中心至末端前置仓或客户家中的运输。为了保证冷链运输的效率和质量，相关的运输管理系统（TMS）和监控系统也是十分必要的。很多企业都使用卫星定位、物联网、移动互联等先进信息技术应用，实现对运输车辆定位跟踪以及全程温度自动监测、记录等功能。

生鲜冷链物流竞争是"冷链全链条"物流能力的竞争。生鲜品与常温产品有保质期与温度管理两大特性区别：保质期决定着生鲜品不能像常温产品一样在产地、仓库、运输任何一个环节长时间停留，而温度管控决定着整个供应链各环节能力需要具备连贯性。因此，从原产地或生产企业采购，到冷链长途快运、城市 DC 冷库分拣加工、B2B 冷链城配、前置站点暂存，最后到冷链宅配的全链条能力至关重要。

对于生鲜电商来说，冷链物流服务能力是开展业务的基础，表明其有能力把生鲜产品配送至客户手中，这只是进入这个市场的一个门票。能否在市场上生存并发展，还要看企业的运营能力如何。

在仓储环节，冷链物流的运营能力主要体现在城市仓的运营效率上。除了通常的运营管理能力高低之外，城市仓的能力还体现在处理不同品规产品的数量和能力上。城市仓聚合多种生鲜产品，其主要功能是加工，即生鲜产品运到城市仓后，要按照订单进行分拣、包装、配送。由于不同的生鲜电商运营品种不同、订单特点不同，因此其运营流程也不尽相同。生鲜电商运营的产品越多，其仓储加工环节的操作复杂程度越高。这个环节的运营能力可以说是企业的核心竞争力之一，其能力需要逐渐摸索、培养、积累，不容易被轻易复制。

在配送环节，按照包装方式有两种划分模式。第一种是用"泡沫箱+冷袋"的方式，一般称之为"包装冷链"。这是目前冷链配送市场采取的主流模式，其特点是利用包裹本身创造出一个适合生鲜产品短时间存储的小环境。其缺点是包装属于一次性消耗品，环保性能差；好处是包装好的产品可以利用常温物流体系配送，因此在总成本上并不高。第二种是真正的冷链物流体系，即产品从产地冷库直至送达最终客户手中，所有物流环节均在冷藏环境下，要保证冷链不断链。这种模式要做到对冷链全程进行温控，一般称之为"环境冷链"。其优势是利用冷链环境保持温控，减少不必要的包装，十分环保；缺点是对整个冷链物流体系要求很高，难以利用普通物流体系运作。目前在市场上，拥有完善冷链物流服务能力的物流体系是稀缺和昂贵的，因此第二种模式很受限制，总体成本高。

对于生鲜电商企业如何获得冷链物流的能力，主要分为两类：一类是自建物流模式；另一类是第三方物流模式。在很多早期生鲜电商创建的时候，虽然市场上也不乏从事冷链服务的第三方企业，但是其服务能力和服务质量都无法满足生鲜电商的需求；在这种不得已的情况下，很多生鲜电商企业选择了自建物流体系。自建冷链物流投入成本高，但是更贴合企业的实际需求、运营流程和节奏。

而对于选择第三方冷链物流服务体系的电商企业来说，由于省去了自建冷链物流的高投入，且第三方冷链物流服务能力具有共享性质，服务成本相对较低，因此总体运营成本比较低。但是，使用第三方物流服务，企业掌控力不高、默契程度不够，从而带来服务质量不高等问题，这是该模式的弊端。但是我们应当看到一个趋势，即第三方冷链物流的整体服务能力和水平在迅速提高，尤其是很多早期生鲜电商企业的自建物流体系，出于分担成本和独立壮大发展的需求，纷纷独立运营，转型为第三方，如易果生鲜旗下的安鲜达等。这都使得如今的生鲜电商企业有了更多更好的冷链物流服务选择。况且，早期进行投入的冷链物流服务商已建立了很高的行业竞争门槛，对于后进入的生鲜电商企业来说，也许选择第三方物流服务是更加明智的选择。

案例8 北京奥运食品物流冷链里程碑

百年奥运后的第一站——北京奥运不仅仅是世界体育的盛事,更是菜肴文化的典礼。中国菜素以色、香、味、形俱佳而闻名中外,北京奥运村里的美食一直让各国运动员赞不绝口,有报道说,如果菜肴也有奖牌榜的话,北京烤鸭一定高居榜首。澳大利亚的报纸甚至幽默地说,是北京烤鸭帮助澳大利亚选手特里克特赢得100米蝶泳金牌。

台上一分钟,台下十年功。在琳琅满目、花色多样的美食背后,活跃着大量负责奥运食品安全、食品物流的工作人员。2008年北京奥运会食品物流体系由三个集合的交集涵盖而成:奥运物流、食品物流和冷链物流,其中奥运物流是对物流时间的限定,食品物流是对物流类别的限定,而冷链物流则是实现奥运食品物流安全的核心保障。

冷链物流泛指冷藏冷冻类食品在生产、贮藏运输、销售,到消费前的各个环节中始终处于规定的低温环境下,以保证食品质量,减少食品损耗的一项系统工程。它是随着科学技术的进步、制冷技术的发展而建立起来的,是以冷冻工艺学为基础、以制冷技术为手段的低温物流过程;是需要特别装置,需要注意运送过程、时间掌控、运输形态、物流成本所占成本比例非常高的特殊物流形式。

经过冷冻链运输的水果蔬菜在物流环节的损耗率仅有1%~2%,能较大程度延长水果保鲜期。冷冻链物流以水产品、畜产品、果蔬及花卉为主,并在冷却肉、深海冻品、保鲜蔬菜、进口鱼肉等运输方式中有着极大的发展空间。目前,欧美发达国家已形成了从生产、加工、分拨、仓储、配送、售后等一整套完整的食品冷冻链体系。农产品冷链流程如图12-5所示。

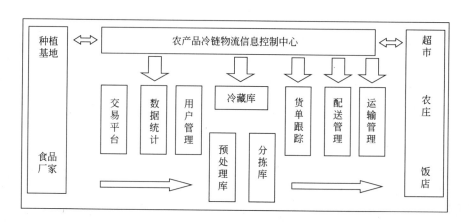

图 12-5 农产品冷链流程示意图

奥运会是典型的固定赛事日程的赛会,赛事对食品的需求非常严格,要求物品按照4R(准确的品种、准确的数量、准确的时间和准确的地点)原则供应,同时保证食品的质量安全。要保证千万种各种温度要求的食品经过生产企业、物流分配、零售业态的交叉组合,最终到达食用者手中是安全的,就要求食品物流在上述各种交叉组合的过程中始终保持着一定限值温度，同时必须有一套完整的冷链系统做保障。

冷链食品不但要求保鲜，还要特别注意安保环节，而奥运食品安全至关重要，一旦出现质量安全问题，就会危及参赛人员的身体健康，影响奥运会的正常进行，整个流程不能有丝毫松懈，这使得奥运冷链配送相比其他普通冷链配送，有更大的压力和更高的难度，对于参与奥运冷链配送的企业也有更高的要求。

"奥运期间主办及协办城市未发生重大食品安全事件。"在9月3日举行的国家食品药品监督管理局新闻发布会上，新闻发言人颜江瑛说，奥运期间食品药品实现了"零差错、零事故、零投诉"，这一圆满结果来源于俏江南与冷链物流合作伙伴荣庆的合作，也来源于荣庆与其地理信息化合作伙伴博科资讯的合作。

为确保北京奥运食品供应的安全性，奥运会餐饮供应商俏江南携手中国第一冷链物流供应商山东荣庆物流，全面启用奥运食品、奥运冷链安全监控和追溯系统。将奥运食品备选供应基地、生产企业、物流配送中心、运输车辆、餐饮服务场所纳入监控范围，对奥运食品种植、养殖源头、食品原材料生产加工、配送到奥运餐桌，进行全过程监控和信息追溯。奥运食品冷链物流对流体的可溯源性要求高，实现奥运供给食品的可溯源，从供应源到消费地对食品实施全程监控，确保奥运食品安全。

为了提高服务品质，确保奥运冷链物流安全，荣庆公司邀请博科资讯帮助其整合物流管理流程，上线信息化物流管理系统。博科资讯通过物流供应链管理软件 MySCM 系统对荣庆的整个物流业务流程进行统一规划，建立起平台化信息系统，从订单管理开始，进行多样化物流订单处理，精细化自动化仓储作业管理，智能化运输调度及过程管控，配以个性化的计费规则设定，并装备奥组委配备的 GPS 定位系统，采用卫星全球定位系统进行奥运物流运输车辆的调度和跟踪，双重保障奥运食品安全。

和欧美国家相比，中国在冷链物流、食品物流硬件设备、技术保障和管理水平方面存在着很大的差距。北京奥运食品物流系统的实践，对于我国食品冷链物流的发展而言，是一次绝佳的实战锻炼机会。近年来，我国冷链物流市场规模和需求增速不断加快，仅食品行业冷链物流的年需求量就在1亿吨左右，年增长率在8%以上。目前，国内有1万多家超市亟待引入冷冻技术和寻求合作伙伴，农业市场对其有更大的需求，而一些大城市则设想在5年内建立并完善食品冷链系统。

（来源：中国大物流网，http：//www.all56.com，2009-02-25）

冷链物流是实现奥运食品物流安全的核心保障，而其发展直接关系到人民生命安全和生活品质的提高。中国冷链产业的壮大，不仅需要借鉴欧美等国及企业带来的先进经验，更要尽早完善科学合理的政策和法规，还需要食品物流各环节协调机制的建立、食品物流技术的进一步提高等一系列条件的支持，才能撑起食品安全的"蓝天"。

供应链运作方式有两种：一种称为推动式，另一种称为拉动式。两种供应链运作方式的比较如图12-6所示。

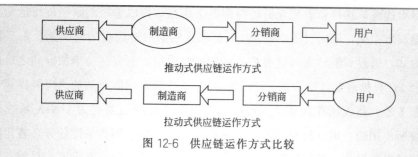

图 12-6 供应链运作方式比较

推动式的供应链运作方式以制造商为核心，产品生产出来后从分销商逐级推向用户。分销商和零售商处于被动接受的地位，各个企业之间的集成度较低，通常采取提高安全库存量的办法应付需求变动，因此整个供应链上的库存量较高，对需求变动的响应能力较差。牵引式供应链的驱动力产生于最终用户，整个供应链的集成度较高，信息交换迅速，可以根据用户的需求实现定制化服务。采取这种运作方式的供应链系统库存量较低。

作为供应链管理战略内容之一，就是要选择适合于自己实际情况的运作方式。拉动式供应链虽然整体绩效表现出色，但对供应链上企业的要求较高，对供应链运作的技术基础要求也较高。而推动式供应链方式相对较为容易实施。企业采取什么样的供应链运作方式，与企业系统的基础管理水平有很大关系，切不可盲目模仿其他企业的成功做法，因为不同企业有不同的管理文化，盲目跟从反而会得不偿失。

案例9 惠普——供应链上的巨人

对于一家每星期有 10 多亿美元产品销往世界各地的巨型公司来说，供应链有多么复杂可想而知。惠普负责全球供应链运营的高级副总裁 Edward F. Pensel 先生说，10 亿美元相当于很多公司全年的生意额，这就是惠普公司供应链最为独到的地方，因为，惠普能够把如此复杂的需求处理得非常好。

一、独一无二的供应链

如果说 10 年以前，要做到及时供应还很难，但是 10 年以后的今天，惠普已经可以轻易实现。这很大程度上得益于一套先进的供应链管理模式以及强大的供应链管理信息系统。惠普之所以能够达到一流的成本结构，主要是因为它有独一无二的供应链管理模式。

目前，惠普有 5 种不同的供应链模式，每一种都可以与其最强劲的竞争对手媲美。第一种是高速供应链模式。通过一些外部的合作伙伴，例如 ODM 合作伙伴、合作供应商、制造商等，直接把货物送到世界各地，并通过它们把货物传递给惠普合作伙伴的合作伙伴。这就是惠普的零库存模式。第二种是打印机业务的供应链模式。这个模式主要是把打印机的制造时间延迟到尽可能晚，这样就有更充分的时间准备库存，再以最短的路径进行运输。这种方式不仅使运输成本很低，同时又不会像 PC 一样在运输途中造成折旧的问题。第三种是简单配置的供应方式，通过不断地提高这种模式的速度与周期，惠普在与康柏合并之后的前 6 个月，把每一台 PC 机供应链成本降低了 26％。第四种是高附加值产品的供应链模式，主要是把存储以及服务器、超级计算机系统进行整合。这一套系统主要是为 UNIX 系统和一些关键任务的系统所使用的。第五种是零部件的供应链管理。对于那些关键任务，客户的系统不允许任何死机情况的发生，所以及时为客户提供零部件的备件就非常重要。目前，这 5 种不同的供应链当中要做的一点就是进行采购的合理化，对物流、运输、分销以及订单管理都进行合理化处理，对于客户来说，可以通过一种界面，同时能够很好地利用这五种供应链的优势。

二、 可以借鉴的经验

在惠普的供应链中，信息系统担任着至关重要的角色。电子采购系统是惠普供应链信息系统中重要的一部分，目前这套系统已经在发挥重要的作用。为了建立这套系统，惠普已经投入了上千万美元。2003 年 4 月，惠普的电子采购系统全部完成，所有的采购都在这套系统上进行。通过这种电子采购系统，惠普能够很好地把订单和预测，以一种更加准确的方式结合在一起，对供应链从开始到结束的整个过程都进行很好的控制，通过它，每一笔在网络上进行的交易都能够节约 36 美元。

在供应链中很重要的一点是，能很准确地知道客户的需求以及估计的量。惠普每一天都在不断地往外运送产品，例如惠普在全球有超过百万的打印机用户，为了保证全世界的用户在需要这些耗材的时候都可以买到，惠普对供应链管理中的供货地点、所需的量都做了很好的计算和安排。为了做到这一点，每一星期以及每一天，惠普都会从客户那里得到很多不同的需求，然后分析这些需求。除了看短期的需求以外，还要看长期的需求。如果从长远的角度来看，需求量的偏差也只在正负 5％左右。

在惠普与康柏的合并过程中，如何整合两家公司的供应链系统是一个不小的挑战。从采购方面看，两家公司有两套完全不一样的系统以及不一样的供应链管理方式，所以 IT 系统的融合是在合并前 6 个月花精力最多的一个部分。合并后，惠普需要把和供应链有关的所有系统整合起来，如订单的管理、供应链的管理、供应商的管理，甚至供应商的供应商的管理。虽然惠普的这套系统目前还不能管到其供应商的供应商，但是这是惠普的目标，相信不久就可以实现。

因为有采购和供应链方面的这些特长，所以惠普也把这些经验和知识转化成解决方案，来帮助本地的企业优化自己的供应链系统。一个典型的例子是，惠普正在帮助国内著名的制造企业联想实施供应链管理系统。除此之外，上海贝尔等很多本地公司也得到了惠普的帮助。

（来源：中国物流与采购网 http://www.chinawuliu.com.cn 2004-9-27）

惠普公司在采购和供应链方面的特长，促进其不断优化供应链系统。现代化信息系统的应用促进了采购合理化的实现，并对物流、运输、分销以及订单管理都进行了合理化处理，从而为客户提供了优质的服务。

物流贯穿整个供应链，连接供应链的各个企业，是企业间相互合作的纽带。供应链管理赋予物流与采购管理以新的意义和作用，如何有效地管理供应链的物流过程，使供应链将商流、物流、信息流和资金流有效集成并保持高效运作，是供应链管理要解决的一个重要问题。

供应链（Supply Cain）：在生产及流通过程中，为了将产品或服务交付给最终用户，由上游与下游企业共同建立的网链状组织。供应链管理（Supply Chain Management）：对供应链涉及的全部活动进行计划、组织、协调与控制。

供应链管理是一种集成的管理思想和方法，它执行供应链中从供应商到最终用户的物流计划和控制等职能。供应链管理是跨企业范围的、比物料管理更广泛的管理，它从战略层次上把握最终用户的需求，通过企业之间的有效合作，获得从成本、时间、效率、柔性等的最佳效果。包括从原材料到最终用户的所有活动，是对整个链的过程管理。

供应链管理主要涉及四个主要领域：供应（Supply）、生产计划（Schedule Plan）、物流（Logistics）、需求（Demand），如图 12-7 所示。供应链管理是以同步化、集成化生产计划为指导，以各种技术为支持，尤其以 Internet/Intranet 为依托，围绕供应、生产作业、物流（主要指制造过程）、满足需求来实施的。供应链管理主要包括计划、合作、控制从供应商到用户的物料（零部件和成品等）和信息。供应链管理的目标在于提高用户服务水平和降低总的交易成本，并且寻求两个目标之间的平衡（这两个目标往往有冲突）。

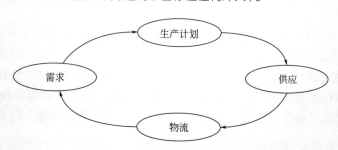

图 12-7 供应链管理涉及的领域

在以上 4 个领域的基础上，我们可以将供应链管理细分为职能领域和辅助领域。职能领域主要包括产品工程、产品技术保证、采购、生产控制、库存控制、仓储管理、分销管理。而辅助领域主要包括客户服务、制造、设计工程、会计核算、人力资源、市场营销。

案例 10　供应链打通经济高质量发展"任督二脉"

供应链从制造业整个生命周期的各环节加速制造产业升级，实现降本增效，打通了经济

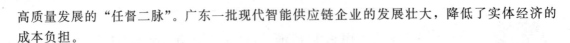

高质量发展的"任督二脉"。广东一批现代智能供应链企业的发展壮大，降低了实体经济的成本负担。

一、 打造要素分配新模式， 挖掘产业环节价值潜力

"75万元的价格优惠，120万元至130万元的财务成本节约，仅仅是把采购渠道换成供应链服务公司，公司一年5%左右的利润就这么赚到了。"广州电缆厂有限公司采购部副部长邹杰说，这是他们通过供通云供应链集团进行原材料采购合作的结果。

这不仅能增加直接账面的可见利润，也能提升广州电缆厂供应链服务的竞争力。"采购成本降下来，我们的产品价格更有优势，而且可以更专注于核心业务，去占领市场。"邹杰说。

采购渠道交给智能供应链企业，物流保障也更省心。以前，贸易商有时不能及时到货，停机待料一个小时保守估计损失就有1万元，更别说无法及时交付电缆带来的品牌美誉度和市场份额等损失了。现在，不仅不会出现原材料到货延误问题，一个月一两次的临时"任性"调货也能及时完成。

这就是供应链服务对实体企业来说的魅力所在：要素分配进一步优化，产业环节中隐藏的利润得到挖掘，核心业务能力不断提升。

二、 供应链模式加码供给侧结构性改革

随着企业自身发展的需要和供应链服务发展的支撑，供给侧结构性改革已点点滴滴渗透落实到市场经济的血脉当中。

和广州电缆厂一样，不少制造业企业过去都有自己的物流运输部门，养着人养车，可运输量又不是特别大。现在，它们都开始原材料等各方面的供应链服务合作规划。

国务院办公厅印发的《关于积极推进供应链创新与应用的指导意见》提出，供应链是供给侧结构性改革的重要抓手。供应链通过资源整合和流程优化，促进产业跨界和协同发展，降低企业经营和交易成本。供应链金融的规范发展，有利于拓宽中小微企业的融资渠道，确保资金流向实体经济。

供应链的整合优化能力，对产品生产、贸易、流动、融资、研发等各个领域产生"震动"，从而引发良性连锁反应，成为"去产能"事前事后的有效整合手段，加码供给侧结构性改革。

国务院发展研究中心产业经济研究部研究室主任魏际刚认为，供应链将制造业企业内部价值链与外部价值链连接起来，可以使企业最大限度地分享外部规模经济与范围经济；同时，制造业可以借助于供应链整合相关方的核心优势，从而使产业竞争优势最大化。

三、 加快供应链全球布局， 实现高质量发展

"中国要有一批企业成为供应链的主导者，这是市场的需求。"深圳市怡亚通供应链股份有限公司副总裁邱普说，供应链与产业链、价值链的协同发展是产业增长的新动力。供应链是产业链的基础，产业链围绕供应链而成。供应链体系的建设越完善，产业链的运行效率就越高，企业在全球价值链中的话语权也就越大。

目前，全球范围内的产业合作模式不断更迭，必将推动搭建"产业脉络"的供应链产业深度变革。中国供应链企业正在用一种更开放的姿态登上世界经济舞台。

据统计，目前全国供应链管理企业约90%集中在广东，而且涌现出一批供应链管理上市企业。目前，国内供应链已发展到与互联网、物联网深度融合的智能供应链新阶段。雪松控股集团董事长张劲说："智能供应链的创新和应用，将重塑市场经济的血脉和神经，对于

促进经济高质量发展、推进供给侧结构性改革具有重要意义。"

（来源：万联网，http://info.10000link.com/2018-07-20）

在信息系统的支持下，通过供应链整合系统把所有供应商都集成在一起，在统一品牌的领导下，采用自动补货方式，使他们可以直接了解到其货品目前在生产企业的库存，以便随时根据生产情况进行补货。这样整个流程就变得更加透明，从而大大降低了物流成本，提高了效率和效益。

供应链管理的目标在于提高用户服务水平和降低供应链总成本，并且寻求两个目标之间的平衡，具体包括：第一，根据市场需求的扩大，提供完整的产品组合；第二，根据市场需求的多样化，缩短从生产到消费的周期；第三，根据市场需求的不确定性，缩短供给市场到需求市场的距离；第四，降低供应链的物流成本，提高供应链的运作效率，增强供应链的竞争力。供应链成长过程体现在企业的成熟与发展之中，通过供应链管理的合作机制、决策机制、激励机制和自律机制等来实现满足顾客需求、使顾客满意以及留住顾客等功能目标，从而实现供应链管理的最终目标。

（一）合作机制

供应链合作机制体现了战略伙伴关系和企业内外资源的集成与优化利用。基于这种企业环境的产品制造过程，从产品的研究开发到投放市场，周期大大缩短了，而且顾客导向化程度更高，模块化、简单化产品、标准化组件，使企业在多变的市场中柔性和敏捷性显著增强，虚拟制造与动态联盟提高了业务外包（Outsourcing）策略的利用程度。

（二）决策机制

由于供应链企业决策信息的来源不再仅限于一个企业内部，而是在开放的信息网络环境下，不断进行信息交换和共享，达到供应链企业同步化、集成化计划与控制的目的。而且随着 Internet/Intranet 发展成为新的企业决策支持系统，处于供应链中的任何企业决策模式都应该是基于 Internet/Intranet 的开放性信息环境下的群体决策模式。

（三）激励机制

归根结底，供应链管理和任何其他管理思想一样都是要使企业在 21 世纪的竞争中，在"TQCSF"上有上佳表现（T 为时间，指反应快，如提前期短、交货迅速等；Q 指质量，控制产品、工作及服务质量高；C 为成本，企业要以更少的成本获取更大的收益；S 为服务，企业要不断提高用户服务水平，提高用户满意度；F 为柔性，企业要有较好的应变能力）。缺乏均衡一致的供应链管理业绩评价指标和评价方法是目前供应链管理研究的弱点和导致供应链管理实践效率不高的一个主要问题。为了掌握供应链管理技术，必须建立、健全业绩评价和激励机制，使供应链管理沿着正确的轨道与方向发展，成为企业管理者乐于接受和实践的新型管理模式。

（四）自律机制

自律机制要求供应链企业向行业的领头企业或最具竞争力的竞争对手看齐，不断对产品、服务和供应链业绩进行评价，并不断加以改进，使企业能保持自己的竞争力和持续发展。自律机制主要包括企业内部的自律、对比竞争对手的自律、对比同行企业的自律和比较领头企业的自律。企业通过推行自律机制，可以降低成本，增加利润和销量，更好地了解竞争对手，提高客户满意度，增加信誉，缩小企业内部部门之间业绩的差距，提高企业的整体竞争力。

后 记

时光飞逝，我从事物流管理专业教学工作已有十多年。这些年，秉着对物流管理专业的热爱，我一直在努力学习并向学生传授物流管理知识，同时也在思考如何让他们能够更有兴趣、更加容易地进行学习。

我对物流的热爱要追溯到 20 世纪 90 年代末期。那时我在某外企从事销售管理工作，当公司提出要对产品进行直达配送时，感觉就是天方夜谭，因为当时还没有普及网络，许多经销商连电脑都没用过。而后来的实践证明，公司的策略是极具前瞻性的，先进的物流配送系统正是公司提高市场竞争力的"利器"。而我也目睹了现代物流在企业的实际发展，所以对现代物流带给企业直至顾客的巨大利益感受深刻。相关的从业经验使我在物流管理专业的教学过程中能够得心应手，用生动的案例为学生讲解看似枯燥的专业知识。于是我对案例教学产生了浓厚的兴趣，并在教学过程中一直努力搜集整理相关的现代物流案例。

现代物流案例在物流管理专业的人才培养中十分重要。21 世纪以来，我国现代物流业得到快速发展，并成为我国经济发展的重要产业，一批新型的社会化、专业化、网络化的现代物流企业不断成长，在国民经济和社会发展中发挥着重要作用。随着科学技术的迅猛发展和经济全球化趋势的增强，现代物流业也面临着前所未有的机遇与挑战。国务院于 2014 年9 月印发了《物流业发展中长期规划（2014—2020 年）》，部署加快现代物流业发展，提出到 2020 年要基本建立布局合理、技术先进、便捷高效、绿色环保、安全有序的现代物流服务体系，而加快物流人才培养就是其中一项重要的保障措施。

物流人才，特别是高素质、高技能物流人才的短缺严重制约着现代物流业的发展。而如何让基础薄弱的学习者能够有兴趣学习现代物流专业知识，并熟练掌握物流管理技巧呢？通过阅读案例，学习成功经验，分析物流运作背后的理论依据，就是一个行之有效的办法。

本书是我根据自己多年的工作经验和教学经验整理而成，分为基础篇、功能篇和战略篇三个部分，从微观到宏观、从实际运作到理论分析，希望能够深入浅出地让读者了解物流、熟悉物流、热爱物流。我选取了一些具有代表性的案例，希望读者能够逐步了解并学习现代物流知识，同时能够在学习案例的基础上，通过进一步的思考与分析，将成功经验运用到实际工作当中，进而促进自身物流管理水平不断提高。

本书参阅吸收了大量物流文献资料，参考了很多专家学者的研究成果，都已列于书后的参考文献中，对相关作者表示衷心感谢。同时，非常感谢我的好朋友刘来平博士为本书作序。此外，在本书的编写过程中，李学波、薛世森、王勤和李燕慧等给予了大力协助，在此一并表示感谢！

由于时间仓促和水平有限，欠妥之处在所难免，恳请读者批评指正。

李联卫

2018 年 8 月 12 日于淄博

参考文献

［1］孟建华．现代物流概论．北京：清华大学出版社，2004.

［2］汝宜红．现代物流．北京：清华大学出版社，2005.

［3］刘来平．物流运输管理实务．北京：化学工业出版社，2007.

［4］何倩茵．物流案例与实训．北京：机械工业出版社，2008.

［5］靳伟．最新物流讲座．北京：中国物资出版社，2003.

［6］郑彬．物流客户服务．北京：高等教育出版社，2005.

［7］崔介何．物流学概论．北京：北京大学出版社，2004.

［8］袁长明．物流管理概论．北京：化学工业出版社，2007.

［9］曹前锋．物流管理案例与实训．北京：机械工业出版社，2007.

［10］川崎依邦．中小物流企业人员的培养．北京：电子工业出版社，2005.

［11］陈志群．物流与配送．北京：高等教育出版社，2006.

［12］武晓钊．物流公司岗位综合实训．上海：上海财经大学出版社，2006.

［13］牛鱼龙．中国物流百强案例．重庆：重庆大学出版社，2006.

［14］孙秋菊．现代物流概论．北京：高等教育出版社，2003.

［15］梁金萍．现代物流学．大连：东北财经大学出版社，2003.

［16］方仲民．物流系统规划与设计．北京：机械工业出版社，2005.

［17］中田信哉，等．物流入门．深圳：海天出版社，2001.

［18］杨春．沃尔玛采购与物流配送．深圳：海天出版社，2007.

［19］Stanley E. Fawcett. 供应链管理从理论到实践．北京：清华大学出版社，2009.

［20］郝大鹏．第三方物流实务．武汉：武汉理工大学出版社，2007.

［21］朱仕兄．物流运输管理实务．北京：北京交通大学出版社，2011.

［22］苏玲利．运输组织与管理项目式教程．北京：北京大学出版社，2013.

［23］陈明蔚．物流运输组织与实务．北京：清华大学出版社，2009.

［24］杨永明．物流信息系统管理．北京：电子工业出版社，2010.

［25］董铁．物流案例分析．北京：清华大学出版社，2012.